Omer Bartov

Hitlers Wehrmacht

Soldaten, Fanatismus und die Brutalisierung des Krieges

Deutsch von Karin Miedler und Thomas Pfeiffer

Rowohlt

Die Originalausgabe erschien 1992 unter dem Titel
«Hitler's Army. Soldiers, Nazis, and War in the Third Reich»
bei der Oxford University Press.

Lektorat Charles Schüddekopf

1. Auflage April 1995

Umschlaggestaltung Walter Hellmann
Satz aus der Janson und Franklin Gothic
(Linotype Library)
Druck und Bindung Clausen & Bosse, Leck
Printed in Germany
ISBN 3 498 00587 1

Inhalt

Abkürzungen

AHR	*American Historical Review*
AFS	*American Forces and Society*
BA-MA	Bundesarchiv-Militärarchiv in Freiburg
BAZW	*Bulletin des Arbeitskreises Zweiter Weltkrieg*
EHQ	*European History Quarterly*
EHR	*Economic History Review*
FAZ	*Frankfurter Allgemeine Zeitung*
FHS	*French Historical Studies*
FPP	Feldpostprüfstellen
GD	Division «Großdeutschland»
GFP	Geheime Feldpolizei
GH	*German History*
GuG	*Geschichte und Gesellschaft*
H & M	*History and Memory*
Hiwis	Hilfswillige (russische Freiwillige in der Wehrmacht)
HJ	Hitlerjugend
HWJ	*History Workshop Journal*
JCH	*Journal of Contemporary History*
JfG	*Jahrbuch für Geschichte*
JMH	*Journal of Modern History*
JSS	*Journal of Strategic Studies*
LBIY	*Leo Baeck Institute Yearbook*
MGM	*Militärgeschichtliche Mitteilungen*
NSDAP	Nationalsozialistische Deutsche Arbeiterpartei

NSFO	Nationalsozialistischer Führungsoffizier
OKH	Oberkommando des Heeres
OKW	Oberkommando der Wehrmacht
P & P	*Past and Present*
POQ	*Public Opinion Quarterly*
RDP	*Revue de droit pénal militaire et droit de la guerre*
RH	*Russian History*
RHDGM	*Revue d'histoire de la deuxième guerre mondiale*
RPS	*Research in Political Sociology*
SD	Sicherheitsdienst
SS	Schutzstaffel
TAJB	*Tel Aviver Jahrbuch für deutsche Geschichte*
VfZ	*Vierteljahrshefte für Zeitgeschichte*
W & S	*War and Society*

Vorwort

Dieses Buch ist keine umfassende historische Darstellung der deutschen Armee und ihrer Beziehung zu Regime und Gesellschaft im Dritten Reich. Es ist eine Abhandlung mit vier verschiedenen, aber zusammenhängenden Überlegungen, die, zusammen gesehen, unser Verständnis der Nazifizierung deutscher Soldaten verbessern soll. Dieser Prozeß begann bereits lange vor dem Krieg, und einige seiner Wurzeln reichen in die Zeit vor der NS-Herrschaft zurück. Doch erst im Krieg, vor allem an der Ostfront, wurde aus der Wehrmacht schließlich Hitlers Armee. Da die große Mehrheit der deutschen Truppen die meiste Zeit des Krieges gegen die Rote Armee kämpfte, kann man sagen, daß für den durchschnittlichen Soldaten die Kämpfe in Rußland den entscheidenden Teil seiner Kriegserfahrung darstellten. Zwar werde ich auch darauf eingehen, welchen Einfluß die Vorkriegsjahre auf das Realitätsverständnis der Soldaten hatten, und auch die ganz anderen Erfahrungen an anderen Fronten berücksichtigen, doch konzentriere ich mich bewußt auf die große Konfrontation zwischen Deutschland und der Sowjetunion, bei der die Wehrmacht ihre größten Siege errang und am Ende vernichtet wurde. Im Osten erreichte die fortschreitende ideologische Durchdringung der Armee ihren Höhepunkt: Die Truppe wurde auf der einen Seite dazu angestachelt, mit außerordentlichem Einsatz zu kämpfen, auf der anderen, beispiellose Verbrechen zu begehen. Ich beschäftige mich hauptsächlich mit den Landstreitkräften, dem Heer. Die Verstrickung der SS in die NS-Politik ist bereits ausführlich untersucht worden. Die Erfahrungen der deutschen Marine und Luftwaffe, in denen ein weit geringerer Anteil von Wehrpflichtigen diente, waren in vielerlei Hinsicht anders, wenn auch besonders die Piloten, die über Rußland Einsätze flogen, genauso der nationalsozialistischen Sichtweise dieses Krieges ausgesetzt waren wie die Soldaten, die am Boden kämpften. Meine Ausführungen stützen sich unter anderem auf Dokumente, die in meinem letzten Buch *The Eastern Front, 1941–45, German Troops and the Barbarisation of Warfare* erstmals veröffentlicht wurden. Darüber hinaus habe ich weiteres unveröffentlichtes Material und wichtige, in der Zwischenzeit erschienene Sekundärliteratur verwendet. Allerdings möchte ich darauf hinweisen, daß ich im Gegensatz zu meiner früheren Monographie, in der ich drei an der Ostfront eingesetzte Kampfdivisionen genauer analysiert habe, in der vorliegenden Arbeit den Rahmen meiner Untersuchung beträchtlich erweitert habe: Ich behaupte, daß die Erfahrungen an dieser Front für die deutsche Wehrmacht als Ganzes entscheidend waren, ja sogar für die deutsche Gesellschaft im und nach dem Krieg.

Bei der Arbeit an diesem Buch kam mir zugute, daß ich mir mehrmals Zeit für langwierige Recherchen nehmen konnte. Und den endlosen Diskussionen mit Experten, Studenten und Freunden verdanke ich mehr, als ich hier zum Ausdruck bringen kann. Der unlängst entbrannte Historikerstreit hat mich gezwungen, den größten Teil meiner Ideen neu zu überdenken und zu formulieren, und die bedeutsamen politischen Entwicklungen in Deutschland, Osteuropa und der Sowjetunion haben die aktuelle Bedeutung dessen, was viele Zeitgenossen schon als «bloße» Geschichte abgetan haben, deutlicher hervortreten lassen. Auch muß ich zugeben, daß meine persönlichen Erfahrungen als israelischer Soldat und Staatsbürger einen wesentlichen, wenn auch indirekten Einfluß auf meine Ansichten als Historiker haben. Wenn ich bei politischen Debatten in Israel dazu neige, Deutschland als Beispiel anzuführen, und wenn ich über die Wehrmacht schreibe, dann stelle ich immer wieder fest, daß ich auch aus eigener Erfahrung spreche. Obwohl ich versucht habe, die Mentalität von Hitlers Soldaten zu verstehen, so empfand ich doch nie das Bedürfnis, mich mit ihnen zu identifizieren. Die vorliegende Arbeit soll verstehen helfen, wie aus normalen Männern hochqualifizierte und entschlossene Soldaten gemacht werden können, Werkzeuge einer barbarischen Politik und ergebene Anhänger einer mörderischen Ideologie, wie man sie lehren kann, in einer Scheinwelt zu leben, und warum ihr verzerrtes Bild der Realität auch dann noch lange weiterbesteht, wenn die realen Bedingungen, die es hervorgerufen haben, von einer Woge schrecklicher Zerstörung hinweggespült worden sind.

Ich schulde vielen Personen und Einrichtungen Dank für Anleitung, Ideen und Unterstützung. Gordon Craig, Peter Paret, Gordon Wright und Chimen Abramsky von der Stanford University haben mich nach dem Examen bei meinen ersten Versuchen unterstützt, die Geschichte zu verstehen. Während meiner Jahre in Oxford und bei späteren Besuchen erhielt ich wertvolle Ratschläge von Tony Nicholls, Tim Mason und Michael Howard. Mein Dank gilt auch Pogge von Strandmann, Richard Bessel und Volker Berghahn. Weitere britische Kollegen, die mich zu Vorträgen eingeladen und mir mit viel konstruktiver Kritik weitergeholfen haben, sind Jeremy Noakes, Eve Rosenhaft, Jill Stephenson und Dick Geary. Besonderen Dank schulde ich Ian Kershaw für seine jahrelange Freundschaft und seine unschätzbare Hilfe. In Deutschland danke ich den Mitarbeitern des Militärgeschichtlichen Forschungsamtes in Freiburg, insbesondere Wilhelm Deist, Bernd Kroener, Hans Umbreit, Jürgen Förster, Wolfram Wette und Manfred Messerschmidt. Bernd Wegner, seine Frau Anneli und ihre drei Kinder haben mir in Deutschland ein Zuhause gegeben, in das ich hoffentlich einmal zurückkehren werde. Die Mitarbeiter im Bundesarchiv-Militärarchiv haben mich mit großer Sachkenntnis durch den Irrgarten von Dokumenten geleitet. Dank gebührt auch Reinhard Rürup, der mich einlud, einen Sommer als Gast der Technischen Hochschule in Berlin zu verbringen, wo ich sehr konstruktiv arbeiten konnte, sowie der Bibliothek am Friedrich-Meinecke-Institut mit ihrer reichhaltigen Sammlung von Sekundärliteratur. Cornelia Essners Freundschaft und Gastfreundlichkeit machten mir den Aufenthalt in Berlin sehr angenehm. Hans-Ulrich Wehlers Interesse an meiner Arbeit hat mich sehr ermutigt. Mein Dank gilt auch allen meinen Kollegen von der historischen Fakultät der Universität Tel Aviv. Besonderen Dank schulde ich Zvi Yavetz, Shulamit Volkov, Saul Friedländer und Dan Diner. Am Wiener Library Seminar hatte ich das Glück, ausländische Kollegen kennenzulernen, von denen ich besonders Lutz Niethammer, Andy Markowitz, Ulrich Herbert, Peter Fritzsche und Gordon Horwitz erwähnen möchte. Gulie Arad und Frank Stern ließen mir Freundschaft und Rat zuteil werden, während ich an meinen Studenten meine zugespitzteren Überlegungen ausprobierte und dafür häufig berechtigte Kritik erntete. Als Gastdozent an der Princeton University lernte ich sehr viel von Lawrence Stone, Arno Mayer, Natalie Zermon Davis, David Abraham, Martha Petrusewicz und Sheldon Garon. Mark Mazower hat mir freundlicherweise Einzelheiten über seine jüngste und faszinierende Arbeit zum Thema mitgeteilt. Ihnen allen gilt mein Dank. Seit ich in Harvard bin, hatte ich Gelegenheit zum Meinungsaustausch mit vielen weiteren Kollegen. Ich danke Charles Maier,

Stanley Hoffmann, David Landes, Jürgen Kocka, Allan Silver, Jeffrey Herf und Daniel Goldhagen für die Zeit, die sie mir gewidmet haben. Paula Fredriksen und Richard Landes haben mir gezeigt, wie trefflich sich exakte Wissenschaft, geistige Arbeit und dauerhafte Freundschaft ergänzen können. Ich möchte auch denen danken, die dieses Manuskript gelesen und mir mit zahlreichen Vorschlägen und Kommentaren geholfen haben, auch wenn ich ihre Kritik nicht immer angenommen habe. Ich brauche wohl nicht extra zu betonen, daß ich allein die Verantwortung für die endgültige Version dieser Arbeit trage.

Meine Forschungen in Deutschland wurden vom German Historical Institute in London, dem Deutschen Akademischen Austauschdienst und der Alexander-von-Humboldt-Stiftung finanziert. Besonders letztere muß ich für ihre Großzügigkeit und ihre Förderung internationaler Forschung loben. Das Davis Center for Historical Studies an der Princeton University ermöglichte mir nicht nur, mein letztes Buch zu vollenden, sondern auch die ersten Entwürfe zu der vorliegenden Arbeit zu machen. Die endgültige Fassung dieses Buches wurde jedoch bei der Society of Fellows der Harvard University geschrieben. Ich weiß nicht, wie ich dieser Einrichtung danken soll, einmal dafür, daß ich ein Projekt zu Ende führen konnte, das mich jahrelang beschäftigt hatte, zum anderen, weil sie mir genau die richtige Mischung aus Abgeschiedenheit und intellektuellem Austausch bot, die heutzutage so schwer zu finden ist. Es ist mir ein Vergnügen, der Sekretärin der Society, Diana Morse, meinen Dank auszusprechen, die mehr als alle anderen zu meinem Seelenfrieden beigetragen hat, sowie allen anderen Senior und Junior Fellows, besonders Seth Schwartz, Leslie Kurke, Juliet Fleming, Robin Fleming, Chris Wood und Moshe Halbertal. Rogers Brubaker ist mir ein Kollege gewesen, der besonders hohe Anforderungen stellte. Seine schneidende Kritik veranlaßte mich, alles noch mal zu schreiben, und der Wettstreit mit seinem ungeheuren Fleiß hat mich davor bewahrt, vor dem Ziel aufzugeben. Zum Schluß kann ich nur der Hoffnung Ausdruck verleihen, daß alle, die mir auf meinem Weg geholfen haben, von dem Ergebnis meiner Bemühungen nicht allzu enttäuscht sein werden.

O. B.
Cambridge, Massachusetts
Oktober 1990

Einleitung

Fast ein halbes Jahrhundert nach ihrer völligen Vernichtung im Zweiten Weltkrieg sorgt die Wehrmacht in der Forschung zum Dritten Reich immer noch für heftige Kontroversen. War sie lediglich eine militärische Organisation, die Befehle mit bemerkenswerter Fachkenntnis ausführte, oder war sie eine stark politisierte Armee? War sie ein Zufluchtsort vor dem Regime, oder war sie eine besonders wirkungsvolle Schule des Nationalsozialismus? Stellte sie eine Bedrohung für Hitlers Herrschaft dar, oder war sie sein gefährlichstes Werkzeug? Wurden die Generäle, die das Regime stürzen wollten, von der Treue der Soldaten zum Führer behindert, oder versuchten die höheren Offiziere des Heeres, die Unteroffiziere und Mannschaften durch eine Indoktrinierung mit nationalsozialistischem Gedankengut zu motivieren? Kurz gesagt, war die Wehrmacht Hitlers Armee?

Auf den folgenden Seiten werde ich darlegen, daß diese Frage nur anhand einer sorgfältigen Analyse des deutschen Heeres beantwortet werden kann. Zu diesem Zweck werden vier Erwägungen gemacht, die sich auf die Kriegserfahrung, die soziale Organisation, die Motivation und das Realitätsbild der deutschen Soldaten beziehen. Durch eine Untersuchung der in den oberen und unteren Rängen der Armee herrschenden Geisteshaltung soll ermittelt werden, inwieweit die Wehrmacht ein integraler Bestandteil von Staat und Gesellschaft im Dritten Reich war. Natürlich konnten die betroffenen Personen selbst die verschiedenen relevanten Aspekte niemals so klar benennen. Aber viele Fragen, denen im folgenden nachgegangen wird, beschäftigten auch die Zeitgenossen sehr stark und wurden nicht nur der Beweisführung halber nachträglich mit dieser Zeit verknüpft. Darüber hinaus haben nach dem Krieg unterschiedliche Auffassungen von der Stellung der Wehrmacht im NS-Staat einen wichtigen Einfluß auf die Geschichtsschreibung zum Dritten Reich gehabt.[1] Folglich wird unsere Analyse sowohl die «tatsächlichen» geschichtlichen Ereignisse als auch ihre Wahrnehmung durch vorangegangene Generationen berühren.

Das erste Kapitel untersucht die Widersprüche zwischen dem Bild von der Wehrmacht als der modernsten Armee ihrer Zeit und dem tiefgreifenden Prozeß der Entmodernisierung, dem sie besonders an der Ostfront ausgesetzt war. Eine detaillierte Rekonstruktion des Lebens an der Front wird zeigen, welche Auswirkungen der immense materielle Verschleiß auf die physische und psychische Verfassung der Truppe hatte. Dabei wird deutlich werden, daß die Mehrheit der deutschen Soldaten im Winter 1941/42 gezwungen war, einen Stellungskrieg zu führen, der stark an die Westfront der Jahre 1914–18 erinnerte, nur daß sie sich diesmal einem Feind gegenübersah, der immer moderner ausgerüstet wurde. Außerstande, die bis dahin so erfolgreiche Blitzkriegtaktik fortzusetzen, machte sich die Wehrmacht Hitlers Auffassung zu eigen, daß sie einen Kampf ums Überleben führe, einen «Weltanschauungskrieg», der vollständige innere Hingabe fordere, um so den Verlust der technischen Überlegenheit durch eine stärkere politische Indoktrinierung der Truppe wettzumachen. Damit bereitete sie den Boden für eine zunehmende Brutalisierung der Soldaten.

Das komplexe Zusammenspiel von Tradition, Modernität

und NS-Ideologie, das durch die wachsende materielle Unterlegenheit Deutschlands verstärkt wurde, ist ein Grundproblem bei Untersuchungen zur Geschichte des Dritten Reiches. Während viele höhere Offiziere an überkommenen sozialen, politischen und militärischen Werten festhielten, fühlten sie sich nicht zuletzt deshalb zu Hitler hingezogen, weil er die rasche Modernisierung der Armee ermöglichte.[2] Umgekehrt kam in der Sprache und Propaganda der Nazis oft ein tiefer Abscheu vor dem Modernen zum Ausdruck, wobei ausgiebig pseudoreligiöse und mythische Bilder benutzt wurden, während insbesondere Hitler sich sehr für die moderne Technik begeisterte.[3] Anfänglich versuchte man, den Berufssoldaten vom ideologisch motivierten SS-Kämpfer zu unterscheiden, doch diese vereinfachenden Kategorien verschmolzen teilweise in der Praxis: Denn wo die Berufssoldaten zunehmend auf ihre ideologische Verpflichtung bauten, entpuppten sich die SS-Kämpfer als hochqualifizierte Soldaten. Ein ähnliches Paradox ist auf strategischer Ebene zu beobachten. Während die deutschen Blitzkrieg-Feldzüge, die auf einer rationalen Beurteilung des Verhältnisses zwischen wirtschaftlichen Mitteln und militärischer Taktik beruhten, als typisch für die Nazis betrachtet wurden, galt die Strategie des totalen Krieges, in deren Rahmen ganz Deutschland für einen Krieg mobilisiert wurde, der niemals zu gewinnen war, als typisch für so nüchterne Technokraten wie Albert Speer.[4] Anstatt also im konventionellen Sinne zwischen Modernität und Tradition zu unterscheiden, könnte man sagen, daß genau diese innere Spannung zwischen Technik und Mythologie, Organisation und Ideologie, Berechnung und Fanatismus ein wichtiges Band zwischen der Wehrmacht, dem Regime und der Gesellschaft des Dritten Reiches darstellte und in der Armee gewaltige, wenn auch zerstörerische Energien freisetzte.

Das zweite Kapitel untersucht die Zerstörung der «Primärgruppe», jener sozialen Einheit, die traditionsgemäß das Rückgrat des deutschen Heeres gebildet hatte. Aufgrund der gewaltigen Verluste im Kampf, die nicht ersetzt werden konnten, und der raschen Umgruppierungen unter den Kampfeinheiten konnte die Wehrmacht nicht mehr auf die «Primärgruppe» als Garant für den inneren Zusammenhalt zählen. Die weithin akzeptierte soziologische Theorie von Shils und Janowitz, nach der die soziale Organisation der Wehrmacht deren Auflösung verhinderte, erweist sich gerade in bezug auf die Bedingungen an der Ostfront, wo der Großteil des Heeres die meiste Zeit des Krieges kämpfte, als weitgehend unzutreffend.[5] Folglich muß, gerade vor dem Hintergrund der oben erwähnten materiellen Schwäche, nach einer anderen Erklärung für den erstaunlichen Zusammenhalt und die bemerkenswerten Leistungen der Wehrmachtangehörigen an der Front gesucht werden.

Die These, die zuerst von Shils und Janowitz formuliert wurde, beeinflußte auch wissenschaftliche Bemühungen, die Kollaboration mit dem Nazi-Regime und seine Ablehnung im zivilen Bereich zu erklären, so wie sie selbst von solchen Erklärungsversuchen beeinflußt wurde. Man könnte sogar sagen, daß es einen bisher unerkannten Zusammenhang zwischen der «Primärgruppen»-Theorie und der Alltagsgeschichte gibt, das heißt zwischen der Vorstellung, daß Soldaten hauptsächlich durch den Willen zum Überleben und die Loyalität zu ihren Kameraden motiviert werden, und dem immer beliebteren Argument, daß die meisten Menschen im Dritten Reich viel zu sehr mit Alltagsdingen beschäftigt gewesen seien, um den Parolen oder der Politik des Regimes große Aufmerksamkeit zu schenken. Während also die «Primärgruppen»-Theorie die Wehrmacht «entpolitisierte», erweckte die geschichtliche Darstellung des Dritten Reiches «von unten» unter anderem den Eindruck, die zivile Gesellschaft sei weitgehend «entpolitisiert» gewesen und die große Mehrheit ihrer Mitglieder habe die «Normalität» des Alltags für viel wichtiger gehalten als die «Abnormität» der nationalsozialistischen Ideologie und Politik.[6] Wenn wir aber von einer so großen Wehrpflichtigenarmee wie der Wehrmacht sprechen, so müssen wir nicht nur erkennen, daß die Moral und die Motivation der Truppe sehr eng mit der Einstellung der Zivilisten zum Regime verflochten sind, sondern müssen auch sehen, daß dieser Zusammenhang viel zu komplex ist, als daß er mit einer einzigen, recht mechanistischen und isolierten Theorie erklärt werden könnte. Einblicke in das Verhältnis zwischen Volk und Regime vermittelt auch folgender Gedanke: Während die Existenz *realer* «Primärgruppen» keine hinreichende Erklärung für die Motivation der Frontsoldaten ist, weil solche Gruppen unglücklicherweise dazu tendieren, sich gerade dann aufzulösen, wenn sie am nötigsten gebraucht werden, kann die Bindung an eine *ideelle* «Primärgruppe», die aus einer bestimmten *Kategorie* von Menschen besteht, zweifellos sehr integrierend wirken. Diese Art von «Primärgruppe» ist in gewisser Hinsicht jedoch das genaue Gegenteil von der, die in der ursprünglichen Theorie dargestellt wurde, denn sie ist weniger das Produkt sozialer Bindungen als vielmehr einer ideologischen Verinnerlichung, bei der die Menschheit in die gegnerischen Gruppen «wir» und «sie» unterteilt wird. Die Identifikation mit einer Gruppe und die Verabscheuung einer anderen beruhen jeweils auf einer Abstraktion; persönliche Vertrautheit kann das Engagement des einzelnen nur schwächen, da sie ihm die Unvollkommenheit der eigenen Leute und das menschliche Gesicht der Gegner offenbart (deshalb sind Armeen gegen Fraternisierung). Diese Art der Kategorisierung läßt sich natürlich ebenso auf

Zivilisten anwenden, und in beiden Fällen ist kein tieferes Verständnis der eigenen Weltanschauung nötig, für die man zu kämpfen oder zu arbeiten glaubt. Von der Ideologie des Regimes müssen nur jene Aspekte verinnerlicht werden, die auf bereits vorhandenen Vorurteilen beruhen[7] und die unbedingt erforderlich sind, um selbsterlittenes Leid zu rechtfertigen, den eigenen Status aufzuwerten und den wirklichen oder vermeintlichen Feind zu verunglimpfen.

Im dritten Kapitel wird gezeigt, daß die Wehrmacht ihre Fronteinheiten nur mit Hilfe einer beispiellos strengen Disziplin zusammenhalten konnte. Doch die Unterwerfung der Truppe unter eine Disziplinarstrafordnung, auf deren Grundlage etwa 15 000 Soldaten hingerichtet wurden, wirkte sich auch auf ihr Verhalten gegenüber feindlichen Soldaten und Zivilisten aus.[8] Solange viele verbrecherische Maßnahmen des Heeres von oben angeordnet wurden, kamen die Soldaten ungestraft davon, wenn sie trotz ausdrücklichen Verbots plünderten und wahllose Erschießungen durchführten. Mit der Duldung nicht genehmigter Aktionen gegen Personen, die als «Untermenschen» galten, hatte das Heer ein geeignetes Ventil geschaffen, das ihm die Möglichkeit bot, auf dem Gefechtsfeld strengste Disziplin zu fordern. Der Zusammenhalt der Truppe beruhte auf einer Pervertierung der moralischen und rechtlichen Grundlagen des Kriegsrechts. Dennoch kam es, wenn die Angst vor dem Feind größer wurde als die Angst vor den Vorgesetzten, vereinzelt zu Auflösungserscheinungen. Die völlige Auflösung wurde nicht nur durch Disziplin verhindert, sondern auch dadurch, daß man viele Soldaten glauben machte, eine Niederlage komme einem Weltuntergang gleich.

Nach den chaotischen Zuständen in der Weimarer Republik wurde die im Dritten Reich herrschende allgemeine «Disziplin» von vielen als Rückkehr zur «Normalität» empfunden. Die Mittel, mit denen sie durchgesetzt wurde, waren den Methoden der Wehrmacht nicht unähnlich, das heißt, das Regime nutzte seine Popularität und den Konformismus der Öffentlichkeit, während es gleichzeitig jeden Widerstand mit größter Brutalität unterdrückte.[9] Natürlich gab es auch vereinzelte Äußerungen des Ungehorsams und Protestes in Gesellschaft und Armee. Wie wir aber den Gehorsam der breiten Masse gegenüber den Befehlen des Regimes beurteilen, wird zum großen Teil davon abhängen, welches Gewicht wir einerseits der freiwilligen und möglicherweise ideologisch motivierten Unterstützung, andererseits der Furcht vor Bestrafung beimessen. Die strenge Disziplin in der Wehrmacht war nicht einfach nur Bestandteil der alten preußischen Tradition, sie war vielmehr das Ergebnis tiefgreifender, im Dritten Reich eingeführter Veränderungen des Kriegsrechts, wie etwa die an die Truppen ausgegebenen Befehle über die Behandlung feindlicher Soldaten und Zivilisten. Die Frage nach der Disziplin an sich ist nicht zu trennen von den neuen ideologischen Zielen des Kriegsrechts. Dieser Aspekt muß bei jeder Diskussion über die Art der Vergehen und ihre Bestrafung berücksichtigt werden, wenn die Fakten nicht völlig falsch gedeutet werden sollen. Dies gilt natürlich auch für die zivile Gesellschaft des Dritten Reichs. Auch wenn wir von zwei unterschiedlichen Rechtssystemen sprechen, so ist doch zu beachten, daß beide in wesentlichen Punkten verändert und den ideologischen Erfordernissen des NS-Staates angepaßt wurden.[10] So lassen die Euthanasie und rassistische Kampagnen im Reich selbst klar erkennen, daß die unterschiedliche Behandlung verschiedener Kategorien von Menschen weder auf die Wehrmacht noch auf die Völker in den besetzten Gebieten beschränkt blieb.[11] Die Tatsache, daß Millionen von Soldaten gehorsam und kritiklos an «legalisierten» Verbrechen mitwirkten, ist auch insofern wichtig, als sie Rückschlüsse auf die moralischen Werte zuläßt, die diese jungen Männer vor ihrer Einberufung verinnerlicht hatten, und darüber hinaus auch ihre Einstellung und ihr Verhalten im Zivilleben nach dem Zusammenbruch des Dritten Reiches beeinflußt haben dürfte. Ein mögliches Indiz dafür ist die wohlwollende und unkritische öffentliche Aufnahme der zahlreichen Memoiren und Chroniken einzelner Verbände, die in den fünfziger und sechziger Jahren in Deutschland erschienen und eine bedenkliche Sympathie für die verzerrten Vorstellungen von Disziplin und Gehorsam, von Recht und Unrecht verrieten, die für die Wehrmacht charakteristisch waren.

In Kapitel 4 wird diskutiert, in welchem Ausmaß die Indoktrination in den Jahren vor der Einberufung und später beim Militär das Realitätsbild der Soldaten verzerrte. Die Propaganda der Wehrmacht stützte sich auf die radikale Verteufelung des Feindes und auf eine ähnlich extreme Vergöttlichung des Führers. Ihre erstaunliche Wirkung wird an einer langen Reihe von Zeugnissen belegt, darunter Analysen der Stimmung unter den Soldaten, die von Behörden und Vertretern des Regimes selbst vorgenommen wurden, Stellungnahmen von Regimegegnern, Memoiren ehemaliger Generäle und Soldaten, mündliche Aussagen von Arbeitern und Jugendlichen sowie private Briefe von Frontsoldaten. Besonders an letzteren werden wir sehen, daß Soldaten die Realität, die sie selbst ja am besten kannten, am liebsten durch die ideologische Brille des Regimes betrachteten. Ideologisch gefärbte Bilder spielen auch bei der verzerrten Rekonstruktion der Geschichte des Krieges aus der Erinnerung eine wichtige Rolle, wie etwa die jüngsten Versuche belegen, den Einmarsch in die Sowjetunion mit Argumenten zu «historisieren», die direkt aus der Kriegspropaganda des NS-Regimes übernommen wurden.[12]

Der überaus wirkungsvoll und erfolgreich inszenierte Kontroverse über die Kriegsziele und die Kriegführung der Wehrmacht im Osten basiert darauf, daß man der Frage nach ihrer kriminellen Verstrickung nur sekundäre Bedeutung beimißt und ihr gleichzeitig einen festen Platz im antikommunistischen Lager zuweist. Auf diese Weise versucht man, die von ihr begangenen Verbrechen gegen sowjetische Greueltaten «aufzuwiegen» und, was noch bedeutsamer ist, hervorzuheben, welch großen Dienst die Truppen des Dritten Reichs der westlichen Zivilisation erwiesen, indem sie die «asiatisch-bolschewistische Flut» eindämmten. Das Bild von der Wehrmacht als Bollwerk der Kultur geht auf die deutsche Invasion in der Sowjetunion im Sommer 1941 zurück, die damals als «Kreuzzug» gegen den Bolschewismus dargestellt wurde und auch im besetzten Westeuropa eine gewisse Zustimmung fand.[13] Die größten Propagandaerfolge wurden aber errungen, als das Ende des Dritten Reiches bereits absehbar war, zu einer Zeit, als die Nazis ihr möglichstes taten, um die Truppe davon zu überzeugen, daß sie die Menschheit gegen eine teuflische Invasion verteidige, und gleichzeitig versuchten, Zwietracht zwischen der Sowjetunion und den westlichen Alliierten zu säen. Obwohl diese Bemühungen den totalen Zusammenbruch des Reiches nicht verhindern konnten, so trugen sie doch in einem anderen Sinne Früchte, denn sie bereiteten den Boden für das spätere Bündnis der Bundesrepublik mit dem Westen und lieferten den Apologeten der Wehrmacht ein schlagkräftiges und politisch höchst nützliches Argument, auch wenn dabei Ursache und Wirkung bequemerweise verwechselt wurden.

Wie erstaunlich langlebig dieses neue/alte Bild der Wehrmacht ist, kam unlängst beim Historikerstreit deutlich zum Ausdruck.[14] Vielleicht hat man dem bizarren Ansinnen aller drei Hauptvertreter des neuen Revisionismus, die Rolle der Wehrmacht umzukehren, nicht genügend Beachtung geschenkt. Hier wurde die Wehrmacht offen oder implizit von der Angeklagten zur Retterin, vom Objekt des Hasses und der Furcht zum Objekt des Mitleids, von der Täterin zum Opfer gemacht. Die historische Mission Deutschlands als Bollwerk gegen barbarische Einfälle aus dem Osten erhält durch Michael Stürmers geopolitischen Determinismus ein gewisses Maß an wissenschaftlicher Unausweichlichkeit (und Kontinuität). Nach Ernst Nolte haben die Schrecken des Gulag und die Angst vor dem Bolschewismus Auschwitz hervorgebracht, eine These, die eine Änderung der Chronologie ermöglicht und impliziert, daß der Überfall der Wehrmacht auf die Sowjetunion im Grunde ein Präventivangriff war, genauso wie die Greueltaten, die sie beging, nur schlimmeren Grausamkeiten der «asiatischen Horden» zuvorkommen sollten. Andreas Hillgruber betrachtet ehrfürchtig den aufopferungsvollen Kampf, der die «Racheorgie», die der Bolschewismus zu entfesseln im Begriff war, stoppen sollte. So kann er Mitgefühl für die Truppen in Ostpreußen fordern, wobei er bewußt die Insassen der Todeslager außer acht läßt, deren Vernichtung das Ostheer sichergestellt hatte. Martin Broszats vieldiskutiertes «Plädoyer» für eine Historisierung des Dritten Reiches zielte zwar auf einen viel subtileren Revisionismus ab,[15] aber durchaus bezogen darauf versuchten Stürmer und Nolte, Nazideutschland in einen breiteren historischen Kontext zu stellen, und Hillgruber forderte Mitleid mit dem einzelnen Landser.

Das vorliegende Buch schließt mit der Behauptung, daß die Art, wie man sich in Deutschland gemeinhin an das Unternehmen «Barbarossa» erinnert, auf der gleichen Verkehrung der Tatsachen beruht, die im Dritten Reich üblich war: Die militärischen Ereignisse des Krieges und die physischen

Strapazen werden stark überbetont, während der wirklich einmalige Aspekt, nämlich die ihm innewohnende Kriminalität, verdrängt und als «normal» ausgegeben wird.[16] Doch die zentrale These dieser Studie ist, daß wir nicht von der Wehrmacht *als Institution*, losgelöst vom Staat, sprechen können, genausowenig wie wir das Verhalten, die Motivation und das Selbstverständnis der *einzelnen Offiziere und Soldaten*, aus denen die Wehrmacht bestand, verstehen können, ohne die Gesellschaft und das System zu betrachten, denen sie entstammten. Und da die Beziehung zwischen Militär und Gesellschaft eher wechselseitig als einseitig war, muß man auch den Einfluß der vielen Millionen Soldaten, die in der Wehrmacht als Wehrpflichtige dienten, auf alle Aspekte des Lebens im Dritten Reich berücksichtigen, und nicht nur den Einfluß der Armeeführung.

Nur wenn man diese Voraussetzung akzeptiert, wird eines klar: Die Wehrmacht wurde weder allein durch Terror und Einschüchterung zum Gehorsam gegenüber dem Regime gezwungen, noch wurde sie durch die Machenschaften einer Minderheit von Opportunisten und nationalsozialistisch gesinnten Offizieren zur Kollaboration verleitet, noch unterstützte sie das Regime, weil sie das wahre Wesen und die wahren Ziele des Nationalsozialismus nicht erkannte. Alle diese Erklärungen werden uns unzureichend erscheinen, sobald wir erkennen, daß die Armee als Institution gerade im Dritten Reich ein integraler Bestandteil des Systems war und kein von ihm getrenntes Gebilde, während sie sich als soziale Organisation aus einer rasch wachsenden Zahl ehemaliger Zivilisten zusammensetzte und folglich in höherem Maße als früher das gesellschaftliche Leben widerspiegelte. Mehr als alle ihre Vorläuferinnen war die Wehrmacht die Armee des Volkes und ein williges Werkzeug der Staatsführung.

In dieser Weise sollte auch der kürzlich betonte Zusammenhang zwischen dem verbrecherischen Verhalten der Wehrmacht im Osten und der Judenvernichtung verstanden werden, ob wir nun von den Generälen sprechen oder von einfachen Soldaten.[17] Auch wenn Alter, soziale Herkunft, Bildung, politische Tradition und Religion Einfluß auf das Handeln des einzelnen haben, so gehörten Soldaten doch eher als Zivilisten zu jenen Gruppen, die das Regime, seine Ideologie und seine Politik unterstützten,[18] während die Männer an der Spitze der Armee, deren Daseinszweck in der Anordnung und Anwendung von Gewalt bestand,[19] es relativ einfach hatten, die praktische Umsetzung der NS-Politik mit scheinbar rein militärischen Argumenten zu rechtfertigen. Es ist weniger ein Mangel an «objektiven» Beweisen als vielmehr die Neigung, die Bedeutung der engen Beziehung zwischen Armee, Regime und Gesellschaft zu übersehen oder zu unterschätzen, die dazu geführt hat, daß in bezug auf Funktion, Einfluß und historische Bedeutung der Wehrmacht im Dritten Reich bislang die falschen Fragen gestellt und unbefriedigende Antworten gegeben wurden.

1 Die Entmodernisierung der Front

Einer der größten Widersprüche im Zweiten Weltkrieg bestand darin, daß die Kampfeinheiten der Wehrmacht zwischen 1941 und 1942 eine tiefgreifende «Entmodernisierung» (das heißt zunehmenden Ausfall der modernen Kampfmittel, drastische Verschlechterung der Lebensumstände an der Front, damit auch eine geistige Entfernung vom modernen Leben) durchmachten, und das genau zu dem Zeitpunkt, als das Dritte Reich seine Wirtschaft und Industrie für den totalen Krieg mobilisierte.[1] Die Erfolge der deutschen Armee in den ersten beiden Kriegsjahren beruhten auf dem innovativen und höchst wirkungsvollen Einsatz ihrer begrenzten materiellen Mittel. Die Blitzkriege in Polen, Skandinavien und Westeuropa waren von kurzer Dauer und forderten relativ wenig Opfer. Doch nach dem Einmarsch der Wehrmacht in die Sowjetunion, und speziell im Winter 1941/42, veränderten sich die Verhältnisse an der Front grundlegend. Obwohl das Reich die Rüstungsproduktion erhöht hatte, lebte und kämpfte die große Mehrheit der deutschen Soldaten im Feld unter äußerst primitiven Bedingungen. Wie wir noch sehen werden, hatten diese Veränderungen tiefgreifende Auswirkungen auf den Charakter, das Selbstverständnis und das Verhalten der Wehrmacht.[2]

Bei Beginn des Westfeldzugs waren die deutschen Panzerkräfte denen des Gegners zahlenmäßig und in mancher Hinsicht auch qualitativ unterlegen. Am 10. Mai 1940 schickte die

Wehrmacht 2445 ihrer 3505 verfügbaren Panzer ins Gefecht. Ihnen standen nicht weniger als 3383 französische, britische, belgische und holländische Tanks gegenüber. Darüber hinaus waren nur 725 der deutschen Panzer moderne Ausführungen von den Typen III und IV, und selbst diese hatten große Schwierigkeiten, sich gegen die schweren französischen Panzer zu behaupten. Doch die Deutschen setzten ihre Panzertruppen weitaus geschickter ein. Sie verteilten sie nicht wie die westlichen Alliierten stückweise an der Front, sondern faßten sie zu Panzerdivisionen zusammen und bildeten aus diesen Verbänden schlagkräftige Angriffskeile, die in der Lage waren, tief in das Hinterland des Feindes vorzudringen. Diese organisatorischen Neuerungen ermöglichten es, durch die Anwendung völlig neuer Taktiken wie Massierung, Durchbruch und Vorstoß in einem begrenzten Gebiet eine erdrückende Übermacht zu erlangen und so den Eindruck einer allgemeinen zahlenmäßigen und technischen Überlegenheit zu wekken. Die Schockwirkung solcher Panzerangriffe wurde durch eine ähnliche Organisation und Konzentration der Luftstreitkräfte verstärkt. Anders als die Panzertruppen war die Luftwaffe aber tatsächlich besser ausgerüstet als der Gegner, und zwar qualitativ wie auch quantitativ. Vor dem Angriff standen den 4020 einsatzfähigen Flugzeugen der Deutschen 3099 Maschinen der Alliierten gegenüber, einschließlich der in Großbritannien stationierten Flugzeuge. Und was noch wichtiger war: Die Luftwaffe brachte im Westen 1559 Bomber zum Einsatz, während die Alliierten lediglich über 708 verfügten, die zumeist auch noch relativ veraltet waren. Die massierten Durchbrüche von Panzereinheiten, die direkt von dieser «fliegenden Artillerie» unterstützt wurden, brachten die Front des Feindes schnell durcheinander, verwirrten seine Führung, zerstörten sein Nachschubsystem und demoralisierten seine Truppen an der Front und im Hinterland. Unter diesen Umständen erwies sich die große Überlegenheit der Alliierten bei den Geschützen als relativ bedeutungslos. Der Feldzug wurde so schnell und so klar gewonnen, daß rückblickend beide Seiten den Ausgang als unvermeidlich ansahen.[3]

Tatsächlich stand der Sieg aber keineswegs von vornherein fest. Die Panzertruppen machten nur einen kleinen Teil der Gesamtstärke der Wehrmacht aus. Die Deutschen griffen im Westen mit 141 Divisionen an, aber nur 10 davon waren Panzerdivisionen. Damit am «Schwerpunkt» der Schlacht die Panzer in maximaler Massierung eingesetzt werden konnten, rasten in der entscheidenden Phase des Feldzugs nicht weniger als neun Panzerdivisionen nebeneinander auf den Ärmelkanal zu und trieben einen Keil zwischen die Kräfte der Alliierten. Diese Konzentration nahezu aller modernen Einheiten der Wehrmacht auf einen Punkt der Front führte zum gewünschten Erfolg. Aber sie hätte sich auch als fatal erweisen können. Hätten die Alliierten das Geschehen auf dem Kriegsschauplatz nur etwas besser durchschaut, hätten sie nur etwas mehr organisatorisches Geschick und Koordinationsfähigkeit bewiesen, so hätten sie den Panzerkeil von den nachrückenden Infanterieverbänden und vom lebenswichtigen Nachschub abschneiden können. Die Panzer wären ziemlich nutzlos geworden, wenn sie ihre Treibstoff- und Munitionsvorräte erst einmal verbraucht hatten. Hitler und seine Generäle wußten ganz genau, welch großes Risiko sie eingingen, und tatsächlich fürchteten sie eine Neuauflage des «Wunders an der Marne». Da der Kriegsschauplatz im Westen aber nur ein relativ begrenztes Gebiet umfaßte und sie zudem einem zögerlichen, schlecht vorbereiteten und zahlenmäßig mehr oder weniger gleichwertigen Gegner gegenüberstanden, lohnte es sich, das Risiko einzugehen.[4] Im Osten lagen die Dinge ganz anders, wie sich bald herausstellen sollte.

Die Wehrmacht errang einen taktischen Sieg. Weil

Deutschland aber den Krieg nicht gewonnen hatte, traten seine inneren Schwächen immer deutlicher zutage. Dies war die zweite, noch weiter reichende Lehre, die sich aus dem Westfeldzug ziehen ließ. Das Dritte Reich hatte versucht, einen europäischen Krieg zu führen, ohne seine Wirtschaft total zu mobilisieren. Da ihm der völlige Sieg im Westen versagt blieb, weil Großbritannien beharrlich weiterkämpfte, wandte sich Hitler nach Osten, in der Hoffnung, die Sowjetunion mit derselben Taktik zu vernichten, die sich im Westen als so wirkungsvoll erwiesen hatte. Doch zwischen 1940 und 1941 war Deutschlands Kriegsproduktion, gemessen an den finanziellen Aufwendungen, kaum gewachsen, während Großbritannien, die Sowjetunion und die Vereinigten Staaten zusammen ihre Ausgaben fast verdoppelt hatten, so daß sie inzwischen dreimal so hoch waren wie die des Reichs.[5] Im Winter 1941/42 befand sich Deutschland in einem Weltkrieg, und nur zögernd ging es zur totalen wirtschaftlichen Mobilmachung über. Aber es ging nicht nur relativ spät ins Rennen, es verfügte auch über weitaus begrenztere Ressourcen als seine Feinde. Das Dritte Reich konnte einen europäischen Blitzkrieg gewinnen, aber keinen totalen Weltkrieg.

Die Risiken, die mit der Taktik und Strategie des Blitzkriegs verbunden waren, und die begrenzte Produktionskapazität Deutschlands wurden in den ersten sechs Monaten des Rußlandfeldzuges nur allzu deutlich. Zwar gelang es der deutschen Rüstungsindustrie, die Panzerproduktion von 2235 im Jahre 1940 auf 5290 im Jahre 1941 zu steigern, und die Wehrmacht verdoppelte die Zahl ihrer Panzerdivisionen auf einundzwanzig (wobei allerdings die Zahl der Panzer pro Division um ein Drittel gesenkt wurde). Doch dieser Ausbau der modernen Waffen war noch lange nicht ausreichend angesichts der ungeheuren Verluste an der Front und der Stärke der feindlichen Panzerkräfte. Es ist in der Tat sehr aufschlußreich, daß, gemessen am Verhältnis von Menschen und Material, die sowjetischen Streitkräfte, die dem Ostheer direkt gegenüberstanden, moderner waren, auch wenn sie, wie die westlichen Alliierten, noch nicht gelernt hatten, aus ihrer materiellen Stärke effektiven Nutzen zu ziehen. Im Juni 1941 griff das 3 600 000 Mann starke Ostheer mit 3648 von 5694 Panzern des deutschen Bestandes die Sowjetunion an; abermals waren nur 444 Kampffahrzeuge vom relativ modernen Typ Panzer IV darunter. In Westrußland standen ihnen 2 900 000 Rotarmisten gegenüber, die von nicht weniger als 15 000 der insgesamt 24 000 sowjetischen Panzer unterstützt wurden; das waren mehr als alle Panzer der übrigen Welt zusammengenommen. Natürlich war die große Mehrzahl der sowjetischen Panzer ziemlich veraltet, aber 1861 davon waren T 34- und schwere KW-Tanks, die den besten damals in Deutschland gebauten Modellen weit überlegen waren. Und während die Sowjetunion 1940 nur 358 solche Panzer baute, schraubte sie die Produktion im ersten Halbjahr 1941 auf 1503 und in der zweiten Jahreshälfte sogar auf 4740 Stück, und das trotz der Besetzung der Gebiete, in denen die russische Grundstoffindustrie angesiedelt war. Hinzu kam, daß nur 2510 Flugzeuge das Ostheer unterstützten, also wesentlich weniger, als im Westen eingesetzt worden waren, wohingegen die Russen über annähernd 9000 Maschinen verfügten, die freilich den deutschen im allgemeinen unterlegen waren. Und schlimmer noch: Sobald der Blitzkrieg ins Stocken geriet, kamen die größeren menschlichen und industriellen Ressourcen der Sowjetunion zum Tragen, mit dem Ergebnis, daß der technische Vorsprung der Roten Armee gegenüber dem Ostheer rasch wuchs.[6]

Es sei nochmals betont, daß das Dritte Reich nach dem

Debakel im Winter 1941/42 seine gesamte Rüstungsproduktion erheblich steigerte und bei der Entwicklung einiger moderner Waffen und Geräte beachtliche Fortschritte erzielte. Aber der durchschnittliche Soldat an der Front bekam nicht viel davon zu spüren, daß Deutschland zur Produktion für den totalen Krieg übergegangen war. Ein Grund dafür war, daß der Feind im Verhältnis immer besser und moderner ausgerüstet wurde, ein anderer, daß die Wehrmacht immer größere Gebiete besetzte und die steigenden Produktionsziffern auf der Empfängerseite daher weit weniger eindrucksvoll erschienen. Auf dem relativ begrenzten Kriegsschauplatz im Westen hatte sich die Strategie der Wehrmacht, einige gutausgerüstete Divisionen auf Kosten der großen Masse der Infanterieverbände zu unterhalten, als wirkungsvoll erwiesen. Eine Ursache für das Scheitern des Blitzkriegs im Osten war, daß die Infanterie über große Distanzen mit den Panzerkeilen nicht Schritt halten konnte. Die Folge war eine grundsätzliche Veränderung des Krieges selbst: Es entstand eine mehr oder weniger stabile Front, die von den schlecht ausgerüsteten Infanterieverbänden gehalten werden mußte, zusammen mit einer wachsenden Zahl von Panzerdivisionen, die allerdings einen Großteil ihrer Panzer verloren hatten. Nur noch wenige Eliteeinheiten wurden in ausreichendem Maße mit modernem Gerät versorgt, ohne dadurch in der Lage zu sein, eine entscheidende Wende herbeizuführen. Legt man die Zahlen der Gesamtproduktion zugrunde, so schien die Wehrmacht einen Prozeß der Modernisierung zu durchlaufen. Doch in Wahrheit erlebten die meisten Truppen an der Front eine tiefgreifende Entmodernisierung und eine Rückkehr zum Stellungskrieg des Ersten Weltkriegs, ein Umstand, der durch die wachsenden technischen Möglichkeiten des Feindes noch verschlimmert wurde.

Diese Entwicklung sollte genauer untersucht werden. Im Jahr 1944 gelang es der deutschen Rüstungsindustrie, die Produktion leichter und mittlerer Panzer auf 220 Stück zu steigern und im gleichen Zeitraum 5235 schwere Panzer herzustellen. Doch die Sowjetunion erzielte erneut eine Jahresproduktion von 30000 Panzern, wie bereits 1943; Großbritannien produzierte zwischen dem ausgehenden Jahr 1941 und Ende 1943 36720 Panzer, und die Vereinigten Staaten fertigten gar 88410 Stück. In ähnlicher Weise erhöhte das Dritte Reich auch seine Produktion von Flugzeugen von 12401 im Jahre 1941 auf 40593 im Jahre 1944. Doch die Sowjetunion erreichte in den letzten Kriegsjahren eine monatliche Produktionsrate von 2000 bis 3000 Maschinen, und die Vereinigten Staaten produzierten annähernd 100000 Jagdflugzeuge und über 90000 Bomber, von denen mehr als ein Drittel viermotorige Langstreckenbomber waren. Und dabei ist noch nicht der gewaltige Ausstoß der amerikanischen Automobilindustrie berücksichtigt, die weit über vier Millionen Panzer-, Kampf- und Versorgungsfahrzeuge aller Art herstellte, von denen ein großer Teil dazu benutzt wurde, die Rote Armee zu motorisieren.[7]

Wegen der Länge der sowjetischen Grenze konnte das Ostheer seine Blitzkriegtaktik nur wiederholen, wenn es seine Panzertruppen unter drei Heeresgruppen aufteilte. Demzufolge war jede einzelne Angriffsspitze schwächer als der massierte Panzerkeil, der beim Westfeldzug die Entscheidung herbeigeführt hatte. Im mittleren Frontabschnitt, wo die stärksten deutschen Kräfte zu finden waren, mußten die Panzerverbände nochmals zwischen zwei Panzergruppen aufgeteilt werden, damit die starken sowjetischen Kräfte in Weißrußland eingekesselt werden konnten. Als die Deutschen tiefer nach Rußland vordrangen, verlängerte sich die Front von 1300 auf 2400 Kilometer, fast auf das Doppelte, und die Nachschublinien reichten rund 1500 Kilometer ins Hinterland. Dadurch wurden die Panzereinheiten noch weiter auseinandergezogen, und die Truppe bekam gewaltige Probleme, die lebenswichtige logistische Verbindung zu den Depots aufrechtzuerhalten. Erschwerend kam hinzu, daß die Nachschubeinheiten des Ostheeres schlecht motorisiert waren. Anders als in Westeuropa gab es in Rußland nur wenige und hauptsächlich ungepflasterte Straßen, und die Eisenbahn hatte eine andere Spurweite. Daß die Wehrmacht nur teilweise modernisiert wurde, läßt sich daran ablesen, daß 77 Infanteriedivisionen, also rund die Hälfte der gesamten Invasionsstreitmacht, darauf angewiesen waren, ihren Nachschub mit Pferdewagen von den Ausladebahnhöfen abzuholen, während die Panzerdivisionen über eigene motorisierte Versorgungskolonnen verfügten. Da es an Ersatzteilen fehlte, konnten defekte Fahrzeuge nicht repariert werden, und viele Pferde gingen an Überanstrengung und Futtermangel ein. Da die Heeresgruppen Nord und Süd wegen der begrenzten Zahl ihrer Panzer ihre operativen Ziele nicht erreicht hatten, mußten ihnen Panzereinheiten der Heeresgruppe Mitte zu Hilfe kommen, wodurch wiederum der Vorstoß des Ostheers auf Moskau geschwächt wurde. Später, als die Deutschen endlich beschlossen, die sowjetische Hauptstadt anzugreifen, hatten sie bereits erheblich von ihrer materiellen Stärke eingebüßt, und ihr Nachschubwesen geriet zunehmend in Unordnung. Rückblickend kann man sagen, daß der Versuch, die riskante, im Westen angewandte Blitzkriegtaktik bei einem noch ungünstigeren Verhältnis von Raum und Kriegsmaterial zu wiederholen, von vornherein zum Scheitern verurteilt war.[8]

Ausrüstung und Stimmung hingen im Ostheer eng zusammen. Als die Zahl der Panzer stetig sank, mußte sich die Truppe verschanzen und einen Stellungskrieg führen, und als die Lastwagen ausfielen und die Züge nicht mehr ankamen, verschlechterte sich die Versorgung mit Munition, Lebensmitteln und Kleidung zusehends. Die Entmodernisierung der Front war also ein Prozeß, bei dem der einzelne Soldat durch den Ausfall der Maschinen gezwungen wurde, unter äußerst primitiven Bedingungen zu leben. Wir wollen das an einigen Beispielen veranschaulichen: Die Panzergruppe 4, die Panzerwaffe der Heeresgruppe Nord, rückte in den ersten fünf Tagen des Feldzuges über 300 Kilometer weit auf sowjetisches Gebiet vor, mußte dann aber eine ganze Woche lang auf die Nachschubbasis warten, ehe sie ihren Vorstoß fortsetzen konnte. Und dafür mußten der gesamte Nachschub und alle Transportmittel der Heeresgruppe zu den Panzereinheiten umgeleitet werden, was zur Folge hatte, daß die Infanterie weit zurückblieb. Als die Panzerdivisionen schließlich vor den Toren Leningrads standen, mußten sie so lange auf die Infanterie warten, daß in der Zwischenzeit die Verteidigungsstellungen in der Stadt ausgebaut werden konnten und eine Einnahme nicht mehr möglich war. Von da an stabilisierte sich die Front, und die verbliebenen Panzer wurden zum mittleren Frontabschnitt umdirigiert.[9] Weiter im Süden legten die Infanteristen der 16. Armee in den ersten fünf Wochen des Feldzuges über 1000 Kilometer zu Fuß zurück. Dann gerieten sie östlich des Flusses Lovat in ein Sumpfgebiet, wo sie unter den schlimmsten Bedingungen, die man sich vorstellen konnte, die nächsten vierzehn Monate verbringen sollten.[10] Die Strapazen zu Beginn des Unternehmens «Barbarossa» waren für die Infanteristen zwar groß, aber durchaus nicht ungewöhnlich für eine Armee, die alle ihre Blitzkrieg-Feldzüge mit einem kleinen motorisierten Element durchgeführt hatte, das von einer großen Masse marschierender Infanterie unterstützt wurde. Als die Panzer jedoch im Schlamm versanken und das ganze Heer tief in der

Sowjetunion festsaß, wurde die Infanterie zum Rückgrat der Front. Sie verteidigte sie mit derselben Verzweiflung wie die Männer im Ersten Weltkrieg und mit ebenso wenig Hoffnung, jemals durch irgendein technisches Hilfsmittel aus ihrer prekären Lage befreit zu werden. Bedingt durch den Mangel an Kriegsgerät sowie die klimatischen und geographischen Besonderheiten Rußlands verlor das ehemalige Blitzkrieg-Heer an der gesamten Front jede Ähnlichkeit mit einer modernen Armee. Bereits am 28. Oktober 1941 berichtete der Kommandeur des 2. Korps der 16. Armee:

> Das Regenwetter der letzten Zeit hat … die Wege und das Gelände so unpassierbar gemacht, daß nur noch Zugmaschinen, Panjewagen und Reiter sich bedingt bewegen können. Ich weiß aus eigener Erfahrung, daß man auf den Wegen bis zu den Knien im Lehmbrei steht und daß einem, wenn man geht, das Wasser von oben in die hohen Stiefel läuft. Schützenlöcher und Unterstände stehen voll Wasser. Letztere fallen ein … Ein Teil der Truppen wird seit mehreren Tagen nur noch kalt verpflegt, weil die Feldküchen und Panjewagen nicht durchkommen und die Essenträger nicht ausreichen.

Es ist kein Wunder, daß die physische und psychische Verfassung der Soldaten unter diesen Bedingungen litt. So fügte der Kommandeur hinzu:

> Der Gesundheitszustand von Mensch und Pferd leidet unter schlechten Unterbringungsmöglichkeiten … Die Menschen liegen seit Wochen im Regen und stehen im knietiefen Lehm. Auswechslung der nassen Bekleidung ist nicht möglich.
> Ich habe die Soldaten gesehen und mit ihnen gesprochen. Sie sind hohläugig, blaß, viele sind krank. Die Zahl der Erfrierungen ist hoch.[11]

Die Lage der deutschen Infanterieverbände südlich von Leningrad verschlimmerte sich weiter, als die Rote Armee bei

Demjansk sechs Divisionen einkesselte. Von Februar bis April 1942 befanden sich diese 96 000 Mann in einer operativ und logistisch äußerst prekären Situation. Einmal mehr hatte das Versagen der Technik ungeheures Elend zur Folge. Das Versprechen der Luftwaffe, die eingeschlossenen Truppen aus der Luft zu versorgen, wurde nur in sehr begrenztem Umfang erfüllt. So waren die Männer weitgehend auf sich allein gestellt. Ihre Nahrungsmittelvorräte schwanden zusehends, und ihre zerrissenen Sommeruniformen boten kaum Schutz vor der grimmigen Kälte. Mit wirkungslosen Waffen und ohne ausreichende Munition mußten sie gegen einen immer besser ausgerüsteten Feind kämpfen.[12] Die Entmodernisierung der Ostfront war nirgends so offensichtlich wie im Kessel von Demjansk: Die Soldaten schützten sich mit Zeitungen vor der Kälte, bis auch diese ausgingen, Stiefel, Handschuhe, Mützen, Pullover und Mäntel waren rar und den Bedingungen des russischen Winters ohnehin kaum angemessen. Die schmalen Essensrationen erreichten die Front immer in gefrorenem Zustand und waren folglich kaum genießbar.[13] Der Arzt der 12. Infanteriedivision berichtete, daß die Soldaten in dunklen, engen und feuchten Bunkern hausten, die schlecht belüftet und kaum beheizbar waren und deshalb wenig Gelegenheit boten, sich vom Einsatz im Freien zu erholen. Die schlechte Luft führte zu zahlreichen Erkrankungen der Atemwege, die Männer waren verlaust und litten ständig unter Hautinfektionen, weil sie keine Möglichkeit hatten, sich oder ihre Kleider zu waschen. Infolge der extremen Kälte und der schlechten hygienischen Verhältnisse kam es häufig zu Blasenentzündungen und Erfrierungen. Aufgrund der zu geringen Personalstärke hatten die Soldaten häufig Wache, und der daraus resultierende Schlafmangel, dazu die ständige Anspannung, schwächte die Truppe und machte sie, mit den Worten des Arztes, «geistig immer stumpfer».[14] So wurde über Soldaten berichtet, die unter nervösen Störungen litten oder auf Wache vor Erschöpfung ohnmächtig wurden. Ein Regimentsarzt faßte die Lage folgendermaßen zusammen:

> Die Truppe ist stark überanstrengt. Dies wird von Tag zu Tag mehr erkennbar in zunehmendem Kräfteverfall, Gewichtsabnahme und zunehmender Nervosität und wirkt sich auf die Kampfführung in steigendem Umfang durch auftretende Reibungen, Pannen und Versagen von Führern und Leuten infolge von Übermüdung und Überreizung der Nerven hemmend aus.[15]

Inzwischen blieben den Soldaten zur Verteidigung gegen sowjetische Panzerangriffe nur noch kleinkalibrige Panzerabwehrwaffen. Die Kommandeure versuchten, ihren Männern Mut zu machen, indem sie ihnen versicherten: «Abpraller und Querschläger sind keine Beweise dafür, daß unsere Geschosse die Sowjetpanzer nicht durchschlagen können.» Oder: «Tapfere Bedienungen unserer *leichten Pak* haben Gelegenheiten zu gutem Erfolg ausgenutzt.»[16] Aber dies war offensichtlich ein schwacher Trost für Männer, die nur wenige Monate zuvor hinter ihren eigenen, vermeintlich unbesiegbaren Panzern hermarschiert waren.

An anderen Abschnitten der Ostfront war die Lage ganz ähnlich. Knapp einen Monat nach Beginn des Unternehmens «Barbarossa» mußte die Heeresgruppe Süd die Hälfte ihrer Lastwagen durch russische, von Pferden gezogene «Panjewagen» ersetzen, weil die Lastwagen defekt waren und Ersatzteile fehlten. Und im November hatten ihre Panzerverbände, inzwischen unsinnigerweise in 1. Panzerarmee umbenannt, so viele Panzer und Lastwagen verloren, daß sie sich außerstande erklärten, einen Bewegungskrieg zu führen. Tatsächlich waren bereits im September fast zwei Drittel der deutschen Panzer im Osten nicht mehr funktionsfähig. Mitte November verfügte die Panzergruppe 2, die als eine der beiden Panzergruppen der Heeresgruppe Mitte mit 1000 Panzern gestartet war und weitere 150 als Verstärkung erhalten hatte, nur noch über 150 Panzer, und von den Nachschubfahrzeugen funktionierten nur noch 15 Prozent.[17] Ein Blick auf einen Verband dieser Panzergruppe wird veranschaulichen, wie dieser gewaltige Verschleiß bei den Panzereinheiten an der Front aussah. Die 18. Panzerdivision begann den Feldzug mit über 200 Panzern, aber nicht zuletzt wegen verlustreicher Gefechte mit überlegenen sowjetischen Panzern vom Typ T-34 verfügte sie nach zwei Wochen nur noch über 83 Fahrzeuge oder weniger als 40 Prozent ihrer anfänglichen Stärke.[18] Bereits in diesem frühen Stadium sah sich der Divisionskommandeur zu folgender Warnung genötigt: «Dieser Zustand beziehungsweise seine Fortsetzung sind auf die Dauer unmöglich, wenn wir uns nicht ‹totsiegen› sollen.»[19] Doch am 24. Juli, als die Kämpfe erst einen Monat dauerten, hatte die 18. Panzerdivision nur noch 12 Panzer.[20] Das bedeutete, daß sie nicht mehr als Panzerverband gelten konnte. Die logistische Situation der Division war auch nicht besser, besonders nachdem die Nachschubkolonne des Panzerregiments durch einen sowjetischen Panzerangriff vernichtet worden war.[21] Mit diesen materiellen Verlusten gingen Anzeichen extremer Kriegsmüdigkeit einher, die von dem unwirtlichen Gelände, dem zähen Widerstand der Roten Armee und ihrer Überlegenheit an Panzern und Artillerie herrührte. Bereits Mitte Juli, als der Blitzkrieg noch in vollem Gange war, führte das Motorradbataillon der 18. Panzerdivision zehn Tage lang einen defensiven Stellungskrieg, der sehr stark an den Ersten Weltkrieg erinnerte: Es lag unter Dauerbeschuß der sowjetischen Artillerie und mußte sich ständiger Angriffe der feindlichen Infanterie erwehren. Und dies war nur ein erstes Beispiel dafür, was wenige Monate später an der Ostfront zur Regel wurde: Materieller Verschleiß auf deutscher Seite und zunehmende materielle Stärke auf russischer Seite zwangen auch viele Panzereinheiten des Ostheeres, feste Stellungen zu beziehen und um ihr Leben zu kämpfen. Die Folge war eine allgemeine Kriegsmüdigkeit, die der Bataillonsarzt eindringlich schilderte:

> Der vollkommene Erschöpfungszustand ist bei allen Leuten des Bataillons [festzustellen]. Er ist … vor allen Dingen auf die übergroße seelische und Nervenbelastung [zurückzuführen]. Die Truppe hat … unter starkem schweren Artilleriefeuer gelegen. Der Feind hat … angegriffen, ist in die eigenen Stellungen eingebrochen und wurde im Nahkampf und Gegenstoß zurückgeworfen. Während dieser Tage konnten die Leute Tag und Nacht kein Auge zumachen. Verpflegt werden konnte nur während der wenigen Stunden der Dunkelheit. Eine größere Anzahl von Leuten, die sich noch jetzt bei der Truppe befinden, wurden durch Artilleriefeuer verschüttet. Besonders schwerwiegend hat sich auch ausgewirkt, daß den Leuten … einige Tage Ruhe zugesagt worden waren, statt dessen kamen sie aber in Lagen, die schwieriger waren als die vorangegangenen. Die Leute sind vollkommen teilnahmslos und apathisch, hatten zum Teil Weinkrämpfe und sind durch irgendwelche Worte nicht aufzumuntern. Essen wird nur in unverhältnismäßig geringen Mengen eingenommen.[22]

Da die 18. Panzerdivision beim Ostfeldzug eine wichtige Rolle spielte, erhielt sie Verstärkung. Doch bezeichnenderweise blieb sie weitaus schwächer, als sie am 22. Juni gewesen war, und Mitte August verfügte sie nicht einmal mehr über 50 einsatzfähige Panzer oder ein Viertel ihrer anfänglichen Stärke.[23] Da motorisierte Transportmittel knapp waren, mußte sich die Division mit einer neuen, aus Panjewagen bestehenden Nachschubkolonne behelfen, die sicher nicht die geeignetste Form der Versorgung einer Panzereinheit darstellte, bei der es in hohem Maße auf Schnelligkeit und Beweglichkeit ankam.[24] Als die Kämpfe anhielten und immer noch kein Ende in Sicht war, erkannten immer mehr Soldaten, daß der Krieg ein neues Gesicht bekam. Mit bemerkenswerter Präzision und Voraussicht benannte ein Soldat die Ursachen für das bevorstehende Scheitern der Wehrmacht in Rußland:

> Heute vor drei Monaten hat der Feldzug gegen Rußland begonnen. Man hat damals allgemein angenommen, daß die Bolschewiken in wenigstens acht bis zehn Wochen zur Kapitulation reif sind. Diese Auffassung war jedoch aus einer allgemein vertretenen Unkenntnis über das russische Kriegsmaterial geboren ... Wir sind verwöhnt durch die vorhergegangenen Blitzkriege.[25]

Als das Ostheer mit dem Angriff auf Moskau die letzte Phase des Feldzuges einleitete, waren die Überreste seiner modernen Einheiten schnell vernichtet. Am 9. November besaß die 18. Panzerdivision nur noch 14 Panzer, und zehn Tage später fielen auch die letzten wegen Treibstoffmangels aus.[26] Am Vorabend der sowjetischen Gegenoffensive besaß die Division nur noch ein Viertel ihrer ursprünglichen Fahrzeuge.[27] Bedrohliche Engpässe bei der Versorgung mit Lebensmitteln und Kleidung konnten da nicht ausbleiben. Zudem führten die harten Lebensbedingungen zu stark erhöhtem Auftreten von Erfrierungen, Krankheiten und Erschöpfungszuständen.[28] Der Rückzug vor der angreifenden Roten Armee verschlimmerte die Lage noch, weil die Division einen Großteil der Ausrüstung, die ihr noch geblieben war, zurücklassen mußte.[29] Anzeichen psychischer Erschöpfung, hervorgerufen durch Schlafmangel, Hunger, Unterkühlung und Angst, waren weit verbreitet. Am 22. Dezember notierte die Einsatzleitung der Division: «Der körperliche und seelische Zustand der Truppe und einzelner Führer zwingt zu sehr eingehender Befehlsgebung und peinlicher Überprüfung aller Befehle, damit Pannen vermieden werden.»[30] An

Weihnachten starben sogar zwei junge Soldaten an Erschöpfung.[31] Apathie war weit verbreitet. Ein Soldat der 57. Infanteriedivision schrieb damals: «Schneestürme, Schneegestöber und die große Kälte bis zu 45 Grad zeigen hier ihr wahres, todbringendes Gesicht. Leider gibt es viele Menschen, die keine Energie aufbringen, sich der Strenge des Winters zu widersetzen, und dadurch dem sicheren Tod entgegengehen ...»[32] Die Entmodernisierung der Panzereinheiten bestand nicht nur im Verlust von Panzern und Lastwagen, sondern auch in zahlreichen physischen und psychischen Zusammenbrüchen, die ihren Grund in den erbärmlichen Lebensbedingungen hatten. So notierte der Quartiermeister der Division, «die fast übermenschlichen Anstrengungen» im Gefecht

> verschärfte[n] sich noch dadurch, daß keine Unterkünfte vorhanden waren. Trotz der großen Kälte von –42 Grad mußte die Truppe häufig Tag und Nacht im Freien verbringen und erst beginnen, Schützengräben und Unterstände anzulegen ..., als die Division den Abmarschbefehl für ein neues Unternehmen erhielt.[33]

Den Rest des ersten Winters in Rußland verbrachten die Soldaten der 18. Panzerdivision im wesentlichen unter den gleichen Bedingungen wie ihre Kameraden von der 12. Infanteriedivision. Dieses Schicksal teilten die meisten Panzerdivisionen des Ostheers: Sie hatten ihre Ausrüstung verloren, waren zu einem defensiven Stellungskrieg gezwungen und machten eine viel radikalere Entmodernisierung durch als die reguläre Infanterie. Später gelang es der 18. Panzerdivision zwar, einige Panzer zu beschaffen, aber sie hatte niemals mehr als zwanzig, gewöhnlich viel weniger. Die Division war sogar noch schlechter ausgerüstet als die meisten Verbände im Ersten Weltkrieg, denn in der zweiten Hälfte des Winters

1941/42 hatte sie nie mehr als zweiunddreißig Geschütze, oftmals nur fünf, und da motorisierte Versorgungsfahrzeuge sehr knapp waren und viele Pferde starben, war sie die meiste Zeit in ihrer Mobilität stark eingeschränkt. Der Nachschub mußte auf primitiven russischen Panjewagen und Schlitten herbeigeschafft werden. Ein weiteres Zeichen für den Verfall an der Front war die Qualität der Ausrüstung. Waren schon die besten deutschen Panzer ihren russischen Pendants unterlegen, so mußten die Panzereinheiten inzwischen auf veraltete Modelle zurückgreifen, die gegen sowjetische Panzer wenig ausrichten konnten. Auch waren die wenigen verbliebenen Artilleriegeschütze so abgenutzt, daß jederzeit Rohrkrepierer drohten, während die Panzerabwehrwaffen wegen ihres kleinen Kalibers, wie bei der 12. Infanteriedivision, meist wirkungslos waren.[34] Der Eindruck der Soldaten, in eine extreme Rückständigkeit zurückzufallen, wurde noch durch die unzureichende Winterkleidung verstärkt, die den Anforderungen des russischen Winters in keiner Weise genügte, obwohl diese Division noch einen relativ großen, wenn auch unzureichenden Bestand an Winterkleidung besaß.[35] Zwar meldeten die Fronteinheiten diesen Mangel immer wieder ins Hinterland, aber bis weit ins Jahr 1943 hinein änderte sich wenig an der Qualität der Winteruniformen.[36] Ebensowenig kamen die für die Panzerproduktion verantwortlichen Leute auf die Idee, daß es für die Kämpfe im Osten wichtig sein könnte, Heizungen in die Panzer einzubauen.[37]

All diese Faktoren zusammen führten unter den Soldaten der 18. Panzerdivision zu derselben physischen und psychischen Erschöpfung, die wir bereits bei der 12. Infanteriedivision festgestellt haben. Die Truppe war schlecht genährt, unzureichend gekleidet, schmutzig und verlaust, hatte unzureichende Unterkünfte, kämpfte mit schwindenden Reserven gegen den zunehmenden Druck des Gegners und litt unter einer Reihe von Krankheiten wie Grippe, Hautinfektionen und Erfrierungen, Darmentzündungen, Typhus und Fleckfieber.[38] Mitte Februar 1942 schrieb der Kommandeur der 18. Panzerdivision:

> Im allgemeinen ist jedoch bei der dauernden hohen Beanspruchung durch Wach- und Sicherungsdienst, ferner durch die in dem derzeitigen Abschnitt besonders schlechte Unterkunft ein starkes Nachlassen der körperlichen und geistigen Widerstandskraft festzustellen … Eine Kompanie mußte wegen gehäuftem Auftreten von Fleckfieber aus der Front herausgezogen und abgesondert werden … Die Kürzung der Portionssätze ist bei dem Zustand der Truppe für längere Zeit nicht tragbar. Eine völlige Entspannung für Auffrischung, Gesundheitszustand und Stimmung ist wünschenswert.[39]

Ausruhen kam nicht in Frage, und so überrascht es nicht, daß sich in den ersten drei Monaten des Jahres 1942 ungefähr 5000 Soldaten, nahezu ein Drittel der Division, krank meldeten.[40] Das war keineswegs ungewöhnlich. 1942 nahm das Fleckfieber im Ostheer epidemische Ausmaße an und forderte 36434 Opfer. Allein im Dezember 1941 stieg die Zahl der Erkrankungen auf 90000, hinzu kam eine ähnlich hohe Zahl von Erfrierungen. Im Januar 1942 verzeichnete das Ostheer 214000 Ausfälle. Annähernd zwei Drittel davon waren auf Krankheiten oder Erfrierungen und nicht auf Feindeinwirkung zurückzuführen, und im Frühjahr 1942 stieg diese Zahl weiter auf eine halbe Million.[41] Die miserablen Lebensbedingungen und die daraus resultierende Verschlechterung des Gesundheitszustandes der Soldaten hatte auch ernstzunehmende psychologische Auswirkungen. Der Kommandeur der 18. Panzerdivision war nicht der einzige, der seine Offiziere drängte, «mit allem Nachdruck der zweifellos vorhandenen Müdigkeit und Gleichgültigkeit unserer Leute» entgegenzuwirken.[42] Der erste Winter in Rußland hatte die deutsche Seite der Front materiell entmodernisiert und die Stimmung in der Truppe verändert. Bezeichnend für diesen Wandel war die Unzufriedenheit des Kommandeurs der Heeresgruppe Mitte, Generalfeldmarschall von Bock, der klagte: «Die eigene Truppe läuft haltlos weg, wenn ein russischer Panzer erscheint!» Das war bisher nie vorgekommen in einem Heer, das vor kurzem noch die moderne Panzerkriegführung in Europa eingeführt hatte. Der Mann, der diese militärische Revolution angeführt hatte, General Heinz Guderian, beschrieb seine einst unbesiegbare Panzergruppe als «nur noch bewaffnete Trosse, die langsam zurücktrudeln» und «bei der Truppe und den Unterführern» unter einer ernsten «Vertrauenskrise» litten.[43]

Doch die veränderte Art der Kriegführung an der Ostfront führte nicht nur zu Erschöpfung und Apathie, sondern auch zu einer neuen Betrachtungsweise des Krieges. In der Zeit zwischen 1918 und 1939 hatte man allmählich akzeptiert, daß Maschinengewehre und Stacheldraht, die im Ersten Weltkrieg zum Patt entlang der Westfront geführt hatten, ein fester Bestandteil der modernen Kriegführung bleiben würden.[44] Doch in den ersten beiden Jahren des Zweiten Weltkriegs beschleunigte die Wehrmacht das Tempo der Gefechte durch den Einsatz von Panzern und Flugzeugen in einem solchen Maße, daß die Vorstellung einer Front grundsätzlich überholt schien. Nun stellte man sich vor, daß im Krieg hochqualifizierte Militärs mit kompliziertem Kriegsgerät schnelle und spektakuläre Feldzüge führten. Doch kaum war das Unternehmen «Barbarossa» gestartet, konnte das Ostheer das erstaunliche Ungleichgewicht zwischen seinen modernen und seinen veralteten Elementen aufgrund der viel größeren Entfernungen in Rußland und der Stärke und Entschlossenheit der Roten Armee nicht mehr ausgleichen. Die Folge war, daß das Ostheer an einer weit überdehnten Front tief im Innern der Sowjetunion steckenblieb. Die Front ähnelte immer mehr den Verhältnissen, die man aus dem Ersten Weltkrieg kannte, und der Krieg der Ostkämpfer bestand wieder in einem herkömmlichen Stellungskrieg und nicht in schnellen Märschen und Entscheidungsschlachten, wie man es inzwischen gewohnheitsmäßig erwartete. Bereits am 18. August 1941 schrieb ein Soldat: «Es ist wenig ausgedrückt, wenn man sagt, ‹Es möchte kein Hund so länger leben›, denn tiefer und primitiver als wir lebt wohl kaum ein Tier.»[45] Doch seine Lage war viel frustrierender und demoralisierender als die seiner Vorgänger im Ersten Weltkrieg, denn anders als sie hatte er begriffen, daß ein Krieg, in dem mit möglichst geringen Verlusten rasch die Entscheidung herbeigeführt wurde, nicht mehr möglich war. Und was noch schlimmer war: Mit denselben technischen und taktischen Mitteln, die der deutsche Soldat selbst nicht mehr anwenden konnte, fügten ihm die Feinde nun das zu, was er ein Jahr zuvor ihnen angetan hatte. Ein Soldat schrieb nach Hause: «Ich wußte nicht, was Stellungskrieg heißt, habe es aber bereits kennengelernt. Unsere Verluste sind groß, mehr als in Frankreich.» Aber, so fuhr er fort, dies sei nicht einfach eine Wiederholung von 1914–18, denn nun ergehe es ihm so, wie es den Franzosen und Polen ergangen sei: «Solche zähen Hunde wie die Russen habe ich noch nicht gesehen, und ihre Taktik ist unberechenbar, und vor allem ein unerschöpfliches Material an Panzern usw ...»[46] Dies könnte in der Tat der Brief eines Franzosen vom Mai 1940 sein. Für den einzelnen Landser war die Technik kein Verbündeter mehr, sondern ein Feind. Seine Abneigung gegen ihre todbringenden Erzeugnisse, die an der Front gegen ihn geschleudert wurden, wuchs weiter, als die westlichen Alliierten ihre verheerenden Bombenangriffe auf Städte und Fabriken weit im Hinterland verstärkten. Das alte, romantische Bild der Krieges war stark erschüttert. Ein Soldat klagte: «Aber warum ist dies Leiden nicht in sich groß, sondern so unsäglich gemein und schmutzig?»[47] Statt dessen rechtfertigten die Kampftruppen diese Entwicklung nun mit einer Art nihilistischer, sozialdarwinistischer Argumentation, die an die Auffassung Ernst Jüngers erinnerte, nach der der Krieg die Hölle sei und der Mensch zum Tier werden müsse, wenn er ihn überleben wolle. Der Chronist der Division «Großdeutschland», der als Offizier in dieser Eliteeinheit gedient hatte, beschrieb diese neue Haltung lakonisch:

> Der Mensch wird zum Tier. Er muß vernichten, um zu überleben. Dieses Schlachtfeld hat nichts Heroisches ... Der Kampf nimmt hier wieder seine urtümlichste, tierähnlichste Form an; wer nicht gut sieht, zu spät schießt, nicht das Schleichen auf dem Boden vor ihm hört, wenn der Feind naht, wird niedergemacht ... Hier ist die Schlacht keine unter «Hurra»-Rufen vorgetragene Attacke auf blumenbewachsenem Feld.[48]

Ein anderer Soldat schrieb bereits am 11. Juli: «Hier wird der Krieg in ‹Reinkultur› betrieben, jede Spur von Menschlichkeit scheint verschwunden in Taten und in Herz und Gesinnung. Die Bilder, die man sieht, grenzen an Wahnvorstellungen und Angstträume ...»[49] Und Ansgar Bollweg, ein 31jähriger Student der Theologie, beruft sich auf Jünger, als er in einem Brief vom November 1943 seine eigene Sicht des Krieges zusammenfaßt: «Uns Soldaten hat dieser Krieg anders geformt ... Mit der Schärfe eines Raubtieres erkennen wir, wie die Reste der alten Welt zwischen den Mühlsteinen dieses Krieges zermalmt werden. Das Mittelalter geht endgültig zu Ende. Ritter, König, Bürger, Bauer sind zugrunde gegangen.»[50] Paradoxerweise dürfte gerade dieses schreckliche Gefühl der Isolation und Verlassenheit, das die Soldaten bedrückte, der Grund gewesen sein, warum sie zusammenhielten und weiterkämpften, denn tief im Herzen Rußlands konnten sie nirgendwohin fliehen. So schreibt der Chronist der Division «Großdeutschland»:

> Der Mut der Verzweiflung, das Bemühen, das bereits Errungene zu verteidigen, die Angst, lebend in die Hände des Feindes zu fallen, und der Selbsterhaltungstrieb sind die Gründe für die Bereitschaft der Männer, die im Osten kämpfen, dieses Opfer zu bringen. Sie geben nicht auf.[51]

Dies war in der Tat eine neue Auffassung von Heldentum, ein neues Selbstverständnis des Frontsoldaten. Materielle Stärke und rationale Planung waren durch eine skrupellose, fanatische und unmoralische Sicht des Krieges ersetzt worden. Die Verherrlichung des Todes und die Rückkehr zur Barbarei unter den Frontsoldaten hatte etwas Anarchisches, in dem sich die zunehmende Verachtung traditioneller Autoritäten und Werte mit dem starken Bedürfnis verband, den Feind wie auch sich selbst auszulöschen. Die Ursprünge dieser Auffassung, die der romantischen Sicht des Krieges nicht ganz fern steht, liegen vor dem Rußlandfeldzug. Bereits 1939 schrieb der 20jährige Freiherr von Guttenberg aus Polen: «Der Krieg ist ein Blutsturz, den die Menschheit durchmacht … Es ist die Pflicht jedes Menschen, sich im Chaos der widereinander stürmenden Geister harmonisierend zu bewegen.» Und der junge Prinz Oskar von Preußen freute sich damals: «Wir stehen vor den brennenden Toren Europas … und nur ein Schauer des Glaubens verklärt unsere Züge, von dem, der da sagt, daß er bei uns sein wolle bis an der Welt Ende.»[52] Ein anderer Soldat schrieb im Juni 1940 aus Frankreich: «Der Krieg [wird] gleichsam eine Existenzbedingung sein und bleiben. Eine staatliche, nationale Gemeinschaft scheint kriegerischer Zeiten zu bedürfen, um ihre Werte zu erhalten, ihre Aufgabe zu erfüllen; oder aber sie muß beides preisgeben, wenn sie kraft- und machtlos geworden ist.»[53] Aber der beispiellose Aufruhr an der Ostfront radikalisierte diese Vorstellung sehr stark und brachte das Bild eines neuen, idealen, instinktgetriebenen Kriegers hervor. So schrieb ein Angehöriger der Division «Großdeutschland», daß keine Befehle mehr erteilt würden und daß Führung wieder ihre ursprüngliche Form angenommen habe. Man führe einen Kampf ums Überleben, in dem alles erlaubt sei, was die Vernichtung des einzelnen Soldaten und darüber hinaus auch seiner Kameraden, seiner Einheit, seiner Rasse und seines Landes verhindern könne.[54] Aber der Krieg wurde weit mehr als das. Denn in dem Bemühen, die materielle Entmodernisierung der Front, die tiefe psychische Erschöpfung der Soldaten, die Hoffnungslosigkeit der Lage und die wachsende Überlegenheit des Feindes zu überwinden, wurde der Kampf zu einer Sache an sich gemacht, zu einem Zustand, der als die wahre, höchste Natur des Seins verherrlicht werden mußte. Selbst diejenigen, die den Wahnsinn des Krieges durchschauten, sahen keine andere Möglichkeit, mit dieser Realität umzugehen, als sie zu idealisieren. So schrieb Harald Henry, ein 22jähriger Philosophiestudent, im Oktober 1941:

> Ja, was ich hier lebe, *ist* Idealismus. Der Idealismus des ‹Trotzdem›, haarscharf an der Grenze. Wenn ich gegen ‹idealistische› Auffassungen Front mache, so mit voller Erbitterung gegen alle falsche Bejahung, gegen eine Begeisterung, die überhaupt gar nicht kennt und weiß, was wir leiden und was hier zerstört wird … Aber was wir hier tun müssen, bis zum Wahnsinn zu leiden, mit zusammengebissenen Zähnen stillzuhalten, auszuhalten, immer noch mitzumachen und bereit zu sein – und dann sich noch in grausigstem Elend, in den Abgründen und Nachtseiten des Lebens den Glauben an die lichten und schönen Seiten, an den Sinn des Lebens, an die ewigen Werte, an die ganze reiche und schöne Welt des Idea-

> lismus zu bewahren, wie sollen wir das nennen? Es ist jenes ‹Trotzdem›, jene innere Unzerstörbarkeit, jener unbedingte Wille, zuletzt auch das Furchtbarste in die Alleinheit einzubegreifen, im ‹guten› Gesamtkreislauf des Lebens zu sehen.[55]

Die Entmodernisierung der Front hatte mehrere wichtige Konsequenzen. Zum einen führte sie zu so schweren Verlusten unter den Kampfeinheiten, daß die «Primärgruppen», die als traditionelles Rückgrat des deutschen Heeres bislang den Zusammenhalt garantiert hatten, großenteils verschwanden. Um in der Folge eine Auflösung der Armee als Ganzes zu verhindern, führte die Wehrmacht zweitens eine außerordentlich strenge Disziplinarordnung ein und wendete sie auch rücksichtslos an. Diese Disziplinarordnung wurde nicht nur militärisch, sondern auch ideologisch legitimiert. Doch wenn die Angst vor dem Feind größer wurde als die Angst vor den eigenen Vorgesetzten, reichten auch drakonische Strafen nicht aus. Als Belohnung für Gehorsam, und als logische Konsequenz aus der Politisierung der Disziplin, erlaubte man den Soldaten, ihren Ärger und ihre Frustration an den feindlichen Soldaten und Zivilisten auszulassen. Die Entmodernisierung der Front trug also erheblich zur Brutalisierung der Truppe bei. Sie machte die Soldaten empfänglicher für ideologische Indoktrination und hob ihre Bereitschaft, die darin vertretene Politik praktisch umzusetzen. Dieser Prozeß war aber nur möglich, weil ein großer Teil der Offiziere und Soldaten bereits einige Grundelemente der nationalsozialistischen Weltanschauung übernommen hatte. Da die Gegebenheiten auf dem Schlachtfeld nicht mehr ihrem früheren Bild des Krieges entsprachen und der Feind mit herkömmlichen militärischen Mitteln nicht zu besiegen war, machten sich die deutschen Soldaten nun den Kriegsbegriff der Nazis zu eigen, da er als einziger ihrer Lage gerecht zu werden schien. An diesem Punkt wurde die Wehrmacht schließlich zu Hitlers Armee.

2 Die Zerstörung der Primärgruppe

Die offensichtlichste und für die damaligen Soldaten auch schmerzlichste Konsequenz aus dem Scheitern des Blitzkrieges in der Sowjetunion und aus der Entmodernisierung der Front waren die ungeheuren Verluste bei den Kampfeinheiten. Diese Ausfälle waren weder zeitlich noch örtlich begrenzt, denn von Beginn des Unternehmens «Barbarossa» an bis zur letzten Phase des Krieges setzte die Wehrmacht den größten Teil ihrer menschlichen und materiellen Ressourcen im Osten ein, und seit dem Winter 1941/42 konnte sie nur noch an immer begrenzteren Frontabschnitten die Initiative ergreifen. Die meisten Soldaten des Ostheeres verbrachten die nächsten drei Kriegsjahre in Verteidigungsstellungen und erlitten, wie vorauszusehen war, die für einen Stellungskrieg typischen Verluste, die bei der vorangegangenen Blitzkriegstrategie vermieden werden konnten. Tatsächlich wurde der Wehrmacht schon in der Sowjetunion das Rückgrat gebrochen, lange bevor die westlichen Alliierten in Frankreich landeten. Selbst nach dem Juni 1944 setzten die Deutschen weiterhin im Osten mehr Männer ein und erlitten höhere Verluste als auf den anderen Kriegsschauplätzen. Das bedeutet, daß die meisten deutschen Frontsoldaten ihre Kriegserfahrungen an der Ostfront machten. Nur wenn man also das dortige Geschehen untersucht, kann man einen richtigen Einblick in das Funktionieren der Wehrmacht, in die Mentalität und das Selbstverständnis der Soldaten gewinnen und erkennen, welche Veränderungen diese im Laufe des Krieges erfuhren. Man könnte auch sagen, daß die Wehrmacht erst in der Sowjetunion ihre volle «Reife» erlangte und schließlich zu Hitlers Armee wurde. Diese Erkenntnis ist nicht nur deshalb wichtig, weil das Ostheer zahlenmäßig so stark ins Gewicht fällt, sondern weil es auch die innere Dynamik des Dienens als militärisches Instrument des Nazi-Regimes offenbart. Zuletzt konnten sich auch die abgelegensten und isoliertesten Teile der deutschen Streitkräfte diesem Prozeß nicht völlig verschließen.

Der Zusammenhalt im deutschen Heer wurde zu einem beträchtlichen Teil durch die bewußte und systematische Förderung der «Primärgruppen» aufrechterhalten. Diese soziale Organisationsform wurzelte in einer militärischen Tradition, die von den Soldaten eine besondere Bindung und Loyalität zu ihrer Einheit erwartet hatte. Ein solcher Korpsgeist kam dort zum Tragen, wo man Bataillone, Regimenter und später auch Divisionen nach Regionen aufstellte und auf diese Weise Gemeinsamkeiten der Männer wie Sprache, Religion, Gebräuche und vieles andere mehr nutzte. Je größer die Armeen wurden, desto schwieriger wurde es, diese Art von Loyalität gegenüber der Einheit aufrechtzuerhalten. Die Größe der militärischen Verbände machte es unmöglich, daß sich alle ihre Angehörigen untereinander kannten. Mit wachsender Bedeutung des Nationalstaats versuchte man, den Zusammenhalt und die Motivation der Soldaten dadurch zu stärken, daß man das Nationalgefühl und nicht mehr die Bindung an eine Region in den Vordergrund rückte. Das Bestreben, persönliche Bindungen unter den Soldaten zu fördern, schien auch die volle Ausschöpfung der menschlichen Ressourcen der Nation zu verhindern. Einige Länder, wie etwa die Vereinigten Staaten, entschieden sich für eine effizientere Personalpolitik, indem sie die Soldaten als Individuen behandelten, die man dorthin schicken konnte, wo sie gebraucht wurden, anstatt zu einer bestimmten Einheit, wo sie vielleicht schon persönliche Bindungen geknüpft hatten oder wo man von ihnen erwartete, daß sie es tun würden. Im deutschen Heer beschloß man, die bisherige Gepflogenheit, Soldaten, die einer speziellen Einheit angehörten, auch aus demselben Wehrkreis zu nehmen, zu systematisieren. Das hieß, daß die Soldaten nicht nur zusammen ausgebildet wurden und später in dieselben Einheiten kamen, sondern daß auch die Verwundeten damit rechnen konnten, nach ihrer Genesung wieder zu den alten Kameraden zurückzukehren. Für die Verwaltung war diese Praxis mitunter sehr lästig, aber der Kampfmoral der Truppe war sie sehr zuträglich, denn der deutsche Soldat sah in seiner Einheit eine Art Heimat, in die er immer zurückkehren konnte, eine soziale Gruppe von Männern, die er kannte und denen er vertraute. Zwar war diese Art von Gruppenloyalität gegenüber einer ganzen, aus Soldaten einer Region bestehenden Division nicht mehr möglich, aber innerhalb des Verbandes knüpften die Männer «Primärgruppen»-Beziehungen auf Kompanie- und Zugebene. Häufig entwickelten sie ähnliche Beziehungen zu den Offizieren der unteren und mittleren Ränge auf Zug-, Kompanie-, Bataillons- und oft auch Regimentsebene. Im deutschen Heer wurde von den Offizieren traditionsgemäß nicht nur erwartet, daß sie ihre Männer ins Gefecht führten, sondern auch, daß sie sich um ihre Belange kümmerten und ihnen das Gefühl gaben, Teil einer Familie zu sein, wenn auch einer sehr hierarchisch geordneten und disziplinierten. Dies zeigte sich auch an der Gewohnheit jüngerer Offiziere, ihre Männer als «Kinder» anzusprechen.[1]

Diese traditionelle soziale Organisation auf der unteren Befehlsebene machte auf einige westliche Wissenschaftler, die sich im und nach dem Zweiten Weltkrieg mit der deutschen Armee beschäftigten, einen so starken Eindruck, daß sie darin den eigentlichen Grund für den bemerkenswerten Zusammenhalt in der Wehrmacht sahen, und nicht in einer ideologischen Motivation. Das Hauptargument war:

> Die Einheit des deutschen Heeres wurde tatsächlich nur in sehr geringem Ausmaß durch politische, nationalsozialistische Überzeugungen seiner Angehörigen aufrechterhalten. Ein wichtigeres Motiv für den entschlossenen Widerstand des deutschen Soldaten war, daß die soziale Organisation des Heeres die ständige Befriedigung bestimmter persönlicher Grundbedürfnisse gewährleistete.[2]

Der Zusammenhalt in der Wehrmacht wurde also nicht auf abstrakte Ideen zurückgeführt, sondern auf eine konkrete und klar bestimmbare soziale Ordnung, die für die Entstehung und Erhaltung enger persönlicher Beziehungen zwischen den Soldaten in einem Gefüge von «Primärgruppen» sorgte. Da diese «Primärgruppen» das Rückgrat des Heeres bildeten, wurde weiter behauptet:

> Sobald das Zusammenleben in der Primärgruppe durch Trennung, Unterbrechung der Kommunikation, Verlust der Führung oder Dezimierung der Personalstärke beeinträchtigt würde oder wenn größere und länger anhaltende Störungen bei der Verpflegung oder in der medizinischen Versorgung aufträten, würde die Sorge um das physische Überleben so vordringlich, daß es nur noch wenig Widerstand «bis zum Äußersten» gäbe.[3]

Diese Theorie hat seit ihrer Formulierung im Jahre 1948 großen Einfluß auf alle folgenden Arbeiten über die Wehrmacht und Soldaten im allgemeinen gehabt.[4] Die Vorstellung, daß deutsche Soldaten durch die Organisationsform der Wehrmacht und nicht durch Indoktrination motiviert worden waren, wurde so vorherrschend, daß wenig Mühe darauf verwandt wurde, das Material neu zu untersuchen, auf dem die ursprüngliche These basierte. Statt dessen behauptete vierzig Jahre nachdem Shils und Janowitz ihre «Primärgruppen»-Theorie formuliert hatten, ein anderer Wissenschaftler, daß die außergewöhnliche Kampfkraft des deutschen Heeres fast ausschließlich auf seiner hervorragenden Organisation als solcher beruht habe.[5] Er zog einen Vergleich zwischen der Wehrmacht und dem amerikanischen Heer, der für letzteres ungünstig ausfiel, und behauptete:

> ... der durchschnittliche deutsche Soldat ... kämpfte in der Regel nicht aus dem Glauben an die Nazi-Ideologie heraus ... Er kämpfte aus dem Grund, warum Männer immer gekämpft haben: weil er sich als Mitglied einer geschlossenen, gut geführten Gruppe fühlte, deren Aufbau, Verwaltung und Arbeitsweise alles in allem als ... unparteiisch und gerecht empfunden wurde.[6]

Wir werden noch sehen, welche Folgerungen sich aus der Behauptung, deutsche Soldaten hielten sich für Mitglieder einer Institution, die auf Gerechtigkeit und Gleichheit beruhte, ergeben und welchen Einfluß dieses Selbstbild auf das Verhalten der Soldaten gehabt haben könnte. Im gegenwärtigen Kontext kommt es uns vor allem darauf an zu zeigen, daß die Belege, auf die sich diese Behauptung stützt, zumindest höchst problematisch sind. Shils und Janowitz hatten anhand von Interviews und Fragebogen Aussagen deutscher Kriegsgefangener zusammengetragen, die in der letzten Phase des Krieges und unmittelbar nach Ende der Kampfhandlungen von den Westalliierten gefangengenommen worden waren. Mehrere Aspekte lassen jedoch Zweifel aufkommen, inwieweit diese Aussagen ernst genommen werden können und für den «durchschnittlichen» deutschen Soldaten repräsentativ waren. Erstens wurden diese Männer bei Kämpfen mit den westlichen Alliierten gefangengenommen, wogegen die große Mehrheit der Wehrmachtsoldaten im Osten stationiert war; auch wenn einige der betreffenden Soldaten vorher an der Ostfront gekämpft haben mochten, so mußten ihr Selbstverständnis und ihre Haltung zum Feind und zum Regime doch durch ihre jüngsten Erfahrungen im Westen geprägt sein. Zweitens waren diese Männer Gefangene, und deshalb darf man kaum erwarten, daß sie Fragen nach ihrer Einstellung zu einem Regime und einer Ideologie, die der Feind für verbrecherisch hielt, aufrichtig beantworteten; darüber hinaus tendieren Kriegsgefangene grundsätzlich zu einer kritischeren Haltung gegenüber ihrer militärischen und politischen Führung als der durchschnittliche Soldat, weil die Tatsache, daß sie in Feindeshand gefallen sind, entweder ihr Vertrauen in die Führung erschüttert hat oder aber die Folge einer Demoralisierung ist, die sie erst dazu bewegte, sich gefangennehmen zu lassen. Drittens wurden diese Männer zu einem Zeitpunkt befragt, als das Dritte Reich kurz vor dem Zusammenbruch stand oder im Gefolge von Hitlers Selbstmord bereits kapituliert hatte. Demzufolge dürften sie in einer ganz anderen psychischen Verfassung gewesen sein als andere Kriegsgefangene, die nur wenige Monate früher gefangengenommen worden waren, oder gar als Soldaten, die noch in ihren Einheiten kämpften. Schließlich ist es unter Historikern inzwischen eine Binsenweisheit, daß mündliche Aussagen, selbst wenn sie unter weit weniger problematischen Umständen gesammelt wurden, mit objektiveren Zeugnissen abgeglichen werden müssen, bevor man ihren historischen Wert bestimmen kann. Das haben Wissenschaftler am Beispiel des Dritten Reiches und zahlreicher anderer Gesellschaften gezeigt.[7]

Noch beunruhigender als diese Vorbehalte ist, daß die «Primärgruppen»-Theorie den tatsächlichen Ablauf der Ereignisse umgekehrt hat. Die Kampfkraft der Wehrmacht war ausgerechnet zu einem Zeitpunkt besonders bemerkenswert, als das Geflecht der «Primärgruppen», das in den vorangegangenen Blitzkriegen den Zusammenhalt garantiert hatte, sich aufzulösen begann. Die Soldaten kämpften in den letzten drei Kriegsjahren mit einer erstaunlichen Entschlossenheit weiter, obwohl der «Korpsgeist», dieses angeblich so wichtige Element, wesentlich geschwächt war. Für die schnellen Siege in Polen und Frankreich war eine besondere ideologische Motivation nicht unbedingt nötig, auch wenn sie keineswegs fehlte. Hier genügten die im vorhergehenden Kapitel beschriebene Taktik und das enge soziale Gefüge der Einheiten, um den Zusammenhalt der Truppe zu wahren und ihre Moral zu stärken. Aber bereits in den ersten sechs Monaten des Rußlandfeldzugs waren die meisten Voraussetzungen gegeben, die nach Shils und Janowitz nicht nur zum Verschwinden der «Primärgruppen», sondern auch zur Auflösung des Heeres als Ganzes führen mußten. Während jedoch die «Primärgruppen» tatsächlich mehr oder weniger verschwanden, kämpfte das Heer weiter, und zwar mit weitaus größerer Entschlossenheit und mit weitaus weniger Aussicht auf Erfolg als jemals zuvor. Die materielle Entmodernisierung an der Ostfront, wo in jenen Jahren die meisten schweren Kämpfe geführt wurden, haben wir bereits betrachtet, ebenso die aus ihr resultierende psychische Erschöpfung der Soldaten, die bereits solche Ausmaße erreichte, daß nach der «Primärgruppen»-Theorie eigentlich die völlige Auflösung des Heeres zu erwarten gewesen wäre. Im folgenden werden wir genauer untersuchen, inwieweit die enormen Verluste und die schnellen Umgruppierungen an der Front zum Verschwinden der «Primärgruppen» in den Kampfeinheiten beitrugen.[8]

Die «Primärgruppen»-Theorie geht davon aus, daß die

soziale Ordnung die Ideologie entbehrlich machte. Auch unter den günstigsten Umständen wäre eine solche Sicht der Dinge viel zu einfach. Die deutschen Soldaten erkannten mühelos die Bedeutung beider Faktoren. So schrieb Karl Fuchs am 26. Oktober 1941, noch bevor seine Einheit in den Wintermonaten schwere Verluste erlitt, aus Rußland, das Geheimnis der unglaublichen deutschen Erfolge und Siege liege in der guten Kameradschaft unter den deutschen Soldaten und in ihrer Hingabe an die Sache.[9] Egon Freitag, ein 23jähriger Student der Ingenieurwissenschaften, beteuerte am 28. August 1941: «Wir waren nie Söldner, sondern – um das abgedroschene Wort zu gebrauchen – Vaterlandsverteidiger! Es gibt in unseren Reihen sicher welche, die um der Idee des Nationalsozialismus willen kämpfen, und andere, die für das Vaterland, den Flecken auf der Landkarte kämpfen, für den das Leben einzusetzen selbstverständlich bleibt. Wir liegen abends zusammen im Zelt …»[10] Er hielt Kameradschaft und Ideologie (ob nationalsozialistisch oder nationalistisch geprägt) für untrennbar. Das war für ihn ebenso selbstverständlich, wie er die deutsche Invasion in Rußland für einen Akt der Selbstverteidigung hielt. Aber natürlich hatte die Motivation des einzelnen die unterschiedlichsten Gründe. So fragte sich Helmut von Harnack, ein 23jähriger Abiturient, der nach zwei Verwundungen an die Front zurückkehrte, in einem Brief vom 23. September 1941, ob ihn «Ehrgeiz und persönliche Ungeduld» trieben und «das verpflichtende Gefühl, daß man den Kameraden, die im Dreck stecken, helfen muß, daß man einfach dorthin gehört, daß man davon nicht loskommt, weil man sich hier draußen fast heimisch fühlt», oder ob er vielleicht nur weitermachte, *«um wiederzukehren!»*, wie es bei Rilke heißt.[11]

Als die Verluste an der Ostfront jedoch stiegen und die bisher funktionierenden Bande der «Primärgruppe» immer schwächer wurden, gewann die ideologische Motivation zunehmend an Bedeutung. Die Tatsache, daß es an der Westfront relativ wenig Widerstand «bis zum Äußersten» gab, beweist genau das Gegenteil dessen, was Shils und Janowitz zu zeigen versucht haben. Im Westen, wo die Kämpfe weniger Verluste forderten, überlebten die «Primärgruppen» in weit größerem Umfang als im Osten. Daß das Westheer trotz der Existenz von «Primärgruppen» nur in wenigen Fällen bis zuletzt Widerstand leistete, während das Ostheer trotz des Fehlens der «Primärgruppen» bis zum bitteren Ende kämpfte, hatte hauptsächlich ideologische Gründe. Den Soldaten der Wehrmacht war beigebracht worden, daß eine Kapitulation vor der Roten Armee für den einzelnen wie auch für das Volk bedeutete, sich dem Teufel auszuliefern. Für die einzelnen, weil man sie überzeugt hatte, daß die Sowjets sie sofort umbringen würden, und für das Volk, weil ein sowjetischer Sieg mit dem Ende der Zivilisation gleichgesetzt wurde, das man sich nur als Weltuntergang vorstellen konnte. In bezug auf den Westen war die nationalsozialistische Ideologie weitaus weniger extrem, überdies konnte sie sich auch weit weniger auf die allgemeinen Vorurteile gegen Slawen, Juden (besonders die Ostjuden) und den Bolschewismus stützen, die der antisowjetischen Propaganda zu breiter Akzeptanz verholfen hatten. Folglich hielt es der einzelne Soldat für sicherer, sich den westlichen Alliierten zu ergeben als den Russen. Denn erstens waren seine persönlichen Überlebenschancen höher, wenn er im Westen in Kriegsgefangenschaft geriet, wie er zu Recht erkannte, und zweitens brauchte er sich nicht schuldig zu fühlen, durch sein Verhalten aktiv zur Vernichtung seines Landes beizutragen. Dies wird daran deutlich, daß in den letzten Kriegsmonaten Zehntausende deutscher Soldaten versuchten, den Kämpfen an der Ostfront zu entrinnen und sich im

Westen zu ergeben, während die anderen mit selbstmörderischer und sinnloser Verbissenheit weiterkämpften. Diese Denkweise war sogar von der Nazi-Propaganda legitimiert. So wies sie in der Endphase des Krieges immer nachdrücklicher darauf hin, daß die westlichen Alliierten zusammen mit dem Reich gegen die «jüdisch-asiatischen» Horden kämpfen müßten, die die Länder der Kultur und Zivilisation zu überfluten drohten.[12] Shils und Janowitz räumten selbst ein, obwohl sie damit ihrer eigenen Theorie widersprachen:

> Das Thema Russen löste solche Ängste und Emotionen aus, daß die Furcht vor den Russen dazu beigetragen haben dürfte, den Widerstand zu verstärken. Die nationalsozialistische Propaganda hatte sich lange der traditionellen Abneigung und Angst des Deutschen vor dem Russen bedient. Und die Erfahrungen der deutschen Soldaten, die 1941 und 1942 das primitive Leben der russischen Dorfbewohner aus eigener Anschauung kennenlernten, verstärkten diese Abneigung. Aber noch wichtiger war vermutlich, daß die Deutschen ihre Schuldgefühle, die sie aufgrund ihrer skrupellosen Brutalität während der Besatzungszeit in Rußland empfanden, auf die Russen projizierten. Der Schauder des Entsetzens, der häufig Bemerkungen deutscher Soldaten über Rußland begleitete, war eine Folge all dieser Faktoren.[13]

In einem späteren Kapitel werden wir auf eine weitere Implikation dieser aufschlußreichen Passage zurückkommen. Zunächst aber wollen wir einen näheren Blick auf die eigentliche Zerstörung der «Primärgruppe» an der Ostfront werfen. Dieser Vorgang läßt sich am besten verstehen, wenn man zuerst die gewaltigen Verluste im Ostheer und die daraus resultierende Personalnot der Wehrmacht betrachtet. Danach soll untersucht werden, wie sich diese Entwicklung auf bestimmte Kampfeinheiten an der Ostfront auswirkte.

Vor dem Angriff auf die Sowjetunion stellte die Wehrmacht zweiundfünfzig neue Divisionen auf. Aber diese beträchtliche Verstärkung wurde dadurch aufgewogen, daß das Reich inzwischen ein viel größeres Gebiet kontrollierte und 1941 insgesamt 49 Verbände mit Besatzungsaufgaben beschäftigt waren gegenüber 14 im Jahr davor. Das heißt, daß das Ostheer, als es mit 3050000 Mann und 136 Divisionen in die Sowjetunion einmarschierte (verbündete Truppen nicht mitgerechnet), nur 26 Divisionen als Reserve zurücklassen konnte, von denen zudem 14 noch gar nicht ihre Sollstärke erreicht hatten oder noch andernorts gebunden waren. Schlimmer noch war, daß der schnelle Aufbau neuer Verbände in beträchtlichem Maße auf Kosten der Qualität ging, mit dem Ergebnis, daß im Juni 1941 nicht weniger als 66 Divisionen nicht einsatzfähig waren. Diese Schwierigkeiten hätten bewältigt werden können, wenn die Wehrmacht ihre früheren Erfolge wiederholt hätte. Doch nach etwas mehr als einem Monat hatte das Ostheer bei den Gefechten bereits mehr Männer verloren als im gesamten Westfeldzug und seine ursprünglichen operativen Ziele bei weitem noch nicht erreicht. Im September meldeten die 142 Divisionen, die inzwischen im Osten kämpften, im Durchschnitt eine fast 50prozentige Einbuße ihrer anfänglichen Gefechtsstärke, nach Soldaten und Ausrüstung gerechnet, und im November hatten die meisten Infanterieverbände die Hälfte ihrer Männer verloren. Daraufhin gestand das OKW ein, daß seine unmittelbar verfügbaren Reserven völlig ausgeschöpft waren.[14]

Das Ersatzwesen der Wehrmacht basierte auf einem separaten Ersatzheer, das neue Rekruten einzog, ausbildete und dann an das Feldheer weiterleitete. Diese Wehrpflichtigen wurden normalerweise zu Verbänden geschickt, die sich aus Männern ihrer Heimatregion rekrutierten, und schrittweise ihren Einheiten zugeteilt, damit sie sich in die bestehenden «Primärgruppen» erfahrener Kämpfer eingliedern oder selbst solche Gruppen bilden konnten. Im Juni 1941 bestand das Ersatzheer aus 400000 Mann. Um die schnelle Verstärkung der Frontverbände zu vereinfachen, wurden 90000 dieser Soldaten in sogenannten «Feldersatzbataillonen» zusammengefaßt, die direkt hinter den angreifenden Divisionen marschierten. Aber diese Reserven waren schnell aufgebraucht, und im August wurden an der Front weitere 132000 Mann Ersatz benötigt. Nun kamen die üblichen logistischen Schwierigkeiten ins Spiel, denn beim Streit um Transportkapazitäten standen Reservetruppen auf der Dringlichkeitsliste ziemlich weit unten. Statt dessen stellte das Ersatzheer weitere 100 «Feldersatzbataillone» auf und schickte sie zu Fuß an die Front. Dies war ein sehr zeitraubendes Unterfangen, wenn man bedenkt, daß die Kampfzone sich immer weiter nach Osten verlagerte. Diese Bataillone waren heterogen, denn in der Eile, mit der die hohen Verluste der Frontverbände ersetzt werden mußten, war keine Zeit, auf «Primärgruppen»-Bindungen Rücksicht zu nehmen. Als sie schließlich an der Front ankamen, war die Lage ohnehin so schlecht, daß sie noch schneller verbraucht waren als ihre Vorgänger. Radikalere Maßnahmen wurden erforderlich, um die schwindenden Reserven der Wehrmacht aufzufüllen. Im Oktober wurden fünf Divisionen aus Männern gebildet, die aufgrund ihrer Bedeutung für die Industrie bis dahin vom Militärdienst befreit gewesen waren (UK-Stellen); Männer aus Wartungseinheiten im Hinterland und Besatzungsdivisionen im Westen waren als weitere Verstärkung für das Ostheer vorgesehen. Dieser bunt zusammengewürfelte Haufen von 250000 Mann wurde in Kampfverbände untergliedert, deren Kern aus erfahrenen Regimentern bestand, die zu diesem Zweck von der Front abgezogen worden waren. Auch diese Maßnahme stand im Widerspruch zu der früheren Gepflogenheit, «Primärgruppen» zu bilden. Auf der einen Seite entzog man älteren Divisionen ein Drittel ihrer erfahrenen Kämpfer, auf der anderen stellte man extrem heterogene Verbände zusammen. Doch auch dieser Schritt reichte nicht aus, um die immer größer werdenden Lücken im Ostheer zu schließen. So sah man sich Mitte Dezember gezwungen, weitere acht unterbesetzte Divisionen aus dem Westen in den Osten zu verlegen, dazu vier sogenannte «Walküre»-Divisionen, die ursprünglich für den Einsatz gegen innere Unruhen vorgesehen und auf den Fronteinsatz nicht vorbereitet waren. Eine weitere verzweifelte Maßnahme bestand darin, daß alle verbliebenen 23 Divisionen im Westen angewiesen wurden, ein Bataillon abzugeben, damit weitere vier bis sechs Divisionen gebildet werden konnten, die hauptsächlich aus schlecht ausgebildeten ehemaligen Inhabern von UK-Stellen bestanden. Wieder wurden bestehende Verbände aufgelöst und neue, sehr heterogene Einheiten gebildet.[15]

Diese verschiedenen Einzelmaßnahmen konnten die Personalnot in den Jahren 1941 und 1942 nur teilweise beheben. Zudem zerstörten sie das bisherige Ersatzwesen.[16] Folglich konnten auch die «Primärgruppen» nicht im gleichen Umfang wie in der Vergangenheit erhalten werden, auch wenn die Wehrmacht nach Kräften versuchte, diese Tradition zu bewahren. Und da dies nur der Beginn einer langen, sich mehr und mehr verschärfenden Krise war, verlor die «Primärgruppe» als elementare soziale Einheit der Kampfverbände beträchtlich an Bedeutung. Auch die Tatsache, daß die Personalstärke des Ostheers bis Juli 1942 um 750 000 Mann auf 2 700 000 gesunken war, zeigt, daß es nicht gelang, für ausreichenden Ersatz zu sorgen. Paradoxerweise war die Zahl der Divisionen an der Ostfront um 43 auf 179 angestiegen.[17] Diese ungünstige Entwicklung resultierte aus dem Versuch, ehemals homogene Verbände zusammenzuhalten, ohne daß ihre Verluste voll ausgeglichen werden konnten, während man mit einem Großteil der neuen Reserven immer mehr Divisionen bildete. Theoretisch hätte dieses Vorgehen wenigstens dazu beitragen können, die alten «Primärgruppen» zu erhalten, aber in der Praxis wurden die «Primärgruppen» durch Verluste zerstört und die Ersatztruppen waren zu heterogen, als daß neue «Primärgruppen» hätten gebildet werden können, und zahlenmäßig zu schwach, um diese kampferfahrenen Divisionen wieder schlagkräftig zu machen. Dezimierte Divisionen wurden nur zögernd aufgelöst, weil Hitler im Hinterland keine Unruhe aufkommen lassen wollte. Aber diese Haltung führte schließlich zu einer Demoralisierung der Soldaten an der Front. Denn obwohl zahlenmäßig stark dezimiert, behielten diese Verbände ihre bisherigen Aufgaben und bekamen folglich Aufträge, die sie angesichts ihrer momentanen Möglichkeiten weit überforderten. Die Überlebenden des ersten Winters in Rußland hatten mit angesehen, wie ihre alten Kameraden, die Mitglieder ihrer «Primärgruppe», gefallen oder verwundet worden waren. Aufgrund der ständigen und schnellen Umgruppierungen konnten sie weder neue Gruppen bilden noch wenigstens für kurze Zeit ein Gefühl der Stärke entwickeln, wenn Verstärkung eingetroffen war. Umgekehrt kamen die neu gebildeten Verbände zu einem Zeitpunkt an die Front, als «Primärgruppen»-Bindungen, sofern überhaupt welche bestanden, nicht mehr über einen vernünftigen Zeitraum hinweg aufrechterhalten werden konnten.

Während der chronische Mangel an Ersatz eine Überwindung der Personalkrise verhinderte und schließlich zur deutschen Niederlage führte, waren die enormen Verluste an der Front nicht nur für die Zerstörung der «Primärgruppen» verantwortlich, sondern auch für die allgemeine Verschlechterung des Ausbildungsstands bei den Frontsoldaten. Nach den ersten sechs Monaten des Feldzuges beliefen sich die Verluste des Ostheers auf fast 750 000 Mann. Bis Ende März 1942 stieg die Zahl auf über eine Million oder ein Drittel der im Osten eingesetzten Truppen; davon waren mehr als 250 000 Mann gefallen oder galten als vermißt.[18] Es war unmöglich, diese Verluste auszugleichen. Das OKH berichtete damals, daß Unteroffiziere und Mannschaften den Ausbildungsstand und die «innere Haltung» ihrer Ersatzleute als außerordentlich schlecht bezeichneten. Soldaten mit Spezialausbildung waren besonders knapp. Die Folge war, daß nach Auffassung der Führung im März 1942 nur acht Divisionen oder fünf Prozent des gesamten Ostheers in vollem Umfang auf offensive Einsätze vorbereitet waren.[19] Im Offizierskorps war die Lage noch schlimmer. Zum einen waren die Verluste hier im Verhältnis weitaus höher als bei den Mannschaften, zum anderen hatte die Wehrmacht schon vor Beginn der Gefechte unter einem Mangel an Offizieren gelitten. Erschwerend kam hinzu, daß die Offiziere der höheren und mittleren Dienstgrade schon im fortgeschrittenen Alter waren, weil es in der Reichswehr der Weimarer Republik einen Beförderungsstopp gegeben hatte und weil bei der raschen Erweiterung des Offizierskorps in den dreißiger Jahren Offiziere reaktiviert werden mußten. Die harten Lebensbedingungen und die erbitterten Kämpfe im Osten forderten unter diesen älteren Männern viele Opfer. Bis zum Frühjahr 1942 mußte ungefähr die Hälfte der Divisionskommandeure im Ostheer ersetzt werden. Andererseits war man bemüht, durch Kurzlehrgänge die unteren Offiziersränge wieder aufzufüllen. Auf diese Weise rückten Männer nach, die nicht über die geeignete Qualifikation für die freigewordenen Posten ihrer älteren Vorgesetzten verfügten. Da unter diesen Umständen junge Offiziere in der

Befehlshierarchie rasch aufstiegen, mußten Züge und oft auch Kompanien von Unteroffizieren oder gar einfachen Soldaten übernommen werden. Der dramatische Anstieg der Verluste unter den Offizieren läßt sich aus der Tatsache ablesen, daß in den ersten beiden Kriegsjahren nur 1253 Offiziere fielen, zwischen Juni 1941 und März 1942 aber nicht weniger als 15000. Natürlich waren die Verluste unter den jüngeren Frontoffizieren am höchsten. Sie waren nicht so schnell zu ersetzen. Während die Wehrmacht im Juli 1941 noch über 12055 Oberleutnants verfügte, hatte sich deren Zahl im März 1942 auf 7276 verringert.[20]

Zahlen über die Wehrmacht und das Ostheer als Ganzes mögen genügen, um zu zeigen, wie unwahrscheinlich es war, daß «Primärgruppen» das schreckliche Gemetzel an der Ostfront überlebten. Doch im folgenden werden wir noch sehen, daß die Verluste bei den Kampfeinheiten im Verhältnis viel höher waren und die personellen Umgruppierungen viel schneller vor sich gingen, als die Gesamtzahlen vermuten lassen. Wenn man einige Frontverbände genauer unter die Lupe nimmt, wird deutlich, daß die «Primärgruppe» als wichtiger Faktor für den Zusammenhalt der Truppe während des gesamten Rußlandfeldzugs ausfällt. Untersuchen wir die folgenden Beispiele:

Die 18. Panzerdivision überschritt die sowjetische Grenze mit 17174 Soldaten und 401 Offizieren und erlitt schon in den ersten Tagen des Feldzugs beträchtliche Verluste.[21] In weniger als drei Wochen verlor die Division etwa 2300 Soldaten und 123 Offiziere.[22] Gerade die Verluste unter den Offizieren waren hoch: Bis Mitte Juli waren sechs Bataillonskommandeure gefallen oder verwundet. So war es kein Wunder, daß schon zu diesem frühen Zeitpunkt ein Bataillon klagte: «Wir haben zuviel Verluste gehabt. Der alte Elan fehlt.» Die Schützenbrigade, die mit fünf Bataillonen in

Sollstärke ausgezogen war, verfügte am Ende des Monats nur noch über 600 Männer oder ein Fünftel ihrer ursprünglichen Stärke. Das Motorradbataillon verlor über die Hälfte seiner Männer und fast alle Gruppen- und Zugführer.[23] Bis dahin hatte die Division insgesamt 3200 Soldaten und 153 Offiziere verloren oder die Hälfte der Offiziere, die fünf Wochen zuvor noch verfügbar gewesen waren. Die wenigen Offiziere, die sie als Ersatz erhielt, waren hauptsächlich junge Männer ohne Fronterfahrung. Um die unteren Führungspositionen zu besetzen, mußte die Division zahlreiche Unteroffiziere zu Offizieren befördern, eine Maßnahme, die es notwendig machte, Unteroffiziersstellen an Mannschaftsdienstgrade zu vergeben. Natürlich war bei vielen Kampfeinheiten der Division bereits zu spüren, daß ihre «Primärgruppen» dezimiert worden waren. Der Kommandeur eines der beiden Schützenregimenter verlor 61 erfahrene Offiziere und über 1000 seiner ursprünglich 2100 Soldaten. Er erklärte, daß der dürftige Ersatz, den er erhalten habe, nicht nur schlechter ausgebildet, sondern darüber hinaus auch nicht in der Lage sei, den stark erschütterten Korpsgeist der Einheit wiederzubeleben.[24]

Das selbständige Regiment «Großdeutschland», eine motorisierte, aus rund 6000 Mann bestehende Eliteeinheit, war bei diesem Feldzug von Anfang an in einer ähnlich prekären Lage. Ein typischer Zwischenfall ereignete sich am 5. Juli: Eine seiner Kompanien geriet in einem Wald in einen Hinterhalt und wurde vollständig vernichtet.[25] Dies war nur ein Vorgeschmack auf die Verluste, die es im Oktober bei den schweren Gefechten in den Wäldern rund um den Kessel von Brjansk erlitt, bei denen besonders viele Einheitsführer fielen.[26] Die 18. Panzerdivision, die neben dem Regiment «Großdeutschland» kämpfte, verfügte am Ende des Monats nur noch über 9323 Soldaten und 239 Offiziere, obwohl sie bereits ihr Ersatzbataillon eingesetzt hatte.[27] Typisch ist auch, daß eines seiner Schützenregimenter nur noch aus 814 Soldaten und zwölf Offizieren bestand und somit auf Bataillonsgröße geschrumpft war.[28] Im November, als die Verluste unbarmherzig stiegen, verbreitete sich unter den Männern das Gefühl, daß die «alten Hasen» verschwanden. Der Geistliche der Division schrieb zu der Zeit in sein Tagebuch:

> Die Division ist nicht mehr die alte. Überall neue Gesichter. Auf die Frage, wo ist der oder der, immer wieder die Antwort: tot oder verwundet. Die meisten Kompaniechefs bei den Schützen sind neu, die alten sind meist nicht mehr.[29]

Auch das Regiment «Großdeutschland» wurde in einer Reihe von Schlachten rund um die Stadt Tula rasch dezimiert. Anfang November bestand eines seiner Bataillone nur noch aus acht Offizieren und 359 Soldaten, und genau einen Monat später fiel der gesamte Rest dieser Einheit bei einem sowjetischen Angriff.[30] Die 12. Infanteriedivision, die mit 14073 Soldaten und 336 Offizieren in die Sowjetunion einmarschiert war, erlitt dasselbe Schicksal. Anfang November sah sich eines seiner Regimenter angesichts der hohen Verluste gezwungen, ein ganzes Bataillon aufzulösen, und die Division ging dazu über, aus Rekonvaleszenten, die aus dem Feldlazarett entlassen wurden, eine Kompanie aufzubauen.[31] In der zweiten Dezemberwoche hatte die 12. Infanteriedivision 4200 Männer oder fast ein Drittel ihres anfänglichen Personalbestands verloren und war auf 11351 Soldaten und 287 Offiziere dezimiert.[32]

Doch erst die Gegenoffensive der Roten Armee im Dezember zerstörte schließlich alle «Primärgruppen», die möglicherweise noch intakt gewesen waren. Am Ende des Monats berichtete die 18. Panzerdivision, daß die Zahl der Soldaten, «die tatsächlich mit der Waffe in der Hand in das

Gefecht ziehen», sich nur mehr auf 1963 Männer und 43 Offiziere belief. Der gesamte Verband wurde umorganisiert und in nur vier Bataillone gegliedert, die alle als Infanterie kämpften.[33] Und das waren noch nicht einmal die schlimmsten Fälle. Mitte Dezember waren von der 6. und 7. Panzerdivision, die im selben Frontabschnitt wie die 18. kämpfte, nur noch 180 respektive 200 Soldaten übrig. Tatsächlich bestand das gesamte 56. Panzerkorps nur noch aus 1821 «Kämpfern».[34] Die 18. Panzerdivision erhielt in den folgenden Wintermonaten relativ üppigen Ersatz, aber viele Neuankömmlinge fielen den schweren Gefechten und den mörderischen Lebensbedingungen zum Opfer. Allein in den ersten drei Monaten des Jahres 1942 verlor die Division insgesamt 6667 Soldaten und 120 Offiziere, viele davon durch Krankheiten und Erfrierungen.[35] Aber auch ohne die Kranken beliefen sich die Gesamtverluste, die die Division bis Ende März im Kampf erlitten hatte, auf 9148 Soldaten, mehr als die Hälfte der anfänglichen Stärke, und 323 Offiziere oder vier Fünftel ihrer ursprünglichen Zahl.[36] Der 12. Infanteriedivision erging es nach ihrer Einkesselung durch die Rote Armee im Februar 1942 kaum besser. In den folgenden vier Monaten verloren die 96000 Mann starken deutschen Truppen, die im Kessel von Demjansk festsaßen, insgesamt 41212 Männer oder 43 Prozent ihrer Personalstärke, während die zu ihrer Befreiung entsandten Entsatztruppen in nur vier Wochen 12373 Soldaten im Kampf verloren, ein Viertel ihrer Stärke.[37] Dies war ein hoher Preis für Hitlers Weigerung, einen Rückzug von einer taktisch nicht zu haltenden Stellung zuzulassen. Wie der Adjutant der Division berichtete, war man angesichts der hohen Verluste gezwungen, aus den angeschlagenen Überresten stark dezimierter Kompanien und Bataillone ständig neue Kampfeinheiten zu bilden. Nur weil alle verfügbaren Rekonvaleszenten und Männer aus Versorgungseinheiten ins Gefecht geschickt wurden, konnten diese neuen Einheiten irgendwie die Front halten. Aber inzwischen gab es keine «Primärgruppen» mehr. Der Adjutant betonte: «So entsprach die Offiziers-Stellenbesetzung während der Monate Februar bis Mai in keiner Weise der Wirklichkeit.» Die Personallage war unter diesen Umständen so chaotisch, daß im April die sechs übrigen Bataillone der Division einen bunt zusammengewürfelten Haufen darstellten. Eine Kompanie soll aus Soldaten siebzehn verschiedener Einheiten bestanden haben. Noch besorgniserregender waren die Verluste unter den Offizieren. Um Abhilfe zu schaffen, schickte die 12. Infanteriedivision Offizierskadetten an die Front, aber ihr Übereifer erwies sich angesichts ihrer Unerfahrenheit als besonders verhängnisvoll: Mehr als die Hälfte fiel nach wenigen Tagen. In der Folge mußten siebzehn Kompanien von Unteroffizieren übernommen werden. Nach den Worten des Adjutanten geriet die gesamte Befehlshierarchie der Division durcheinander:

> Durch die Vermischung der Verbände, durch das Herauslösen ganzer Regimentsstäbe ohne Truppe, waren die Regiments- und Abteilungskommandeure meistenteils nicht in der Lage, auf diese Besetzung irgendeinen Einfluß auszuüben bzw. einen Vorschlag hierfür zu geben.[38]

Das Regiment «Großdeutschland» war besonders schwer betroffen: Es wurde bei der sowjetischen Offensive völlig vernichtet. Beim Rückzug von Tula waren seine Kompanien auf jeweils zehn bis fünfzehn Mann dezimiert worden. Bis Ende 1941 hatte es insgesamt 4070 Mann oder fast drei Viertel seiner anfänglichen Stärke verloren. Hinzu kamen 125 Offiziere, wahrscheinlich mehr, als es ursprünglich gehabt hatte.[39] Mitte Februar waren von dem Regiment nur noch zwei Bataillone mit jeweils etwa sechzig Mann übrig. Ihre Kompanien wurden von Unteroffizieren geführt. Bald darauf wurde das Regiment in ein Schützenbataillon umgewandelt, das am 20. Februar von seiner letzten Operation in diesem Winter mit nur drei Offizieren und ungefähr dreißig Soldaten und Unteroffizieren zurückkehrte, den einzigen Überlebenden des einstmals 6000 Mann zählenden Verbands.[40] Aus alldem geht hervor, daß bei den hier untersuchten Einheiten nur wenige «Primärgruppen» den ersten Winter in Rußland überlebt haben können. Entsprechend gering muß ihr Einfluß auf die Moral und den Zusammenhalt bei den Verbänden an der Front gewesen sein. Darüber hinaus kann man aus Briefen von Soldaten ersehen, daß die Lage bei vielen anderen Kampfeinheiten ganz ähnlich war. So schrieb Harald Henry am 21. Dezember 1941 von der Front, er hoffe, «auch aus *diesem* Schlamassel einmal herauszukommen, und sei es als letzter, einziger Mann der ganzen Kompanie».[41] Er fiel am nächsten Tag. Hans Pietzcker schrieb am 24. Dezember: «Liebe Mutter, es war traurig, war bitter schwer – von meinen sechsunddreißig Leuten sind nur noch sechs bei mir» und fügte dann schnell hinzu: «… aber wir hielten durch, treu unserer Pflicht und Verantwortung. Aber noch waren wir ungeschlagen, wußten um Ziel und Befehl.»[42] Will Thomas schrieb am 19. Januar 1942: «Ich bin jetzt der einzige noch von den im Sommer vorhandenen Offizieren des Regiments und der einzige auch von den im Herbst eingesetzten Kompanie-Führern.» Auch er fiel in der Woche darauf.[43]

Im Laufe der nächsten drei Jahre führten die steigenden Verluste immer wieder zur Auflösung ganzer Einheiten, während der sich verschärfende Personalmangel die Verstärkung dezimierte und die Aufstellung neuer Einheiten zunehmend behinderte. Und weil das Tempo der personellen

Umgruppierungen an der Front stetig zunahm, wurde es immer schwieriger, lebensfähige und funktionierende «Primärgruppen»-Bindungen zu schaffen und zu erhalten. Am Vorabend der Sommeroffensive 1942 war die Personallage im Ostheer immer noch kritisch. Sogar die Verbände, die am südlichen Frontabschnitt angreifen sollten, hatten nur noch 50 Prozent ihrer Gefechtsstärke. Den Infanteriedivisionen fehlten im Durchschnitt 2400, den Panzerdivisionen zwischen 1000 und 2000 Mann. Und diese eingeschränkte Einsatzfähigkeit konnte nur erreicht werden, weil die meisten anderen Verbände an der Front keine nennenswerte Verstärkung erhielten. Als Folge davon fehlten den Einheiten im nördlichen Frontabschnitt durchschnittlich jeweils 4800, im mittleren Abschnitt sogar 6900 Mann, wobei ihre Gefechtsstärke nur noch 35 Prozent der Sollstärke betrug. Diese deprimierenden Zahlen waren natürlich unmittelbar auf die hohen Verluste im ersten Jahr des Rußlandfeldzuges zurückzuführen, als das Ostheer von seinen insgesamt 3 200 000 Soldaten annähernd 1 300 000 Mann (Ausfälle durch Krankheit nicht mitgerechnet) oder 40 Prozent seiner Gesamtstärke verloren hatte. Der andere Grund war der allgemeine Arbeitskräftemangel im Reich, der es unmöglich machte, Verluste solchen Ausmaßes voll zu ersetzen. Obwohl das Reich Wehrpflichtige früher als geplant einberufen hatte und nun auch verstärkt auf bislang freigestellte Arbeiter zurückgriff, konnte das Personaldefizit an der Ostfront lediglich auf 318 000 Mann reduziert werden. Zwar rechnete man bis September 1942 mit weiteren 960 000 einsatzfähigen Soldaten, doch wurde betont, daß bei einem Scheitern der Sommeroffensive für eine ganze Weile kein weiterer Ersatz mehr zur Verfügung stehen werde.[44] Die Wehrmacht beschloß, das Risiko einzugehen, und erlebte zum zweitenmal in Folge eine Katastrophe.

Die Operation «Blau» begann am 28. Juni 1942, und bis Mitte September – also noch bevor die Schlacht um Stalingrad ihren hohen Blutzoll forderte – waren Verluste von mehr als 300000 Mann zu beklagen.[45] Nach der Vernichtung von Paulus' 6. Armee im Kessel von Stalingrad, nach der sowjetischen Gegenoffensive vom Winter und Herbst 1943 und der gescheiterten deutschen Offensive «Zitadelle» schnellten die Verluste in beispiellose Höhen. Zwischen November 1942 und Oktober 1943 verzeichnete das Ostheer weit über eineinhalb Millionen Ausfälle (einschließlich der Kranken); fast 700000 davon fielen dauerhaft aus. Da der Ersatz mit dieser Verlustrate nicht Schritt halten konnte, wurden vierzig Divisionen entweder aufgelöst oder in Divisionen mit Regimentsstärke umgewandelt, und die Sollstärken der übrigen Verbände wurden auf 10700 Mann reduziert und somit fast halbiert. Tatsächlich war die Gesamtstärke des Ostheeres im Dezember um mehr als eine Million auf etwas über zwei Millionen Mann gesunken. Bei dem Versuch, diese riesige Lücke zu schließen, verpflichtete die Wehrmacht nun verstärkt sowjetische Kriegsgefangene und Zivilisten, die euphemistisch «Hilfswillige» oder kurz Hiwis genannt wurden. Ihre Zahl erreichte schließlich etwa 320000. Während man die Hiwis auf deutsche Verbände verteilte, wo sie zum Fronteinsatz abkommandierte Soldaten aus Versorgungseinheiten ersetzen sollten, bildete man aus 150000 Angehörigen sowjetischer Minderheiten halbautonome Ostlegionen, deren Führungspositionen in den meisten Fällen freilich mit Deutschen besetzt wurden.[46] In der zweiten Hälfte des Jahres 1943 wurde eine weitere halbe Million Nichtkombattanten aus dem Hinterland an die Front gebracht, junge Rekruten, Frauen, Ausländer und Volksdeutsche. Keine dieser Maßnahmen konnte aber die zunehmenden Verluste ausgleichen.[47] Die große sowjetische

Offensive im Sommer 1944 gegen die Heeresgruppe Mitte forderte in den ersten sechs Monaten vom 1. Juli bis zum 31. Dezember monatlich durchschnittlich über 200 000 Opfer unter den Soldaten und fast 4000 unter den Hiwis. Daß der Ostfront auch nach der Landung der Westalliierten ein weit größeres Gewicht zukam, veranschaulicht die Tatsache, daß die durchschnittlichen monatlichen Verluste der Deutschen im Westen zur gleichen Zeit bei etwas über 8000 Mann lagen.[48] Bis November 1944 war die Gesamtstärke des Ostheeres auf 1 840 000 Mann gesunken, und das, obwohl 16jährige Jungen und weitere Inhaber von UK-Stellen eingezogen wurden.[49] Bis Ende März 1945 stiegen die Gesamtverluste des Ostheers auf 6 172 373 Mann oder auf das Doppelte seiner ursprünglichen Stärke am 22. Juni 1941. Das waren vier Fünftel der Verluste, die das Feldheer seit dem Einmarsch in die Sowjetunion an allen Fronten erlitten hatte.[50] Doch die Kampfeinheiten an der Front verzeichneten die mit Abstand stärksten Ausfälle, und dies hatte entsprechende Auswirkungen auf die Bildung und Lebensdauer von «Primärgruppen».

Im Frühjahr und Sommer 1942 klagte die 18. Panzerdivision unablässig: «*Ersatzzuweisung* ist ungenügend. Besonders fühlbar ist der *Mangel an Offizieren* und Unterführern.» Auch nach dem Eintreffen von Ersatz sprach sie immer noch von einem «sehr fühlbaren Mangel an fronterfahrenen Unterführern und besonders an Offizieren». Die ganze Zeit über operierte die Division mit nur einem Motorrad- und drei Infanteriebataillonen, die nur von ein paar schwachen Spezialeinheiten unterstützt wurden.[51] Aber selbst diese Überreste einer vormals gut ausgerüsteten und in voller Stärke aufgebotenen Panzerdivision wurden bei einem schweren sowjetischen Angriff Anfang Juli vernichtet. Allein in den ersten vier Tagen wurden bei den Gefechten nicht weniger als 1363 Soldaten und 43 Offiziere als Ausfälle gemeldet, wobei ein Schützenregiment bis auf einen alle Offiziere verlor.[52] Die Auswirkungen einer solchen Dezimierung kann man aus den Tagebuchaufzeichnungen des Divisionsgeistlichen aus dieser Zeit ersehen:

> Die Toten mehren sich, die Verluste werden unheimlich. In meinem schwarzen Büchlein steht schon ein schwarzes Kreuz hinter dem anderen, meine ganze Gemeinde ist zur Mehrzahl tot oder verwundet ...
> Dann haben wir in der folgenden Nacht die Toten aus der Stellung und dem Niemandsland geholt ...
> Unser Friedhof in Bukan ist nun gewaltig gewachsen. Zuerst waren es nur wenige, jetzt sind es schon über 400 Gräber, alles in wenigen Tagen. Und wie viele sind noch nachträglich auf den Verbandsplätzen hinten gestorben oder liegen auf einem anderen Friedhof. Ein Regiment hat sein Opfer gebracht.
> Der Oberst hat in den letzten Tagen ein ganz kleines Gesicht bekommen – schlaflose Nächte, erregte Stunden ... Schweigend steht er vor den langen Gräberreihen: «Da liegt meine alte Garde. Eigentlich gehören wir auch da hin. Dann wäre es vorbei.»[53]

Bei den Gefechten im folgenden Winter wurde die 18. Panzerdivision in der Gegend um Orel noch einmal vernichtend geschlagen. Schon zu Beginn dieser Kämpfe lag die Gefechtsstärke der Division unter 3000 Mann, und in der zweiten Märzwoche 1943 hatten ihre Kampfeinheiten nur noch 1994 Mann bei einer Gesamtstärke der Division von lediglich 2834 Mann.[54] Der ständige Mangel an Kommandeuren und häufige Umbesetzungen, die inzwischen für alle Verbände des Ostheers typisch waren, werden in einer Lagebeurteilung der Division von Anfang April beschrieben:

> In den letzten Wochen haben von 16 Kommandeuren 8 (darunter sämtliche Panzer-Grenadier-Bataillons-Kommandeure) gewechselt, außerdem ist die Stelle des Divisions-Kommandeurs und des

> Ia neu besetzt ... Keiner der Kommandeure hat in seiner jetzigen Stellung Kampf- und Führungserfahrung im *Angriff*, nur in der Abwehr ... Das vorhandene Offizier-Korps für Angriff und Abwehr zahlenmäßig ungenügend ... Fehlstellen 28 % ... Unterführer sind meist als Einzelkämpfer gut, bei den meisten, vor allem den jüngeren, sind die Führereigenschaften noch nicht sehr ausgeprägt.

Unter solchen Umständen dürfte es schwierig gewesen sein, Loyalitätsbande zwischen den Offizieren zu knüpfen, zumal auch die Mannschaften permanent dezimiert wurden. Wie es in dem Bericht weiter heißt, hatte die Division mittlerweile nur noch vier Infanteriebataillone mit je ungefähr 290 Mann, und ihre Gesamtstärke war auf 2440 Mann gesunken, auf weit unter einem Sechstel der anfänglichen Stärke dieses ehemaligen Panzerverbands.[55]

Ähnlich erging es der 12. Infanteriedivision. Elf Monate nach dem Einmarsch in die Sowjetunion beliefen sich ihre Gesamtverluste auf 9272 Soldaten und 341 Offizieren, das heißt, sie verlor zwei Drittel ihrer anfänglichen Stärke und mehr Offiziere, als ihr gesamtes Offizierskorps umfaßt hatte.[56] Zu der Zeit fehlten der Division auch ungefähr 6000 Soldaten und über 70 Offiziere zu ihrer Sollstärke.[57] Der zahlenmäßig unzureichende und schlecht ausgebildete Ersatz traf meistens in kleinen Gruppen ein. Das bedeutete, daß die Männer direkt ins Gefecht geschickt wurden, ohne die geringste Chance, eine weitere Ausbildung zu erhalten oder sich mit ihren Kameraden vertraut zu machen. Am 5. Juni berichtete die Division:

> Nach schweren Abwehrkämpfen im Monat Mai sind entstandene Frontlücken durch kriegsunerfahrenen Ersatz ... unzureichend aufgefüllt ... Die wünschenswerte Eingewöhnung jungen Ersatzes in eine bisher nicht angegriffene Front war wegen des Fehlens einer Divisions-Reserve noch nicht möglich.

Die Zahl der Offiziere sank unaufhaltsam, und bald fehlten der 12. Infanteriedivision nicht weniger als neunzig Offiziere, obwohl die Sollstärken schon entscheidend herabgesetzt worden waren.[58] Dies hatte einen besonders nachteiligen Effekt auf die Befehlshierarchie. Im Juli 1942 hatte die Division nur noch fünf ihrer neun Bataillonskommandeure, folglich mußten acht Kompaniechefs Frontabschnitte übernehmen, die normalerweise ranghöheren Offizieren unterstellt wurden, während ein neunter in eine andere Division versetzt wurde. Dies wiederum hatte zur Folge, daß Kompanien nun von jungen und unerfahrenen Offizieren und Züge fast ausnahmslos von Unteroffizieren befehligt wurden, deren Zahl im übrigen stark gesunken war, weil viele von denen, die die Kämpfe überlebt hatten, zu Offizieren befördert worden waren. Die Mannschaften bestanden zu diesem Zeitpunkt nur zu einem Viertel aus ausgebildeten Infanteristen, die übrigen kamen aus nicht kämpfenden Einheiten.[59] Dieser Mangel an ausgebildeten Soldaten, selbst eine Folge der hohen Verluste unter den Kampftruppen, war auch die Ursache für noch größere Verluste unter Männern, die gar nicht für den Kampf ausgebildet worden waren. Eines der Infanterieregimenter berichtete von Angriffen auf ihre Stellungen und machte für die bedeutenden Erfolge, die der Feind dabei errang, die «dünne Besetzung» und den «geringen Ausbildungsstand» der eigenen Truppe verantwortlich, Mängel, die «durch den Einsatz geeigneter Führer» behoben werden könnten. Die waren aber, wie wir gesehen haben, nur schwer zu bekommen.[60] Im August waren die Verluste der Division auf 10 897 Mann oder fast vier Fünftel ihrer ursprünglichen Stärke gestiegen, und die Lage verschlechterte sich weiter. Erneut betonte der Divisionskommandeur:

> Die Erfahrung zeigt, daß Truppenteile, die mit Ersatz aufgefüllt wurden, in den ersten Kampftagen einer neuen Operation besonders hohe personelle Verluste erlitten, die um so größer waren, je stärker die Infanterie-Gefechtsstärken waren, mit denen die Verbände in das Gefecht geführt wurden, und je größer der Mangel an geeigneten Unterführern war.[61]

Bemühungen der Division, neu eingetroffenen Ersatz auszubilden und schrittweise an das Schlachtfeld heranzuführen,[62] wurden immer wieder durch die kritische Lage an der Front vereitelt. Bald war man wieder gezwungen, «Alarmeinheiten» aus nicht ausgebildeten Versorgungssoldaten zu bilden, unter denen die Verluste wahrscheinlich noch höher waren als unter frisch ausgebildeten Rekruten.[63] Zum Beginn des Winters verstärkte die Rote Armee ihre Angriffe, und wie im Vorjahr wurde die Truppe stark dezimiert. Anfang Dezember wurde ein Regiment der Division innerhalb von zehn Tagen aufgerieben und verlor 614 von insgesamt 793 Männern, und einige Wochen später kehrte das schlagkräftige «Sturmbataillon» mit 36 Soldaten und nur einem einzigen Offizier von der Front zurück. Zu der Zeit war die Zahl der Bataillone in der Division von acht auf vier geschrumpft.[64] Diese immensen Verluste wurden teilweise ersetzt, doch viele Neuankömmlinge fielen oder wurden verwundet, kaum daß sie aus dem Reich eingetroffen waren. Der Divisionskommandeur beschwerte sich wiederholt über den beklagenswerten «Kampfwert des jungen oder inzwischen bei der Truppe wenig ausgebildeten Ersatzes im Angriff oder im Widerstand gegen Panzerangriffe».[65] Aber er hatte keine andere Wahl, als sie sofort einzusetzen. Anfang Dezember berichtete er nochmals:

> Ersatz jedoch gewinnt kein Selbstvertrauen und versagt beim Vorgehen. Durch Ausweichen vor Panzern hindert er die Offiziere an der Durchführung ihrer Kampfaufträge. Ich warne vor

falscher Bewertung bei hohen Ersatzanteilen, besonders bei Kompanien, die in der Hauptkampflinie neu aufgestellt werden mußten.

Der Kommandeur war offensichtlich erschüttert über das Blutbad unter den unzureichend ausgebildeten jungen Männern und schickte zwei Tage später einen Funkspruch an das Generalkommando, in dem er betonte,

> ... Rekrutenersatz seit Frühjahr 1942 [ist] nicht in seiner neuen Truppe eingearbeitet worden ... und nicht stufenmäßig an Kampfeindrücke gewöhnt ... Für die Überwindung des Vereinsamungsgefühls in unübersichtlichem Kampfgelände und des Panzerschrecks hat der mitgebrachte gute Wille allein nicht ausgereicht.[66]

Aber an dieser Situation ließ sich kaum etwas ändern. Zum einen hatten die Soldaten der 12. Infanteriedivision wenig Gelegenheit, feste «Primärgruppen» zu bilden. Manche verbrachten kaum ein paar Tage bei ihrer Einheit, bevor sie fielen oder in Lazarettzügen ins Hinterland zurückgeschickt wurden. Es gab auch keine Möglichkeit, die Einheitsführer besser kennenzulernen. Im Winter 1942/43 wurden die neu eingetroffenen Offiziere ähnlich eingesetzt wie die Mannschaften. Obwohl unerfahren, hatten sie keine Gelegenheit, ihre Einheiten kennenzulernen. Sie wurden sofort an der Spitze ihrer Männer ins Gefecht geschickt. Sie kannten weder das Gelände noch ihre Leute. Dies führte natürlich zu schweren Verlusten und war bestimmt nicht geeignet, das Vertrauen der Männer in ihre Kommandeure zu stärken.[67]

Angesichts einer bevorstehenden sowjetischen Offensive räumten die Deutschen im Februar 1943 schließlich den Kessel von Demjansk. Als die 12. Infanteriedivision Anfang März ihre neuen Stellungen an dem Fluß Lovat bezog, umfaßten ihre Kampfeinheiten nur noch 171 Offiziere und 4822 Soldaten, also nur noch die Hälfte der Offiziere und ein Drittel der Soldaten, die sie am Beginn des Feldzuges hatte aufbieten können.[68] Der neue Frontverlauf erwies sich als kaum sicherer als der alte, und bei gelegentlich aufflammenden, heftigen Kämpfen wurden immer wieder Einheiten aufgerieben. So kehrte Ende März ein Bataillon mit nur 46 von ursprünglich 475 Soldaten aus einem kurzen, aber schweren Gefecht zurück, und von einem anderen blieben nur noch 64 von ursprünglich 360 Mann.[69] Nach der letzten verfügbaren Verlustliste verlor die 12. Infanteriedivision zwischen dem 22. Juni 1941 und Mitte Oktober 1943 insgesamt 16112 Soldaten, also weit mehr, als ihrer ursprünglichen Stärke entsprach, und 527 Offiziere, also 157 Prozent ihrer anfänglichen Zahl.[70] Über die letzten Tage dieses Verbandes sind sehr wenig Aufzeichnungen erhalten, aber man weiß, daß er bei Abwehrschlachten in der Gegend um Vitebsk im Winter 1943/44 schwere Verluste erlitt.[71] Bei der sowjetischen Sommeroffensive im Juni 1944 wurde er dann völlig vernichtet.[72] Man kann also sagen, daß die 12. Infanteriedivision in ihren drei Jahren an der Ostfront doppelt so viele Soldaten und dreimal so viele Offiziere verlor, als sie zu Anfang besessen hatte. Verluste dieses Ausmaßes, das daraus resultierende Verschwinden von Einheiten und der schnelle Personalwechsel verhinderten die Bildung von «Primärgruppen» und begrenzten den Einfluß persönlicher Bindungen auf die Motivation und den Zusammenhalt der Truppe im Gefecht ohne Zweifel ganz beträchtlich.

Im Gegensatz zu den oben untersuchten Verbänden blieb die neu gebildete Division «Großdeutschland» bis in die letzten Kriegstage bestehen, weil sie ständig neuen Ersatz erhielt. Sie ist ein hervorragendes Beispiel für eine hochmotivierte Division, die erstaunlich hohe Verluste erlitt und deshalb nur in einem sehr begrenzten Rahmen «Primärgruppen»-Bindungen aufrechterhalten konnte. Die Division «Großdeutschland» ging 1942 mit rund 18 000 Soldaten und 300 Offizieren in die deutsche Sommeroffensive und verlor schon im ersten Monat über 2000 Soldaten und 114 Offiziere, also annähernd 40 Prozent ihres Offizierskorps.[73] Doch erst als die Division verlegt wurde und im mittleren Frontabschnitt Verteidigungsstellungen bezog, nahmen ihre Verluste wirklich alarmierende Ausmaße an. Allein im September verlor eines der Infanterieregimenter fast 1400 Mann, wobei ein Bataillon völlig vernichtet und viele Kompanien von 140 auf weniger als 50 Männer dezimiert wurden. Die Verluste unter den Offizieren waren besonders schwer. Unter ihnen waren ein Regimentskommandeur und zwei Bataillonskommandeure, die bei Volltreffern der feindlichen Artillerie fast mit ihrem gesamten Stab in ihren Gefechtsständen getötet wurden, Vorfälle, die sich in den folgenden drei Jahren häufen sollten.[74] Im November wurde die Lage noch schlimmer. Ein Bataillon wurde innerhalb von zwanzig Minuten vernichtet, als es beim Angriff in ein Sperrfeuer der sowjetischen Artillerie geriet. Es verlor buchstäblich alle Offiziere vom Zugführer bis zum Bataillonskommandeur. Ein Soldat beschrieb das Schicksal einer benachbarten Einheit:

> Ganz auf sich allein gestellt, kämpfte er [der zweite Zug] … bis zum letzten Mann. Da auch unser Kompanie-Führer, Oberleutnant Rupp, und dessen Kompanie-Truppenführer Oberfeldwebel Sonnenberg nach diesen Kämpfen vermißt wurden, die Soldaten des 1. und 3. Zuges zum größten Teil durch Tod und Verwundung ausgefallen waren, war unsere alte «Sechste» bis auf 5 Mann völlig aufgerieben. Für die nächsten Tage … kämpfte das Bataillon als kleine Kampfgruppe.

Drei Tage nach diesem Tagebucheintrag war das fragliche Bataillon auf die Sollstärke eines Zuges geschrumpft.[75] Angesichts dieser Verluste war die Division «Großdeutschland» gezwungen, Alarmeinheiten aufzustellen, mit dem gewohnten Resultat, daß die Verluste unter diesen unausgebildeten Soldaten aus Versorgungseinheiten noch höher ausfielen.

Bis zum Ende des Monats fielen mindestens zwei weitere Bataillonskommandeure, und im Dezember wurde ein ganzes Infanterieregiment von sowjetischen Panzern eingeschlossen und völlig vernichtet. Der Erste Stabsoffizier der Division schilderte das Ereignis in einem Brief an seine Frau:

> Das furchtbarste war, als sich ein Regimentskommandeur am Fernsprecher von mir verabschiedete. Er schilderte, wie sie eingeschlossen wurden, hart kämpften und der Russe immer näher kam, ein Ausweichen war ja verboten. «Hier bleiben wir nun», sagte er, «meine Leute kämpfen wie die Löwen, aber bald ist es aus, wir sind bereit, bitte bleiben Sie noch am Fernsprecher, ich möchte noch mit Ihnen sprechen – jetzt kommen Panzer» – dann war die Verbindung abgerissen. Der Oberst tot, seine Umgebung gefallen, nur ein Offizier und ein Mann konnten entkommen.[76]

Bei den folgenden Kämpfen wurde ein weiteres Bataillon auf vier Offiziere und 35 Soldaten dezimiert. Wie eine Einheit nach der anderen in vergeblichen Gegenangriffen vernichtet wurde, läßt sich der Beschreibung einer solchen, von einer Infanteriekompanie durchgeführten Operation entnehmen:

> Die Höhe wurde trotz schwerem Abwehrfeuer genommen. Aber im Kampf um die Höhenbunker fiel Mann um Mann. Den letzten Bunker konnte der Oberleutnant Weiß mit seinen restlichen 5 Mann nicht mehr nehmen. So verließen sie die Höhe, die der Russe behauptet hatte, mit dem Erfolg, daß die ganze Kompanie zusammengeschlagen worden war.[77]

Auch die Kompanie, zu der der Schreiber dieser Zeilen gehörte, wurde dezimiert. Sie hatte seit Juli sechs Kompaniechefs verloren und bestand im Dezember nur noch aus einem Offizier, zwei Unteroffizieren und acht Soldaten. Und das war keine Ausnahme. Eine benachbarte Kompanie hatte bis auf einen Offizier, einen Unteroffizier und 16 Soldaten alle Leute verloren.[78] In den vorangegangenen vier Monaten hatte das übrige Infanterieregiment 2674 Mann verloren, zwei Drittel seines Personalbestandes.[79] Und da der Ersatz mit den Verlusten nicht Schritt halten konnte, hatten die meisten Kompanien nur noch einen Offizier, und Züge wurden von Unteroffizieren oder sogar von Mannschaftsdienstgraden geführt.[80] Da die Division bis zum Frühjahr 1943 fast ohne Pause weiterkämpfte, stieg die Zahl der Verluste auf insgesamt 10365 Mann, etwas weniger als zwei Drittel ihrer anfänglichen Mannschaftsstärke nur zehn Monate zuvor. Dabei waren 375 Offiziere oder 125 Prozent ihrer Anzahl vom Juni 1942 entweder gefallen oder verwundet.[81] Daß eine solche Vernichtung von Fronteinheiten damals keine Ausnahme war, kann man zahlreichen Briefen von Soldaten entnehmen. So schrieb Martin Linder, um nur ein Beispiel zu nennen, am 15. September 1942 von der Ostfront:

> Allein seit dem 28. Juni 1942 hat unsere Kompanie 190 Ausfälle an Verwundeten und Toten. Als verwundet gilt einer, der ins Lazarett geschafft werden mußte – viele Leichtverwundete bleiben entweder gleich bei der Kampftruppe oder lassen sich beim Troß ausheilen. Von den 190 sind 34 gefallen und man kann rechnen, daß weiter 10 bis 15 im Lazarett verstarben oder an den Folgen der Verletzung noch sterben müssen.[82]

Nach der Rückkehr von einem kurzen Heimaturlaub schrieb Linder am 28. November 1942: «Zwei Drittel meines Zuges sind ausgefallen.»[83]

In den wenigen Monaten vor der letzten deutschen Großoffensive im Osten, dem Unternehmen «Zitadelle», versuchte man verzweifelt, die Verbände des Ostheeres zu verstärken. Aber sowohl die ungenügende Vorbereitung wie auch die Zerstörungswut, die nach Beginn des Angriffs an der Front um sich griff, führten deutlich vor Augen, daß der fürchterliche personelle Aderlaß nicht nur jede nennenswerte Bildung neuer «Primärgruppen» in der Wehrmacht verhinderte, sondern daß das Reich inzwischen so ausgeblutet war, daß es bald über keine wehrfähigen Männer mehr verfügen würde. Tatsächlich erlitten die Fronteinheiten im Sommer 1943 so hohe Verluste, daß eine nach der anderen aufgerieben wurde, obwohl sie bis zum letzten Augenblick kämpften und versuchten, auf jede nur erdenkliche Weise Ersatz zu beschaffen. Die 18. Panzerdivision ist in diesem Zusammenhang ein besonders gutes Beispiel. Im Frühjahr 1943 umfaßten die Kampfeinheiten dieser Division 124 Offiziere und 3782 Soldaten, weniger als die Hälfte ihrer ursprünglichen Stärke. Aber selbst diese Zahlen wurden nur dadurch erreicht, daß sie die Jahrgänge 1906 und 1907 aus dem Troß zum Frontdienst beorderte. Das bedeutete, daß ein großer Teil ihrer kämpfenden Einheiten inzwischen aus schlecht ausgebildeten Männer bestand, die über 36 Jahre alt waren.[84] Um die Division angesichts der bevorstehenden Offensive zu verstärken, erhielt sie im Mai 1943 schließlich 89 Offiziere, 130 Unteroffiziere und 2571 Soldaten Ersatz.[85] Aber diese ungewöhnlich großzügige Verstärkung spiegelte wieder einmal nur die sich verschlechternde Gesamtsituation der Wehrmacht wider. Bald stellte sich nämlich heraus, daß die Hälfte der neuen Offiziere in Wahrheit nur Kadetten waren, und die andere Hälfte war alt, unerfahren und schlecht ausgebildet. Und was die Unteroffiziere anging, so entsprach ihr Ausbildungsstand nicht den Erwartungen, ganz davon abgesehen, daß ihre Zahl nicht genügte.[86] Dennoch war die 18. Panzerdivision, als sie mit vier Infanteriebataillonen und drei Reservebataillonen in die Schlacht bei

Kursk ging, weitaus stärker als die meisten anderen deutschen Divisonen zu der Zeit.[87] Doch im Laufe der nächsten vier Monate erlitt sie so schwere Verluste, daß sie schließlich gezwungen war, sich komplett aufzulösen. Am 11. Juli, knapp eine Woche nach Beginn der Operation «Zitadelle», zählten die Kampfeinheiten der 18. Panzerdivision noch 5266 Soldaten und 157 Offiziere, doch zwölf Tage später waren nur noch 890 Soldaten und weniger als 30 Offiziere übrig.[88] Diese gewaltige Dezimierung veranlaßte den Divisionskommandeur, alle verfügbaren Leute aus den Versorgungseinheiten an die Front zu schicken, nicht zuletzt deshalb, weil er wußte, daß «die höhere Führung der Division Aufgaben stellen [wird], die mit den zur Zeit gemeldeten Gefechtsstärken nicht geleistet werden können». Aber wenn man bedenkt, wie der Troß bereits gesiebt worden war, wird klar, daß diese Männer für den Einsatz an der Front völlig ungeeignet waren.[89] Nach einer Woche verfügte eines der beiden Panzergrenadierregimenter der Division nur noch über 127 Mann, und am 27. Juli hatte es nur noch einen Offizier als Kompanieführer.[90] Die Division verlor allein im Juli 3198 Soldaten und 145 Offiziere, also innerhalb eines Monats ungefähr die Hälfte ihrer Mannschaften und fast alle Offiziere. Zu diesem Zeitpunkt hatten beide Panzergrenadierregimenter zusammen noch 482 Mann, und alle Kompanien bis auf vier wurden von Unteroffizieren geführt. Sollten sich in den Monaten vor der Operation «Zitadelle» «Primärgruppen» gebildet haben, so wurden sie innerhalb weniger Wochen zerstört.[91]

Anfang August erhielt die 18. Panzerdivision Ersatz, und ihre Gefechtsstärke stieg auf 113 Offiziere und 3643 Soldaten. Aber der Ersatz bestand wieder nur aus älteren und schlecht ausgebildeten Männern. Am Ende des Monats meldete die Division weitere 1249 Ausfälle, zu denen noch

825 Verwundete und 685 Vermißte aus den vergangenen zwei Monaten kamen, die vorher wegen der chaotischen Lage an der Front nicht gemeldet worden waren. Die einzige Möglichkeit, die Einsatzfähigkeit der Division sicherzustellen, war, Männer von aufgelösten oder fliehenden Verbänden aufzunehmen, die durch ihr Operationsgebiet zogen. Der Mangel an Offizieren wurde dadurch behoben, daß man Unteroffiziere beförderte, und die Lücke, die diese hinterließen, wurde durch die Beförderung von Gefreiten gestopft.[92] Aber die Gefechte gingen weiter, und Mitte September waren der Division nur noch zwei Infanteriebataillone geblieben, insgesamt 308 Soldaten, dazu 91 Pioniere und 118 Mann Ersatz. Am Ende des Monats meldete die Division weitere 1181 Ausfälle, was der Hälfte der Soldaten entsprach, über die sie vier Wochen zuvor verfügt hatte.[93] Wie heftig die Kämpfe waren, kann man daraus ersehen, daß zwischen dem 4. Juli und dem 30. September insgesamt 218 Offiziere auf der Verlustliste standen, also mehr, als die Division vor Beginn der Operation «Zitadelle» überhaupt gehabt hatte. Unter ihnen waren 10 Bataillonskommandeure, 83 Kompanieführer und 85 Zugführer. Alles in allem hatte die 18. Panzerdivision seit dem 22. Juni 1941 695 Offiziere – das sind 173 Prozent ihrer ursprünglichen Zahl – verloren, ein Drittel davon in den letzten drei Monaten ihres Bestehens. Am 10. Oktober 1943, als die Division schließlich aufgelöst wurde, beliefen sich ihre Gesamtverluste unter den Mannschaften auf 17001 Mann, eine Zahl, die ihrer Mannschaftsstärke bei Beginn des Unternehmens «Barbarossa» entsprach.[94] Abschließend kann man sagen, daß die Soldaten der 18. Panzerdivision, obwohl sie bis zuletzt verbissen kämpften, die meiste Zeit ihres Einsatzes in der Sowjetunion allenfalls sehr flüchtige «Primärgruppen»-Bindungen eingehen und kaum ein per-

sönliches Treueverhältnis zu ihren Einheitsführern herstellen konnten.

Da die Division «Großdeutschland» bis April 1945 existierte, können wir an ihrem Beispiel untersuchen, welcher Zusammenhang zwischen den extrem hohen Verlusten in diesen letzten beiden Jahren und der nicht weniger bemerkenswerten Entschlossenheit der deutschen Soldaten angesichts der sicheren Niederlage bestand.[95] Auch dieser Verband erlitt in der Schlacht bei Kursk innerhalb weniger Wochen schreckliche Verluste, aber er zeigt darüber hinaus, wie sich der Kreislauf von Vernichtung und Wiederaufbau, der bis in die letzten Kriegsmonate andauerte, beschleunigte. Noch in den letzten Tagen der Operation «Zitadelle» wurden fast alle Kommandeure und Stabsoffiziere der beiden Infanterieregimenter und weiterer drei Bataillone getötet oder verwundet.[96] Mitte August war die durchschnittliche Stärke der Infanteriekompanien auf etwa 25 Mann gesunken. Viele wurden jetzt von Unteroffizieren geführt, weil es nicht mehr genügend Offiziere gab. Auch hier hatte die Praxis, den Ersatz sofort ins Gefecht zu schicken, verheerende Folgen. Einmal wurde eine Gruppe junger Rekruten unmittelbar nach ihrer Ankunft bei einer der Kompanien in die Schlacht geschickt. Wenige Stunden später waren sechs von ihnen tot und vier verwundet.[97] Anfang September hatten die meisten Kompanien kaum mehr als Gruppenstärke. Die 6. Grenadierkompanie bestand aus fünf Soldaten und wurde von einem Obergefreiten geführt, die 7. aus fünf Soldaten unter dem Kommando eines Obergefreiten. Das gesamte 3. Grenadierbataillon bestand aus drei Offizieren und 29 Soldaten, das 2. Bataillon ebenfalls aus drei Offizieren und 22 Soldaten.[98] Ende September, als sich die Division «Großdeutschland» auf das Westufer des Dnjepr zurückzog, bezifferte sie die Verluste der vorangegangenen sechs Monate auf insgesamt 7347 Mann. Damit stiegen ihre seit Juni 1942 erlittenen Gesamtverluste auf 17712 Soldaten und 590 Offiziere; sie hatte also fast ebenso viele Soldaten und doppelt so viele Offiziere verloren, wie sie zu Anfang gehabt hatte.[99] Und die Kämpfe gingen pausenlos weiter. Im November hatte das Pionierbataillon alle Offiziere bis auf einen verloren, während die beiden Infanterieregimenter zusammen nur noch über 250 Mann verfügten, wobei ein Bataillon auf 27 Soldaten geschrumpft war.[100] Obwohl Anfang 1944 Ersatz eintraf, gab es Berichten zufolge immer noch Bataillone mit 100 Mann. Das war für damals eine beträchtliche Stärke. Es gab zwei Kompanien mit je 40 Mann und eine Reserve von rund 20 Mann.[101]

Das folgende Beispiel veranschaulicht den schnellen Personalwechsel bei den Kommandeuren der Fronteinheiten. Am 26. Juli 1943 fiel der Chef der 6. Grenadierkompanie, Leutnant Heinz, und wurde durch einen Unteroffizier ersetzt. Am 7. August übernahm Leutnant Ahlfeld die Führung der Kompanie, fiel aber vier Tage später. Leutnant Pfau übernahm das Kommando am 13. August und wurde acht Tage später verwundet. Sein Nachfolger, Leutnant Fritz, wurde am 2. September verwundet, und ein Unteroffizier mußte seinen Platz einnehmen. Am 17. September übernahm Oberleutnant Wiebe die Kompanie, aber am 6. Oktober kehrte der von seiner Verwundung genesene Leutnant Pfau zurück. Zwei Wochen später wurde er erneut verwundet. Leutnant Hegemann, der am 3. November das Kommando übernahm, wurde nach drei Tagen vermißt gemeldet. Sein Nachfolger, Leutnant Michaelis, wurde wiederum zehn Tage später verwundet und trat das Kommando an Oberleutnant Saalfrank ab. Wie wir sehen, bekam die Kompanie im Durchschnitt alle ein bis zwei Wochen einen neuen Chef. Bei den Bataillonskommandeuren war es nicht viel besser. Am 14. Oktober wurde Hauptmann Knebel, Kommandeur des 2. Grenadierbataillons (zu dem die 6. Kompanie gehörte), durch Hauptmann Kraussold ersetzt, der seinerseits innerhalb weniger Wochen durch Oberleutnant Konopka abgelöst wurde. Am 17. November wurde Konopka verwundet. Darauf übernahm Hauptmann Kraussold wieder das Bataillon, aber nur Stunden später wurde er schwer verwundet. Hauptmann Weizenbeck trat an seine Stelle, aber nach knappen zwei Wochen wurde auch er verwundet. Sein Nachfolger, Hauptmann Krambeck, wurde wenige Tage später ebenfalls verwundet und mußte das Kommando an Hauptmann Mickley abgeben.[102] Unter solchen Umständen ist es kaum vorstellbar, daß die Soldaten ein persönliches Vertrauensverhältnis zu ihren ständig wechselnden Kommandeuren entwickelten und ihnen gegenüber eine besondere Loyalität empfanden, von dem schnellen Wechsel in den eigenen Reihen einmal ganz abgesehen. In einem Brief, den Friedrich Reinhold Haag, Kompanieführer in einem anderen Verband, am 12. Juli 1942, aus Sewastopol schrieb, werden die Auswirkungen so rascher personeller Veränderungen geschildert:

> Ich habe neu erfahren, wie schwer es ist, eine Kompanie in das Feuer zu führen und Menschen zu opfern, von denen man kaum den einen oder anderen kennt. Dann fallen sie neben einem um, und einer schreit vielleicht: «Herr Leutnant, Sie müssen nach Hause schreiben» – und man weiß nicht einmal, wie er heißt.[103]

Was von der Division «Großdeutschland» nach den Wintergefechten noch übrig war, wurde auf dem langen Rückzug nach Rumänien im Gefolge der Großoffensive der Roten Armee in der Ukraine im März 1944 dezimiert. Die 6. Grenadierkompanie erlitt ein ähnliches Schicksal wie viele andere Einheiten und verlor bei diesem chaotischen Rückzug innerhalb von nur drei Tagen drei Führer, darunter einen Unteroffizier.[104] An der rumänischen Grenze wurde die Division jedoch rasch verstärkt, so daß sie Anfang April über vier Infanteriebataillone mit jeweils rund 400 Mann und mehrere

Reserveeinheiten verfügte. Aber wieder war die Zeit zu knapp, als daß zwischen den Neuen und den wenigen verbliebenen Veteranen Bindungen hätten entstehen können, denn bei einem weiteren Angriff der Sowjets am 10. Mai wurden die Bataillone auf durchschnittlich 65 Mann dezimiert; in weniger als einem Monat hatten sie fast vier Fünftel ihrer Soldaten verloren.[105] Im Juni wurden weitere Verstärkungen auf ähnliche Weise in einer Abwehrschlacht dezimiert, und als die Division «Großdeutschland» zum dritten Mal in drei Monaten neue Einheiten aufstellte, bestand der neue Ersatz, sieht man einmal von einigen Veteranen des Ersten Weltkriegs ab, hauptsächlich aus 15- und 16jährigen Jungen, die direkt aus der Hitlerjugend kamen.[106] Noch im selben Monat wurde die Division nach Ostpreußen verlegt, doch änderte dies nichts daran, daß sie immer wieder hohe Verluste erlitt, die ersetzt werden mußten. Anfang August 1944 wurden die Kompanien bei schweren Gefechten abermals auf durchschnittlich 20 Mann dezimiert.[107] Und wie immer waren die Offiziere besonders stark betroffen: Die vier Kompanien des 1. Grenadierbataillons verzeichneten in nur neun Tagen zwölf Führungswechsel. Als dieses Bataillon sich Anfang Oktober nach Memel zurückzog, bestand es aus 18 Soldaten und wurde von einem Feldwebel befehligt, der selbst wenige Tage später verwundet wurde.[108]

Nun wurde die Division «Großdeutschland» zum letzten Mal neu aufgestellt. Nach ihrer Evakuierung aus dem belagerten Memel von der See her trafen die Überreste der Division im November 1944 im ostpreußischen Rastenburg ein, wo sie massiv verstärkt wurden, so daß sie wieder über rund 10 000 Mann verfügten.[109] Die Mehrheit dieser Soldaten hatte noch keinerlei Kampferfahrung in der Division «Großdeutschland», und sie sollte auch kaum Gelegenheit bekommen, jetzt welche zu sammeln, denn als die Division

Anfang 1945 wieder ins Kampfgeschehen eingriff, wurde sie bei der letzten sowjetischen Großoffensive schnell aufgerieben. Bald war sie von der Hauptmasse der zurückflutenden Verbände des Ostheeres abgeschnitten. Zwischen dem 15. Januar und dem 22. April verlor die Division «Großdeutschland» insgesamt 16988 Mann, eine erstaunlich hohe Zahl, die 170 Prozent ihrer Personalstärke zu Beginn des Jahres 1945 entspricht. Inzwischen führten die 4000 Überlebenden der Division auf der Halbinsel Samland einen verzweifelten Kampf und füllten ihre Mannschaften mit den Überresten anderer deutscher Verbände auf, die in dem Gebiet verstreut waren.[110] Noch in dieser Endphase des Krieges plante man, die Division aus Ostpreußen abzuziehen und anderswo im rapide schrumpfenden Reich wieder einzusetzen, aber schließlich reichte die Zeit dazu nicht mehr.[111] Mitte April griff die Rote Armee nochmals an, und nach einigen Tagen erbitterter Gefechte schwammen die letzten 800 Soldaten der Division «Großdeutschland» über die Bucht zu der Landzunge «Frische Nehrung», wo sie ein Schiff aufnahm und nach Dänemark brachte. Der überwiegende Teil dieser Männer, die bald darauf in britische Gefangenschaft gerieten, hatte nur wenige Wochen oder Monate in der Division «Großdeutschland» gedient.[112] Seit ihrem ersten Einsatz im Juni 1942 hatte die Division bis Kriegsende ungefähr 50000 Soldaten und 1500 Offiziere verloren, also dreimal soviel Soldaten und fünfmal soviel Offiziere, wie sie bei ihrer Aufstellung gehabt hatte.

Aus allem, was wir bisher gesehen haben, muß man den Schluß ziehen, daß während des gesamten Krieges in Rußland die «Primärgruppen» in den Kampfeinheiten des Ostheers unter Gefechtsbedingungen bestenfalls einige Wochen überlebten und deshalb auf den Zusammenhalt und die Motivation der großen Masse der Landstreitkräfte in der Wehrmacht nur wenig Einfluß haben konnten. Ebensowenig konnte persönliche Loyalität gegenüber Offizieren ein wichtiger Faktor sein, da die Einheitsführer, bedingt durch die gewaltigen Verluste, häufig wechselten. Das wirft die Frage auf: Was bewirkte den bemerkenswerten Zusammenhalt im deutschen Heer? Im folgenden Kapitel werden wir darlegen, daß namentlich die militärische Disziplinarordnung dazu beitrug, die Männer an der Front zu halten. Dieses Ziel konnte freilich nur dadurch erreicht werden, daß Sinn und Zweck der Disziplin zutiefst pervertiert wurden, ein Vorgang, der enorme Auswirkungen auf Einstellung und Verhalten der Truppe hatte und schließlich zu einer Brutalisierung der Kampfeinheiten führte.

3 Die Pervertierung der Disziplin

Strenge militärische Disziplin hatte in Deutschland eine lange Tradition, die bis in die Tage der Prügelstrafe in der alten preußischen Armee zurückreichte.[1] Wie Organisation und Planung waren auch Disziplin und Gehorsam lange vor Hitlers Machtergreifung Markenzeichen des deutschen Militärs. Die Linientaktik und der Schrägangriff Friedrichs des Großen, die massive Konzentration der Kräfte durch den präzisen und neuartigen Einsatz der Eisenbahn durch den älteren Moltke, der mit der Präzision eines Uhrwerks ausgeführte Schlieffen-Plan – dies alles schien die Effektivität dieser deutschen Tugenden auf dem Schlachtfeld zu beweisen.[2] So galt es nur als natürlich, daß auch die Wehrmacht die strenge Disziplinarstrafordnung ihrer Vorgängerinnen übernommen hatte. Und in der Tat kann man in der geschickten Verknüpfung der alten militärischen Tradition mit neuen Methoden der Kriegführung einen Schlüssel zu ihren erstaunlichen militärischen Erfolgen sehen. Der unbedingte Gehorsam, der den Soldaten abverlangt wurde, und die drakonischen Strafen, die gegen Übeltäter verhängt wurden, spielten für den Zusammenhalt der Truppe unter schwierigsten Gefechtsbedingungen zweifellos eine zentrale Rolle. Dennoch muß betont werden, daß im Dritten Reich, und speziell im Krieg, Theorie und Praxis des Kriegsrechts in der Wehrmacht grundlegende und entscheidende Veränderungen erfuhren, die den totalen Charakterwandel der Armee sowohl widerspiegelten als auch verstärkten. Sie waren nicht nur für die Standhaftigkeit der Truppe auf dem Schlachtfeld verantwortlich, sondern auch für ihre starke Brutalisierung.

Der umfassende, wenn auch nur vorübergehende Zusammenbruch der Disziplin in den kaiserlichen Heeren in der Endphase des Ersten Weltkriegs hatte bei den Männern, die maßgeblich am Aufbau der neuen Wehrmacht mitwirken sollten, einen nachhaltigen Eindruck hinterlassen. So wie Hitler fürchtete, daß die Anforderungen eines weiteren totalen Krieges sein Regime destabilisieren und ebenso schnell zu Fall bringen könnten wie die Herrschaft des Kaisers, so fürchteten die Generäle eine Wiederholung des demütigenden Schauspiels, daß Soldatenräte ihren Offizieren den Gehorsam verweigerten.[3] Die neue Wehrmacht sollte einerseits die sozialen Barrieren zwischen Offizieren und Mannschaften beseitigen, andererseits von den Soldaten «blinden» Gehorsam und unbedingte Treue verlangen. Bald wurde dieser «blinde» Gehorsam, diesmal direkt dem Führer gegenüber, auch von den Generälen und Stabsoffizieren gefordert, die, im Widerspruch zu den stereotypen Vorstellungen über das deutsche Militär, auf eine lange Tradition selbständigen und kritischen Denkens zurückblicken konnten. Ideologisch stützte sich die Wehrmacht auf den Mythos der sogenannten «Frontgemeinschaft» von 1914–18 und auf den damit verbundenen Glauben, daß nur die bedingungslose Hingabe dazu befähige, den Schrekken des modernen Krieges standzuhalten oder sie gar zu zelebrieren. Diese Auffassung verband die neue Wehrmacht durch zahlreiche gemeinsame Wurzeln mit dem Nationalsozialismus, der einen beträchtlichen Teil seiner Sprache und Symbolik ebenfalls direkt aus den Geschehnissen des Ersten Weltkriegs bezog, den tatsächlichen wie den erfundenen.[4] Daher verknüpfte die Armee des Dritten Reichs ihre Disziplinarordnung von Anfang an eng mit den ideologischen Zielen des

Regimes, und zwar nicht nur unter Zwang, sondern aus Wesensverwandtschaft und aus freien Stücken. Traditionelle Normen von Disziplin und Gehorsam paßte sie bewußt und bereitwillig den politischen Konzepten an, die sie für notwendig erachtete, um die Effizienz des Militärapparats zu verbessern und den Zusammenhalt und die Moral der Truppe zu stärken.

Die Politisierung der Disziplin ging mit der Politisierung der Armee als Ganzes einher.[5] Versuche, einige alte Traditionen zu bewahren, während man die ideologische Durchdringung der Wehrmacht zuließ, mußten zwangsläufig scheitern. Oberste Priorität in der Armee hatte die Kampfkraft, und um sie zu verbessern, hielt man auch eine neue und strengere Disziplinarordnung für nötig, die auf der Einführung nationalsozialistischer Rechtsauffassungen, Moralvorstellungen und Verhaltensnormen in das Kriegsrecht beruhte und durch sie legitimiert wurde. Die freiwillige Gleichschaltung der Disziplinarordnung führte unweigerlich zu einer tiefgreifenden Pervertierung der Disziplin in der Wehrmacht.[6] Natürlich flößten drakonische Strafen den Soldaten Angst vor ihren Vorgesetzten ein und veranlaßten sie, Befehle selbst unter widrigsten Bedingungen auszuführen, aber sie führten auch zu einer Brutalisierung der Mannschaften. Voller Furcht vor den Vorgesetzten und außerstande, den Feind zu besiegen, ließen die Soldaten ihre Frustration zunehmend an den Zivilisten und Kriegsgefangenen in den besetzten Gebieten aus. Dies war ein allmählicher Prozeß, der sowohl von der ideologischen Haltung des Regimes gegenüber jedem seiner Feinde abhing wie auch vom Grad des Widerstands, auf den die Wehrmacht jeweils stieß. Was die Soldaten anging, so vermischten sich bei ihnen Vorurteile, Angst und Brutalität. In den ersten beiden Kriegsjahren, als die Wehrmacht rasche Erfolge feierte, genügte normalerweise die herkömmliche Disziplin. Die Soldaten wurden nicht mit übertriebener Grausamkeit bestraft, und auch die feindlichen Zivilisten und Kriegsgefangenen wurden anständig behandelt. Verstöße von Soldaten, die sich in dieser Hinsicht nicht korrekt verhielten, wurden streng geahndet. Insbesondere in Polen galt dies freilich nicht für politische und «rassische» Gruppen, die es nach Auffassung des Regimes und somit auch der Wehrmacht nicht wert waren, daß man die anerkannten Bestimmungen des Kriegsrechts auf sie anwandte. Die ideologisch bedingte Brutalisierung, die sich im Herbst 1939 in Ansätzen zeigte, wurde in der Sowjetunion nach der Invasion die Regel. Hier zeigte sich die Pervertierung der Disziplin auf drei Ebenen, die eng miteinander verbunden waren: Bei den Mannschaften wurden Verstöße gegen die Disziplin im Gefecht mit beispielloser Härte und ohne Rücksicht auf Menschenleben bestraft; umgekehrt erhielten die Soldaten Befehl, «offizielle» und «organisierte» Morde an feindlichen Zivilisten und Kriegsgefangenen zu begehen und feindliches Eigentum zu zerstören; und, als Konsequenz aus dieser Legalisierung von Verbrechen, ging die Truppe bald zu «wilden» Requisitionen und wahllosen Erschießungen über, die ihre Vorgesetzten ausdrücklich verboten hatten. Ganz anders als Verstöße gegen die eiserne Disziplin im Gefecht wurden Verbrechen, die Soldaten unerlaubt am Feind begingen, jedoch nur selten geahndet, zum einen deshalb, weil die Vorgesetzten solchen Aktionen im Grunde wohlwollend gegenüberstanden, und zum anderen, weil sie ein willkommenes Ventil darstellten für die Wut und Frustration, die sich, bedingt durch die strenge Disziplin, die steigenden schweren Verluste und die Aussichtslosigkeit des Krieges, in den Männern angestaut hatten. So entstand ein Teufelkreis: Die Pervertierung der Disziplin bereitete einem zunehmenden Barbarismus den Boden, der wiederum eine weitere Brutalisierung der Disziplin nach sich zog. Daß die Armee durch ihr mörderisches Vorgehen in Rußland den Partisanen nur weitere Kämpfer zutrieb und somit die Rechtfertigung für eine Ausweitung der Zerstörungen lieferte, verdeutlicht, daß das pervertierte Rechtsempfinden der Nazis auch in der Wehrmacht Einzug hielt, nicht unerwartet zusammen mit den irrationalen und nihilistischen Verhaltensweisen, die für das System als Ganzes typisch waren.[7] Die Wehrmacht setzte Hitlers Politik in die Tat um. Aber abgesehen davon, betrachtete sie bei ihrem antibolschewistischen «Kreuzzug» nur jene Gesetze als bindend, die eine Wahrung ihres Zusammenhalts und ihrer Leistungsfähigkeit gewährleisteten.[8] Was diesem Ziel diente, mußte rücksichtslos durchgesetzt werden, und was ihm im Wege stand, mußte ebenso rücksichtslos unterdrückt werden. Normalerweise war die Angst vor den Vorgesetzten selbst für den größten Feigling Grund genug, in seiner Stellung auszuharren, doch als die Angst vor dem Feind größer wurde, kam es örtlich zu Auflösungserscheinungen. Die Häufung solcher Vorkommnisse bewies, daß Disziplin allein nicht genügte. Daß Auflösungserscheinungen jedoch Einzelfälle blieben und den Zusammenhalt der Armee als Ganzes nicht bedrohten, zeigt, daß es noch tiefere Gründe für die Bereitschaft der Truppe gab, den Kampf fortzusetzen.

Natürlich besteht der Zweck militärischer Disziplin darin, daß die Soldaten ein gewisses Maß an Regeln und Vorschriften befolgen, die den Zusammenhalt und die Kampfkraft der Truppe stärken. Aber sie spiegelt auch das Selbstverständnis der Armee wider. In diesem Sinn kann man vom Inhalt solcher Regeln und Vorschriften und von den Maßnahmen, mit denen ihnen Geltung verschafft wird, auf die ihnen zugrundeliegenden ideologischen Konzepte schließen. Gleichzeitig spiegelten sich in der zunehmenden Brutalität der Soldaten auch der soziale Einfluß des Nazismus und, spezieller, die erklärten Kriegsziele wider, die sich vor allem gegen die «Untermenschen» im Osten richteten. Wie sich das Selbstverständnis der Wehrmacht wandelte, wird an den juristischen und praktischen Veränderungen in ihrer Disziplinarordnung deutlich. Diese Entwicklung läßt sich an einigen Beispielen veranschaulichen. Am 25. Oktober 1939, knapp zwei Monate nach dem Einmarsch in Polen, klagte der Oberbefehlshaber des Heeres in einem Erlaß, der allen Einheiten zuging: «Leistungen und Erfolge des polnischen Feldzuges dürfen nicht darüber hinwegsehen lassen, daß einem Teil unserer Offiziere die feste innere Haltung fehlt.» Von Brauchitsch war besonders besorgt über Fälle von unrechtmäßiger Beitreibung und Beschlagnahme, Unterschlagung und Diebstahl, Mißhandlung von Untergebenen, Trunkenheit, Ungehorsam und Notzucht. Er wies darauf hin, daß das Verhalten von Offizieren sich unmittelbar auf die Soldaten auswirke, und erläuterte in einer speziellen Anlage, wo der «inneren Haltung» und dem Auftreten der Offiziere besondere Bedeutung zukomme. Der Kommandeur, so forderte er, habe seinen Männern durch freudige Pflichterfüllung und Verantwortungsbewußtsein ein Beispiel zu geben, sich aber auch um die täglichen Belange seiner Untergebenen zu kümmern, streng, aber gerecht für Disziplin zu sorgen und darauf zu achten, daß seine «äußere Haltung», seine Uniform, selbst in schwierigen Kampflagen in einwandfreiem Zustand bleibe. Darüber hinaus müsse die Gattin des Offiziers nicht nur eine gute Ehefrau und Mutter sein, sondern ihren Mann auch in der Ausübung seines Berufes unterstützen, indem sie den Mannschaften ein Vorbild sei.[9]

Solche Befehle, in denen die Haltung, das Auftreten und

die Fürsorgepflicht des Offiziers für seine Männer hervorgehoben wurden, waren in Ton und Wortlaut deutlich traditionell gehalten. In ähnlicher Weise versuchten Befehlshaber, das Offizierskorps im alten Geist der Ritterlichkeit und des Paternalismus zu erziehen. So warnte der Kommandeur der 12. Infanteriedivision seine Offiziere im November 1939 davor, in Uniform öffentliche Gaststätten oder Tanzlokale zu besuchen und sich mit «Damen» zu zeigen, deren Ruf nicht über jeden Zweifel erhaben sei. Statt dessen wollten sie sich mehr um Uniformen und Ehrenbezeigungen kümmern.[10] Und im Dezember schließlich erläuterte von Brauchitsch seinem Offizierskorps den engen Zusammenhang zwischen «äußerer und innerer Haltung». In Verquickung der traditionellen Askese des Offiziers mit der neuen antimaterialistischen Terminologie der Nazis schrieb der Oberbefehlshaber des Heeres:

> Es ist dies ein historisches Vermächtnis, das zu erhalten höchste Pflicht eines jeden ist, der die Ehre hat, den Offiziersrock zu tragen.
> Mit der Tapferkeit vor dem Feinde allein ist es nicht getan. Ebenso wichtig ist es, im täglichen Leben allen Anfechtungen zu widerstehen. In der heutigen Zeit, in der trotz allem Idealismus materielle Dinge die Gedanken zwangsläufig stark beschäftigen, muß der Offizier gerade hierin ein Vorbild der Enthaltung sein.

Es gab tatsächlich Gründe, sich um die sittliche Haltung der Offiziere zu sorgen, wie in der Anlage zu von Brauchitschs Befehl deutlich zum Ausdruck kommt. Sie enthielt eine lange Liste von Offizieren, die wegen Verfehlungen wie Diebstahl, Trunkenheit, ungebührlichem Benehmen und sexuellen Verfehlungen vor Gericht gestellt und verurteilt worden waren.[11] Und, wie zu erwarten, war die Disziplin der Truppe beim Polenfeldzug und bei der anschließenden Besetzung des Landes ebenfalls alles andere als zufriedenstellend. Bereits am 29. September 1939 ermahnte die 12. Infanteriedivision ihre Soldaten, stärker auf ihr Äußeres und ihr soldatisches Auftreten zu achten,[12] und zwei Tage später bemerkte die Heeresgruppe Süd, daß «die Disziplin ... bei allen rückwärtigen Diensten, wie auch bei vielen neuaufgestellten Truppen bereits einen Tiefstand [hat], der mit allen Mitteln überwunden werden muß».[13] Die starke Zunahme disziplinarischer Verstöße im Zuge der Besetzung Polens geht deutlich aus den Kriegsgerichtsakten der 12. Infanteriedivision hervor. Während die Division im September nur siebzehn Männer vor Gericht stellte, stieg die Zahl der Verfahren im Oktober auf zweiunddreißig an, also fast auf das Doppelte, und erreichte im November mit dreiundsechzig eine Rekordmarke. Inzwischen war die Division ins Reich zurückgekehrt, aber die Besetzung wirkte so lange nach, daß noch im Dezember 1939 und im Januar 1940 durchschnittlich fünfzig Prozesse pro Monat stattfanden.[14] Unter den höheren Offizieren wuchs die Sorge, daß das Nachlassen der Disziplin sich nachteilig auf den Zusammenhalt und die Kampfkraft der Truppe auswirken könnte, und deshalb verschärfte man die Strafen. So verkündete die 4. Armee am 8. November 1939, daß sie Vergehen wie unerlaubtes Entfernen von der Truppe, Fahnenflucht, Plünderungen und Ungehorsam streng ahnden werde, und wies ausdrücklich darauf hin, daß sie in besonders schweren Fällen nicht davor zurückschrecken werde, von der Todesstrafe Gebrauch zu machen.[15]

Die Besetzung eines fremden Landes stellt immer eine Bedrohung für die militärische Disziplin dar. Doch im Falle der Wehrmacht wurde die Lage durch die ideologischen Ziele, die ihrer Disziplinarordnung zugrunde lagen, und die verbrecherischen Aktivitäten der SS zusätzlich kompliziert. Nicht nur, daß die Armee keinerlei Autorität besaß, diese

Verbrechen zu unterbinden, obendrein wurde sogar von ihr erwartet, daß sie der SS praktische und moralische Unterstützung leistete. Von Brauchitsch respektierte zwar die traditionellen Werte des Offizierskorps, gleichzeitig versuchte er aber auch, seine Offiziere und Mannschaften von der Notwendigkeit zu überzeugen, sich als wahre Repräsentanten von Hitlers neuem Reich zu verstehen und entsprechend zu handeln. Bereits am 19. September 1939 schärfte der Oberbefehlshaber des Heeres in einem sogenannten «Merkblatt für das Verhalten des deutschen Soldaten im besetzten Gebiet in Polen» der Truppe ein, sie müsse damit rechnen, daß ihr alle Zivilisten, sofern es sich nicht um «Angehörige deutschen Volkstums» handele, «innerlich feindlich» gegenüberstünden. Und er fügte hinzu: «Das Verhalten gegenüber den Juden bedarf für den Soldaten des Nationalsozialistischen Reiches keiner besonderen Erwähnung.»[16] Der Status der Menschen im besetzten Polen entsprach in keiner Weise den Regeln des Völkerrechts und der gängigen militärischen Praxis, sondern wurde strikt nach biologischen und politischen Kriterien festgelegt. Um alle Bedenken zu zerstreuen, die entsprechenden Befehle könnten im Widerspruch zu den traditionellen Werten der Armee stehen, verbot von Brauchitsch in dem bereits erwähnten Befehl vom 25. Oktober, in dem er die Offiziere aufforderte, auf ihre «innere und äußere Haltung» zu achten, «jede Kritik an den Maßnahmen der Staatsführung», die zu der Zeit von der SS im besetzten Gebiet durchgeführt wurden, und verlangte «strenge Verschwiegenheit» und «Abkehr von jedem Klatsch und jeder Weiterverbreitung von Gerüchten». Selbst von der Ehefrau des Offiziers erwartete er, daß sie mit gutem Beispiel voranging und ideologische Anpassung demonstrierte. Ein Vorfall, in den zwei Offiziersfrauen verwickelt waren, von denen die eine «abfällige Bemerkungen über die politische Führung des Reiches und außerdem defätistische Äußerungen aller Art» gemacht hatte und dafür von der anderen bei der Gestapo angezeigt worden war, gab dem Oberbefehlshaber des Heeres Gelegenheit, seine eigenen Ansichten zu diesem Thema darzulegen. «Ich habe schon mehrfach darauf hingewiesen», schrieb er in einem Befehl an alle Einheiten,

> daß das Offizierskorps und damit auch die Frauen der Offiziere im rückhaltlosen Bekenntnis zum Nationalsozialismus und im steten Handeln im Sinne dieser Anschauung vorbildlich sein sollen. Jeder Verstoß hiergegen ist eine schwere Schädigung des Ansehens des Offizierskorps.»[17]

Die Einhaltung der Disziplin wurde auf diese Weise immer mehr zu einer politischen Frage. Natürlich waren kritische politische Äußerungen bereits lange vor Kriegsausbruch in der Armee strafbare Vergehen, doch im großen und ganzen blieben die Soldaten von den praktischen Auswirkungen der nationalsozialistischen Politik verschont. In Polen änderte sich dies radikal, und die Verbrechen der SS geschahen häufig unter den Augen der Truppe und durchaus auch unter ihrem Schutz. Die herkömmliche Disziplinarordnung und das traditionelle Wertesystem verboten solche Verbrechen, und so hätte man vom Offizierskorps eigentlich erwarten können, daß es sich über sie empörte oder sogar Versuche unternahm, sie in der Zukunft zu unterbinden. Doch aus Sicht des Regimes war die praktische Umsetzung seiner Ideologie nichts anderes als der eigentliche Zweck des Krieges. Die Armee stand also vor der Alternative, gegen das Regime zu rebellieren oder sich den neuen Normen und Werten anzupassen. Von besonderer Bedeutung ist dabei, daß eine Entscheidung für die zweite Möglichkeit auch tiefgreifende Veränderungen im Verhalten der Truppe zur Folge haben würde.[18] General Blaskowitz, der Oberbefehlshaber Ost, hatte das klar begriffen, wie aus seinen Notizen vom 6. Februar 1940 hervorgeht. Blaskowitz warnt darin zunächst vor ersten Partisanenangriffen auf die Wehrmacht und fährt dann fort:

> Es ist abwegig, einige 10 000 Juden und Polen, so wie es augenblicklich geschieht, abzuschlachten; denn damit werden angesichts der Masse der Bevölkerung weder die polnische Staatsidee totgeschlagen noch die Juden beseitigt. Im Gegenteil, die Art und Weise des Abschlachtens bringt größeren Schaden mit sich, kompliziert die Probleme und macht sie viel gefährlicher, als sie bei überlegtem und zielbewußtem Handeln gewesen wären.

Eine zweideutige Erklärung, denn sie konnte auch als Empfehlung verstanden werden, mehr Menschen in geordneterer und disziplinierterer Form zu töten, statt das Abschlachten ganz zu beenden. Und tatsächlich war dies auch der Grund, warum Pogrome wie die «Kristallnacht» oder gar die Mordkampagne der Einsatzgruppen zugunsten der organisierten, systematischen und disziplinierten Vernichtung in den Gaskammern verworfen wurden. Blaskowitz freilich sorgte sich mehr um die militärischen Konsequenzen der Massaker und vertrat die Ansicht, daß sie nur der feindlichen Propaganda zugute kämen und den Polen keine andere Wahl ließen, als sich mit den Juden gegen die Deutschen zu verbünden. Außerdem betonte er:

> Auf die Rolle der Wehrmacht, die gezwungen ist, diesen Verbrechen tatenlos zuzusehen, und deren Ansehen besonders bei der polnischen Bevölkerung eine nicht wiedergutzumachende Einbuße erleidet, braucht nicht noch einmal hingewiesen zu werden.

Scharfsinnig erkannte Blaskowitz bereits in diesem frühen Stadium des Krieges, daß selbst die relativ passive Rolle der Wehrmacht bei diesen Verbrechen auf lange Sicht schwerwiegende Auswirkungen auf die Soldaten und die deutsche Gesellschaft als Ganzes haben würde:

> Der schlimmste Schaden jedoch, der dem deutschen Volkskörper aus den augenblicklichen Zuständen erwachsen wird, ist die maßlose Verrohung und sittliche Verkommenheit, die sich in kürzester Zeit unter wertvollem deutschen Menschenmaterial wie eine Seuche ausbreiten wird.

Dies, begriff Blaskowitz, wäre die Konsequenz aus einer «Legalisierung» des Verbrechens. Und damit wäre es praktisch unmöglich, gegen ein Verhalten vorzugehen, das nach allen anerkannten Grundsätzen menschlichen Anstands und menschlicher Moral eindeutig kriminell war:

> Wenn hohe Amtsträger der SS und Polizei Gewalttaten und Brutalität verlangen und sie in der Öffentlichkeit belobigen, dann regiert in kürzester Zeit nur noch der Gewalttätige. Überraschend schnell finden sich Gleichgesinnte und charakterlich Angekränkelte zusammen, um, wie es in Polen der Fall ist, ihre tierischen und pathologischen Instinkte auszutoben. Es besteht kaum noch die Möglichkeit, sie im Zaum zu halten; denn sie müssen sich mit Recht von Amts wegen autorisiert und zu jeder Grausamkeit berechtigt fühlen.
> Die einzige Möglichkeit, sich dieser Seuche zu erwehren, besteht darin, die Schuldigen und ihren Anhang schleunigst der militärischen Führung und Gerichtsbarkeit zu unterstellen.[19]

Doch statt die SS der Militärgerichtsbarkeit zu unterwerfen, revidierte man das Kriegsrecht und paßte es immer mehr den nationalsozialistischen Vorstellungen einer «rassischen» und politischen Justiz an. Wie von Blaskowitz vorausgesagt, war die Besetzung Polens nur der Auftakt zu einem Verrohungsprozeß, der bald alle Ränge des Heeres erfaßte. Allerdings war diese Entwicklung nicht völlig unumkehrbar, wie der völlig andere Verlauf der Ereignisse knapp ein Jahr später im Westen zeigte. Hier genoß die SS nicht die dieselben Freiheiten wie in Polen, einmal aus politischen Erwägungen und dann, weil die westeuropäischen Völker von den Nazis «rassisch» weit höher eingestuft wurden als die Slawen im Osten.[20] Natürlich wirkte sich die Brutalisierung der Soldaten im Osten auch auf ihr Verhalten im Westen aus. Doch sie hegten weniger Vorurteile gegen die Bewohner dieser «zivilisierteren» Länder, und überdies sorgten ihre Offiziere mit strengen, mitunter sogar brutalen Maßnahmen für Disziplin.[21]

Bevor wir uns der Ostfront, dem Hauptkriegsschauplatz, zuwenden, ist es daher aufschlußreich, kurz zu untersuchen, wie die Kommandeure von Kampfverbänden im Westen auf Plünderungen und gewalttätige Übergriffe der Truppe gegen die Zivilbevölkerung reagierten. Die Kämpfe waren erst seit zwei Wochen im Gang, als der Kommandeur der 12. Infanteriedivision seine Soldaten vor unnötigen Plünderungen warnte, obwohl er den Einheitsführern bezeichnenderweise auch erlaubte, sich von den Bewohnern alles zu nehmen, was sie für notwendig erachteten:

> Das «aus dem Lande leben» muß in der Hand der Einheitsführer behalten werden. Die Grenze zwischen Plünderung und Beschaffung für den notwendigen Bedarf muß scharf innegehalten werden. Der Soldat soll nicht schlecht leben, er soll aber weder vergeuden noch zuviel des Guten tun, insbesondere in bezug auf Alkohol.[22]

Selbst in diesem frühen Stadium des Feldzugs häuften sich offensichtlich Plünderungen und alkoholische Exzesse, so daß die höheren Kommandeure sich bemüßigt fühlten, das Verhalten der Soldaten schärfer zu überwachen. Gleichwohl muß betont werden, daß Kampfeinheiten offiziell autorisiert waren, «aus dem Lande zu leben», und daß diese Erlaubnis regelrechten Plünderungen beträchtlichen Vorschub leistete. Nur das entschlossene Eingreifen hoher Offiziere, die sich auf die Regeln und Vorschriften der Armee stützten, verhinderte, daß aus dem Krieg im Westen ein Raub- und Mordfeldzug wurde. Die Wehrmachtsangehörigen legten mitunter auch dann ein hohes Maß an Brutalität an den Tag, wenn sie strikten Befehl hatten, die Bestimmungen des Kriegsrechts einzuhalten. Doch einzelne Kommandeure im Westen reagierten immer noch schockiert und besorgt auf solche Verbrechen, wie beispielsweise aus einem Befehl hervorgeht, den der Oberbefehlshaber der 4. Armee, Günther von Kluge, zwei Tage nach dem Ende der Feindseligkeiten ausgab:

> Gerichtliche Verfahren zeigen eine erschreckende Zunahme der Notzuchtverbrechen. Oft sind die näheren Umstände geradezu bestialisch. Die Manneszucht und das Ansehen der deutschen Wehrmacht im besetzten Gebiet werden durch diese Verbrechen schwersten Gefahren ausgesetzt.[23]

Die verderblichen Auswirkungen der Besetzung, das Beispiel, das die SS in Polen gegeben hatte, und der zutiefst ideologische Kontext, in dem der Krieg ausgefochten wurde, dies alles machte es überaus schwierig, die Truppe im Zaum zu halten. Doch auch das Verhalten der Offiziere war nicht immer untadelig. So meldete die 12. Infanteriedivision Anfang Oktober 1940, daß die deutsche Polizei in den Häusern deutscher Soldaten Gegenstände gefunden habe, die aus Plünderungen in Polen und Frankreich stammten. Diese Gegenstände, so hieß es weiter, seien «in *Gegenwart höherer Offiziere* an Offiziere, Unteroffiziere und Mannschaften verteilt worden».[24]

Um zu verhindern, daß ein solches Verhalten Schule machte, verhängte die Armee sehr strenge Strafen. So verurteilte die 12. Infanteriedivision Ende Oktober 1940 fünf Soldaten wegen Vergewaltigung und bewaffneten Raubes zum Tode, zweiundvierzig andere zu Gefängnisstrafen von über einem Jahr.[25] Doch mit zunehmender Dauer der Besatzung verschlechterte sich die Disziplin weiter. Während in den ersten drei Quartalen des Jahres 1940 monatlich im Durchschnitt nur achtzehn Männer vor das Kriegsgericht kamen, stieg die Zahl im letzten Quartal auf über dreißig und im ersten Quartal des Jahres 1941 sogar auf fünfundvierzig pro Monat an.[26] Das Kriegsgericht der Division machte für diesen beunruhigenden Anstieg der Vergehen die lange «Ruhezeit» verantwortlich, und der Divisionskommandeur argumentierte in ähnlicher Weise, als er sagte, daß «die lange Ruhezeit in einem reichen Land ... viele Soldaten, welche charakterlich nicht gefestigt genug sind, den Versuchungen zu widerstehen», vom rechten Weg abgebracht habe.[27] Doch wenn man die Art der Vergehen näher betrachtet, gewinnt man den Eindruck, daß sie ebenso das Produkt der brutalisierenden Wirkung des Krieges, der Besatzung und einer Ideologie waren, die es einem erlaubte, den Feind schwer zu mißhandeln, ohne seine angeborene sittliche Überlegenheit einzubüßen. Abgesehen von gewöhnlichen Disziplinübertretungen wie unerlaubtes Entfernen von der Truppe, Diebstahl und Ungehorsam, stellte die Division fest, daß Fälle von Plünderungen, Trunkenheit und Schlägereien mit Offizieren und Zivilisten ebenso zunahmen wie sexuelle Vergehen an Frauen und Kindern und sogar der Geschlechtsverkehr mit Tieren.[28] So beunruhigend diese Situation auch gewesen sein mag, so ist doch festzuhalten, daß sie quantitativ und juristisch im Rahmen dessen blieb, was unter den Bedingungen einer militärischen Besetzung zu erwarten war. Die Zahl der Verfahren pendelte sich auf etwa dreißig pro Monat ein – eine relativ geringe Zahl –, und wie es scheint, wurden Soldaten, die Verbrechen gegen Zivilisten begangen hatten, in aller Regel vor Gericht gestellt und streng bestraft.[29] Es gab nur zwei, wenn auch höchst bedeutsame Ausnahmen: Wer als politischer Feind des Reiches angesehen wurde, ob er nun ehemaliger deutscher Staatsbürger, ausländischer Antifaschist oder Widerstandskämpfer war, und wer als rassebiologischer Feind des deutschen Volkes galt, der wurde nicht nur von der SS, sondern auch von der Wehrmacht in ganz anderer Weise behandelt und durfte keinen juristischen Schutz erwarten. Hier zeigte sich, daß man mit militärischer Disziplin Verbrechen nicht nur verhindern, sondern auch legalisieren konnte. So erließ die 12. Infanteriedivision bereits am 21. Juni 1940 folgenden Befehl:

> Gefangene Reichsdeutsche (einschl. hinzugetretener Reichsgebiete) und tschechische Staatsangehörige, da auch diese als Angehörige des deutschen Reiches gelten, sind, soweit es sich um sogenannte Emigranten handelt, nach Feststellung ihrer Personalien zu erschießen. Die Durchführung hat in den Gefangenensammelstellen zu erfolgen.[30]

Die Menschen, die unter diese Kategorie fielen, waren natürlich entweder politische Flüchtlinge oder Juden, die aus Nazideutschland geflohen waren und denen die Gastländer die Staatsbürgerschaft verweigert hatten. Doch während solche Maßnahmen im Westen zumindest anfangs ein begrenztes Phänomen blieben und die einheimische Bevölkerung in ihrer Gesamtheit zudem nur wenig berührten, wurden sie im Osten zur Grundlage der Besatzungspolitik der Wehrmacht.

Das deutsche Heer war bei seinem Einmarsch in die Sowjetunion mit Befehlen ausgestattet, die das Unternehmen «Barbarossa» eindeutig als einen Krieg definierten, der sich von jedem vorausgegangenen Feldzug grundlegend unterschied, als einen «Weltanschauungskrieg», in dem es keine «Kameraden» geben sollte. Wichtig für unser Verständnis der Pervertierung von Recht und Disziplin beim Rußlandfeldzug ist der fundamentale innere Widerspruch, der in den «verbrecherischen Befehlen», als die sie später bekanntgeworden sind, zum Ausdruck kommt.[31] Durch die Legalisierung von Mord, Raub, Folter und Zerstörung stellten diese Befehle die moralischen Grundlagen des Kriegsrechts und mithin auch der militärischen Disziplin auf den Kopf. Das Heer beließ es keineswegs dabei, so zu tun, als bemerke es die verbrecherischen Maßnahmen des Regimes nicht. Vielmehr befahl es seinen eigenen Soldaten ausdrücklich, sie auszuführen, und reagierte beunruhigt, wenn Disziplinlosigkeit eine zügigere Ausführung verhinderte. Gleichzeitig riefen die Generäle die Truppe zu Ordnung und erinnerten sie an den Ruf und die Ehre des deutschen Soldaten, die sie durch ihre eigenen Befehle besudelt hatten. Außerdem hatte die Umsetzung der Befehle eine zutiefst pervertierende Wirkung auf die Sprache des Militärs: Brutalität wurde hinter einer Reihe von Euphemismen und pseudojuristischen Wendungen versteckt. Am Ende kehrte das Heer zu den primitivsten moralischen Regeln des Krieges zurück, nach denen alles, was das eigene Überleben sicherte, erlaubt war (und deshalb als moralisch galt) und alles, was es nur auch nur im entferntesten bedrohen konnte (und per definitionem unmoralisch war), vernichtet werden mußte.[32] Mit anderen Worten, die Wehrmacht paßte ihr Rechtssystem der nationalsozialistischen Weltanschauung und deren sozialdarwinistischen, nihilistischen, expansionistischen, antibolschewistischen und rassistischen Inhalten an. Und sie wandte die neuen Regeln auf ihre wirklichen und vermeintlichen Feinde ebenso an wie auf ihre eigenen Soldaten.

Der enge Zusammenhang zwischen militärischer Disziplin und der Behandlung feindlicher Soldaten und Zivilisten in der Sowjetunion läßt sich am Wandel gewisser Grundpositionen aufzeigen, die beide Bereiche berühren. Wie wir gesehen haben, wurden im Westen die strengsten Urteile gegen Soldaten verhängt, die der Vergewaltigung, des Raubes oder des Plünderns für schuldig befunden wurden. Jene Fälle, die am stärksten bekanntgemacht wurden, die Kommandeure am meisten erzürnten und gelegentlich in der Hinrichtung der Schuldigen gipfelten, betrafen also Übergriffe gegen Angehörige der feindlichen Zivilbevölkerung und ihr Eigentum. Nur eine sehr kleine Zahl von Soldaten wurde wegen schwerer disziplinarer Verstöße innerhalb ihrer Einheit oder im Gefecht angeklagt, denn die Kämpfe dauerten nur wenige Wochen und die Wehrmacht errang einen schnellen und entscheidenden Sieg. Demgegenüber finden sich keinerlei Hinweise darauf, daß Soldaten in der Sowjetunion wegen Plünderns oder gewalttätiger Übergriffe gegen Einheimische abgeurteilt, geschweige denn hingerichtet wurden. In der Tat war nach dem «Barbarossa»-Erlaß eine Strafverfolgung in solchen Fällen juristisch nur dann möglich, wenn nachgewiesen werden konnte, daß ein Soldat, der solche Verstöße begangen hatte, gleichzeitig die militärische Disziplin verletzt hatte. Doch Offiziere erhoben diesen Vorwurf nur selten und zogen es vor, von Strafmaßnahmen abzusehen. Die häufigen Klagen der Kommandeure über «wilde» Aktionen ihrer Männer belegen zwar, daß solche Vorkommnisse überhandnahmen, doch die Täter kamen so gut wie nie vor ein Kriegsgericht. Dies zeigt deutlich, daß Vergehen dieser Art in keinerlei Hinsicht mehr, weder *de jure* noch *de facto*, als strafbare disziplinare Verstöße angesehen wurden. Umgekehrt wurden die Soldaten an der Ostfront im Vergleich zu früheren Feldzügen für Disziplinlosigkeit bei Kampfeinsätzen immer härter bestraft, wie die dramatisch ansteigende Zahl der langjährigen Haftstrafen und Todesurteile beweist. Dafür gab es zwei Gründe: die Bedingungen an der Front und die ideologische Rechtfertigung des Krieges. Aufgrund der strapaziösen Kämpfe häuften sich die Versuche, dem Schlachtfeld zu entrinnen, doch gleichzeitig galt die Front als Speerspitze des gleichsam religiösen, antibolschewistischen und «rassischen» Kreuzzugs, so daß jeder, der einen solchen Versuch unternahm, als persönlicher Feind des Führers und Volksverräter angesehen wurde und daher die Todesstrafe verdiente.[33] Weil die Soldaten gegen «Untermenschen» kämpften, war es ihnen erlaubt, den Feind mit großer Brutalität zu behandeln. Da dieselben Untermenschen aber Deutschland und damit die gesamte abendländische Kultur und Zivilisation mit einer teuflischen Invasion bedrohten, wurde jeder, der sich weigerte, ihnen entgegenzutreten, auf eine Stufe mit ihnen gestellt. Zwischen diesen beiden Aspekten im Verhalten der Truppe an der Ostfront bestand auch ein physischer und psychischer Zusammenhang. Dem einzelnen Soldaten drohte strengste Bestrafung durch seine Vorgesetzten, wenn er vor den tödlichen Gefahren an der Front zurückschreckte. Dies konnte er dadurch kompensieren, daß er die gleiche destruktive Gewalt gegen feindliche Zivilisten und Kriegsgefangene anwandte. Für die Offiziere wurde er entbehrlich, sobald er seine Aufgaben nicht mehr erfüllte. Für die Bevölkerung hingegen verkörperte er die Herrenrasse, thronte über dem Gesetz und entschied nach eigenem Gutdünken über Leben und Tod.[34]

Unmittelbar vor Beginn des Unternehmens «Barbarossa» äußerten mehrere Generäle die Befürchtung, daß Mordbefehle wie der «Kommissarbefehl» die Disziplin der Truppe untergraben könnten, auch wenn dies keinen nennenswerten Einfluß auf die Formulierung der Befehle und ihre Ausführung hatte. Solche Befürchtungen beruhten auf der Erfahrung, daß es äußerst schwer wurde, die im Kampf verrohenden Männer wieder unter Kontrolle zu bringen, sobald die Kommandeure die Zügel locker ließen.[35] Andererseits haben Greueltaten oft den Zusammenhalt unter den Tätern gestärkt. Denken wir nur an die alte Gepflogenheit, Städte nach einer langen Belagerung auszuplündern. Auf diese Weise belohnten Heerführer ihre Männer sowohl materiell als auch psychologisch dafür, daß sie sich der Disziplin unterworfen und dadurch den Sieg erst ermöglicht hatten. Sie bewiesen ihnen, daß Gehorsam sich auszahlte, und gaben ihnen die Möglichkeit, ihre angestaute Wut und Frustration am Feind auszulassen – statt an ihren Vorgesetzten. Die Entscheidung, für eine bestimmte Zeitspanne ein örtlich begrenztes und kontrolliertes Chaos zuzulassen und, um Auflösungserscheinungen im Heer vorzubeugen, Aggressionen auf wehrlose Angehörige des feindlichen Lagers zu lenken, stärkte tatsächlich den Zusammenhalt. Etwas von diesem Mechanismus wurde auch in Rußland wirksam, wenn auch in einem weit größeren Maßstab.[36] Hatte man den Soldaten einmal befohlen, an «organisierten» Requisitionen mitzuwirken, war es natürlich äußerst schwer, sie von eigenmächtigen «wilden» Plünderungen abzuhalten. Ähnlich verhielt es sich, wenn sie den Befehl bekamen, bestimmte Gruppen von Kriegsgefangenen und Zivilisten zu erschießen. Nicht genug damit, daß sie mit den Exekutionen auch dann noch fortfuhren, wenn die Befehle bereits geändert waren, sie gingen auch zu wahllosen Erschießungen über, ohne Rücksicht auf die besonderen, von ihren Vorgesetzten festgelegten Gruppen. Doch im Gegensatz zu den Erwartungen einiger Generäle wurde es gerade wegen und nicht etwa trotz der «Verwilderung» der Truppe, wie sie es nannten, möglich, den Soldaten an der Front eine brutale Disziplin aufzuzwingen, ohne daß sie erkennbare Anzeichen von Aufsässigkeit zeigten oder gar meuterten. Zum einen war es leichter, die Brutalität der Offiziere zu ertragen, wenn man andere brutal behandeln durfte, zum anderen wurde die rücksichtslose Durchsetzung des Willens immer mehr zur Regel. Und schließlich schien der Teufelskreis der Brutalität nur die nationalsozialistische Sicht des Krieges zu bestätigen – eines Krieges, dessen Charakter zunächst mit ideologischen Argumenten gerechtfertigt worden war. Dies bestärkte die Soldaten immer mehr in dem Glauben, daß es unbedingt notwendig sei, Hitlers Weltanschauungskrieg zu führen und zu gewinnen. Das Ostheer wurde also durch eine Kombination aus eiserner Disziplin im Feld und einer allgemeinen Lizenz zur barbarischen Behandlung des Feindes zusammengehalten. Dieser Mechanismus, obwohl wahrscheinlich nicht bewußt geplant, ermöglichte eindrucksvolle Leistungen an der Front und führte zu beispiellosen Zerstörungen. Am wichtigsten ist, daß diese beiden Hauptaspekte des Krieges in Rußland eng mit einer Ideologie verknüpft waren, welche die Politik der Wehrmacht diktierte und das Realitätsbild der Soldaten prägte.

Die deutsche Invasion in Rußland, die darauf abzielte, für die arische «Rasse» einen riesigen neuen Lebensraum zu schaffen, begann nicht nur als Ausrottungskrieg, sondern auch als beispielloser Versklavungs- und Raubfeldzug. Daher entwarfen die zivilen und militärischen Behörden Pläne für die rücksichtslose wirtschaftliche Ausbeutung der besetzten Gebiete. Ziel dabei war, einen Großteil des Bedarfs der Invasionsarmee zu decken und der deutschen Bevölkerung im Reich jede kriegsbedingte Warenverknappung zu ersparen. Daß die Realisierung dieser Politik Millionen von Russen dem Hungertod preisgeben würde, wurde in vollem Umfang erkannt und von vielen lediglich als ein unliebsamer Nebeneffekt betrachtet. Die Kampfverbände des Ostheers wurden eng in diese Planungen einbezogen und angewiesen, «aus dem Lande zu leben», ohne besondere Rücksicht auf das Wohl seiner Bewohner zu nehmen. Solche Befehle, die zu Beginn des grausamen Feldzugs erlassen wurden, hatten zwangsläufig verheerende Auswirkungen auf die Bevölkerung im besetzten Teil der Sowjetunion. Zudem ließ die Politik der Wehrmacht den russischen Zivilisten, wie einige Kommandeure bald begriffen, kaum eine andere Wahl, als dem Eindringling, der ihnen nur Leid und Tod brachte, noch hartnäckiger Widerstand zu leisten. Dies hatte den Charakter einer sich selbst erfüllenden Prophezeiung, denn der Krieg im Osten wurde genau zu jenem erbitterten Kampf ums Überleben, den Hitler vorausgesagt hatte. Die Verbissenheit, mit der der Krieg geführt wurde, erforderte eine brutale Durchsetzung der Disziplin, und die Verschärfung des Partisanenkampfs veranlaßte die Armee, immer grausamer und wahlloser Vergeltung zu üben. Die zunehmende Radikalisierung, die im Ostheer auf allen Ebenen zu beobachten war, spiegelte nicht nur die wahre Natur des Krieges im Osten wider, sondern auch die der Armee als Ganzes, denn in der Sowjetunion wurde die Wehrmacht zu Hitlers Armee in der vollen Bedeutung des Wortes.[37]

Die Pläne des Reichsernährungsministeriums und des Wehrwirtschafts- und Rüstungsamts, die Sowjetunion zu einem agrarischen und nur begrenzt industrialisierten Hinterland Deutschlands zu machen, erfüllten auch einen überaus willkommenen propagandistischen Zweck. Nun konnte das Regime den Ostfeldzug nicht mehr nur mit negativen Formulierungen als Verteidigungskampf gegen die Bedrohung durch einen rassisch und ideologisch dämonisierten Feind darstellen, sondern auch als ein Mittel zur Lösung aller inneren Probleme in Deutschland. Dies war ein Krieg

> für Getreide und Brot ... ein Krieg für die Erringung der materiellen Voraussetzungen zur Lösung der sozialen Frage ... Wir wollen nun endlich einmal ...einkassieren ... Auf den unübersehbaren Feldern des Ostens wogt das gelbe Getreide, genug und übergenug, um unser Volk und ganz Europa zu ernähren ... Das ist unser Kriegsziel.

Und solche Ideen gefielen nicht nur den Wirtschaftsführern im Reich.[38] Martin Linder, 24jähriger Chemiestudent aus Wien, verlieh in einem Brief, den er am 22. Juli 1942 von der Ostfront schrieb, einer verbreiteten Erwartung Ausdruck, daß die Wehrmacht ganz Westrußland bis nach Astrachan, einschließlich des Kaukasus, übernehmen, anschließend zusammen mit Japan die «Angelsachsen» vernichten und das gesamte Mittelmeer unter seine Kontrolle bringen werde:

> Europa hätte dann mehr Ruhe, Rohstoffe und Zeit, sich zu einer Bereinigung des Ostens vorzubereiten. Der Osten sichert uns Nahrungsfreiheit, und außerdem kämen von dort Öl, Kohle, Eisenerz in reichlichen Mengen.[39]

Die Wirklichkeit sah anders aus. Kaum hatte der Einmarsch in Rußland begonnen, stellte sich heraus, daß solche Hoffnungen weitgehend auf der Unkenntnis der wahren Leistungsfähigkeit der sowjetischen Wirtschaft beruhten. Hinzu kamen die mangelnde Koordination zwischen den verschiedenen Besatzungsbehörden und die unter Soldaten wie Zivilbeamten vorherrschende Neigung, auf eine hemmungslose Ausbeutung und Zerstörung zu setzen. Da also in den besetzten Gebieten kein Wiederaufbau geleistet wurde, blieb der ökonomische Nutzen weit hinter dem zurück, was möglich gewesen wäre. Die ausgleichende Gerechtigkeit beim Unternehmen «Barbarossa» bestand also darin, daß gerade die Rücksichtslosigkeit der Ausbeutung die einzige Art von Wirtschaftspolitik behinderte, die einen deutschen Sieg hätte ermöglichen können.[40] Hinzu kamen die umfassende Verlegung von Industrieanlagen und Fabriken durch die Rote Armee und gezielte oder unbeabsichtigte Zerstörungen bei den Gefechten selbst. Mittlerweile zeigte sich auch, daß der Bedarf des Ostheeres weit größer war als ursprünglich erwartet, besonders als der Feldzug sich bis in den Winter hinzog. Die außergewöhnlichen logistischen Schwierigkeiten machten es oft unmöglich, Güter aus den reicheren Regionen des besetzten Rußland in die ärmeren Gebiete zu transportieren. Anfangs war es den Einheiten vor Ort ziemlich gleichgültig, daß man den Hungertod mehrerer Millionen Russen in Kauf nahm, wenn man mit der «rücksichtslosen Ausbeutung des Landes» fortfuhr. Doch im Herbst erkannten viele Soldaten, daß diese Wirtschaftspolitik die Bevölkerung gegen sie aufbrachte, und auch Zivilbeamte begannen darüber nachzudenken, ob die Deutschen nicht ihren eigenen Zielen schadeten. So schrieb einer:

> Wenn wir die Juden totschießen, die Kriegsgefangenen umkommen lassen, die Großstadtbevölkerung zum erheblichen Teile dem Hungertode ausliefern, im kommenden Jahr auch einen Teil der Landbevölkerung durch Hunger verlieren werden, bleibt die Frage unbeantwortet: Wer denn hier eigentlich Wirtschaftswerte produzieren soll?

Tatsächlich verhungerten damals Hunderttausende von Kriegsgefangenen und Zivilisten, während andere auf der Suche nach Nahrung aufs Land flohen oder sich den Partisanen anschlossen. Erst Anfang 1942 rang man sich endlich dazu durch, die rücksichtslose und unsinnige Ausbeutung des Landes zu beenden und die Wirtschaft systematisch wiederaufzubauen, da andernfalls nichts mehr übrigbleiben würde, was man ausbeuten konnte, ganz abgesehen davon, daß ein Wirtschaftskollaps die Einwohner gegen die Deutschen aufbrachte. Doch selbst zu diesem Zeitpunkt verhinderte die ideologische Grundlage der Besetzung jede tiefgreifende Änderung in der praktischen Wirtschaftspolitik. Dies wurde offenkundig, als Göring angesichts der Versorgungsengpässe in Deutschland die Reichskommissare und Militärbefehlshaber im Osten aufforderte, weiterhin «das Äußerste» aus dem Land «herauszuholen»:

> Es ist mir gleichgültig, ob Sie sagen, daß Ihre Leute [die Russen] wegen Hungers umfallen. Mögen sie das tun, solange nur ein Deutscher nicht wegen Hungers umfällt.

In dem Bemühen, mehr deutsche Arbeiter für den Wehrdienst freizustellen, ging das Reich gleichzeitig dazu über, Hunderttausende von Zwangsarbeitern aus Rußland ins Reich zu holen. Dadurch beraubte es sich abermals der Möglichkeit, in den besetzten Gebieten nennenswerte Aufbauarbeit zu leisten, und ließ immer mehr Bewohnern keinen anderen Ausweg, als sich den Partisanen anzuschließen; dies war auch ein Hauptgrund für den wachsenden Widerstand gegen die Deutschen in Westeuropa.[41] Die Folge dieser Maßnahmen war, daß der Güterausstoß der Industrie im besetzten Westrußland 1943 nur noch ein Zehntel und die landwirtschaftlichen Erträge nur noch die Hälfte des Vorkriegsniveaus erreichten. Doch zu diesem Zeitpunkt war das Ostheer bereits auf dem Rückzug und verwüstete im Rahmen einer rücksichtslosen «Politik der verbrannten Erde» alles, was es mit bescheidenem Erfolg wiederaufgebaut hatte.[42]

Die Ausbeutung und die Zerstörung der russischen Wirtschaft erfolgten großenteils auf Befehl und in disziplinierter Form. Doch die Grausamkeit und Brutalität, die mit solchen Aktionen einhergingen, machten viele Soldaten glauben, daß sie nicht erst auf Befehle ihrer Vorgesetzten zu warten brauchten, sondern auch aus eigener Initiative solche Maßnahmen ergreifen könnten. Um sie im Zaum zu halten und die Disziplin aufrechtzuerhalten, unterschieden die Offiziere strikt zwischen «organisiertem» und «wildem» Requirieren, wie sie es nannten, hatten damit aber erstaunlich wenig Erfolg. Aus Sicht der Russen freilich bestand der einzige Unterschied darin, daß organisierte Plünderungen im allgemeinen gründlicher waren, ein größeres Gebiet erfaßten und folglich mehr Schaden anrichteten. Dies wurde bereits zu Beginn des Feldzugs deutlich, wie das Beispiel der 18. Panzerdivision zeigt. Als die Division zum Unternehmen «Barbarossa» aufbrach, befahl sie ihren Einheiten, sich durch die «volle Ausnutzung des Landes» zu versorgen. Sie bildete spezielle «Beute-Erfassungstrupps» und ging davon aus, daß sie lediglich Mehllieferungen aus dem Hinterland benötigen würde.[43] Doch schon Ende Juli wurde deutlich, daß wegen der Kämpfe und der Evakuierungen durch die Sowjets die Arbeit auf den Feldern fast völlig zum Erliegen gekommen war und daß, wenn sie nicht sofort wiederaufgenommen wurde, die Armee bald enorme Nachschubprobleme bekommen würde und weiten Teilen der Bevölkerung der Hungertod drohte. Aus diesem Grund ernannte die 18. Panzerdivision einen «Landwirtschaftsoffizier», der den Wiederaufbau der von ihren Einheiten besetzten Kolchosen überwachen sollte. Wie nicht anders zu erwarten, beschrieb er die Lage in seinem ersten Bericht vom frühen August als sehr ernst.[44] Doch obwohl die Division sich bewußt war, welche verheerenden Folgen ihre Politik langfristig haben konnte, versorgte sie sich ohne jede Rücksicht auf die Zukunft weiter aus dem Land. Allein im August und September 1941 wurden fünfundzwanzig Tonnen Fleisch beschlagnahmt, im November sogar vierzig Tonnen, und das, obwohl zahlreiche Berichte vorlagen, nach denen die Armut im Land keine weitere Ausbeutung zulasse.[45] In ähnlicher

Weise requirierte die 12. Infanteriedivision allein in der Zeit vom 24. Juli bis zum 31. August 1941 offiziell nicht weniger als 112 Tonnen Hafer, 760 Tonnen Heu, 32 Stück Vieh, 65 Schafe, 94 Schweine, 2 Tonnen Kartoffeln, 350 Kilo Butter, 2350 Eier und 2200 Liter Milch. Diese «organisierten» Plünderungen wurden durch das zentralisierte sowjetische Kolchossystem begünstigt. Das Ostheer hatte die Abschaffung dieser verhaßten genossenschaftlichen Großbetriebe zwar zu einem wichtigen Bestandteil ihrer Propaganda unter der bäuerlichen Bevölkerung der Sowjetunion gemacht, doch in Wahrheit hatte sie es keineswegs eilig, ihr Versprechen einzulösen, denn die Kolchosen boten die Möglichkeit, umfassende Requisitionen durchzuführen und die Produktion zu kontrollieren. Die Armee beließ es dabei, Betriebsleiter, die sie einer «bolschewistischen» Gesinnung verdächtigte, durch Kollaborateure zu ersetzen, die häufig völlig inkompetent waren. So war es kein Wunder, daß die 12. Infanteriedivision Mitte August berichtete, die Bauern seien «völlig ratlos» und wüßten nicht, was die deutschen Besatzer eigentlich von ihnen erwarteten. Und damit nicht genug: Obendrein verfügte die Wehrmacht, daß fortan nur noch Männer und Frauen, die arbeiteten, Anspruch auf einen Teil der Ernteerträge hätten. Damit lieferte sie Kinder, Schwangere, Kranke und Alte der Hilfsbereitschaft der Arbeitsfähigen aus, die selbst immer weniger zum Leben hatten.[46] Und tatsächlich wies die 12. Infanteriedivision Anfang November darauf hin, daß der in der Region vorhandene Lebensmittelvorrat «knapp hinreichen wird, um die Bevölkerung am Leben zu halten»,[47] und am 7. Dezember notierte der Quartiermeister der 18. Panzerdivision, daß Hinweise auf «die Ausnutzung des Landes immer mehr theoretische Bedeutung» gewännen, denn schließlich hatte man die Bewohner ja bereits bis aufs Hemd ausgeplündert.[48] Die Panzerdivision hatte inzwischen auch eine große Zahl von Schlitten,

Pferden und Schneeschuhen beschlagnahmt, also Dinge, die für das Überleben in den Dörfern unerläßlich waren.[49] Doch trotz der Armut der Bevölkerung billigten diese Verbände offiziell «wilde» Requisitionen, indem sie ihre Männer anwiesen, zur «Selbsthilfe» zu greifen.[50]

Tatsächlich hatte es sich die Truppe längst zur Gewohnheit gemacht, die Bevölkerung auszuplündern, lange bevor sie die offizielle Erlaubnis dazu bekam. Bereits am 11. Juli 1941, zu einem Zeitpunkt, als noch keine erkennbare Notwendigkeit für solche Maßnahmen bestand, meldete das 47. Panzerkorps:

> Das wilde Requirieren von Vieh und Geflügel ... führt zu einer außerordentlichen Verbitterung der Dorfbewohner ... Das Requirieren ist Sache der Verpflegungsoffiziere.[51]

Eine Woche später berichtete die 18. Panzerdivision, daß das «sinnlose» Abschlachten von Vieh überhandnehme, und am Ende des Monats bemerkte sie, daß ihre Soldaten den Einwohnern oft die letzten verbliebenen Lebensmittelvorräte und das letzte Stück Vieh wegnähmen.[52] Doch obwohl der Divisionskommandeur mit Recht davor warnte, daß man mit solchen rücksichtslosen Plünderungen die Bevölkerung «ins bolschewistische Lager»[53] zurücktreibe, wurde offenbar niemand für unerlaubtes Plündern zur Rechenschaft gezogen. Im September erklärte der Divisionskommandeur noch einmal:

> Die Truppe soll weitgehend aus dem Land leben, Sinn und Zweck dieser Anordnung ist aber nicht, daß einzelne Formationen und einzelne Wehrmachtangehörige auf eigene Faust versuchen, in den Besitz von Verpflegung zu kommen ...[54]

Im Oktober appellierte auch das 2. Armeekorps an die Soldaten, «notwendige und richtige» Requisitionen nicht mit «wildem Räubern und Plündern» zu verwechseln.[55] Die Ausbeutungspolitik der Armee, ihre Unfähigkeit, eine Kontrolle auszuüben, und ihre fehlende Bereitschaft, plündernde Soldaten zu bestrafen, hatten so verheerende Folgen, daß im November an alle Frontverbände folgende Information ging:

> Die Viehbestände sind in den eroberten Teilen Rußlands bereits so erschreckend gering geworden, daß bei weiterer Viehentnahme durch die Truppe dem Lande schließlich die letzte Milchkuh … aber auch jeder Rindernachwuchs entzogen ist, ein Umstand, der die größte Hungersnot unter der Bevölkerung, für das deutsche Heer aber wegen des bevorstehenden Winters in Kürze die größten Nachschubschwierigkeiten zur Folge haben wird.[56]

Aber die Soldaten wußten sehr wohl, daß die offiziellen Maßnahmen ebenso rücksichtslos waren wir ihre eigenen begrenzteren Aktionen und, noch wichtiger, daß die Wahrscheinlichkeit einer Bestrafung gering war. Die offizielle Unterscheidung zwischen organisiertem und «wildem» Requirieren wurde schließlich vollends ad absurdum geführt, als die Kommandeure ihren Soldaten befahlen, die Einheimischen nach Belieben auszuplündern. Von nun an bedeutete Disziplin, daß alles erlaubt war, was den Fortbestand der Armee sicherte, sofern es nicht ihren inneren Zusammenhalt gefährdete. Die 12. Infanteriedivision verfügte: «Der Zivilbevölkerung ist nach Beurteilung der Kommandeure bzw. Einheitsführer der unbedingt notwendigste Bedarf zu belassen.» Damit stellte sie es in das Ermessen rangniederer Offiziere, denen das Schicksal ihrer eigenen Männer zweifellos wichtiger war als das, was die Russen benötigten, um durch den Winter zu kommen.[57] Bald hob man auch diese Einschränkung auf und instruierte die Einheiten einfach, sich von den Bewohnern alles zu holen, was sie brauchten. So erging im Januar 1942 der Befehl: «Rücksichtslos sind … der Zivilbevölkerung die Filzstiefel auszuziehen.»[58] Ein Regiment meldete, daß es in den von ihm kontrollierten Dörfern achtundvierzig Pferde beschlagnahmt habe, wobei den Bewohnern nur zwei Tiere blieben, von denen nur eines imstande war, einen Karren zu ziehen.[59] Angehörige der 18. Panzerdivision führten nun ganz offen bewaffnete Raubüberfälle durch und brachen jeden Widerstand sofort mit Waffengewalt, eine Gewohnheit, die, einmal angenommen, auch beibehalten wurde, wie das Wiederauftreten solcher Fälle im darauffolgenden Winter belegt.[60] Erst im Sommer 1943 klagte der Chef des 2. Armeekorps: «Trotz mehrfach wiederholter Befehle, daß wildes Requirieren und Beitreiben verboten ist, werden dem Generalkommando immer wieder solche Fälle gemeldet.» Daher, so fährt er fort, sei es verständlich, daß die Russen den deutschen Soldaten als «Dieb und Räuber» betrachteten.[61]

Erstaunlicherweise begriff der Chef des Korps nicht einmal in diesem späten Stadium des Krieges, daß die Disziplinlosigkeit seiner Soldaten nur das Resultat der organisierten Ausplünderung des Landes war. Tatsächlich war der einzelne deutsche Soldat deshalb zum «Dieb und Räuber» geworden, weil die Kommandeure an der Spitze des Militärapparats ihn zu einem räuberischen und mörderischen Vernichtungsfeldzug in die Sowjetunion geschickt hatten.

Es war vorauszusehen, daß diese Politik für die Einheimischen katastrophale Folgen haben würde. So berichtete die 12. Infanteriedivision mit Blick auf den Winter 1941/42, daß

> das Land bis aufs letzte ausgenutzt wurde ... Dadurch war eine Gesamtmangellage an Lebensmitteln für die Zivilbevölkerung eingetreten, die sich teilweise bereits dahin auswirkte, daß russische hungernde Zivilisten deutsche Dienststellen um Abhilfe oder um Erschießung baten.[62]

An Dokumente dieser Art sollte man sich erinnern, wenn man die Rechtfertigungen in den Memoiren von Wehrmachtsgenerälen liest, nach denen die Arbeit der «wohlwollenden Militärverwaltung» durch die «sogenannten ‹Reichskommissare›» untergraben worden sei, die es «in kurzer Zeit» verstanden hätten, «jede Sympathie für die Deutschen abzutöten und damit dem Partisanenunwesen den Boden zu bereiten».[63] Nicht nur, daß die Einheiten an der Front alles andere als «wohlwollend» waren, sie hielten überdies an ihrer Ausbeutungspolitik fest, obwohl eigene Offiziere über deren schreckliche Folgen berichteten. Selbst in den ersten drei Monaten des Jahres requirierte die 18. Panzerdivision in Dörfern, die nach Auskunft eigener Einheiten an akutem Nahrungsmangel litten, nicht weniger als 610 Stück Vieh.[64] Und obwohl im Frühjahr 1942 Versuche unternommen wurden, das Agrarwesen neu zu ordnen, verstieß die Division gegen ihre eigene Politik, als sie alle Zivilisten, die älter als fünfzehn Jahre waren, zu Arbeiten für das Militär heranzog, umfassende Requisitionen von Nahrungsmitteln durchführte und, als der zweite Winter nahte, so viele Pferde, Schlitten und Winterkleider beschlagnahmte, daß nach Auskunft deutscher Einheiten vor Ort der Bevölkerung keinerlei Winterausrüstung mehr blieb.[65] Während der Sommeroffensive des Ostheeres 1942 praktizierte die Division «Großdeutschland» in der Ukraine dieselbe Politik. Sie versorgte sich hauptsächlich mit Nahrungsmitteln, die sie der lokalen Bevölkerung wegnahm, und obwohl es keine Versorgungsengpässe gab, erlaubte sie ihren Soldaten, die Bewohner auszuplündern.[66] Im Herbst beschlagnahmte die Division in großem Umfang Pferde, Wagen, Schlitten und landwirtschaftliche Erzeugnisse und vertrieb viele Bewohner aus ihren Häusern.[67] Bei Wintereinbruch wurden die Soldaten aufgefordert, zur «Selbsthilfe» zu greifen, und die Führer der Einheiten erhielten die Order, die

Bevölkerung «mit rücksichtsloser Energie» für alle Aufgaben beim Stellungsbau heranzuziehen.[68] Darüber hinaus nahm die Division diese Rekrutierungen auch zum Anlaß, Juden und andere «Verdächtige», die sie in den Dörfern antraf, für die weitere «Behandlung» dem SD zu melden.[69] Und im Frühjahr 1943 wies sie abermals auf die Notwendigkeit hin, daß «kein Mittel unausgenutzt bleibt, um den wirtschaftlichen Reichtum in den besetzten Ostgebieten, besonders in Südrußland voll auszuschöpfen», und zwar unabhängig davon, wie sehr die Bevölkerung im Zuge der Besatzung verarmt war.[70] Darüber hinaus versuchte die 12. Infanteriedivision dem sich verschärfenden Arbeitskräftemangel dadurch zu begegnen, daß sie die in ihrem Bereich lebenden Russen als Zwangsarbeiter ausbeutete. So befahl die Division im Januar 1942 ihren Einheiten, Zivilisten «rücksichtslos» und ohne «Schonung» für den Bau von Befestigungsanlagen einzuspannen und «die Bevölkerung ohne Rücksicht auf Alter und Geschlecht auch in vorderster Linie heranzuziehen».[71] Und im Monat darauf erging der Befehl, daß die Zivilbevölkerung «noch viel weitgehender und sehr viel rücksichtsloser» als bisher bei «Straßenarbeiten» eingesetzt werden solle.[72] Im Juni 1942 beschäftigte die 12. Infanteriedivision 6265 Zivilisten, obgleich sie behauptete, daß sie nur 3792 ernähren könne. Weitere 2208 Menschen, darunter 476 Frauen und 219 Kinder, wurden zugleich als «für Korps und Wirtschaft wertlos» eingestuft. Diese sogenannten «nutzlosen» Bewohner wurden einfach aus ihren Häusern vertrieben, mit unbekanntem Bestimmungsort.[73] Solche organisierten «Evakuierungen» erfolgten auf Befehl der Division über das ganze Jahr 1942 hinweg. Wer bleiben durfte, mußte für die Einheiten arbeiten: die Männer als «Hiwis», die Frauen und Kinder als Zwangsarbeiter beim Schneeräumen und beim Bau von Straßen und Stellungen. Im Oktober 1942 beispielsweise setzte die 12. Infanteriedivision bei diesen Aufgaben 935 Zivilisten ein, darunter 806 Frauen und Kinder.[74] Im Jahr 1943 befahl die 18. Panzerdivision ihren Einheiten, den Stellungsausbau «mit allen Mitteln voranzutreiben» und die Zivilbevölkerung, Frauen und Kinder eingeschlossen, «hierzu rücksichtslos heranzuziehen».[75] Die 12. Infanteriedivision setzte andere «jüngere kinderlose Mädchen und Frauen» bei verschiedenen Hausarbeiten innerhalb der Lager ein, und einiges spricht für die Vermutung, daß sie auch für sexuelle Zwekke mißbraucht wurden, auch dies mit Billigung örtlicher Befehlshaber.[76] Die Zivilisten, die für die Armee arbeiteten, hatten offiziell Anspruch auf die halbe Wochenration eines Soldaten. Das war wenig genug, und doch erhielten sie oft sogar noch weniger; zudem blieb ihnen jede medizinische Versorgung versagt.[77] Die einzigen Maßnahmen gegen die im Sommer 1942 häufig ausbrechenden Seuchen waren «rücksichtslose Evakuierung» und «vollkommene Trennung» von Wehrmachtsangehörigen und Einheimischen.[78] Inzwischen war eine wachsende Zahl von Zivilisten für Arbeiten im Reich verpflichtet worden. Die 12. Infanteriedivision schickte allein zwischen Juli und November 1942 2556 Männer, Frauen und Kinder nach Deutschland und 1943 noch mehr,[79] und die 18. Panzerdivision meldete im Frühjahr und Herbst 1942 ähnlich hohe Zahlen. Da Eltern nicht gestattet wurde, Kinder unter fünfzehn Jahren mitzunehmen, blieben viele Kinder zurück; ihre Überlebenschancen waren nur sehr gering.[80] Gleichzeitig ging die Ausbeutung der Kolchosen mit unverminderter Schärfe weiter.[81] So war es nicht verwunderlich, daß die 12. Infanteriedivision im Herbst und Winter 1942 berichtete, die Nahrungsmittelvorräte der Bevölkerung seien wieder einmal «verschwindend gering».[82]

Verlegungen der Front nach hinten, wie sie speziell die Heeresgruppe Mitte bereits im Winter 1941/42 in beträchtlichem Umfang durchführte, boten weitere Gelegenheiten für offizielle Vernichtungsmaßnahmen, die in Verbindung mit individueller Brutalität verheerende Folgen zeitigten. Unter der ersten sowjetischen Gegenoffensive ins Wanken geraten, brannte die 18. Panzerdivision alle Dörfer nieder, die sie evakuieren mußte, vernichtete oder verbrauchte den gesamten Viehbestand, verhaftete alle männlichen Bewohner und schickte sie ins Hinterland und jagte Frauen und Kinder hinaus in den Schnee.[83] Dies war auch an anderen Frontabschnitten üblich. So schrieb Werner Pott am 19. Dezember 1941 aus dem Gebiet um Kalinin: «Neben allen persönlichen Strapazen dauert mich die Zivilbevölkerung, der wir bei unserem Rückzug die Häuser ansteckten und die dem Hungertod preisgegeben wird.»[84] Kaum hatte die Division ihre neue Verteidigungslinie erreicht, schuf sie eine sogenannte «Wüstenzone» von etwa fünfzehn Kilometern Tiefe. Aus dieser Zone wurden alle Bewohner vertrieben und ihre Siedlungen dem Erdboden gleichgemacht. Auf diese Weise wurden am 1. Januar 1942 nicht weniger als achtundvierzig Dörfer auf Befehl evakuiert und zerstört.[85] Kaum einen Monat später zog sich die Division abermals auf eine neue Verteidigungslinie zurück, und wieder schuf sie vor ihren Stellungen einen breiten Streifen Ödland, brannte Häuser nieder, verseuchte Brunnen mit Tierkadavern, verschleppte die Männer ins Hinterland und befahl Frauen und Kindern, bei Temperaturen nahe 40 Grad unter dem Gefrierpunkt «in das Gebiet nordostwestlich der Wüstenzone abzuwandern».[86] Einer ähnlichen Taktik bediente sich die Division auch bei ihrem Rückzug im Winter und im Sommer 1943, und zusammen mit dem «Sonderkommando», das eigens gebildet wurde, um alle «Wirtschaftswerte» in den Gebieten, die geräumt wurden, zu vernichten und alle erwachsenen Männer und Frauen festzunehmen, plünderten die Soldaten alles, was ihnen in die Hände fiel.[87] Nicht anders war es beim Rückzug aus dem Kessel von Demjansk im Winter 1943. Nach vorheriger sorgfältiger Planung verwüsteten die Truppenverbände systematisch die gesamte Region, indem sie die Dörfer zerstörten oder mit versteckten Sprengsätzen versahen, das Vieh abschlachteten und alle landwirtschaftlichen Einrichtungen und Geräte verbrannten; um mögliche Rekrutierungen durch die Rote Armee zu verhindern, wurden alle Männer festgenommen und ins Hinterland gebracht.[88] Die Politik der «verbrannten Erde» wurde mit solcher Disziplin und Gründlichkeit durchgeführt, daß das 2. Armeekorps seine Verbände öffentlich für ihre hervorragenden Leistungen lobte.[89] Die Division «Großdeutschland» tat sich bei solchen Einsätzen im Verlauf des Jahres 1943 besonders hervor und bot ihren Soldaten vielfältige Gelegenheiten für individuelle Grausamkeiten.[90] Beim Rückzug an den Dnjepr im Herbst 1943 bildete die Division ein sogenanntes Räumungskommando, das binnen drei Wochen 13 627 Zivilisten aus ihren Dörfern vertrieb, 9268 Stück Vieh und 1392 Tonnen Getreide requirierte und 1260 landwirtschaftliche Maschinen und 165 Mühlen zerstörte. Und wie es in dem Abschlußbericht dieser Einheit heißt, sind bei diesen Zahlen die ausgedehnten «wilden» Plünderungen, die durch die offiziellen Maßnahmen ausgelöst wurden, gar nicht berücksichtigt.[91]

Noch verheerendere Konsequenzen hatten die Wehrmachtbefehle zur Behandlung sowjetischer Soldaten und politisch oder «rassisch» gefährlicher Elemente. Sie sanktionierten nicht nur offiziell eine organisierte Mordkampagne, sondern leisteten auch einer Reihe wahlloser Erschießungen durch Soldaten Vorschub, die es ablehnten, zwischen den verschiedenen, von oben festgelegten Kategorien von Feinden zu unterscheiden. Hier zeigt sich besonders deutlich, daß das Heer, indem es die moralische Grundlage der Disziplin pervertierte, seine eigene Fähigkeit untergrub, Befehlen Geltung zu verschaffen, die sich notgedrungen auf moralische Argumente stützten. Solange es den Soldaten erlaubte, entwaffnete Rotarmisten und wehrlose Zivilisten zu ermorden, konnte es sie weder dafür bestrafen, daß sie gegen ausdrücklichen Befehl mit solchen Aktionen fortfuhren, noch konnte das Heer darauf bestehen, daß sie zwischen den Opfern feine Unterschiede machten. Im Gegensatz zu anderslautenden Behauptungen aus der Nachkriegszeit wurden Tötungsbefehle mit bemerkenswerter Gründlichkeit befolgt, während Anweisungen, die Morde auf bestimmte Gruppen von Menschen zu begrenzen und später mit Rücksicht auf die veränderte Lage weiter einzuschränken, von der Truppe weitgehend ignoriert wurden. Obwohl in beiden Fällen Ungehorsam nur selten bestraft wurde, war es bezeichnend, daß es im ersten Fall nur selten, im zweiten hingegen häufig zu Disziplinlosigkeiten kam.

Im Verlauf des Rußlandfeldzugs gerieten 5 700 000 Soldaten der Roten Armee in deutsche Gefangenschaft. Nicht weniger als 3 300 000 von ihnen, also mehr als die Hälfte, starben. Tatsächlich waren bis zum Frühjahr 1942 bereits zwei Millionen sowjetische Kriegsgefangene umgekommen. Diese beispiellose Sterblichkeitsrate hatte mehrere Ursachen: die Exekution von Kommissaren nach der Gefangennahme durch die Truppe, die Auslieferung von sogenannten «politisch untragbaren» Gefangenen, das heißt von «Intelligenzlern», «fanatischen Kommunisten» und Juden an die Einsatzgruppen zur «Sonderbehandlung», und die ausdrücklichen Befehle an die Verbände vor Ort, Kriegsgefangenen «nur die notwendigste Verpflegung» zu geben und sie «nur mit den primitivsten Mitteln zu ernähren». Hinzu kam, daß die Wehrmacht, obwohl sie damit rechnete, dank ihrer bewährten Umfassungstaktik im Kampf gegen die Rote Armee eine riesige Zahl von Gefangenen zu machen, keine ernsthaften Vorbereitungen für deren Unterbringung traf. Rund 600 000 Gefangene dürften einfach erschossen worden sein, und viele, die die erste Aussonderung überlebten, sollten bald darauf an Unterernährung, Unterkühlung, Seuchen und Erschöpfung sterben. Kommandeure an der Front warnten ihre Männer wiederholt vor dem «heimtückischen Verhalten insbesondere der Kriegsgefangenen asiatischer Herkunft» und befahlen ihnen, «bei den geringsten Anzeichen von Widersetzlichkeit rücksichtslos und energisch» durchzugreifen; «jeder aktive und passive Widerstand» müsse «sofort mit der Waffe restlos beseitigt werden». Außerdem erinnerten sie die Truppe daran, «der Erbitterung und der unmenschlichen Roheit der Russen Rechnung [zu] tragen». Es überrascht nicht, daß diese Befehle zu einem Anstieg der wahllosen Erschießungen führten. So wurde eine unbekannte, aber wahrscheinlich sehr große Zahl sowjetischer Soldaten von der Truppe ermordet, nachdem sie sich ergeben hatten, aber bevor sie als Gefangene registriert wurden. Zu dieser Ermordung Kriegsgefangener kam noch die «Vernichtung» sogenannter politischer und biologischer Feinde, die meistens einfach als «Banditen» oder «Partisanen» bezeichnet wurden, ohne daß man sich große Mühe machte, zwischen echten Partisanen, «politisch Verdächtigen» und Juden zu unterscheiden. In welchem Umfang dieser Euphemismus auf Einsätze angewandt wurde, die in Wahrheit nichts anderes als großangelegte Mordaktionen waren, belegt ein Bericht des Wehrmachtkommandanten in Weißruthenien (Weißrußland), in dem er behauptete, die Truppe habe von 10 940 Gefangenen, die sie allein im Oktober 1941 bei «Kämpfen mit Partisanen» gemacht habe, 10 431 erschossen und dabei selbst nur zwei Männer verloren. Doch dies war nur einer von vielen Großeinsätzen im Rahmen der sogenannten «Partisanenbekämpfung», die sich als regelrechte Massaker an unbewaffneten Zivilisten entpuppten.[92]

Denkt man an das häufig vorgebrachte Argument, daß die Kampfverbände an der Ausführung der «verbrecherischen Befehle» nicht beteiligt gewesen seien, so ist der Umfang der offiziellen und autorisierten Aktionen, die Wehrmachtsoldaten an der Front durchführten, besonders überraschend. Die 12. Infanteriedivision etwa befahl ihren Einheiten unmittelbar vor Beginn des Unternehmens «Barbarossa», Offiziere, Kommissare und Unteroffiziere von allen anderen zu erwartenden Gefangenen zu trennen und zur weiteren «Behandlung» dem SD zu übergeben.[93] Und Verhörprotokolle der Division belegen, daß man auch noch lange nach Aufhebung des Kommissarbefehls Gefangene nach «rassischen» Kriterien aussonderte und dadurch ihre «Eliminierung» durch Todesschwadronen erheblich erleichterte.[94] Außerdem muß betont werden, daß die Generäle im rückwärtigen Gebiet und mehr noch die Offiziere vor Ort dazu neigten, die «verbrecherischen Befehle» äußerst radikal auszulegen. So fügte das OKH Mitte September seinen Befehlen an die Kampfdivisionen im Osten die Anweisung hinzu, daß alle sowjetischen Soldaten, die von der Wehrmacht überrannt worden waren und sich dann hinter der Front neu formiert hatten, wie Partisanen zu behandeln (das heißt, auf der Stelle zu erschießen) seien.[95] Dieser Befehl war noch strenger als der «Barbarossa»-Erlaß, ließ aber immer noch einen gewissen Spielraum, weil er sich speziell auf reguläre Soldaten bezog und sich eines Euphemismus bediente. Doch der Kommandeur der 12. Infanteriedivision hatte keine Zeit für solche Feinheiten und faßte seine Anweisungen bei einer Offiziersbesprechung wie folgt zusammen:

> Gefangene hinter der H.K.L. ... Grundsätzlich erschießen! Jeder Soldat erschießt jeden hinter der H.K.L. und nicht im Kampf gefangenen Russen.[96]

Diese Befehle waren noch nicht ausgegeben, da häuften sich schon die Berichte über wahllose Erschießungen durch Soldaten. Bereits am 5. Juli warnte die 16. Armee die Truppe, «daß sie dort, wo Gefangene bereits zu Arbeitsabteilungen zusammengestellt sind, nicht nachträglich durch Erschießen eingreift»,[97] ein deutlicher Hinweis darauf, daß sogar Gefangene, die gezwungen worden waren, als Freiwillige der Armee ihre Dienste zur Verfügung zu stellen, vor schießwütigen deutschen Soldaten nicht sicher waren. Zwei Wochen später schärfte die 12. Infanteriedivision ihren Männern ein: «Das ‹Umlegen› von bereits gefangenen Russen ist eines deutschen Soldaten unwürdig.»[98] Aber weder in dieser noch in vielen anderen Divisionen überzeugten solche Appelle die Soldaten, zumal sie in der Regel mit Befehlen einhergingen, sehr viele andere Russen zu töten, die zu der wachsenden Liste politischer, «rassischer» und militärischer Gruppierungen gehörten. Da die Wehrmachtpropaganda alle Russen als Untermenschen darstellte, die es in keinem Fall verdient hatten zu leben, sahen die Soldaten keinen Grund, zwischen ihnen und den anderen zu unterscheiden, für die nur Erschießung in Frage kam.

Ein anschauliches Beispiel liefern in diesem Zusammenhang die Panzerverbände der Heeresgruppe Mitte. Dort hatte die offizielle Politik des selektiven Mordens, wie sie im «Barbarossa»-Erlaß umrissen wurde, eine unmittelbare und durchschlagende Wirkung auf die Soldaten. Am 25. Juli 1941, am dritten Tag des Feldzugs, erließ der Chef des 47. Panzerkorps folgenden Befehl:

> Ich habe festgestellt, daß in sinnloser Form Erschießungen stattgefunden haben, sowohl von Gefangenen wie von Zivilisten. Der russische Soldat, der in Uniform gefangengenommen wird und tapfer gekämpft hat, hat Anspruch auf ehrenvolle Behandlung.

Aus dieser Passage könnte man schließen, daß General Lemelsen den Rußlandfeldzug als einen Krieg wie jeden anderen betrachtete und deshalb über das Verhalten seiner Männer schockiert war. Doch die folgenden Ausführungen, in denen er der Truppe die eigentlichen Ziele des Feldzugs erklärt, enthüllen, daß sein Denken bereits von jener Mischung aus Ideologie und Skrupellosigkeit, ja zynischem Pragmatismus geprägt war, die den Nationalsozialismus kennzeichnete: «Die Zivilbevölkerung wollen wir vom Joch des Bolschewismus befreien und brauchen ihre Arbeitskraft.» Die Russen sollten also vom Bolschewismus erlöst werden, damit die Deutschen sie für ihre Zwecke versklaven konnten. Gleichzeitig sollte das politische Ziel, den Bolschewismus zu vernichten, endgültig verwirklicht werden. Aus diesem Grund fügte der General eilends hinzu, daß seine Befehle, das Leben der Gefangenen zu schonen, nicht für deren politische Führer gelte:

> Diese Anordnung ändert nichts an dem Befehl des Führers über rücksichtsloses Vorgehen gegen Freischärler und bolschewistische Kommissare.[99]

Das hieß, daß die politischen Offiziere in Uniform und jeder, den die Armee als Partisan einstufte – eine Gruppierung, unter die auch «rassisch unerwünschte Elemente» wie Juden fielen –, zu beseitigen waren. Rotarmisten, die keiner der beiden Gruppierungen angehörten, sollten vorläufig verschont bleiben, doch konnten sie damit rechnen, später zugrunde zu gehen oder bestenfalls vom Reich versklavt zu werden. Unter solchen Umständen war es kein Wunder, daß

Lemelsen nur fünf Tage später erneut an seine Soldaten appellieren mußte, da sie seinen ersten Befehl völlig ignoriert hatten. Doch bezeichnenderweise drohte der General den Schuldigen auch diesmal nicht mit Bestrafung, obwohl die Vorgänge mittlerweile einem kollektiven Verstoß gegen die Disziplin gleichkamen:

> Trotz meiner Verfügung vom 25. 6. 41 ... werden immer wieder Erschießungen von Gefangenen, Überläufern und Deserteuren festgestellt, die in unverantwortlicher, sinnloser und verbrecherischer Weise stattfinden. Das ist Mord!

Doch abermals sah sich der kommandierende General des Korps genötigt, seinen Soldaten zu erklären, worum es in diesem Krieg ging, und strafte damit seine offen bekundete Absicht Lügen, den Kampf nach den traditionellen Regeln des Krieges zu führen:

> Wir wollen Frieden, Ruhe und Ordnung in dieses Land zurückbringen, das durch jahrelange Bedrückung einer Juden- und Verbrechergesellschaft schwer gelitten hat.

Um sicherzustellen, daß die Männer seine Kritik nicht mißverstanden und seine ideologischen Klarstellungen nicht als bloße theoretische Rechtfertigungen auffaßten, wiederholte der General sogar noch detaillierter den Mordbefehl, der die Brutalitäten ausgelöst hatte, die er zu unterbinden versuchte:

> Der Erlaß des Führers befiehlt ein rücksichtsloses Vorgehen gegen den Bolschewismus (politische Kommissare) und jedes Freischärlertum! Einwandfrei als hierzu gehörig festgestellte Leute sind abseits zu führen und ausschließlich auf Befehl eines Offiziers zu erschießen.[100]

Soviel zu Guderians Behauptung, daß seine Panzergruppe 2, zu der das 47. Panzerkorps gehörte, den Kommissarbefehl nie erhalten habe.[101] Wichtiger noch ist, daß die Soldaten, wie dieser Vorfall eindeutig zeigt, gegen Befehle verstoßen konnten und es auch taten und daß sie trotz gelegentlicher Ermahnungen kaum jemals dafür bestraft wurden, solange ihr Ungehorsam nur darin bestand, daß sie den Feind noch grausamer behandelten und nicht etwa versuchten, sich vor dem Kampf zu drücken. Mittlerweile war klar, daß Versuche, die Truppe im Zaum zu halten, fehlschlagen mußten, wenn man ihr gleichzeitig eine Lizenz zum Morden ausstellte. Die Rolle, die Lemelsen dabei spielte, war repräsentativ für viele Generäle des Ostheers. Sie waren zwar über die Brutalität ihrer Männer entsetzt, aber gleichzeitig versorgten sie die Truppe fleißig mit Argumenten aus Hitlers ideologischem Arsenal, um sie für den Kampf zu motivieren und ihr einzureden, daß die Morde, die ihr befohlen wurden, eine existentielle und moralische Notwendigkeit und folglich unvermeidbar seien.

Dieses Verhaltensmuster zeigt sich im Verlauf des Krieges im Osten immer wieder. Da die Generäle einsahen, daß die Erschießung und Mißhandlung von Kriegsgefangenen den Willen des Feindes zum Widerstand nur stärkte, und da man im Reich dringend Arbeitskräfte benötigte, wurde der Kommissarbefehl schließlich aufgehoben. Dadurch verbesserte sich die Lage der Gefangenen 1942 zwar etwas, doch die Bemühungen der Generäle, die wahllosen Erschießungen durch die Truppe zu stoppen, scheiterten völlig. Ironischerweise waren solche Disziplinlosigkeiten im Ostheer weiter verbreitet als in jeder anderen Armee im Zweiten Weltkrieg. Selbst die Rote Armee hielt ihre Männer nach dem Einmarsch in Deutschland besser im Zaum, als es die Wehrmacht in Rußland tat. Unter dem Einfluß der Kämpfe und der nationalsozialistischen Ideologie, der eisernen Disziplin und der offiziellen Barbarei verrohten die Männer zusehends. In diesem Stadium konnte man nicht mehr von ihnen erwarten, daß sie ihr Verhalten gegenüber Feinden änderten, die nach wie vor als Untermenschen verteufelt wurden. Hinzu kam, daß die Frontverbände ständig widersprüchliche praktische Interessen verfolgten. Denn obwohl die Befehlshaber um die schädlichen Auswirkungen auf das Verhalten der Truppe wußten, arbeiteten sie ihren eigenen Disziplinierungsversuchen entgegen, indem sie sich bemühten, die Moral der Soldaten durch ideologische Indoktrinierung zu stärken. So räumte die 18. Panzerdivision im Februar 1942 ein, daß «die Angst vor der Gefangenschaft» bei den Soldaten der Roten Armee «größer ist als die Angst, im Kampfe fallen zu können», eine Feststellung, die sie dadurch bestätigt sah, daß «seit dem November vorigen Jahres ... nur wenige Überläufer kommen und daß in den Gefechten bei erbittertem Widerstand nur wenige Gefangene gemacht werden». Die Division zog daraus den Schluß: «Die Truppe ist zu belehren, daß nicht alle Russen Kommunisten sind.»[102] Doch exakt um diese Zeit hatte sich die militärische Lage verschlechtert, und wie das gesamte Ostheer verstärkte die Division die ideologische Indoktrinierung der Soldaten in der Hoffnung, dadurch den enormen Materialverschleiß wettzumachen.[103] Überdies wurden die wahllosen Erschießungen Kriegsgefangener nicht nur von Soldaten durchgeführt, die es gewohnt waren, den Kommissarbefehl zu befolgen. Die Division «Großdeutschland», die erst nach der Aufhebung des Befehls an die Front gekommen war, verfuhr in der gleichen Weise und demonstrierte dadurch, daß dies eher eine Frage der ideologischen Vorbereitung und der fehlenden Bereitschaft seitens der Kommandeure war, ihren Willen durchzusetzen, wenn es um das Leben von Russen ging. So befahl die Division ihren Soldaten im September 1942:

> Alle lebend in die Hand der Truppe fallenden russischen Kommissare – Politruks – sind umgehend der Divisionsabteilung Ic [Feindnachrichten und Abwehr] zuzuführen. Erschießen durch die Truppe nach Gefangennahme oder Überlaufen ist streng verboten.[104]

Wie wir heute wissen, arbeitete der Geheimdienst des Heeres eng mit dem SD zusammen, und es besteht guter Grund zu der Annahme, daß «Verdächtige» schließlich erschossen wurden. Die Soldaten freilich, denen keinerlei Strafe drohte, hatten keine Zeit für diese etwas umständlicheren Prozeduren. Solange der Kommissarbefehl noch in Kraft war, wurde er alles andere als ignoriert, doch auch lange nach seiner offiziellen Aufhebung diktierte er noch das Verhalten vor Ort, zumal die anderen verbrecherischen Befehle des «Barbarossa»-Erlasses für die Gesamtdauer des Krieges gültig blieben. Außerstande und wahrscheinlich auch nicht willens, ihre Männer für die Ermordung von Russen und Juden gerichtlich zu belangen, beließen es die Divisionen an der Front dabei, die unzähligen Fälle von wahllosen Erschießungen im Verlauf des Krieges zu den Akten zu nehmen. Bei einem anderen Vorfall dieser Art notierte die Division «Großdeutschland»:

> Mehrere, in den letzten Tagen verwundet eingebrachte Überläufer gaben an, ihre Verwundung von deutscher Seite erhalten zu haben, nachdem sie ihre Waffen oft schon Stunden vorher abgelegt und durch sichtbares Erheben der Hände die Absicht überzulaufen bekundet hätten.[105]

Und im April 1943 gab die Division einen weiteren, recht halbherzigen Appell an die Truppe heraus, in dem sie betonte:

> Der kämpfende Soldat muß sich darüber im klaren sein, welche Folgen das Mißhandeln oder das spätere Erschießen von Gefangenen, die sich im Kampf ergeben haben, im Enderfolg zeitigt.[106]

Dies alles blieb ohne große Wirkung, denn die Soldaten wußten aus Erfahrung, daß Befehle, denen nicht mit strenger Bestrafung Geltung verschafft wurde, nicht unbedingt befolgt werden mußten.

Aufforderungen von Truppenkommandeuren, Kriegsgefangene rücksichtsvoller zu behandeln, müssen zumindest einigen jener Soldaten ziemlich zynisch erschienen sein, die sich noch an die offiziell sanktionierte Mißhandlung Gefangener namentlich in den ersten Monaten des Feldzugs erinnerten. So hatte die 16. Armee ihren Verbänden am 31. Juli 1941 befohlen, Kriegsgefangene nicht in leeren Zügen, in denen normalerweise Güter und Truppen transportiert wurden, ins Hinterland zu bringen, da die Waggons sonst durch «Verseuchung und Verschmutzung» ausfallen könnten.[107] Folglich wurden die unzureichend ernährten Gefangenen gezwungen, die riesige Entfernung zu den Lagern in Polen zu Fuß zurückzulegen, mit dem Ergebnis, daß viele unterwegs starben. In ähnlicher Weise verbot die 18. Panzerdivision den Transport ihrer Kriegsgefangenen auf Lastwagen, aus Angst, die Fahrzeuge könnten hinterher verlaust sein.[108] Gefangene, die von den Divisionen an der Front als Zwangsarbeiter eingesetzt wurden, hatten offiziell Anspruch auf die halbe Wochenration eines deutschen Soldaten. War diese Zuteilung schon unzureichend, wurde sie Ende Oktober noch drastisch gekürzt.[109] Wie viele andere Verbände bestand auch die 18. Panzerdivision darauf, Gefangene «mit primitivsten Mitteln» zu ernähren.[110] Speziell im Winter befahlen Kampfdivisionen ihren Soldaten darüber hinaus, den Gefangenen alle Kleidungsstükke wegzunehmen und zu beschlagnahmen, die ihnen selbst Schutz gegen die Kälte boten. Die Gefangenen wurden dadurch dem Tod durch Erfrieren preisgegeben.[111] Die medizinische Behandlung verwundeter Kriegsgefangener durch deutsche Ärzte war offiziell ebenso verboten wie ihre Versorgung mit Medikamenten aus Heeresbeständen.[112] Als der Arbeitskräftemangel sich verschärfte, wurde eine wachsende Zahl von Gefangenen «zu Hilfswilligen ernannt» und mit einer Vielzahl militärischer Aufgaben betraut, unter anderem mit der Räumung von Minenfeldern ohne vorherige Ausbildung.[113] Mit solchen offiziellen Maßnahmen hatte man den Soldaten vorgeführt, wie sowjetische Gefangene zu behandeln waren, und die Wirkung ließ sich im weiteren Verlauf des Krieges auch durch noch so viele Appelle nicht mehr rückgängig machen.

Mochten die Kommandeure des Ostheeres, was die Behandlung der Kriegsgefangenen anging, auch in einen gewissen Konflikt mit der Truppe geraten, so gab es in der Partisanenfrage weit weniger Reibungspunkte, obwohl sich den Soldaten auch hier ausgiebig Gelegenheit zu «wilden», nicht genehmigten Aktionen bot. «Partisan» oder «Bandit» war die übliche Bezeichnung für alle Zivilisten, die nach Auffassung der Armee aufgrund irregulärer Kriegführung oder politischer und «rassischer» Zugehörigkeit ihr Leben verwirkt hatten. In einer Welt, in der ein Leben weniger wert war als Nahrung und Kleidung und deren Bewohner in Angehörige der «Herrenrasse» und «Untermenschen» unterteilt wurden, konnte man kein Gemetzel an wehrlosen Zivilisten anordnen, ohne damit rechnen zu müssen, daß die Täter ähnliche Grausamkeiten auch auf eigene Faust begingen. Bereits durch den «Barbarossa»-Erlaß sanktioniert, wurden kollektive Vergeltungsmaßnahmen für Partisanenüberfälle bald zur Regel, und von da an, so scheint es, kümmerte sich im Heer niemand mehr besonders um die Identität der Ermordeten. Am ersten Tag des Feldzugs wies die 12. Infanteriedivision ihre Einheiten an: «Freischärler werden nicht als Kriegsgefangene behandelt, sondern an Ort und Stelle durch einen Offizier verurteilt ...»,[114] ein weiterer

Euphemismus für summarische Hinrichtungen. In ähnlicher Weise befahl Ende Juli die 16. Armee, daß Angehörige von «Partisanen-Abteilungen» sowie alle Zivilisten, die ihnen in irgendeiner Form Vorschub leisteten, als «Freischärler zu behandeln», das heißt zu erschießen seien.[115] Die 18. Panzerdivision erließ Anfang August fast gleichlautende Befehle und ordnete an, jeden zu erschießen, der ihren Einheiten Widerstand leistete oder nicht deutlich erkennbar einer regulären Armee-Einheit angehörte, ebenso jeden Zivilisten, der im Verdacht stand, Freischärler unterstützt zu haben.[116] Außerdem verhängte die Division strenge Ausgangssperren über besetzte Siedlungen und wies die Soldaten an, bei Verstößen «rücksichtslos von der Schußwaffe Gebrauch zu machen».[117] Einen ähnlichen Befehl erließ das 2. Armeekorps und forderte darin: «Gegen verdächtige Elemente ist sofort und rücksichtslos vorzugehen!»[118] Auch darunter verstand man Erschießen oder, was sich im Ostheer wachsender Beliebtheit erfreute, Erhängen, denn mit «verdächtigen Elementen» war jeder gemeint, der einer «unerwünschten» politischen oder «rassischen» Kategorie angehörte.[119] Tatsächlich meldete die 12. Infanteriedivision bereits am 4. Juli die Hinrichtung von zehn Zivilisten, die beschuldigt worden waren, Juden zu sein oder der kommunistischen Jugendorganisation anzugehören.[120] Obwohl sich bald abzeichnete, daß solche Maßnahmen den Widerstand der Partisanen nur verstärkten,[121] beharrte das 2. Armeekorps Mitte August darauf, «Partisanen öffentlich aufzuhängen» und zur Abschrekkung «einige Zeit hängen zu lassen». Kommunistische Funktionäre hingegen, «denen nichts nachzuweisen ist», sollten den Einsatzgruppen ausgeliefert werden, offensichtlich für eine etwas diskretere Form der Liquidierung.[122] Im darauffolgenden Monat verfügte die 12. Infanteriedivision, daß Zivilisten, die sich während der Ausgangssperre «außerhalb von Behausungen herumtreiben», zu erschießen seien und daß die Dorfältesten und ihre Angehörigen für jede Partisanenaktivität in der Umgebung ihrer Ortschaften mit dem Leben bezahlen würden,[123] eine Drohung, die im Oktober auch die 18. Panzerdivision aussprach, wobei sie Geiseln nahm, um zu unterstreichen, daß sie es ernst meinte.[124] Unterdessen drohte die 12. Infanteriedivision jedem, der Partisanen «duldete», mit Erhängen, und einige Tage später verkündete sie, daß man Zivilisten, die man ohne einen besonderen, jüngst ausgestellten Ausweis antreffe, auf der Stelle erschießen werde.[125] Die Truppe hatte inzwischen den ausdrücklichen Befehl, jedes Haus niederzubrennen, das möglicherweise Partisanen beherbergte, ohne vorher auch nur den Versuch zu unternehmen, herauszufinden, wer sich tatsächlich im Innern aufhielt.[126] Im November erhielten Einheiten der Division den Auftrag, Vergeltungsaktionen gegen Dörfer durchzuführen, die es unterlassen hatten, die Anwesenheit von «Fremden» zu melden. Während solche «verdächtigen Elemente» von der Truppe entweder exekutiert oder dem SD zur «Sonderbehandlung»[127] übergeben wurden, beteiligten sich andere Einheiten an einer Reihe öffentlicher Hinrichtungen, bei denen Zivilisten gehängt wurden, denen man Vergehen vorwarf wie die Versorgung russischer Soldaten mit Lebensmitteln, «Umherstreifen», «Fluchtversuche» und anderes mehr.[128] Vom 11. November bis zum 5. Dezember liquidierte das 2. Armeekorps 448 «Partisanen» und brannte 16 Dörfer nieder, trieb deren Vieh und Pferde fort und vernichtete den gesamten Bestand an Lebensmitteln. Da das Korps zugab, daß bei einem Partisanenüberfall, der jedoch weit von diesem Gebiet entfernt stattgefunden hatte, sechs Soldaten getötet und acht verwundet worden waren, liegt es auf der Hand, daß seine ungezügelten Vernichtungsmaßnahmen mit tatsächlichen Partisanenaktivitäten sehr wenig zu tun hatten.[129] Ähnlich verhielt es sich mit einer anderen Operation dieser Art, von der die 16. Armee berichtete. Dabei wurden 387 Zivilisten getötet, während zehn deutsche Soldaten fielen und elf verwundet wurden.[130]

Kaum hatte sich die Front stabilisiert, wurden systematischere Schritte gegen die Bevölkerung unternommen. Im Dezember evakuierte die 12. Infanteriedivision rund 2000 Bewohner aus einem zehn Kilometer tiefen Gebietsstreifen hinter ihrem Frontabschnitt. Die Häuser brannte sie entweder nieder oder nutzte sie als Unterkünfte.[131] Selbst das 2. Armeekorps räumte ein, daß die mitten im Winter vertriebenen Zivilisten «völlig unzureichend mit Lebensmitteln versorgt» seien.[132] Hinter diesem Gebiet wurde eine weitere sogenannte «Sperrzone» eingerichtet, in der nach Angaben der 12. Infanteriedivision die Versorgung der Bevölkerung «unmöglich» war.[133] Dennoch wurden Zivilisten, die daraufhin in irgendeiner Weise gegen die Beschränkungen des öffentlichen Verkehrs verstießen, entweder auf der Stelle erschossen oder dem SD übergeben.[134] Auf diese Weise trieb man nur noch mehr Menschen in die Arme der Partisanen. Doch statt diese Politik zu ändern, die unbestreitbar zu einem kontraproduktiven Mord- und Vernichtungsfeldzug geworden war, erklärte die Heeresgruppe Nord im Januar:

> Die in letzter Zeit ... stark aufgelebte Partisanentätigkeit im rückwärtigen Kampf- und Heeresgebiet erfordert, daß mit größter Rücksichtslosigkeit ... vorgegangen wird. Partisanen sind dort, wo sie auftreten, und ebenfalls ihre Schlupfwinkel [d.h. Dörfer], soweit sie nicht zur Unterbringung eigener Truppen in Frage kommen können, zu vernichten.[135]

Tatsächlich beantwortete die 12. Infanteriedivision Partisanenüberfälle auf ihre Einheiten in dieser Zeit stets damit, daß sie die Dörfer in der näheren Umgebung niederbrannte, alle männlichen Bewohner erschoß und Frauen und Kinder bei winterlicher Witterung ohne Dach über dem Kopf sich selbst überließ.[136] Die 18. Panzerdivision nahm zudem das ganze Jahr 1942 hindurch hinter ihrer «Wüstenzone» die summarische Erschießung von Verdächtigen vor.[137] In ähnlicher Weise befahl die Division «Großdeutschland» am Vorabend der Sommeroffensive in der Ukraine ihren Soldaten, alle gefangenen Partisanen zu «vernichten», und erlaubte den Bataillonskommandeuren die Exekution von Zivilisten, die im Verdacht standen, die Freischärler in irgendeiner Form zu unterstützen.[138] Daraufhin häuften sich die Berichte über wahllose Erschießungen von Zivilisten in einem solchen Maße, daß die Division beschloß, die Verantwortung für Exekutionen der Geheimen Feldpolizei (GFP) zu übertragen, die eng mit dem SD zusammenarbeitete.[139] Doch obwohl die Truppe den ausdrücklichen Befehl erhielt, jeden Verdächtigen der Polizei zu übergeben, ging das Morden unvermindert weiter. Kampfverbände wurden auch in großem Umfang bei der Partisanenbekämpfung eingesetzt. So nahm die 18. Panzerdivision im Mai 1943 an der Operation «Zigeunerbaron» teil, einer «Säuberungsaktion» in den Wäldern südlich von Brjansk. Die Soldaten hatten die Order, alle männlichen Zivilisten zwischen fünfzehn und fünfundsechzig Jahren zu verhaften und die übrige Bevölkerung zu vertreiben, ihr Eigentum zu beschlagnahmen und ihre Dörfer niederzubrennen. Gefangene Offiziere der Roten Armee und Kommissare sollten der Geheimdienstabteilung der Division übergeben werden, höchstwahrscheinlich damit sie später vom SD exekutiert werden konnten. Soldaten, Mitglieder der Kommunistischen Partei und Juden hingegen sollten bei der Räumung von Minenfeldern eingesetzt werden, eine Form der Hinrichtung, von der sich die Wehrmacht einen Nutzen versprach. Tatsächlich tötete die Division mit Unterstützung anderer Einheiten innerhalb von nur zwei Wochen 1584 «Partisanen», machte 1568 Gefangene, vertrieb 15812 Bewohner aus dem Gebiet und brannte sämtliche Dörfer nieder. Daß sie bei der Bevölkerung nur ein paar veraltete Feuerwaffen fand und selbst fast keine Verluste zu beklagen hatte, deutet darauf hin, daß auch diese Operation lediglich eine gegen wehrlose Zivilisten gerichtete Vernichtungsorgie war.[140]

Die extremen Maßnahmen, mit denen die deutschen Besatzer gegen den Widerstand der Zivilbevölkerung vorgingen, und insbesondere die unter dem Deckmantel der «Partisanenbekämpfung» inszenierte Umsetzung der rassisch und politisch motivierten Ausrottungspolitik des Regimes durch das Heer, wobei verschiedene Militärbefehlshaber die entsprechenden Operationen anordneten, organisierten und als völlig legal ansahen, hatten eine zutiefst brutalisierende Wirkung auf die Soldaten. Nur sehr wenigen Einheiten an der Ostfront dürfte die Mitwirkung an solchen Einsätzen erspart geblieben sein. Da mit «Partisanentätigkeit» eine breite Palette von Handlungen oder Unterlassungen gemeint war und mit dem Wort «Partisanen» nicht nur Menschen bezeichnet wurden, die aktiven oder passiven Widerstand leisteten, sondern auch solche, die «unerwünschten» politischen oder «rassischen» Kategorien angehörten, bot der Krieg im Osten dem Landser zahllose Gelegenheiten, mit oder ohne Erlaubnis zu morden und zu zerstören, zu rauben und zu plündern, zu vergewaltigen und zu foltern, Vergehen, für die er selten bestraft und nicht selten von seinen Vorgesetzten gelobt wurde. Gleichwohl schien der Begriff «Partisan» als Rechtfertigung für brutales Vorgehen zuweilen nicht auszureichen, speziell dann, wenn es sich bei den Opfern offensichtlich um wehrlose Zivilisten handelte.

Deshalb griff die Armee gelegentlich zu dem Euphemismus «Spion» oder «Agent», einem ungemein nützlichen Begriff, weil ihm die Annahme zugrunde lag, daß Harmlosigkeit das beste Indiz für Schuld sei. Im Juli 1941 prüfte die 12. Infanteriedivision diesen Euphemismus erstmals auf seine Tauglichkeit, als sie ihren Soldaten befahl, Flüchtlinge, die versuchten, die deutschen Linien zu überschreiten, «bei Verdacht auf Spionage sofort zu erschießen».[141] Die Truppe reagierte begeistert, und die Zahl der wahllosen Erschießungen schnellte so in die Höhe, daß das 2. Armeekorps sich schließlich genötigt sah, die Order auszugeben, «Verdächtige» nicht einfach auf der Stelle zu erschießen, sondern dem zuständigen Offizier zum Verhör vorzuführen.»[142] Die 18. Panzerdivision, die Flüchtlinge ebenfalls als «erhebliche Gefahr» und Spionagerisiko einstufte,[143] räumte erst im Juni 1942 ein, daß bei der Behandlung von «Agenten» «schwere Irrtümer» unterlaufen seien, befahl ihren Einheiten aber auch dann noch, «Verdächtige» der GFP zu übergeben, was für die Betroffenen fast den sicheren Tod bedeutete.[144]

Die Generäle hatten wenig Skrupel, die Erschießung von Männern oder die Vertreibung einer ganzer Einwohnerschaft zu befehlen. Dagegen fürchteten sie, daß die Liquidierung von Frauen und Kindern in der Truppe auf Widerstand stoßen könnte, und sahen es deshalb lieber, wenn SS und SD solch unangenehme Aufgaben übernahmen.[145] Doch als Rechtfertigung für die zahlreichen «unvermeidlichen» Fälle von Brutalität, denen Frauen und Kinder zum Opfer fielen, erwies sich der Euphemismus «Agent» als ebenso nützlich wie in der Propaganda der Wehrmacht gegen Fraternisierung. So warnte die 12. Infanteriedivision ihre Soldaten im Oktober 1941: «Die Nachrichtenübermittlung besorgen größtenteils Jungen im Alter von elf bis vierzehn Jahren», und empfahl «Verprügeln als das angebrachteste

Mittel» beim Verhör. Die Russen, so erklärte sie, seien Lügner, «ganz besonders» die Frauen, doch «einige kräftige Backenstreiche» würden die Vernehmung beträchtlich verkürzen.[146] Ein Beispiel für den sinnlosen Sadismus, den solche Empfehlungen weckten, war die Befragung von fünfzehn «Spionen» im Frühjahr 1942 durch das 2. Armeekorps. Die Gruppe der «Verdächtigen» bestand aus zwölf jungen Burschen im Alter von fünfzehn bis siebzehn Jahren, einer Mutter mit Kind und nur einem erwachsenen Mann. Das Korps berichtete, daß zwei der Jungen sich trotz «einer gewissen Stupidität» als «fanatische Kommunisten und Deutschenhasser» entpuppt hätten und daß man deshalb genötigt gewesen sei, sie stundelang zu vernehmen und jede «wahre Aussage» mit «brutalen Methoden» zu erzwingen. Am Ende wurden alle Verdächtigen, auch die Mutter und ihr Kind, als «Agenten» exekutiert.[147] Die Division «Großdeutschland» erklärte ihren Soldaten im Oktober 1942, daß der Feind «Männer jeden Alters, Frauen mit gutem Aussehen, vor allem junge Mädchen und Burschen oder sogar Kinder» als Agenten einsetze. Kindern werde meist eine «Legende» eingeschärft, so etwa, daß sie auf der Suche nach ihren Eltern seien, während sie in Wahrheit die Absicht verfolgten, für den Feind zu spionieren.[148] In dem Bemühen, die Soldaten von einer Fraternisierung mit russischen Frauen abzuhalten, wies die 12. Infanteriedivision darauf hin, daß es sich «in fast allen Fällen um Judenweiber handele», denen man die jüdische Abstammung nicht ansehe.[149] Nach demselben Muster warnte die 18. Panzerdivision davor, daß «die russische Frau im Interesse der Kriegführung jederzeit bereit ist, ihre körperlichen Vorzüge und das Vertrauen unserer Soldaten für Spionagezwecke rückhaltlos auszunutzen» und daß «der Umgang mit der weiblichen Zivilbevölkerung nicht nur eines deutschen Soldaten unwürdig ist, sondern die Gefahr in sich birgt, als Spion mißbraucht oder ausgehorcht zu werden, in die Hand einer Partisanin zu geraten und gräßlich verstümmelt ... zu werden». Frauen, die man in Gesellschaft deutscher Soldaten antreffe, so drohte die Division, werde man aus «Sicherheitsgründen» der Polizei übergeben, während man ihre Partner wegen Kollaboration mit dem feindlichen Nachrichtendienst gerichtlich belangen werde.[150] In ähnlicher Weise erinnerte die Division «Großdeutschland» ihre Männer daran, daß sie beim «Kontakt» mit Frauen wahrscheinlich an eine feindliche Agentin geraten und sich mit Sicherheit eine Geschlechtskrankheit holen würden, da «bekanntermaßen» fast alle Russinnen infiziert seien.[151] Diese Kampagne hielt die Soldaten nicht unbedingt von der Fraternisierung mit Russinnen ab, aber sie bereitete wohl den Boden für ihr brutales Verhalten und ihre Gleichgültigkeit gegenüber dem Schicksal hilfloser Frauen und Kinder bei Operationen im Rahmen der «Partisanenbekämpfung».

Das Ostheer stattete seine Soldaten also mit einer Reihe von Befehlen, scheinbar plausiblen Erklärungen und Argumenten aus, die brutale Übergriffe gegen gefangene Rotarmisten und die Zivilbevölkerung in den besetzten Gebieten rechtfertigten. Offiziell gebilligte Morde, Mißhandlungen und Zerstörungen überwogen bei weitem die «wilden» Aktionen, die von der Truppe auf eigene Faust durchgeführt wurden. Zudem läßt sich das Verhalten der Soldaten nur im Zusammenhang mit der Politik der Wehrmacht verstehen, die Maßnahmen, die bislang als verbrecherisch gegolten hatten, weitgehend legalisierte, sie in geordneter Form durchführte und breite Zustimmung zu der Ideologie bekundete, mit der sie begründet wurden. So wurde eine Situation geschaffen, in der eine Armee, die normalerweise auf unbedingten Gehorsam pochte, ihren Angehörigen zahllose

Disziplinlosigkeiten im Umgang mit feindlichen Soldaten und Zivilisten durchgehen ließ. Paradoxerweise eröffneten diese «wilden» und brutalen Übergriffe den Offizieren die Möglichkeit, auf dem Gefechtsfeld jene eiserne Disziplin zu erzwingen, die für den weiteren Zusammenhalt der Truppe unabdingbar war. Die Soldaten zahlten für ihre Verbrechen am Feind einen hohen Preis, indem sie sich den drakonischen Maßnahmen ihrer Befehlshaber fügen mußten.

Disziplin war in der deutschen Armee seit jeher groß geschrieben worden, doch in der Wehrmacht, und speziell im Ostheer der Jahre 1941 bis 1945, nahm sie absolut mörderische Züge an. Diese Entwicklung hing natürlich mit den Bedingungen an der Front zusammen, aber, und das war noch wichtiger, sie machte auch deutlich, in welchem Ausmaß die Weltanschauung des Regimes die Wehrmacht durchdrungen und ihre Vorstellungen von Recht und Unrecht, Gesetz und Moral, Disziplin und Gehorsam verändert hatte. Tatsächlich bestand ein eindeutiger Zusammenhang zwischen den Verbrechen der Wehrmacht an anderen Völkern und ihrer rücksichtslosen Behandlung der eigenen Soldaten. Beide Aspekte des Rußlandfeldzugs wurzelten in derselben Ideologie und basierten auf derselben Verkehrung des Kriegsrechts. Sie traten gleichzeitig auf und verstärkten und legitimierten sich gegenseitig, das heißt, sie beschleunigten den Prozeß der Brutalisierung sowohl innerhalb der Armee selbst wie auch im Verhalten gegenüber dem Feind und schufen so einen Bedarf an immer neuen ideologischen Rechtfertigungen, die ihrerseits Argumente für ein noch brutaleres Vorgehen lieferten. Die Legalisierung der am Feind begangenen Verbrechen durch die Armee, die Tolerierung von Disziplinlosigkeiten der Truppe im Umgang mit ebendiesem Feind und die rücksichtslose Erzwingung der Disziplin, sobald es um die Leistung des Soldaten im

Gefecht ging, all diese Haltungen und Maßnahmen hingen miteinander zusammen. Sie bezogen ihre Legitimität aus der Akzeptanz der nationalsozialistischen Weltanschauung, machten das eigentliche Wesen des Krieges im Osten aus und müssen darüber hinaus als die charakteristischsten und wichtigsten Merkmale der Wehrmacht angesehen werden.

Vor diesem Hintergrund sollten wir das beispiellose Wirken der Militärjustiz in der Wehrmacht untersuchen. Während die kaiserlichen Heere im Ersten Weltkrieg nur 48 Soldaten aus den eigenen Reihen exekutierten, wurden im Zweiten Weltkrieg zwischen 13 000 und 15 000 Mann von der eigenen Armee hingerichtet. Ziehen wir einen Vergleich, so stellen wir fest, daß die französische und die britische Armee zwischen 1914 und 1918 weit mehr Soldaten hinrichteten als die Deutschen (346 bzw. 650). Doch in den Jahren 1939 bis 1945 kehrten sich die Verhältnisse dramatisch um: Die Briten exekutierten nur 40, die Franzosen 100 eigene Soldaten. Verantwortlich für die erstaunliche Zahl der Hinrichtungen in der Wehrmacht war vor allem die Politisierung des Kriegsrechts, die dazu führte, daß Vergehen wie Fahnenflucht und Selbstverstümmelung als Landesverrat und Wehrkraftzersetzung behandelt und infolgedessen mit dem Tode bestraft wurden. So basierten etwa vier Fünftel der Todesurteile, die zwischen Januar 1940 und März 1942 verhängt wurden, auf politisch-ideologischen Gründen. Berechnungen zufolge wurden im gesamten Verlauf des Krieges Monat für Monat durchschnittlich 100 Soldaten wegen Fahnenflucht und weitere 100 wegen Wehrkraftzersetzung hingerichtet, rund die Hälfte aller Männer, die dieser Vergehen angeklagt wurden. Überdies wurden bis 1944 nicht weniger als 85 Prozent aller verhängten Todesurteile auch vollstreckt, während es im Ersten Weltkrieg lediglich 30 Prozent gewesen waren. Mit zunehmender Dauer des Krieges stieg die Zahl der Prozesse pro

Monat auf das 3,5fache, von 12853 im Dezember 1939 auf 44955 im Oktober 1944, doch die Zahl der Todesurteile erhöhte sich um nicht weniger als das 8fache, von 519 in den Jahren 1939 bis 1940 auf 4118 in den Jahren 1943 bis 1944. Das bedeutet, daß gemessen an der Zahl der Prozesse doppelt so viele Todesurteile gefällt wurden. Doch auch Soldaten, denen das Todesurteil erspart blieb, mußten mit strengsten Strafen rechnen. Sehen wir einmal von den vielen Tausenden ab, die in Strafbataillone versetzt wurden, so erhielten zwischen Ende August 1939 und Mitte 1944 nicht weniger als 23 124 Soldaten langjährige Zuchthausstrafen, während 83 346 zu Gefängnisstrafen von über einem Jahr und weitere 320042 zu Gefängnisstrafen von unter einem Jahr verurteilt wurden.[152]

Der fehlenden Bereitschaft der Befehlshaber in Rußland, gegen feindliche Soldaten und Zivilisten gerichtete Übergriffe der Truppe gerichtlich zu verfolgen, standen ihre raschen und brutalen Vergeltungsmaßnahmen gegen Männer gegenüber, die gegen die Disziplin im Gefecht verstoßen hatten. Dies läßt sich am besten an den kämpfenden Einheiten selbst veranschaulichen. So wies der Befehlshaber der Panzergruppe 2 am Vorabend des Unternehmens «Barbarossa» seine Offiziere an, disziplinare Vergehen aufs strengste zu ahnden, wobei er ausdrücklich betonte, daß auf Überläufer «sofort zu schießen» sei.[153] Am 1. August 1941 berichtete die zu dieser Panzergruppe gehörende 18. Panzerdivision über drei Männer, die in russische Gefangenschaft geraten waren. Die drei, so erklärte sie ihren Soldaten, hätten dem Feind erklärt, daß sie «zum Kampfe gezwungen worden wären», und sich dadurch des Landesverrats schuldig gemacht, so daß sie nach einer etwaigen Rückkehr aus der Gefangenschaft in keinem Fall mit Amnestie für ein «derart ehrloses Verhalten» rechnen könnten.[154] Zwei Wochen später brachte die Division drei Soldaten wegen Feigheit vors Kriegsgericht. Sie verurteilte einen zum Tode und die beiden anderen zu zehn Jahren Zuchthaus und erkannte allen die bürgerlichen Ehrenrechte ab. «Dieser Vorfall», so erläuterte der Divisionskommandeur seinen Offizieren,

> ist zum Gegenstand eindringlicher Belehrung zu machen. Es ist dabei darauf hinzuweisen, daß Feigheit nicht nur eines der schimpflichsten, sondern auch eines der gefährlichsten Verbrechen ist, das ein Soldat begehen kann, da es nicht nur die Manneszucht, sondern auch die Schlagkraft der Truppe untergräbt. Diesen Gefahren wird in jedem Falle unnachsichtlich mit der schärfsten Strafe, der Todesstrafe, entgegengetreten.[155]

Das war keine leere Drohung. Mitte Dezember wurde ein Unteroffizier, der seiner Gruppe befohlen hatte, ihre Stellungen zu verlassen, weil er heranrückende sowjetische Panzer zu hören meinte, zu zehn Jahren Gefängnis verurteilt.[156] Am Ende des Monats erließ die 18. Panzerdivision einen Tagesbefehl, mit dem sie offenbar klarstellen wollte, daß die Konsequenzen feigen Verhaltens mehr zu fürchten seien als ihre Ursachen:

> Der Gefreite Franz Aiger, Stabskompanie II/ Panzerregiment 18, ist am 21. Dezember 1941 vom Feldkriegsgericht der 18. Panzerdivision wegen Feigheit zum Tode verurteilt worden ... Obwohl er seine Truppe weitermarschieren sah, ist er in ein Haus gegangen, hat mit einem fremden Soldaten eine Flasche Schnaps ausgetrunken, nachdem er schon vorher reichlich Alkohol zu sich genommen hatte, ist ohne Mütze und Waffen nach hinten gelaufen und wurde in diesem verwahrlosten und trunkenen Zustand aufgegriffen.
> Jeder Fall von Feigheit wird unnachsichtlich mit dem Tode gesühnt.
> Die Truppe ist hierüber vom Kompanieführer eingehend persönlich zu belehren.[157]

Als die chaotischen Verhältnisse an der Front zu einem Anstieg der Disziplinverstöße im Gefecht führte, wurden auch kleinere Vergehen mit großer Härte bestraft. So brachte die 18. Panzerdivision Ende November acht Soldaten wegen Wachvergehen vors Kriegsgericht. Drei wurden zu Gefängnis zwischen drei und vier Jahren verurteilt, die übrigen fünf zu noch längeren Haftstrafen. Ein anderer Soldat, der schlafend auf seinem Posten angetroffen worden war, erhielt fünf Jahre Gefängnis. Doch die erhoffte Wirkung blieb offenbar aus, und so griff der Divisionskommandeur das Thema in einem weiteren Tagesbefehl noch einmal auf:

> Da alle bisherigen Belehrungen und Verwarnungen, nicht einmal die Bekanntgabe der bisherigen vom Feldkriegsgericht erlassenen Zuchthausstrafen, abschreckend und erzieherisch gewirkt haben, ist das Gericht gezwungen, in Zukunft von der schärfsten Strafdrohung ..., von der Todesstrafe, Gebrauch zu machen.[158]

Ein solches Vorgehen wurde zur Regel: Um die Soldaten davon abzuhalten, dem wahrscheinlichen Tod an der Front zu entfliehen, verhieß man ihnen den sicheren Tod durch Hinrichtung, wenn sie dabei ertappt wurden.

Im Verlauf des Jahres 1942 hatten die Soldaten ausgiebig Gelegenheit zu erkennen, daß ihre Vorgesetzten gewillt waren, ihre Drohungen auch wahrzumachen. So wurden im März zwei Soldaten der 18. Panzerdivision zum Tode verurteilt, einer, weil er während des Gefechts seine Geschützgruppe verlassen hatte, der andere, weil er während eines Feindangriffs einen Befehl verweigert hatte.[159] Im selben Monat erklärte das 47. Panzerkorps:

> Die Disziplin der Truppe ist im Laufe des Winters schlechter geworden. Das zeigt auch das Anwachsen der Strafsachen. Besonders im Wachdienst werden immer wieder Nachlässigkeiten festgestellt, die schwere Gefahren für die Truppe verursachen können.

Obwohl dies deutliche Anzeichen von Erschöpfung waren, die ihre Ursache in den schweren Kämpfen und der unzureichenden Personalstärke hatten, blieb das Korps hart:

> Die Truppe ist immer wieder darüber zu belehren, daß bei Straftaten, die aus Feigheit oder Furcht begangen worden sind, bei Fahnenflucht, unerlaubter Entfernung und Wachverbrechen nur schwerste Strafen zu erwarten sind.

Tatsächlich führte in einigen Fällen erst die Angst vor strengen Strafen dazu, daß Soldaten, die sich nur für kurze Zeit von ihrer Einheit entfernt hatten, zu richtigen Deserteuren wurden. Das Korps selbst erkannte:

> In sehr vielen Fällen drücken sich Soldaten, die sich von ihrer Truppe entfernt haben oder von ihr abgekommen sind, nur deshalb weiter hinter der Front herum, weil sie fürchten, erschossen zu werden.

Aus diesem Grund versprach das Korps: «Ein Soldat, der sich freiwillig stellt, wird aber stets milder bestraft als ein Aufgegriffener.» Aber «milder bestraft» war zu der Zeit ein relativer Begriff, und tatsächlich stieg die Zahl der drakonischen Urteile weiter. So exekutierte das Korps bald danach einen weiteren Deserteur, verurteilte einen Soldaten wegen Selbstverstümmelung zum Tode (ohne freilich das Urteil zu vollstrecken), zwei andere zu sechs bzw. acht Jahren Gefängnis, weil sie während eines Partisanenangriffs auf das Dorf, in dem sie einquartiert waren, geraucht hatten, und einen weiteren, der verspätet von einem Auftrag im rückwärtigen Gebiet zurückgekehrt war, zu einer dreijährigen Zuchthausstrafe plus Aberkennung der bürgerlichen Ehrenrechte.[160] Schließlich verlor der Kommandeur der 18. Panzerdivision die Geduld mit seinen Leuten, wie aus den Notizen zu ersehen ist, die er für eine Besprechung mit seinen Offizieren anfertigte:

> Vier Überläufer im Korps-Bereich – eingehende Belehrung – Überläufer sehen ihr Vaterland nicht mehr wieder – bei allen «Vermißt»-Gemeldeten eingehende Untersuchung anstellen.[161]

Die Division «Großdeutschland», mit ähnlichen Problemen konfrontiert, reagierte nicht weniger hart: Allein in der zweiten Hälfte des Jahres 1942 verurteilte sie sieben Männer zum Tode und klagte elf weitere der Fahnenflucht an; ihre Akten sind verlorengegangen, aber höchstwahrscheinlich wurden auch sie zum Tode verurteilt.[162] Die 12. Infanteriedivision, die zwischen dem Beginn des Ostfeldzugs und Juni 1943 mindestens sechzehn Männer wegen Fahnenflucht oder Selbstverstümmelung zum Tode verurteilte, legte besonderen Wert darauf, die Hinrichtungen öffentlich bekanntzumachen. Ihre abschreckende Wirkung wurde noch verstärkt, indem man den Delinquenten posthum ihre Rechte als deutsche Staatsbürger aberkannte und die Hinterbliebenen so um ihre Rentenansprüche brachte.[163] Solche Maßnahmen schüchterten die Truppe zweifellos ein. So führte ein Deserteur der Division im Oktober 1942 bei seiner Vernehmung durch die Sowjets Angst als Hauptgrund dafür an, warum trotz der schrecklichen Lebensbedingungen, der verheerenden Verluste und der pessimistischen Stimmung unter den Soldaten im Heer immer noch Disziplin herrsche. Die Männer, so erklärte er, fürchteten Repressalien gegen ihre Familien, wenn sie desertierten, und daß sie bei dem Versuch, zum Feind überzulaufen, erschossen oder im Fall ihrer Festnahme hingerichtet werden könnten. Er selbst, so behauptete er, habe die russischen Linien nur erreicht, weil er drei Posten, die das Feuer auf ihn eröffnet hätten, erschossen habe.[164] Der Soldat übertrieb keineswegs. Ein paar Monate zuvor hatte die 16. Armee ihre Einheiten über die standrechtliche Erschießung von fünf Soldaten informiert, die bei dem Versuch zu desertieren gefaßt worden waren.[165] Ein russischer Deserteur berichtete bei seiner Vernehmung von sieben Soldaten, die versucht hätten, zur Roten Armee überzulaufen. Vier seien von ihren eigenen Offizieren erschossen worden, bevor die übrigen die andere Seite erreicht hätten.[166] Eine zusätzliche Demütigung bestand darin, daß wegen Fahnenflucht hingerichtete Soldaten von nun an ohne militärische Ehren und weit abseits der Militärfriedhöfe begraben wurden. Ihre Gräber wurden mit einfachen Kreuzen markiert, auf denen nur ihr Name, ihr Geburts- und Todestag vermerkt waren, aber weder ihr Rang noch ihre Einheit.[167]

Anfang 1942 wurden in Rußland sogar noch strengere Maßnahmen nötig, um die Männer an der Front zu halten. Im Februar erteilte Hitler allen Verbänden an der Front folgenden Befehl:

> Ich habe erfahren, daß es bei den in den letzten Wochen befohlenen Rückzugs- und Räumungsbewegungen teilweise zu unerfreulichen, undisziplinierten … Bildern … gekommen ist … Das ist untragbar …
> Es liegt daran, daß die Vorgesetzten sich nicht mit allen Mitteln durchsetzen … Je härter die Zeit, umso härter müssen die Mittel sein, mit denen der Vorgesetzte seinen Willen durchdrückt.
> Ich verlange deshalb, daß jeder vorgesetzte Offizier wie Unteroffizier oder in besonderen Lagen jeder beherzte Mann die Durchführung seiner Befehle und die Aufrechterhaltung von Disziplin und Ordnung nötigenfalls mit Waffengewalt zu erzwingen und Ungehorsame auf der Stelle zu erschießen hat. Das ist nicht nur sein Recht, sondern seine Pflicht.[168]

In der Tat häuften sich fortan in der Wehrmacht jene Fälle, bei denen Disziplin nicht mit Hilfe der Kriegsgerichte und harter Strafen erzwungen wurde, sondern durch Gewaltanwendung ohne ein vorheriges juristisches Verfahren. Aus diesem Grund ist es auch unmöglich, die genaue Zahl der

Soldaten zu ermitteln, die wegen tatsächlicher oder vermeintlicher Vergehen im Krieg exekutiert wurden. Dies ist ein weiteres Beispiel für den völligen Zusammenbruch der Rechtsstaatlichkeit, der für das Dritte Reich so charakteristisch ist, und für den selbstherrlichen Versuch, den sozialdarwinistischen Mythos der Nazis vom Überleben der Tüchtigsten zu verwirklichen. Die Armee, deren Zusammenhalt von Disziplin und Gehorsam abhing, ignorierte zusehends die ohnehin schon pervertierten rechtlichen Grundlagen ihrer Disziplinarordnung, umging, wenn nötig, den umständlichen Rechtsweg und behalf sich mit Methoden, die sie seit langem schon gegen den Feind anwandte, indem sie einfach jeden erschoß, der sie bei der Erfüllung ihrer Aufgaben behinderte. Hitlers Befehle wurden von den Verbänden im Feld schon bald umgesetzt. So bildete das 2. Armeekorps bei der Räumung des Kessels von Demjansk sogenannte Heeresstreifen, die den Befehl erhielten, «zur Erzwingung des Gehorsams und der Disziplin sofort von der Waffe (Maschinenpistole, Pistole) Gebrauch zu machen».[169] In ähnlicher Weise gab der Kommandeur der 18. Panzerdivision im Sommer 1943 an Offiziere und Soldaten die Order aus, die Disziplin im Gefecht, wenn nötig, durch den Einsatz von Waffengewalt gegen ihre eigenen Kameraden zu erzwingen:

> Ich erwarte, daß jeder Offizier, Unteroffizier und jeder Mann, der Soldatenehre im Leibe hat, alles daransetzt, daß solche Panikstimmungen [wie sie im ersten Teil dieses Befehls beschrieben werden] unterbunden werden …
> Ich erwarte, daß die Offiziere gegen Männer, die Panikstimmungen hervorrufen oder die ihre Kameraden feige im Stich lassen, rücksichtslos mit allen zu Gebote stehenden Mitteln einschreiten und sich notfalls nicht scheuen, von der Schußwaffe Gebrauch zu machen.[170]

Hatte die Armee die Ermordung von Zivilisten erst einmal für Rechtens erklärt, so war es nur eine Frage der Zeit und der Umstände, bis sie auch die Ermordung eigener Soldaten sanktionieren würde. Das Ausmaß, in dem Offiziere und Soldaten der Wehrmacht bereit waren, solche Befehle auszuführen und an der Erschießung von Kameraden ohne jedes Gerichtsverfahren mitzuwirken, trug nur zu ihrer weiteren Brutalisierung bei, ein Prozeß, der mit Hitlers Machtergreifung begonnen hatte und an der Ostfront seinen Höhepunkt erreichte.

Eiserne Disziplin spielte bei der Wahrung des Zusammenhalts innerhalb der Einheiten somit eine weit wichtigere Rolle als die «Primärgruppen». Und sie war besonders wirkungsvoll angesichts eines brutalen Krieges, in dem Soldaten nicht nur den Befehl erhielten, Verbrechen am Feind zu begehen, sondern auch wußten, daß sie bei Disziplinlosigkeiten im Umgang mit Kriegsgefangenen und Zivilisten ungeschoren davonkamen. Tatsächlich war die Nichtahndung solcher Vergehen ein «notwendiger» Aspekt des Krieges, wenn der Zusammenhalt gewahrt und Meutereien verhindert werden sollten. Die «Legalisierung» autorisierter und die Tolerierung nicht autorisierter Verbrechen trugen erheblich zu der bemerkenswerten Entschlossenheit der Wehrmacht auf dem Schlachtfeld bei, sieht man einmal davon ab, daß viele Soldaten und Offiziere ohnehin das Gefühl hatten, zusammenhalten zu müssen, eben weil sie gemeinsame Schuld auf sich geladen hatten. Dieser Mechanismus konnte nur deshalb gut funktionieren, weil man den wichtigsten Grundsätzen der nationalsozialistischen Ideologie, die sowjetische Kriegsgefangene und Zivilisten zu idealen Zielscheiben machte, auf allen Ebenen der Hierarchie allgemein wohlwollend gegenüberstand. Doch obwohl er ein probates Mittel war, den Zusammenhalt zu wahren, machte er gleichzeitig die Niederlage der Wehrmacht unabwendbar, denn wie eine wachsende Zahl von Offizieren erkannte, konnte das sowjetische Regime nur in Zusammenarbeit mit den Völkern der Sowjetunion gestürzt werden, eine Voraussetzung, die Deutschland durch seine grausame Besatzungspolitik zunichte gemacht hatte.

Dies alles soll nun nicht bedeuten, daß das Ostheer gegen Auflösungserscheinungen völlig gefeit gewesen wäre. Nur vier Tage nach Beginn des Unternehmens «Barbarossa» schrieb beispielsweise der besorgte Chef des 47. Panzerkorps in einem Befehl:

> In den letzten Tagen haben sich wiederholt auf die Nachricht von Annäherung feindlicher Panzer (die sich oft als falsch erwies) bei der Truppe, besonders bei den Trossen und Nachschubdiensten, *panikartige Erscheinungen* gezeigt. Ganze Abteilungen haben auf der Rollbahn kehrtgemacht und sind nach hinten zurückgeflutet, die Straße völlig verstopfend. *Dieses Verhalten ist deutscher Soldaten unwürdig.* Ich mache die Führer der Einheiten dafür verantwortlich, daß solche Panikerscheinungen nicht wieder vorkommen ... Ganz besonders unverantwortlich und unwürdig ist es aber, daß sogar Offiziere und Führer selbst das Signal für derartige Panikerscheinungen gaben. In Zukunft sind solche Offiziere sofort wegen Feigheit vor dem Feinde von jedem in der Nähe befindlichen Führer oder militärischen Vorgesetzten zu melden bzw. festzunehmen ... Wenn sich herausstellt, daß deutsche Soldaten Panik verbreiten, sind sie sofort dem Kriegsgericht zuzuführen.[171]

Der Kommandeur der 18. Panzerdivision, die als Teil des Korps mehrere solcher Vorfälle verzeichnete, schlug seinen Offizieren gegenüber ähnliche Töne an:

> Jeder Führer eines Verbandes, einer Einheit oder einer Kolonne, der gegen die wiederholt gegebenen Befehle betreffs Marschzucht verstößt, muß sich darüber im klaren sein, daß er den Ab-

> lauf der Gefechtshandlung auf das ernsthafteste gefährdet und damit eine schwere Verantwortung auf sich nimmt.[172]

Doch während solche Panikreaktionen zu Beginn des Feldzugs angesichts der Erfolge nicht wirklich bedrohlich waren, lösten sie im späteren Stadium des Krieges unter den Befehlshabern weit größere Besorgnis aus. So verzeichnete die 18. Panzerdivision im Sommer und Herbst 1943, in den letzten Monaten ihres Bestehens, eine ganze Reihe von Auflösungserscheinungen. Am ersten Tag der Offensive «Zitadelle» weigerte sich eines ihrer Panzergrenadierregimenter, als es unter schweren Artilleriebeschuß geriet, die feindlichen Stellungen anzugreifen, und eine Aufklärungskompanie, die sich nach einem mißlungenen Angriff ungeordnet zurückzog, löste unter den Männern einer anderen Panzergrenadiereinheit eine allgemeine Panik aus, die im überstürzten Rückzug von einer gesicherten Verteidigungslinie gipfelte.[173] Wenig später flohen die Alarmeinheiten, die von der Division als Notmaßnahme aufgestellt worden waren, in dem Moment vom Schlachtfeld, als ihre Offiziere fielen. Tags darauf geriet eines der Panzergrenadierregimenter im Gefolge eines sowjetischen Angriffs außer Kontrolle: «Wenig später kommt die Truppe (Rgt 101) vorübergehend aus der Hand der Führung und innerhalb kürzester Zeit ist der Divisionsgefechtsstand selbst vorderste Linie.» Ein paar Tage später floh ein weiteres Infanteriebataillon, als seine Stellungen von sowjetischen Panzern überrollt wurden.[174] Der Divisionskommandeur registrierte höchst betrübt mehrere Vorfälle, bei denen, nach seinen eigenen Worten, «Kompanien auf den Ruf ‹Feindpanzer› auf die Fahrzeuge und auf die Zugmittel der schweren Waffen gesprungen und in einem wilden Durcheinander nach rückwärts abgefahren sind». Wie bereits gesehen, wurde anders als 1941 von Offizieren, Unteroffizieren und sogar von

Gefreiten in solchen Fällen inzwischen erwartet, daß sie jeden, der im Verdacht stand, eine Panik auszulösen, ohne weitere Umstände niederschossen.[175] Doch der Divisionskommandeur versuchte auch, an die Soldatenehre und den Nationalstolz seiner Männer zu appellieren, indem er sie aufforderte:

> Bewahrt Euch Euer Gefühl der unbedingten Überlegenheit über den russischen Infanteristen, der Euch immer unterlegen war und es auch jetzt wieder ist. Bekämpft hart und entschlossen jede Panikstimmung! Laßt Euch nicht dazu verleiten, bei feindlichen Panzerangriffen Euere Panzerdeckungslöcher zu verlassen und seid Euch darüber klar, wie wenig der Feind aus seinen Panzern sehen kann …
> Achtet eisern auf Disziplin in Euren Reihen, tut auch dann treu Euere Pflicht, wenn Euere Vorgesetzten ausgefallen sind. Wer das Herz auf dem richtigen Fleck hat, kann auch ohne Schulterstücke und Tressen führen und soll es tun.[176]

Letztlich sollte das alles nichts nützen. Die 18. Panzerdivision litt unter einem besonders akuten Mangel an Menschen und Material, und ihre Auflösung im Oktober 1943 mag mit diesen häufigen Panikreaktionen zu tun gehabt haben. Doch das Ostheer als Ganzes wahrte seinen Zusammenhalt noch fast zwei weitere Jahre und kämpfte mit großer Hingabe und Entschlossenheit. Die Soldaten gaben erst auf, als alles verloren war, und selbst dann versuchten ihre Offiziere noch, sie in ihren Stellungen zu halten. Die Division «Großdeutschland», um nur eine zu nennen, löste sich erst im April 1945 auf. Von weit überlegenen sowjetischen Kräften angegriffen, sah Hauptmann Mackert, ein Bataillonskommandeur der Division, wie in der Nähe eine Einheit ihre Stellungen verließ und in den rückwärtigen Raum marschierte. Wenig später floh eine seiner eigenen Kompanien, die der sowjetischen Angriffslinie am nächsten war, ebenfalls aus ihren Stellungen. Alle seine Bemühungen, die Kompanie zusammenzuhalten, seien fehlgeschlagen, schrieb Mackert. Er bedrohte seine Leute mit der Pistole, doch die Männer wollten lieber erschossen werden als in ihren Stellungen bleiben. Wenige Augenblicke später war er allein mit einem Hauptfeldwebel, zwei Funkern und einem Melder. Er sah seine Männer nie wieder.[177]

Aus alldem geht hervor, daß es in kritischen Momenten, in denen die Angst vor dem Feind größer wurde als die Angst vor den eigenen Vorgesetzten, zu Auflösungserscheinungen unter Kampfeinheiten kam und daß auch brutale Disziplinierungsversuche die Soldaten nicht einzuschüchtern vermochten. Bedeutsamer an solchen Vorfällen ist jedoch, daß sie, obwohl sie gar nicht so selten waren, in keiner Phase des Krieges, sieht man einmal von den letzten Wochen ab, den Zusammenhalt des Heeres als Ganzes bedrohten. Daran wird deutlich: So wie die brutale Disziplin von den Soldaten nur akzeptiert werden konnte, weil sie gelernt hatten, an die ihr zugrundeliegenden ideologischen Argumente zu glauben, so trug dieser ideologische Zusammenhalt der Truppe auch maßgeblich dazu bei, die organisatorische Auflösung des Heeres zu verhindern, als die Disziplinarordnung zerfiel. Das Paradoxe dabei war: Während die Disziplin darauf abzielte, den Soldaten Furcht vor ihren Vorgesetzten einzuflößen, erschreckte die Propaganda die Truppe mit Greuelgeschichten über das, was sie von der die Wiege der Kultur bedrohenden «jüdisch-bolschewistischen» und «asiatischen Flut» zu erwarten hatte. Wenn die Angst vor dem Feind an einem Frontabschnitt stärker wurde als die Angst vor Bestrafung und zu Auflösungserscheinungen führte, dann sorgte das Grauen vor den letzten Konsequenzen eines sowjetischen Sieges dafür, daß dieser Vorgang örtlich begrenzt blieb. Die Auflösung griff nicht auf benachbarte Einheiten an der Front über, sondern bestärkte sie eher noch in ihrer Entschlossenheit und ihrem Bemühen, die dämonischen, aus dem Osten vorrückenden Horden aufzuhalten. Meuterei und Auflösung haben normalerweise eine ansteckende Wirkung und breiten sich wie ein Flächenbrand aus. Die Wehrmacht schützte sich vor den meisten Auflösungserscheinungen durch strengste Disziplin, doch gegen eine um sich greifende Panik immunisierte sie ihre Soldaten mit Horrorgeschichten über den Feind. In der Tat kann man sagen, daß der typische Landser sehr große Angst hatte, Angst vor seinen Vorgesetzten und vor dem Feind. Dies ist wahrscheinlich auch der Grund, warum es ihm offenbar so viel Vergnügen bereitete, andere leiden zu sehen. Die Fotos lächelnder Wehrmachtsangehöriger, die, jeder mit einer kleinen Kamera ausgestattet, gehenkte «Partisanen» oder Leichenberge abgeschlachteter Juden fotografierten, dieser entsetzliche «Exekutions-Tourismus»[178], läßt sich nur als äußerste Pervertierung des Soldaten durch eine terroristische Disziplinarordnung verstehen, die sich auf eine blutrünstige Ideologie stützte. Diese Ideologie erreichte ihr Ziel, den inneren Zusammenhalt zu wahren, dadurch, daß sie das moralische Wertesystem des Individuums zerstörte und so die Vernichtung zahlloser wehrloser Menschen ermöglichte. Das Realitätsbild der Soldaten und ihre Beurteilung dessen, was sie taten, wurde durch die besonderen Bedingungen und Verhältnisse, unter denen sie lebten, verzerrt. Allerdings muß betont werden, daß die jahrelange Indoktrinierung vor der Einberufung und später in der Wehrmacht das Bewußtsein der Soldaten prägte, sie auf die Schrecken des Krieges vorbereitete und ihnen eine solche Entschlossenheit und Rücksichtslosigkeit einimpfte. Im folgenden Kapitel soll untersucht werden, inwieweit die nationalsozialistische Ideologie dazu beitrug, aus der Wehrmacht Hitlers Armee zu formen.

4 Die Verzerrung der Wirklichkeit

Mitte Juli 1941 schrieb ein Unteroffizier der Wehrmacht folgende Zeilen von der Ostfront nach Hause:

> Das deutsche Volk hat eine gewaltige Verpflichtung unserem Führer gegenüber, denn wenn diese Bestien, die hier unsere Gegner sind, nach Deutschland gekommen wären, wäre ein Morden eingetreten, wie es die Welt noch nicht gesehen hätte. Wenn schon ungezählte Tausende eigener Bewohner der Sowjets hingemordet werden, und Ukrainer, ein Volk ohne Schutz, bestialisch verstümmelt und getötet werden, wie hätte man es erst mit den Deutschen gemacht? Was wir gesehen haben, kann keine Zeitung schildern. Es grenzt ans Unglaubliche, selbst das Mittelalter kommt nicht mit mit dem, was hier geschehen ist. Und wenn man in Deutschland den *Stürmer* liest und die Bilder sieht, so ist das nur ein kleines Zeichen von dem, was wir hier sehen und was hier vom Juden verbrochen wird. Glaube mir, auch die sensationellsten Zeitungsberichte sind nur ein Teil dessen, was hier geschieht.[1]

Diese verblüffende Verzerrung der Wirklichkeit, mit der die Schuld an der beispiellosen Brutalität von Wehrmacht und SS deren Opfern zugeschrieben wurde, war typisch für die «Auseinandersetzung» der deutschen Soldaten mit ihren Taten in den Sowjetunion. Ja, man kann sogar sagen, daß sie das probateste Mittel war, die moralischen Skrupel zu überwinden, die zahlreiche Soldaten und Offiziere der Wehrmacht trotz jahrelanger ideologischer Beeinflussung noch verspürten.

Doch genau diese verzerrte Wahrnehmung der Realität läßt ermessen, wie erfolgreich Propaganda und Indoktrination der Nazis waren.[2] Vom deutschen Soldaten wurde nicht erwartet, daß er ideologisch einer nationalsozialistischen Theorie oder einem nationalsozialistischen Dogma folgte. Natürlich wünschte das Regime, daß die Soldaten seine Weltanschauung akzeptierten, doch es präsentierte diese niemals als ein in sich konsistentes oder geschlossenes Gedankengebäude, sondern als eine Reihe von Parolen, die der Praxis entstammten und das Handeln des einzelnen leiten sollten. Die zentralen Themen der nationalsozialistischen Ideologie – Rassismus und speziell Antisemitismus, Antikapitalismus, vor allem aber Antibolschewismus, Expansionismus und, am wichtigsten, die Eroberung von Lebensraum im Osten und der Aufbau einer harmonischen und «rassisch reinen», nach dem Führerprinzip regierten Volksgemeinschaft im Reich – hatten viele Berührungspunkte mit der Denkweise, den Organisationsprinzipien, den selbsterklärten Zielen und Idealen der Wehrmacht.[3] Sowohl der Nationalsozialismus als auch das Militär neigten dazu, den Kampf als die höchste Bewährungsprobe des Individuums zu idealisieren und die Kameradschaft der Soldaten, die sogenannte Kampfgemeinschaft, als das perfekte Modell der gesellschaftlichen Organisation zu betrachten. Das war beileibe kein Zufall. Viele Ideen der Nazis wurzelten im Militär, und so erschien es einer wachsenden Zahl von Offizieren nur natürlich, sie in ihrer radikaleren, nazifizierten Form wieder in die Armee aufzunehmen. Der Hang des Nationalsozialismus, die Praxis über die Theorie zu stellen, entsprach ebenfalls dem militärischen Denken. Die Tat kommt vor dem Gedanken, formt und bestätigt ihn unaufhörlich.[4] Dennoch war das kein pragmatischer Ansatz: Allem Tun lagen einige zentrale und unabänderliche Glaubenssätze und Dogmen zugrunde, die durch empirische Beweise niemals zu widerlegen waren, weil sie weder auf rationaler Einsicht noch auf logischer Konstruktion basierten, sondern einzig und allein auf dem Glauben. Um also nicht durch störende Manifestationen der Realität oder moralische Normen und Traditionen behindert zu werden, mußte man die Welt, und insbesondere die Ursachen und Wirkungen des eigenen Handelns in ihr, unablässig durch die Brille der nationalsozialistischen Ideologie betrachten. Dies nahm die Form einer sich selbst erfüllenden Prophezeiung an: Ein bestimmtes Verhalten, das man in einer erwarteten Situation für notwendig erachtete, führte genau diese Situation herbei und bestätigte damit die Erwartungen und rechtfertigte das eigene Tun. Diese Verwechslung von Ursache und Wirkung war charakteristisch für den Krieg im Osten und stellte eine wichtige Komponente seiner zerstörerischen Kräfte dar. Und sie grub sich tief in die kollektive Erinnerung der Deutschen an den Krieg ein. Die verzerrten Bilder der Gefolterten und Hingeschlachteten dienten als Beweis für deren eigene Unmenschlichkeit, und nicht für die ihrer Mörder. Die moralische Empörung und der physische Abscheu, die sie hervorriefen, erweckten ein heftiges Verlangen nach Vergeltung, das sich durch einen Umkehrungsprozeß nicht gegen die Täter, sondern gegen die Opfer richtete, also gegen die «anderen» und nicht gegen sich selbst. Denn es war ihre Existenz, die solche Greueltaten notwendig gemacht, ihre offenkundige Unmenschlichkeit, die die eigene Barbarei zum Vorschein gebracht hatte. Nur durch die physische Vernichtung der Opfer und die Auslöschung der Erinnerung an sie konnte also die eigene Menschlichkeit gerettet werden.[5]

Eine solche Beeinträchtigung der Denk- und Wahrnehmungsfähigkeit, ein so wirkungsvoller Umkehrungsmechanismus setzt eine tiefgreifende Indoktrination voraus. Immer schon haben Soldaten die Verantwortung für den Tod ihrer Feinde und die Zerstörung fremden Eigentums auf ihre Gegner abgewälzt. Die Entmenschlichung des Feindes ist ein fester Bestandteil des Krieges. Würden Soldaten dem Individuum, dem sie auf dem Schlachtfeld gegenüberstehen, eine eigene Identität zugestehen, wären sie womöglich nicht mehr in der Lage, abzudrücken. Nur in sehr seltenen Fällen töten Soldaten aus Haß auf eine bestimmte Person. Wenn sie Haß oder den Wunsch nach Rache verspüren, dann gegenüber einem anonymen, gesichtslosen Wesen, das sie «Feind» nennen. Meistens fällt es Soldaten leichter, sich gegenseitig zu töten, eben weil sie den anderen nicht als menschliches Wesen wahrnehmen. Soldaten, die mit der Einsicht konfrontiert werden, daß sie einen Menschen getötet haben, der nicht viel anders war als sie selbst, empfinden oft persönliche Schuldgefühle, die in Haß gegen diejenigen umschlagen können, die ihnen den Befehl dazu erteilt haben. Doch in der Wehrmacht, und vor allem im Ostheer, war das grundlegend anders. Die Wehrmacht führte keinen herkömmlichen Krieg, sondern einen Ausrottungs- und Vernichtungsfeldzug, bei dem alle bislang beachteten Verhaltensnormen außer Kraft gesetzt wurden. Die Schuldgefühle, die angesichts der Ermordung unschuldiger Zivilisten und unbewaffneter Soldaten unvermeidlich waren, wurden bewußt als Instrument zur weiteren Verschärfung der Barbarei benutzt, zur Bestrafung der Opfer, weil sie ihre Täter zu Monstern gemacht hatten. Auch wenn die Bedingungen an der Front und in den besetzten Gebieten diesen Prozeß beschleunigten, so hatte er seine Wurzeln doch in den Erfahrungen, die die Soldaten lange vor dem Krieg und ihrem Wehrdienst gemacht hatten.

Die meisten Männer, die in der Wehrmacht kämpften, waren zum Zeitpunkt von Hitlers Machtergreifung Kinder oder Jugendliche. Ein Soldat, der 1943 achtzehn Jahre alt war, war 1933 ein Kind von acht Jahren. Die kämpfende Truppe des Dritten Reichs bestand also zum Großteil aus Männern, die ihre prägenden Jugendjahre unter dem Nationalsozialismus verlebt hatten. Dies war insofern von besonderer Bedeutung, als es dem Regime in erster Linie darum ging, die junge Generation im staatlichen Bildungswesen, insbesondere aber in der Hitlerjugend und im Arbeitsdienst, zu indoktrinieren. Es besteht kaum ein Zweifel, daß die Kinder und Jugendlichen, die später in der Wehrmacht kämpfen sollten, unter dem Einfluß dieser neuen und noch reizvollen Einrichtungen weitgehend im Geist des Nationalsozialismus erzogen und in einem sehr empfänglichen Alter darauf vorbereitet wurden, den Krieg zu führen, zu dem das Regime fest entschlossen war. Die Faszination, die von der HJ ausging, beruhte zu einem erheblichen Teil darauf, daß sie offen gegen die traditionellen Autoritäten Familie und Schule opponierte. Dabei präsentierte sie sich einerseits als eine Jugendbewegung, die gegen die Biederkeit und die Widersprüche ihrer Zeit rebellierte, um Platz zu schaffen für eine leuchtende Zukunft voller Abenteuer und Verlockungen, andererseits als eine absolut disziplinierte und verschworene Gemeinschaft, die durch eine gemeinsame Sache und einen gottähnlichen Führer geeint wurde. Diese Kombination von Rebellion gegen das Überkommene und Etablierte und einer berauschenden, fanatischen Ergebenheit, die Entschlossenheit, das Gegenwärtige zu zerstören und eine neue Zukunft aufzubauen, der Wunsch, die alte Ordnung zu stürzen und doch «blind» der neuen zu folgen, zu handeln, statt zu denken, diese Verherrlichung jugendlicher Lebenskraft bei gleichzeitiger Verklärung des Todes war ausschlaggebend dafür, daß es den Nazis gelang, die deutsche Jugend – und damit die künftigen Soldaten – für sich zu gewinnen.[6]

Die Art und Weise, wie die nationalsozialistische Indoktrination das Denken und die Persönlichkeit der jungen Deutschen formte, ist in deren Memoiren eindrücklich beschrieben. Alfons Heck beispielsweise, der 1933 sechs Jahre alt war, empfand seine Zeit in der Hitlerjugend als so wichtig, daß er ihr den Hauptteil seiner Biographie widmet. Heck, dessen katholische Eltern keinerlei Sympathien für die Nazis hegten, trat früh der HJ bei und entwickelte sich zu einem fanatischen Anhänger des Führers. Obwohl er in derselben ländlichen Gegend im Rheinland aufwuchs, in der auch die Fernsehserie *Heimat* spielt, deren Protagonisten vom Nationalsozialismus weitgehend unberührt bleiben, ist seine Autobiographie eine Art Bildungsroman, der die Entwicklung eines unschuldigen Kindes zu einem fanatischen HJ-Führer beschreibt, dessen größter Wunsch darin besteht, sich für den Führer zu opfern.[7] Natürlich wußte Heck auch 1944 als 17jähriger Soldat wenig über nationalsozialistische Theorien, aber als Kämpfer für die Sache verkörperte er den Idealtypus des Wehrmachtsoldaten. Zwar verschwand mit dem Selbstmord Hitlers das Objekt seiner Verehrung, doch solange der Führer lebte, war die Treue zu ihm das wichtigste Motiv im Denken des jungen Mannes. Man kann sich nur fragen, welche Spuren diese zwölf Jahre währende Abhängigkeit in seinem Wesen hinterlassen hat.[8] Auch der nur wenig jüngere Dieter Borowski, der bei seiner Mutter in Berlin aufwuchs, berichtete, daß seine Persönlichkeit vor allem durch die HJ, antisemitische Propagandafilme und die beliebten Wochenschauen geformt wurde.[9] Während er im Mai 1945 als 16jähriger mit dem ganzen Fanatismus eines jungen Mannes, den man auf die Verteidigung des Vaterlands eingeschworen hatte, gegen die Russen kämpfte, erfuhr er, daß sich der Führer das Leben genommen hatte.

Der unglaubliche Schock, den Borowski in diesem Moment erlitt, läßt ahnen, welche Ergebenheit er für Hitler und alles, was dieser für ihn verkörperte, empfand, wie begrenzt sein Verständnis der NS-Ideologie und ihrer praktischen Konsequenzen auch gewesen sein mußte.

> Mir wird bei diesen Worten schlecht, als ob ich mich übergeben müsse. Ich glaube, daß mein Leben keinen Sinn mehr hat. Wofür also diese Schlacht, wofür der Tod so vieler Menschen? Das Leben hat vermutlich keinen Wert mehr, denn wenn Hitler sich erschoß, werden die Russen wohl endgültig gesiegt haben … Hat der Führer nun doch nicht sein Volk verraten?[10]

Es gab viele vergleichbare Fälle. Das Regime gewann die Ergebenheit der Kinder und Jugendlichen, indem es ihnen eine enorme destruktive Macht in die Hände legte. Einige waren bald alt genug, diese Macht gegen die tatsächlichen oder vermeintlichen äußeren Feinde des Reichs auszuüben, während die jüngeren in den Familien und Schulen zu Spitzeln und Informanten des Regimes wurden. Stellvertretend für viele stehen hier der 12jährige Jochen Ziem und der 16jährige Karl Hillenbrand, der in einem idyllischen Dorf im Siegerland aufwuchs. Um ein Haar hätten sie ihre Eltern bei den Nazi-Behörden denunziert, weil sie Streit mit ihnen hatten oder sie für Volksverräter hielten.[11]

Es waren die jungen Wehrmachtsoldaten, die vor ihrer Einberufung am stärksten dem Einfluß der nationalsozialistischen Indoktrination ausgesetzt waren. Die Kinder, die 1933 zwischen sechs und elf Jahren alt waren, gehörten viele Jahre der HJ an, und die meisten von ihnen kämpften später an der Front. Interessant ist, daß die soziale Herkunft auf ihre Einstellung zum Hitler-Regime offenbar weit weniger Einfluß hatte, als man erwarten würde, wenn man die Haltung ihrer Umgebung zur NSDAP vor der Machtergreifung betrachtet. Eugen Oker, der in einem katholischen Dorf in

Bayern aufwuchs, war vierzehn, als Hitler an die Macht kam, und wurde noch im selben Jahr überzeugtes HJ-Mitglied.[12] Auch Gustav Köppke, der seine Jugend im Ruhrgebiet verbrachte und dessen Vater und Stiefvater vor 1933 Bergarbeiter und Kommunisten gewesen waren, wurde ein glühender HJler. Mit neun Jahren erlebte er die Kristallnacht: «Es war fürchterlich imponierend, wenn SA aufmarschierte ... Ich war auf der Seite der Stärkeren; die Juden, das waren die anderen.» Für Jungen seines Alters bedeutete es wenig, daß sie aus der Arbeiterklasse stammten:

> Unser Arbeitervorort und die HJ waren absolut keine Gegensätze. ... das dürfen Sie nicht so sehen, als wäre das eine Entscheidung für etwas oder gegen etwas; es gab nix anderes ... und wer was werden wollte, der gehörte dazu ... Die HJ-Uniform war etwas Positives in der Kindheit.

Köppke, stark beeinflußt von der Kriegspropaganda, betrachtete Partisanen als Untermenschen. In der Heimat laut werdende Kritik am Regime war für ihn gleichbedeutend mit Verrat, und einmal stand er kurz davor, seine Eltern anzuzeigen, weil sie mit polnischen Zwangsarbeitern gesprochen hatten. 1944, kaum 16 Jahre alt, meldete sich Köppke freiwillig zur HJ-Division der SS. Der Zusammenbruch des Tausendjährigen Reichs wenig später schockierte ihn nicht weniger als die meisten seiner Zeitgenossen:

> Ich war damals in der nationalsozialistischen Zeit erzogen worden und hab die Welt so gesehen, wie sie uns damals gezeigt wurde, dargestellt wurde. Und plötzlich stimmte das alles nicht mehr.[13]

Gisberg Pohl, der ebenfalls aus einer Arbeiterfamilie stammte, bekleidete bereits einen hohen HJ-Rang, als er sich 1943 als 18jähriger freiwillig zur Waffen-SS meldete. Seine Grundausbildung absolvierte er im Konzentrationslager Buchenwald. Vierzig Jahre später erinnerte er sich daran, wie das, was er dort sah, auf ihn wirkte. «Für mich ist damals schon ne Welt zusammengebrochen», berichtete er. «Ich hatte da, verstehen Se, wir warn ja ehrlich ... Obwohl dann da natürlich versucht wurde, klarzumachen, das man et mit Untermenschen, russischen Kriegsgefangenen, Juden, wat weiß ich, wat die da alles zusammengetrieben haben.» Doch «ich hab dat dann nachher überspielt», gestand er später ein, «und man hat dann dat nachher überspielt». Nach seiner Ausbildung zum Panzerschützen und nach mehreren Kampfeinsätzen nahm Pohl an der Niederschlagung des Warschauer Aufstands teil. Dieses Erlebnis veranlaßte ihn zu der Frage: «Weiß der Führer das denn?» Doch dann beeilte er sich, dem Interviewer noch einmal zu versichern, daß

> man das als junger Mensch sehr schnell überspielt [hat]. Wir warn ja in Rußland angetreten, wollten ja hier das Untermenschentum [zerstören] – ich war also fest von meiner Aufgabe überzeugt, daß ich recht habe. Und wenn et dann einmal soweit is, dann überlegen Sie auch nich mehr viel, dann gibts nur noch eins, dann wissen Sie ja, entweder der oder ich.[14]

Natürlich gab es auch Ausnahmen. Wie Heinrich Bölls autobiographischer Bericht über die Zeit von 1933 bis 1937 zeigt, hielten in bestimmten Familien die Kinder zu ihren Eltern und ließen sich von der HJ nicht vereinnahmen.[15] Doch selbst Böll diente sechs Jahre in der Wehrmacht, vorwiegend an der Ostfront, und kehrte, wiewohl oft verwundet, immer wieder an die Front zurück. Und er war, wie einige seiner Berichte aus den ersten Vorkriegsjahren belegen, ebenfalls nicht ganz frei von den stereotypen Feindbildern, die den deutschen Jugendlichen und Soldaten eingetrichtert wurden. So vermischten sich in ihm das von der

Propaganda gezeichnete Bild der heimtückischen Partisanenhure mit seiner eigenen Vision von der unschuldig-engelhaften Jungfrau, die in seinem späteren Werk eine so zentrale Rolle einnahm.[16] Bernt Engelmann, der, obgleich zur Wehrmacht eingezogen, mit dem Widerstand zusammenarbeitete und später in einem Konzentrationslager gefangengehalten wurde, schrieb in seinem Buch über diese Zeit:

> Für junge Leute in Deutschland war es nicht ungewöhnlich, daß sie die Haltung ihrer Eltern ablehnten und sich den Nazis anschlossen, und viele Väter und Mütter, die entschieden gegen das Hitler-Regime waren, wurden von ihren eigenen Kindern als Staatsfeinde denunziert oder sogar an die Gestapo ausgeliefert.[17]

Als Engelmann vierzig Jahre später durch Deutschland reiste und zu erkunden suchte, welche Erinnerungen die Menschen an die Nazi-Diktatur hatten, mußte er feststellen, daß viele seiner Zeitgenossen immer noch mit großer Wehmut an diese Zeit zurückdachten. Eine frühere Klassenkameradin etwa sagte über die erste Terrorwelle nach der Machtergreifung im März 1933:

> Ich kann mich erinnern, daß es damals sehr aufregend war. Die Leute waren wie elektrisiert und redeten dauernd von «Volksgemeinschaft» und «nationaler Erhebung». Immerzu wurde geflaggt, marschiert und gesungen ... Alles in allem hatten wir doch eine wirklich herrliche, wunderbar unbeschwerte Jugend, nicht wahr?[18]

Sie hatte sich, am 9. November, am Tag der Reichskristallnacht, mit einem Wehrmachtoffizier verlobt. Als Engelmann sie fragte, ob sie über die Ereignisse an diesem Tag nicht entsetzt gewesen sei, wußte sie zuerst nicht, was er meinte, doch dann antwortete sie: «Richtig, jetzt kann ich mich wieder erinnern – die Bürgersteige waren, als wir nachts heimgingen, voller Glasscherben, und ich hatte doch so dünne Ballschuhe an und ein Kleid bis zum Boden … Vater sagte noch, es sei unerhört, daß die Straßenreinigung das nicht sofort beseitigt hätte.»[19] 1981 hörte Engelmann in einem Restaurant, wie ein Mann in den Sechzigern seinem Tischnachbarn aus seiner Jugend berichtete. Die Sprache des Mannes dürfte keinem, der jemals Stammtischreden in deutschen Gaststätten mitverfolgt hat, unbekannt sein: «Für uns gab es doch damals nicht den geringsten Zweifel an unserer guten Sache und am Endsieg. So sind wir doch aufgewachsen und erzogen worden – zu Hause, in der Schule und bei der HJ.» Später stellte sich heraus, daß der Mann Panzerführer bei der Leibstandarte «Adolf Hitler» gewesen war.[20]

Hansferdinand Döbler, der 1945 sechsundzwanzig Jahre alt war, also derselben Altersgruppe wie Heinrich Böll angehörte, war weit typischer für seine Generation als der berühmte Autor. Als «150prozentiger Hitleranhänger», wie er sich in seinen Lebenserinnerungen beschreibt, hatte er noch weitergekämpft, nachdem die Kapitulation bereits offiziell verkündet worden war. Bezeichnenderweise betrachtete sich Döbler, obwohl er die Wertvorstellungen des Regimes absolut verinnerlicht hatte und dem Idealtypus des neuen Wehrmachtsoffiziers entsprach, nicht als Parteimitglied. Wie der jüngere Heck fühlte er sich den unflexiblen und korrupten «alten Kämpfern» moralisch überlegen: Seine schrankenlose und aufopferungsvolle Hingabe an Hitler kam in einer Identifikation mit dem Heldentum und den Handlungsmodellen zum Ausdruck, die das Regime propagierte. Döbler stammte aus einer kleinbürgerlichen Familie. Er wünschte sich nichts mehr, als «dazuzugehören» und «dabeizusein». Im Gegensatz zu Böll hielt er seinen Pfarrer für einen bemitleidenswerten Mann, und auch seine Freundschaft zu einem halbjüdischen Mädchen änderte nichts an seinen antisemitischen Ansichten. Döblers

Persönlichkeit wurde ausschließlich in einem soldatischen Milieu geformt, in dem das Handeln dem Denken übergeordnet war. Er kann als Prototyp des Menschen gelten, den die nationalsozialistische Ideologie im Zusammenwirken mit dem Wertesystem der Wehrmacht und der Realität des Krieges hervorgebracht hat. Verstärkt wurde dieser Einfluß noch durch die Jugend der Soldaten, die offensichtliche Schwäche von Familie und Schule gegenüber dem totalitären Staat und die enorme Anziehungskraft der Jugendorganisationen, die bewußt den rebellischen Geist der Jugend anstachelten, sie gegen Eltern und Lehrer aufhetzten, mit soldatischem Brimborium lockten, ihnen Macht über Ältere verliehen und das Gefühl gaben, für eine «gute Sache» zu streiten.[21] Idealistische junge Offiziere wie Döbler wiederum steckten viele Untergebene mit ihrer Begeisterung an und weckten gleichzeitig bei der Bevölkerung in der Heimat Gefühle des Stolzes auf die Erfolge der Wehrmacht.

Ein gutes Beispiel dafür ist ein Brief, den eine gewisse Else Gaupp aus Bad Cannstatt im August 1941 während des Rußlandfeldzugs an den Kommandanten der 18. Panzerarmee schrieb. Darin dankte sie dem General für die lieben Worte, mit denen er sie vom Tod ihres im Kampf gefallenen Sohnes unterrichtet hatte, und fügte hinzu: «Sie, Herr General, kannten ja nur den tüchtigen Offizier Julius Kirn, er war aber noch mehr: Er war ein Charakter, ein schöner, harmonischer Mensch, ein bescheidener, ritterlicher Sohn.» Und wie um die Hingabe ihres Sohnes an die Sache noch im nachhinein zu belegen, zitierte sie aus einem seiner letzten Briefe, in dem er seine Gefühle beschrieb:

> … im Kampf sich als Führer durchsetzen zu können, aus einem schweren, aber siegreichen Gefecht zurückzukommen, zu sehen und zu erleben, wie die Augen der Soldaten auf mich gerichtet

sind, wenn die Artilleriesalven einschlagen, und zu wissen, daß man sich auf sich selbst verlassen kann, weil man trotz der Angst das Richtige zu tun und zu veranlassen vermag, dieses Wissen und dieses Erlebnis macht mich stolz, und ich bin meinem Geschick unendlich dankbar, daß es mich solche Stunden erleben läßt. Manchem sieht man die Angst an, auch ich habe Angst, es ist schön, sie überwinden zu können. Vielleicht besitzen gerade wir Deutschen besonders die Fähigkeit, uns am Kampf aus diesen Gründen freuen zu können, weil eben die Schlacht für uns Soldaten der größte Wertmesser ist, und jeder erkennt sich selbst, wenn er gegen sich selbst ehrlich ist. Wenn ich fallen würde, mir wäre auch dieser Tod ein Erlebnis, das dann die letzte Erfüllung meines Berufes und meines Lebens wäre.[22]

In ähnlichem Ton stellte Helene Fuchs Richardson die Feldpostbriefe vor, die sie von ihrem Ehemann, einem Panzerfeldwebel, Zugführer und Offiziersanwärter, der im November 1941 vor Moskau gefallen war, erhalten hatte:

Ich nehme an, daß es seine künstlerische Natur und sein Enthusiasmus für das neue, nationalsozialistische Deutschland waren, die ihn zuerst in die Hitlerjugend und dann in die Partei führten ... Karl war uneingeschränkt für den Arbeitsdienst ... Als er zum Wehrdienst eingezogen wurde, meldete er sich freiwillig zum Panzerkorps, weil er es für den wichtigsten Truppenteil hielt. Aus seinen Briefen von der Front spricht seine tiefe Liebe zum Vaterland und der starke Glaube an den Führer.

Er wurde 1917 geboren und wuchs als Jugendlicher mit der Lehre des Nationalsozialismus auf. Er war ein leicht zu begeisternder junger Mann und, wie so viele seiner Zeitgenossen, hingerissen von den Dogmen der Partei ... Für ihn, er war ein Idealist und glaubte fest an das Dritte Reich, wäre es eine bittere Enttäuschung gewesen, den totalen Zusammenbruch des nationalsozialistischen Deutschlands im Jahr 1945 mitzuerleben.[23]

Und sein Sohn, der ihn nie gesehen hatte, fügte hinzu: «Die Briefe meines Vaters aus den Jahren 1937 bis 1941 erlauben es, diese wichtige Periode aus einer einzigartigen Perspektive zu betrachten, nämlich aus der es eines typischen jungen Deutschen, der sich mit ganzem Herzen der Sache Großdeutschlands verschrieben hatte und es als seine heilige Pflicht empfand, für diese Sache in den Kampf zu ziehen.»[24] In der Tat bekannte sich Karl Fuchs, lange bevor er in den Krieg zog, zum Nationalsozialismus. So schrieb er am 23. November 1938, noch während seiner Studentenzeit, an seine Eltern:

> Bei Gott, Ihr hättet bei dieser jüdischen Sauerei [Kristallnacht] in Würzburg sein sollen. Ich habe keine Ahnung, ob es in Nürnberg genauso hektisch zuging, aber hier haben wir gründlich aufgeräumt. Ich kann Euch sagen, die offiziellen Stellen haben keine einzige Judensau geschont.[25]

Solche enthusiastischen jungen Männer, die von rassistischen Gefühlen duchdrungen waren und den Krieg für den Gipfel der menschlichen Existenz hielten, fanden sich unter den Mannschaften und jüngeren Offizieren der Wehrmacht zuhauf. Im Mai 1941 schrieb Karl Fuchs an seine Frau: «Leben bedeutet per definitionem Kampf. Wer den Kampf meidet oder fürchtet, ist ein verachtenswerter Feigling, der es nicht verdient hat zu leben.»[26] Einige Tage später fügte er hinzu: «Der Kampf ums Dasein ... bringt stolze, freie, rechtschaffene und aufrechte Menschen hervor. Alle anderen bleiben widerwärtige Kriecher, minderwertige Individuen, die vor der Gefahr zurückschrecken und, wenn es hart auf hart geht, dieser Gefahr erliegen.»[27] Und Heinz Küchler, ein 26jähriger Jurastudent, schrieb am 11. Juli von der Ostfront folgende Zeilen nach Hause:

> Manchmal kreisen die Gespräche im kleinen Kreis um die Begebenheiten und um die Zukunft; lichtvoll will sich kein Ausblick

zeigen; nur frischer Lebensmut des einzelnen wird die kommenden Zeiten zu meistern wissen, in denen verlogene Ideale, falsche Götzen und unwahre Weisheiten zusammenbrechen werden und zusammenbrechen müssen. Ruhe und Frieden, beschauliches Glück werden dieser Generation nicht mehr beschieden sein; Kampf wird bleiben für viele Jahre, wenn nicht für Jahrhunderte! Nun gut, man wird nicht einschlafen und nicht rosten, keine Langeweile finden, sich nicht mit Phrasen und schmeichelnden Lügen begnügen, vielleicht hilft gerade diese Zeit zu Wahrheit und Erkenntnis.[28]

Und am 6. September schrieb er:

Ich verstehe das Bemühen der Menschen, ihrem Sterben einen Sinn zu geben, indem sie sich ein Bild vor die Seele zaubern, vom Kampf für eine große, gerechte, heilige Sache ... Das Ringen um die wahrhaft menschlichen, persönlichen Werte, um die überzeitliche Sache des Geistes, des Geistes, der die Verbindung schafft zwischen Menschen und Gott, im steten Streben nach Erkenntnis und Wahrheit. Und dieser Kampf muß heute auch materiell ausgefochten werden, mit Opfern an Blut und Leben.[29]

Der 24jährige Eberhard Wendebourg, Student an einer Hochschule für Lehrerbildung, schrieb am 5. Oktober von der Ostfront: «Für uns heißt es jetzt, nur noch unbeirrbar unsere Pflicht tun, und das unabhängig von jeder Anerkennung und äußeren Ehrung. Es ist eine harte, aber wertvolle Schule, sein Werk und seine Leistung ohne Würdigung vollbringen zu müssen. Aber wie stärkt sie die Seele, wie stählt sie den Willen!» Wendebourg hoffte auf die Zeit nach dem Krieg und die Gelegenheit, das, was er gelernt hatte, an seine Schüler weiterzugeben: «Es wird schön sein, dann zu arbeiten ... Und die Volksgemeinschaft, eine wahre Güte und Liebe unter allen Deutschen, wird dann neu und besser noch als in den Jahren vor dem Krieg erkämpft sein.» Seine größte Hoffnung war, «einst [den] deutschen Jungen wahre deutsche

Werte und deutsche Größe zu zeigen und sie zu wahren Deutschen zu erziehen, in denen Geist und Gemüt, Wille und Seele gleich gut ausgebildet sind.»[30] Günter von Scheven, ein 33jähriger Student an der Akademie der Künste in Berlin, schrieb am 18. August 1941 aus Rußland: «Was mich stark macht, ist die Einsicht, daß jedes Opfer notwendig ist, weil es mit der Notwendigkeit des Ganzen verknüpft ist.»[31] Im Dezember fügte er hinzu: «Es geht [in diesem Krieg] um die Überwindung des chaotischen Übergangs und um die Erhaltung der menschlichen Würde, die geläutert ist durch Schmerz und Entsagungen ... Wir kämpfen nicht für politische Streitigkeiten, sondern in dem Glauben, daß das Edle und Beste sich neu bewähren muß in dem Ringen mit der grauenhaften Erscheinung des Materialismus. Ich sehe die ganze Nation in einem Umschmelzungsprozeß, in einem Strom von Leid und Blut, der sie befähigen wird, neue Höhen zu gewinnen.»[32] Der elsässische Freiwillige Guy Sajer beschreibt in seinen Memoiren, wie sein Kompaniechef mit seiner «aufrichtigen und leidenschaftlichen Begeisterung» selbst die größten Zauderer mitriß. Der Ehrenkodex verpflichtete diesen Offizier, sich auf Kosten aller anderen rückhaltlos für seine Männer einzusetzen: «Ich würde ganze Dörfer niederbrennen und zerstören, wenn ich dadurch den Hungertod auch nur eines einzigen von uns verhindern könnte.» So hehr waren seine Ideale, daß sie nach einer Umgestaltung der Welt verlangten: «Indem wir ... die Welt zu verändern versuchen, hoffen wir, die uralten, unter zahllosen Schmutzschichten begrabenen Tugenden wiederzubeleben, die uns von unseren Ahnen vererbt wurden.» Dieser Eingriff müsse brutal sein, und im Fall seines Scheiterns «werden diejenigen von uns, die dann noch am Leben sind, ... keine Gnade vor ihren Richtern finden ... des Massenmordes angeklagt werden, ... wird ihnen nichts erspart bleiben.» Deshalb müsse der Soldat verstehen, daß «Leben Krieg ist, und Krieg Leben. Freiheit gibt es nicht.» Nach der nihilistisch-idealistischen Rede des Kommandeurs, schrieb Sajer, «erfüllte uns Liebe zu ihm und wir spürten, daß wir einen wahren Führer und echten Freund besaßen, auf den wir uns verlassen konnten».[33] Diese Worte hätten ebensogut von Hitler selbst stammen können. Der Führer und die jungen Offiziere sprachen dieselbe Sprache, zeigten dieselbe väterliche Ergebenheit zu ihrem Volk oder zu ihren «Männern», eine Entschlossenheit, ohne jeden Skrupel gegen jeden vorzugehen, der ihnen bei der Verwirklichung ihrer vagen und fernen, aber als hehr und idealistisch empfundenen Ziele im Wege stand. Akte der Zerstörung, die Ermordung anderer Menschen und die Aussicht auf den eigenen Tod vermittelten ihnen dasselbe unmittelbare Glücksgefühl.

Die vormilitärische Erziehung der deutschen Jugend verband Organisationsprinzipien wie Loyalität gegenüber der Gruppe und absoluten Gehorsam gegenüber Höherstehenden mit individuellen Eigenschaften – wobei physische Stärken weit über intellektuellen Fähigkeiten rangierten – und mit bestimmten ideologischen Glaubenssätzen. Die wichtigsten ideologischen Inhalte waren Rassismus, Antibolschewismus, Expansionismus und der quasireligiöse Glaube an den Führer als der höchsten Autorität, als Verkörperung des Volkes und als Richter über Deutschlands Schicksal. Da die Jugendorganisationen Wert auf militärische Organisationsformen, Disziplin und Ausbildung legten und die Wehrmacht ebenfalls dazu übergegangen war, ihre Soldaten ideologisch zu indoktrinieren, empfanden die meisten jungen Männer die Einberufung nicht als einen Schritt in eine andere Welt. Was jedoch Deutschlands militärische Tradition anging, so beschritt die Wehrmacht einen radikal neuen Weg. Es bedeutete eine nachdrückliche politische, das heißt nationalsozialistische Erziehung der Truppe, die insbesondere mit dem Versuch verknüpft war, den Soldaten einen geradezu mystischen Glauben an die Person Adolf Hitler einzuimpfen. Es ist bezeichnend, daß nur in der HJ und der Wehrmacht jeder einzelne einen persönlichen Treueschwur auf den Führer ablegte.[34] Mit Ausnahme der SS waren diese beiden Organisationen Hitler auch mehr ergeben als jede andere Gruppe im Dritten Reich. Die ideologische Indoktrination war in zweierlei Hinsicht von zentraler Bedeutung. Zunächst lernte die Truppe, unerschütterliches Vertrauen in die politischen und militärischen Fähigkeiten des Führers zu setzen und weder die Sittlichkeit seiner Befehle noch den Wahrheitsgehalt seiner Prophezeiungen in Zweifel zu ziehen. Der Glaube an Hitler war so groß, daß erst sein Tod ihn zerstören konnte. Zweitens wurde den Soldaten ein Feindbild eingeimpft, das ihre Wahrnehmung so verzerrte, daß sie, mit der Realität konfrontiert, sie unausweichlich als Bestätigung dessen erlebten, was zu erwarten ihnen beigebracht worden war. Die Indoktrination diente einem doppelten Zweck: Sie motivierte und brutalisierte die Soldaten, indem sie sowohl die eigenen Opfer als auch die Greueltaten, die dem Feind angetan wurden, legitimierte. Der Glaube an den Führer ermöglichte es, an die moralische Richtigkeit auch der abscheulichsten Verbrechen zu glauben und seinen Versprechungen vom unausweichlichen Endsieg zu vertrauen. Ihr falsches Bild der Realität veranlaßte sie, die Feinde als eine Heerschar von politischen und biologischen Dämonen zu betrachten und alle Zeichen zu ignorieren, die auf die schon nahende militärische Katastrophe hindeuteten.[35]

Der «Glaube» an Hitler war, in einem zunehmend religiösen, metaphysischen Sinn des Begriffs, ein zentraler Punkt in der nationalsozialistischen Ideologie. Verstärkt wurde er nicht nur durch Hitlers Neigung, sich selbst als Vertreter der Vorsehung auf Erden zu bezeichnen,[36] sondern auch durch die allgemeine Empfänglichkeit weiter Teile der deutschen Gesellschaft für solche Vorstellungen. Der Historiker F. Stern schrieb dazu:

> Vor allem im protestantischen Deutschland stieß Hitlers Anspruch, ein von der Vorsehung geschickter Erlöser zu sein, auf große Resonanz. Seine religiösen Beschwörungsformeln fielen in einer Gesellschaft, in der seit Generationen das Geistliche mit dem Säkularen vermischt wurde, auf fruchtbaren Boden. Je mehr der religiöse Glaube zurückwich, desto heiliger wurde das Säkulare (das Volk). Vor allem aber wurde einem gelehrt, dem Staat Opfer zu bringen, so wie man früher Gott geopfert hatte, und nach der Volksgemeinschaft zu streben, so wie man einstmals aus der Kongegration der Gläubigen Kraft geschöpft hatte.[37]

In diesem Zusammenhang verdient die Tatsache Erwähnung, daß der ansonsten nicht gerade sehr hellsichtige von Papen bereits im Oktober 1932, also noch vor seinem verhängnisvollen Entschluß, mit den Nationalsozialisten zusammenzuarbeiten, den pseudoreligiösen, dogmatischen und totalitären Kern des Nationalsozialismus erkannt hatte. Seinem Verständnis nach verliehen der von der NSDAP vertretene Grundsatz der «Ausschließlichkeit», des politischen «Alles oder nichts», und der mystische Messias-Glaube an den «wortgewaltigen» Führer, der als einziger dazu berufen sei, die Mächte des Schicksals zu lenken, dem Nationalsozialismus den Charakter einer «politischen Konfession». Zwischen diesem «nationalsozialistischen Glauben aus Politik», so von Papen, und «konservativer Politik aus dem Glauben» bestehe jedoch ein unüberbrückbarer Unterschied.

Es gibt zahllose Beispiele für die Macht dieses Glaubens an Hitler, und in manchen Fällen hat er auch den Zusammenbruch Deutschlands überdauert. Bernt Engelmann zitiert in seinem Buch eine Frau aus dieser Generation, die ihre Mutter als eine der «wirklich Überzeugten» beschrieb,

> die an den «Führer» glaubten wie an den Heiland und von ihm wie hypnotisiert waren … Sie hielt alles für richtig und notwendig, was die Nazis machten, und alles, was über Greueltaten geflüstert wurde, für dummes oder böswilliges Geschwätz. … 1945, im Mai, da brach eine Welt für sie zusammen … Mutter gehörte zu denen, die von den Amerikanern gezwungen wurden, sich im nahe gelegenen KZ Dachau alles anzusehen. … Mutter erlitt einen Nervenzusammenbruch … [aber] was ihren Glauben an Hitler betraf, so hat sie sich *davon* nicht beirren lassen. «Das hat der Führer bestimmt nicht gewollt!» hat sie auch später noch gesagt. «Der wirkliche Nationalsozialismus war sauber und anständig!» Daran hat sie festgehalten, bis sie vor drei Jahren starb.[38]

Eine andere Frau namens Gussi Hohlbaum, mit der Engelmann Anfang der achtziger Jahre sprach, sagte, sie habe der Fahne «bis zum bitteren Ende» die Treue gehalten, doch obwohl

> böse Fehler gemacht worden [sind], … bin ich auch heute noch ganz sicher, daß der Führer das selbst nie gewollt, wahrscheinlich gar nicht gewußt hat … Dabei hat er doch wirklich Ungeheueres geleistet! Millionen verzweifelter Menschen haben durch *ihn* ihr Lebensglück wiedergefunden.[39]

Doch die Nationalsozialisten verliehen ihrer Ideologie nicht nur eine religiöse Verbrämung, um einen abstrakten Glauben zu wecken, sondern auch um den Glauben als Motivation für konkrete Handlungen nutzbar zu machen. Dies wurde von den Ideologen der Partei immer und immer wieder betont. Für sie bestand der «politische Glaube» in der «blinden» Unterordnung unter den Führer und in der «Tat». Diese

Haltung kommt beispielsweise in einem Artikel zum Ausdruck, der 1938 unter dem Titel «Kult und Glaube» in dem SS-Organ *Das Schwarze Korps* erschien.

Ein fester und echter Glaube, so heißt es dort, könne nicht im Abstrakten existieren, sondern finde seine Erfüllung nur in der Tat. Die Tat sei einzige wahre Bestätigung des Glaubens. Glaube, Bewegung, Aktion – dies seien für den Nationalsozialismus die drei maßgebenden Begriffe auf dem natürlichen Weg zu menschlicher Gläubigkeit.[40]

Hitler selbst erklärte bereits 1927, er interessiere sich nicht für den Verstand, sondern nur für den Glauben. Nur durch den Glauben lasse sich absolute Hingabe erreichen:

> Seien Sie versichert, auch bei uns ist in erster Linie das Glauben wichtig und nicht das Erkennen! Man muß an eine Sache glauben können. Das Glauben allein schafft den Staat. Was läßt den Menschen für religiöse Ideale in den Kampf gehen und sterben? Nicht das Erkennen, sondern der blinde Glaube.[41]

Die Wehrmacht war sich darüber im klaren, daß die in ständiger Lebensgefahr schwebenden Soldaten etwas brauchten, woran sie glauben konnten. Mit zahllosen Flugblättern und Broschüren, Radioansprachen und Zeitungsartikeln und mit allen anderen Propagandamitteln, die ihr zur Verfügung standen, versuchte sie, diesem Bedürfnis zu entsprechen. Es ist sehr aufschlußreich, einige Beispiele daraus zu zitieren. Nur wer die Texte im Originalwortlaut liest, kann erfassen, in welchem Ausmaß sie auf religiöse Formeln zurückgriffen und wie sehr sie dem einzelnen Soldaten als Vorbild dienten, wenn er in Briefen seine Gefühle ausdrückte. Die Wehrmacht bemühte sich in ihrer Propaganda bewußt und nachdrücklich darum, Hitler mit Gott gleichzusetzen, seine «Mission» aus einem göttlichen Willen herzuleiten und sein persönliches Schicksal so darzustellen, als sei es unauflöslich mit dem des deutschen Volkes, ja der gesamten abendländischen Kultur verknüpft. Der politische Glaube trieb die Menschen zur Tat an und wurde gleichzeitig durch sie verstärkt. Besonders aufschlußreich in diesem Zusammenhang sind die Auszüge aus einer Hitlerrede vom April 1940. Sie wurden von der Armee auf Plakate gedruckt und an die Einheiten verteilt, die sie in den Kasernen zum Aushang brachten. Der unmißverständlich eschatologische Ton dieser Rede, in der Hitler pseudotheologische Argumente mit sozialdarwinistischen Thesen vermischte[42] und militärische Traditionen mit der nationalsozialistischen Ideologie verknüpfte, war ohne Zweifel darauf angelegt, den Eindruck eines göttlichen Eingreifens zu erwecken. Und in der Tat hatte diese unheilige Mischung, wie wir weiter unten sehen werden, einen durchschlagenden Effekt auf die Truppe. «Der deutsche Soldat», erklärte Hitler,

> ist in diesem Ringen der erste Repräsentant des Lebens. Denn er stellt zu allen Zeiten jene beste Auslese der Völker dar, die durch ihren Lebenseinsatz und – wenn notwendig – durch ihre Lebenshingabe das Leben der übrigen Mit- und damit Nachwelt ermöglicht und sicherstellt ... Niemand soll von Tradition reden, der nicht durch sein eigenes Leben und sein eigenes Handeln diese Tradition mehrt ... Wie immer auch das Leben und das Schicksal des einzelnen sein mag, über jedem steht das Dasein und die Zukunft der Gesamtheit ... Uns allen ist das erschlossen worden, für was in früheren Zeiten so viele noch bewußt kämpfen mußten: Das deutsche Volk! Die Welt wünscht unsere Auflösung. Unsere Antwort kann nur der erneute Schwur zur größten Gemeinschaft aller Zeiten sein. Ihr Ziel ist die deutsche Zersplitterung. Unser Glaubensbekenntnis – die deutsche Einheit. Ihre Hoffnung ist der Erfolg der kapitalistischen Interessen, und unser Wille ist DIE NATIONALSOZIALISTISCHE VOLKSGEMEINSCHAFT![43]

Ähnliche Begriffe wurden auch in der «von einem Wehrmachtoffizier» gesprochenen Rundfunksendung «Die Stimme der Soldaten» regelmäßig verwendet. Der zwölfte Beitrag der Reihe, der am 25. April 1940 ausgestrahlt und gleichzeitig in gedruckter Form herausgegeben wurde, lautete: «Waffen, Kameradschaft und totaler Einsatz.» Voller Begeisterung über den Erfolg der deutschen Truppen in Skandinavien erklärte der Sprecher:

> Ein neuer Geist kennzeichnet den jetzigen Krieg. Jeder Soldat, jeder militärische Führer, ja jeder in Deutschland hat das gleiche Ziel immerfort vor Augen und ist bestrebt, zu seiner Erfüllung sein Bestes zu geben. Wir erleben das, was man «totale Kriegsführung» nennt ... Sie besteht ... in erster Linie darin, daß von einem Punkt, von dem Willen *einer* Persönlichkeit alles gelenkt und in Einklang gebracht wird.
> Dieser Wille, das Vorhandensein der einen starken Persönlichkeit des *Führers*, ist von entscheidender Bedeutung. Die Vorsehung hat Deutschland zur rechten Stunde den Führer geschenkt. In diesem Augenblick sehen wir auf seine Arbeit in den vergangenen Jahren unter einem neuen Gesichtswinkel: sie hat diesen einheitlichen Geist geschaffen, der in der letzten Woche in dem Zusammenwirken von Heer, Kriegsmarine und Luftwaffe so stark sichtbar geworden ist. Wir Soldaten wissen, daß dies ohne die Arbeit der Partei nicht möglich gewesen wäre. Sie ist jetzt die Trägerin der geistigen und seelischen Vorbereitung auf die jetzige gewaltige Aufgabe unseres Volkes.
> Was bedeutet totale Kriegsführung? Sie stellt mehr dar, als die Zusammenfassung der militärischen Kräfte unter einheitlichem Oberbefehl ... Sie kann auch nicht damit zur Genüge erklärt werden ... daß Wehrmacht und Wirtschaft im Krieg eine Einheit bilden. Sie verlangt die gleiche geistige, seelische und sittliche Ausrichtung von 80 Millionen. Sie muß von demselben entschlossenen Willen zum Sieg an allen Stellen des öffentlichen und privaten Lebens getragen sein. Sie hat das uneingeschränkte Vertrauen zu unserer Sache und den festen Glauben an Deutschland, das deutsche Volk und seine geschichtliche Bestimmung zur Voraussetzung.

> Jeder in der Heimat ..., am Westwall, auf den Schiffen ..., in den Staffeln, die heute über England und Frankreich fliegen, fühlt, daß es in dem ganzen deutschen Volk nur einen Schlag der Herzen, einen Kriegsgeist und einen Siegeswillen gibt, die deutsche Kraft ist nicht in den Zahlen der Menschen, der Geschütze, Flugzeuge und der Kriegsschiffe ... auszudrücken ... Niemand besitzt das, was der Nationalsozialismus in 20 Jahren geschaffen hat.[44]

Die technischen, organisatorischen und taktischen Erfolge des Blitzkrieges wurden also zu einem geistigen Phänomen umgedeutet, das die NSDAP unter der Führung Adolf Hitlers hervorgebracht hatte. Selbst 1940, als Deutschlands relative militärische Stärke ihren Gipfel erreichte, wurden der Geist des Nationalsozialismus und Hitler als Schicksalsträger Deutschlands weit höher bewertet als die Disziplin der Armee und waffentechnische Neuerungen. Diese Verherrlichung des Irrationalen, der Führerkult, erreichte nach dem Sieg über Frankreich ihren Höhepunkt.[45] Ein Beitrag in den vom OKW herausgegebenen und an alle Truppenteile verteilten *Mitteilungen für die Truppe* spiegelte den quasireligiösen Wahn wider, der nicht nur die Propagandisten der Wehrmacht, sondern, wie wir noch sehen werden, auch viele Soldaten befallen hatte:

> Was die Berichte des OKW bekanntgegeben haben, ist ein einziges hohe Lied deutschen Heldentums und genialer Führung ... Bei dem Versuch, das Geschehen dieser drei Wochen der großdeutschen Freiheitsschlacht mit einem Wort zu erfassen, was seiner Größe entspricht, müssen wir gestehen, daß das unmöglich ist ... Diese Vernichtungsschlacht ist so groß, daß wir nur dankbaren Herzens das Walten des Schicksals in erschüttertem Schweigen hinnehmen können.
> Hinter der Vernichtungsschlacht im Mai 1940 steht in einsamer Größe der Name des Führers.
> Was hat sich alles vollendet, seit er 1933 das Geschick unseres Volkes in seine starken Hände nahm! ...

> Er gab dem Volk seine Einigkeit wieder, zerschlug die Parteien und vernichtete die Hydra all der Verbände, mit denen wir unsere Gegensätze organisiert hatten ..., er entgiftete unseren Volkskörper von jüdischer Zersetzung, schuf ein artstolzes, rassebewußtes Volk, das den Volkstod des Geburtenrückgangs überwand und als Träger für eine große Zukunft dem Vaterland neuen Kinderreichtum schenkte. Er bezwang die furchtbare Not der Erwerbslosigkeit und schenkte Millionen Menschen, die schon an Volk und Land verzweifelt waren, neuen Glauben in die Volksgemeinschaft und die Freude an einem neuen Vaterland ...
> Sein Genius, in dem die gesamte Kraft deutschen Volkstums sich mit Urgewalt verkörpert, beschwingte die Seelen der 80 000 000 Deutschen, erfüllte ihnen Kraft und Willen mit dem Sturm und Drang eines erneuerten jungen Volkes und trug, selbst der erste Soldat Deutschlands, den Namen des deutschen Soldaten in das Buch der Unsterblichkeit ein.
> Das alles haben wir erleben dürfen. Daß wir es nicht als Zuschauer hinnehmen, sondern daß wir, hingerissen, mit aller Leidenschaft, deren wir fähig sind, uns diesem Führer hingeben und uns mühen, der geschichtlichen Epoche wert zu sein, welche sein himmelsstürmender Wille gestaltet, das ist in diesem Jahr der Entwicklung unser aller große Verpflichtung.[46]

Während die Wehrmacht in den endlosen Weiten Rußlands den Endsieg verspielte, während die Verlustraten auf erschreckende Höhen schnellten und im zermürbenden Stellungskrieg die materielle Stärke des deutschen Heeres rasch dahinschwand, schlug der Ton der Wehrmachtpropaganda vom Ekstatischen ins Verzweifelte, oft schon Hysterische um. Statt von Technik, militärischem Können und rationalem Denken war nun immer öfter von Hingabe, Fanatismus und «blindem» Glauben die Rede. Die Befehlshaber erhielten den Auftrag, in der Truppe eine neue ideologische Begeisterung zu entfachen, einmal als Gegengewicht zu der offensichtlichen ideologischen Motivation der Rotarmisten, und dann, um die Überlegenheit des Feindes an Menschen und Material wettzumachen. In einem Aufruf vom April 1942, der in den *Mitteilungen für das Offizierskorps* erschien, wurde den Truppenkommandeuren erklärt, daß

> beim Kampf gegen den Kapitalismus und Imperialismus der Engländer und Amerikaner und gegen die weltrevolutionären Thesen der Bolschewiken … der Sieg nicht nur durch die Waffen der Wehrmacht entschieden [wird] … sondern nur, … wenn das Volk … den politischen und weltanschaulichen Thesen des Feindes stärkere und bessere politische Grundsätze entgegenzustellen hat …
> … Eine solche Haltung aber … ist aufgebaut auf dem Gefühl unerschütterlicher Treue des deutschen Menschen zu Führer, Volk und Vaterland, einer Treue, die absolut krisenfest ist und an die keine Skepsis … herankommen kann …
> Nicht nur die wirtschaftliche oder machtpolitische Grundlage unseres Lebens ist entscheidend bedroht, sondern das gesamte geistige Leben der Nation, die sittlichen Grundlagen unserer kulturellen und religiösen Weltbetrachtung, wirklich alles, was dem deutschen Menschen im Leben und im Sterben hoch und heilig ist, alles ist an der Wurzel bedroht, wenn es nicht gelingt, der Feinde Herr zu werden … Haben wir Offiziere das unseren Männern so ins Herz gebrannt, daß jeder völlig eindeutig weiß und sieht, gegen welches teuflische Spiel in der Welt zum Einsatz er berufen wurde?
> …
> Weil wir wissen, daß gegen unser Land der Teufel mobil ist, … weil wir durchdrungen sind von der Verantwortung vor Gott, das uns anvertraute Vaterland zu schützen, zu retten, seinen Besitz zu sichern und zu mehren, darum mobilisieren wir nicht nur die Waffen …, sondern auch die Waffen des Geistes …
> In die Hand des Offiziers wurde auch die wehrgeistige Führung der Soldaten gelegt, weil politische Aufgeschlossenheit und soldatische Leistung eine Einheit sind und beide in unauflöslichem Zusammenhange stehen. Je stärker dem deutschen Soldaten der ganze Umfang der tödlichen Gefahr unserer Bedrohung bewußt ist, mit um so mehr Überzeugung und mit um so größerer Härte setzt er der Dynamik der bolschewistischen Revolution die ganze

Kraft von Seele und Willen des nationalsozialistischen Deutschland entgegen ...
Im Kriege werden, wie der Führer am 10. März 1940 ausgesprochen hat, die Nationen vor dem Gottesgericht des Allmächtigen gewogen. Wer diese Erprobung besteht, der wird für würdig angesehen, neues Leben auf dieser Erde zu gestalten ...
Welch ein Auftrag ... Die Offiziere des Führers und die von ihnen geführten deutschen Soldaten, eine verschworene Gemeinschaft der besten Männer deutschen Blutes, getragen von der Liebe, der Arbeit und dem Glauben des deutschen Volkes, sind zur Entscheidung angetreten. Drüben ist die Hölle los. Mag sie anrennen! Es wird uns doch gelingen.[47]

Die Propaganda der Wehrmacht versorgte die Truppe also in zunehmendem Maße mit religiösen Bildern und porträtierte Hitler und die Nationalsozialisten als Werkzeuge Gottes, denen die Aufgabe zufiel, deutsche Kultur und deutsches Blut vor dem Ansturm des Kommunismus zu schützen, den der Teufel gesandt hatte, um jede Zivilisation zu zerstören. Nur der unbedingte Glaube an den Führer und an den Endsieg konnte die Welt vor der Unterjochung durch die dämonischen Horden bewahren. Welche katastrophalen Folgen eine Niederlage für sein Land haben würde, konnte sich der deutsche Soldat nur allzugut vorstellen, schließlich hatte ihm die Wehrmacht in Rußland ein anschauliches Beispiel gegeben. Daher war es auch die Angst vor der Vergeltung für die eigenen Untaten, die die Propaganda so wirkungsvoll machte. Die Erinnerung an die früheren Siege hielt die Hoffnung aufrecht, daß sich das Blatt noch einmal wenden könnte, und stärkte den Glauben, daß Hitler, wie schon so oft in der Vergangenheit, auch diesmal das Unmögliche wahr machen würde. Auch dieser Glaube an Hitlers Allmacht wurde in der Wehrmachtpropaganda immer wieder aufgegriffen, wie der folgende Auszug aus einer Broschüre belegt, die zur ideologischen Unterweisung der Truppe an die Kompanieführer verteilt wurde:

> Erst der Führer konnte [erreichen], was tausend Jahre lang nicht gelungen war: ... die deutschen Stämme ... zusammenführen ... [und] zum Kampf für die Freiheit und den deutschen Lebensraum einsetzen.
> ...
> Sein ganzes Sinnen und Trachten richtete er ... auf die nationalsozialistische Erziehung des Volkes, die innere Festigkeit des Staates, die Aufrüstung und Schlagkraft der Wehrmacht.
> Als im Winter 1941/42 die deutschen Ostarmeen im Schnee und Frost des russischen Winters einen beispiellosen Kampf durchstanden, sagte er: «Siege ertragen kann jeder Schwächling. Schicksalsschläge aushalten, das können nur die Starken.» Im schweren Winter 1942/43 zeigt sich wieder die Stärke des Führers, als er nach dem ... Kampf der 6. Armee in Stalingrad das deutsche Volk an der Front und in der Heimat zur Standfestigkeit und zu äußerster Leistung aufruft. ...
> Der Führer ... sieht das Ziel klar vor sich: Ein starkes Deutsches Reich als Ordnungsmacht Europas und als festen Kern des deutschen Lebensraumes ...
> Dieses Ziel wird erreicht, wenn das ganze Volk auch in schweren Zeiten treu zu ihm hält und wenn wir Soldaten unsere Pflicht tun.[48]

Hilter wurde als der Schöpfer der neuen deutschen Nation verehrt, als Hüter ihrer alten Traditionen, der Quelle ihrer Kraft und ihres Reichtums, ihrer Fruchtbarkeit und Reinheit. Solange Hitler lebte und das deutsche Volk ihm die Treue hielt, galt das Reich als unverwundbar. Daß der Führerkult angesichts der sich häufenden militärischen Niederlagen seine Wirksamkeit behielt, lag zum großen Teil an der Überzeugung, daß das Reich, zumal im Osten, einem Feind gegenüberstand, der rassische Entartung mit einer dämonischen Ideologie vereinte. Noch wichtiger, als in der Truppe den Glauben an die Überlegenheit ihrer Führung, Weltanschauung und Rasse zu erhalten, war es, mit Schreckensbildern der drohenden Vernichtung durch den jüdischen Bolschewismus ihren Widerstandswillen zu stärken und sie davon zu überzeugen, daß sie im Falle einer Niederlage die Rechnung für all die Verbrechen, die sie begangen hatte, würde bezahlen müssen. Die Wehrmachtführung verstand es, ihre eigenen barbarischen Praktiken als Propagandamittel zu benutzen, als eindringliches und furchteinflößendes Abbild dessen, was Deutschland nach einer Niederlage drohte. Diese Propaganda war um so wirkungsvoller, als sie zumindest bei einigen Soldaten ein Gefühl der Schuld anrührte, ein Gefühl, daß sie die Vergeltung, wenn sie denn kommen sollte, verdient hätten. So schrieb ein Soldat, der ein Massaker an litauischen Juden miterlebt hatte, im Juli 1941: «Möge Gott verhüten, daß wir den Krieg verlieren, denn wenn die Rache über uns kommt, geht es uns bös.»[49] Die Verkörperung aller ideologischen und rassischen Eigenschaften des Feindes, seines Fanatismus und seiner Rachsucht waren für die Frontsoldaten ohne Zweifel die sowjetischen Kommissare. In den *Mitteilungen für die Truppe* wurde ein besonders abschreckendes Bild dieser «Todesengel» gezeichnet, ein Bild, das, wie wir sehen werden, von vielen Soldaten als akkurate Beschreibung der Realität akzeptiert wurde:

> Was Bolschewiken sind, das weiß jeder, der einmal einen Blick in das Gesicht eines der Roten Kommissare geworfen hat. Hier sind keine theoretischen Erörterungen mehr nötig. Es hieße die Tiere beleidigen, wollte man die Züge dieser zu einem hohen Prozentsatz jüdischen Menschenschinder tierisch nennen. Sie sind die Verkörperung des Infernalischen, Person gewordener wahnsinniger Haß gegen alles edle Menschentum. In der Gestalt dieser Kommissare erleben wir den Aufstand des Untermenschen gegen edles Blut. Die Massen, welche sie mit allen Mitteln eiskalten Terrors und blödsinniger Verhetzung in den Tod treiben, würden das Ende alles sinnvollen Lebens gebracht haben, wäre der Einbruch nicht in letzter Stunde vereitelt worden.[50]

So wie die Furcht vor der Rache des Feindes in dem Bewußtsein der eigenen Verbrechen wurzelte, so spiegelten die destruktiven Eigenschaften, die den Kommissaren zugeschrieben wurden, den starken nihilistischen Trieb wider, der dem Nationalsozialismus innewohnte. Die hartnäckige Weigerung, die theoretischen Grundlagen des Kommunismus zu diskutieren, gründete in der Betonung der nationalsozialistischen Ideologie von Tat und Glauben und der damit einhergehenden Abneigung, sich auf rationale Auseinandersetzungen einzulassen. Glaube, physischer Zwang oder offene Gewalt galten mehr als Argumente. Das war eine Sprache, die der Soldat verstand. Die Feinde wurden ebenfalls als «Gläubige» im religiösen Sinne dargestellt, nicht als Berufssoldaten oder Patrioten, die ihr Vaterland verteidigten. Da die Rote Armee hochmotiviert war, mußten die Wehrmachtsoldaten noch hemmungsloser «fanatisiert» werden. Vor dem Hintergrund der einseitigen Betonung der Tat eignete sich der Krieg, die Zerstörung von Feindesland natürlich besser zur Fanatisierung als der Bau von Autobahnen im Reich. Je brutaler der Krieg im Osten geführt wurde, desto besser ließ er sich für die Motivation der Truppe benutzen. Die Soldaten, deren eigentliche Bestimmung – wie heroisch überhöht auch immer – der Zerstörungsakt ist, mußten eine Weltsicht natürlich begrüßen, die ihrer Aufgabe eine universelle, metaphysische Bedeutung zuerkannte.

Das Propagandabild vom barbarischen Feind wurde im Feld bestärkt und bestätigt. Im Reich selbst, so ist behauptet worden, soll das «Verschwinden» der Juden aus den Dörfern und Städten es der Bevölkerung leichter gemacht haben, das von den Nationalsozialisten propagierte abstrakte Zerrbild von «dem Juden» zu übernehmen.[51] Aber auch die Soldaten an der Ostfront nahmen keine Diskrepanz wahr zwischen den «jüdisch-bolschewistischen asiatischen Horden», die der Vorstellungskraft der Propagandisten entsprangen, und den Rotarmisten, denen sie gegenüberstanden. Ebensowenig ließ die Begegnung mit Juden im Osten sie an der Existenz des mythischen Juden zweifeln, der in der nationalsozialistischen Propaganda eine so zentrale Rolle spielte. Ganz im Gegenteil: Die Realität widerlegte nicht den Mythos, sie wurde ihm vielmehr angepaßt. So war ein Indiz dafür, wie sehr die Nazi-Ideologie das Denken der Soldaten durchdrungen hatte, die Art und Weise, wie sie den Widerspruch zwischen dem abstrakten Bild und der Realität auflösten, indem sie letztere als bloße Manifestation des ersteren betrachteten. Die Verzerrung der wahrgenommenen Realität führte konsequenterweise zu einer Verzerrung der objektiven Realität: Sie sahen, was sie zu sehen erwarteten, und sie zerstörten es, um es nicht länger sehen zu müssen. Dieser Prozeß wurde noch dadurch verstärkt, daß die propagandistische Entstellung des Feindes nicht nur von den Parteiorganen und den übergeordneten Dienststellen der Wehrmacht im Hinterland betrieben wurde, sondern auch von den Befehlshabern an der Front, von denen viele Ideologie nicht nur zynisch als bloßes Mittel zur Motivation ihrer Männer benutzten, sondern mit ebenjenem blinden Eifer an sie glaubten, der von den Getreuen des Führers erwartet wurde. Seit dem Zusammenbruch der kaiserlichen Heere war das deutsche Offizierskorps auf der Suche nach einem Ideengerüst gewesen, das als Bindeglied zwischen äußerem Handeln und innerer Verpflichtung fungieren konnte, das der Tat eine höhere Bedeutung verlieh und gleichzeitig seine wesentlichen Inhalte aus der Kampferfahrung bezog. Die Nationalsozialisten hatten ihm endlich eine solche Ideologie zur Verfügung gestellt, und so war es kaum verwunderlich, daß es sie nicht verschmähte.[52] Bezeichnenderweise teilten selbst Offiziere, die Hitler und seinem

Regime eher kritisch gegenüberstanden, viele seiner Überzeugungen oder, wie sie es nannten, sein Feindbild, obwohl offensichtlich war, daß viele der vermeintlichen «Feinde» objektiv keine Bedrohung für das Reich darstellten. So schrieb Generaloberst von Fritsch kaum ein Jahr nachdem er dank abscheulicher Verleumdungen von seinem Posten als Oberbefehlshaber des Heeres entlassen worden war und nur ein paar Wochen nach der Kristallnacht in einem privaten Brief:

> Es ist wirklich merkwürdig, daß so viele Leute mit zunehmender Besorgnis in die Zukunft blicken trotz des Führers unbestreitbaren Erfolgen während der vergangenen Jahre ... Kurz nach dem Weltkrieg kam ich zu dem Schluß, daß wir in drei Schlachten siegen müßten, wenn Deutschland wieder mächtig werden sollte:
> 1. Die Schlacht gegen die Arbeiterklasse – Hitler hat diese gewonnen,
> 2. gegen die katholische Kirche, vielleicht besser ausgedrückt, gegen den Ultramontanismus und
> 3. gegen die Juden.
>
> Wir stehen mitten in diesen Schlachten, und die gegen die Juden ist die schwierigste. Ich hoffe, daß sich jedermann über die Schwierigkeiten dieses Unternehmens im klaren ist.[53]

Daß Fritsch seinen Glauben an die Fähigkeit Hitlers, Deutschland zu «retten», früher als die meisten anderen Generäle verloren hatte, lag vor allem an der Art und Weise, wie er kaltgestellt worden war. Doch sein Glaube an Hitler schlug nicht in Haß oder Widerstandswillen um, sondern in Fatalismus. Fritsch war einerseits zwar davon überzeugt, daß Hitler Deutschland in den Untergang führen würde, aber andererseits betrachtete er ihn als Deutschlands Schicksal und konnte sich deswegen keine Opposition gegen die Nationalsozialisten vorstellen.[54] Seine opportunistischeren Kollegen blickten hoffnungsvoller in die Zukunft, und ihr Glaube an Hitler wuchs vor allem im Gefolge der triumphalen Siege in Polen und im Westen. Zwei Monate vor dem Angriff auf die Sowjetunion teilte der Befehlshaber der 18. Armee, Generaloberst von Küchler, seinen Divisionskommandeuren mit: «Von Rußland trennt uns weltanschaulich und rassisch ein tiefer Abgrund», Rußland sei schon nach der Masse seines Landbesitzes ein «asiatischer Staat». Deswegen, so betonte er, müsse das Ziel sein, «das europäische Rußland zu vernichten».[55] Küchler, der vollkommene Übereinstimmung mit den verbrecherischen Befehlen bekundete, erteilte den Kommandeuren seiner Verbände folgende Anweisung: «Die politischen Kommissare und GPU-Leute sind Kriminelle ... [und müssen] sofort vor ein Feldgericht [gestellt werden].» Auch Generaloberst Hoepner, Oberbefehlshaber der Panzergruppe 4, dachte über den bevorstehenden Krieg im Osten in ebenden Bahnen, die die Propaganda des Regimes der Wehrmacht vorgezeichnet hatten. Am 2. Mai 1941 schrieb er:

> Der Krieg gegen Rußland ist ein wesentlicher Abschnitt im Daseinskampf des deutschen Volkes. Es ist der alte Kampf der Germanen gegen das Slawentum, die Verteidigung europäischer Kultur gegen moskowitisch-asiatische Überschwemmung, die Abwehr des jüdischen Bolschewismus. Dieser Kampf muß die Zertrümmerung des heutigen Rußland zum Ziel haben und deshalb mit unerhörter Härte geführt werden. Jede Kampfhandlung muß in Anlage und Durchführung von dem eisernen Willen zur erbarmungslosen, völligen Vernichtung des Feindes geleitet sein. Insbesondere gibt es keine Schonung für die Träger des heutigen russisch-bolschewistischen Systems.[56]

Kurz vor Beginn des Unternehmens «Barbarossa» ermahnte der kommandierende General des 47. Panzerkorps seine Soldaten, den Feldzug gegen die Sowjetunion in geschichtlichem Zusammenhang zu sehen:

> Es gilt jetzt, die Rote Armee zu zerschlagen und damit den Bolschewismus, den Todfeind des Nationalsozialismus, für alle Zeiten auszurotten.
> Wir haben nie vergessen, daß der Bolschewismus es war, der unserem Heere des Weltkriegs den Dolchstoß von hinten versetzte und der Schuld war an allem Unglück, das über unser Volk in der Nachkriegszeit kam.
> Daran sollen wir immer denken![57]

Nach Beginn des Feldzugs versuchten nur wenige Befehlshaber, die Brutalität ihrer Männer zur zügeln. Viele waren sogar der Ansicht, daß die Truppe noch viel zuviel Mitgefühl mit dem Feind zeigte, und bemühten sich, mehr Verständnis für die Brutalitäten zu wecken, die als unerläßlich für einen Sieg in diesem «Weltanschauungskrieg» erachtet wurden, und die Bereitschaft der Soldaten zu stärken, an ihnen mitzuwirken. So appellierte der Kommandeur der 6. Armee, von Reichenau, am 10. Oktober 1941 an seine Soldaten:

> Hinsichtlich des Verhaltens der Truppe gegenüber dem bolschewistischen System bestehen vielfach noch unklare Vorstellungen. Das wesentlichste Ziel des Feldzugs gegen das jüdischbolschewistische System ist die völlige Zerschlagung der Machtmittel und die Ausrottung des asiatischen Einflusses im europäischen Kulturkreis.
> Hierdurch entstehen auch für die Truppe *Aufgaben*, die über das hergebrachte einseitige Soldatentum hinausgehen. Der Soldat ist im Ostraum nicht nur ein Kämpfer nach den Regeln der Kriegskunst, sondern auch Träger einer unerbittlichen völkischen Idee und der Rächer für alle Bestialitäten, die deutschem und artverwandtem Volkstum zugefügt wurden.
> Deshalb muß der Soldat für die Notwendigkeit der harten, aber gerechten Sühne am jüdischen Untermenschen *volles* Verständnis haben. Sie hat den weiteren Zweck, Erhebungen im Rücken der Wehrmacht, die erfahrungsgemäß stets von Juden angezettelt wurden, im Keime zu ersticken.[58]

Diese Anweisung nahmen sich zahlreiche andere Wehrmachtsgeneräle zum Vorbild. Selbst Hitler lobte sie auf das höchste und ließ sie an alle Kampfeinheiten im Osten verteilen. Auch General von Manstein, Kommandeur der 11. Armee, ließ sich von Reichenaus Erlaß inspirieren, als er am 20. November 1941 eine eigene, vielleicht noch radikalere Version verkündete:

> Seit dem 22. 6. steht das deutsche Volk in einem Kampf auf Leben und Tod gegen das bolschewistische System. Dieser Kampf wird nicht in hergebrachter Form gegen die sowjetische Wehrmacht allein nach europäischen Kriegsregeln geführt ...
> Das Judentum bildet den Mittelsmann zwischen dem Feind im Rücken und den noch kämpfenden Resten der Roten Armee und der Roten Führung. Es hält stärker als in Europa alle Schlüsselpunkte der politischen Führung und Verwaltung, des Handels und des Handwerks besetzt und bildet weiter die Zelle für alle Unruhen und möglichen Erhebungen.
> Das jüdisch-bolschewistische System muß ein für allemal ausgerottet werden. Nie wieder darf es in unseren europäischen Lebensraum eingreifen.
> Der deutsche Soldat hat daher nicht allein die Aufgabe, die militärischen Machtmittel dieses Systems zu zerschlagen. Er tritt auch als Träger einer völkischen Idee und Rächer für alle Grausamkeiten, die ihm und dem deutschen Volk zugefügt wurden, auf.
> Für die Notwendigkeit der harten Sühne am Judentum, dem geistigen Träger des bolschewistischen Terrors, muß der Soldat Verständnis aufbringen.[59]

Fünf Tage später legte der Kommandeur der 17. Armee, Generaloberst Hoth, seinen Soldaten eine noch detailliertere «Analyse» des historischen und ideologischen Kontextes des Krieges vor. Er gelangte ebenfalls zu der Schlußfolgerung, daß nur die Vernichtung des rassisch unterlegenen und moralisch verkommenen Feindes die europäische und insbesondere die deutsche «Kultur» vor der asiatischen Barbarei würde retten können:

> Es ist uns diesen Sommer immer klarer geworden, daß hier im Osten innerlich unüberbrückbare Anschauungen gegeneinander kämpfen: deutsches Ehr- und Rassegefühl, jahrhundertealtes Soldatentum und asiatische Denkungsart und ihre, durch eine kleine Anzahl meist jüdischer Intellektueller aufgepeitschten primitiven Instinkte: Angst vor der Knute, Mißachtung sittlicher Werte, Nivellierung nach unten, Wegwerfen des eigenen wertlosen Lebens. Stärker denn je tragen wir in uns den Gedanken an eine Zeitwende, in der dem deutschen Volke kraft der Überlegenheit seiner Rasse und seiner Leistungen die Führung Europas übertragen ist. Klar erkennen wird unsere Sendung, die europäische Kultur zu retten vor dem Vordringen asiatischer Barbarei. Wir wissen jetzt, daß wir gegen einen erbitterten und zähen Gegner zu kämpfen haben. Dieser Kampf kann nur mit der Vernichtung des einen oder des anderen enden; einen Ausgleich gibt es nicht.

Hoth fuhr fort, indem er darauf hinwies, daß «Mitleid» und «Weichheit» gegenüber der Bevölkerung fehl am Platze seien, und drängte die Soldaten, die «Notwendigkeit harter Maßnahmen gegen volks- und artfremde Elemente» einzusehen:

> Rußland ist nicht ein europäischer, sondern ein asiatischer Staat. Jeder Schritt in dieses freudlose, geknechtete Land lehrt diesen Unterschied. Von diesem Druck und den zerstörenden Kräften des Bolschewismus müssen Europa und insbesondere Deutschland für alle Zeiten frei gemacht werden.[60]

Die Befehlshaber des Ostheers beteiligten sich also an dem allgemeinen Propagandafeldzug, dessen Ziel es war, die Realität an der Ostfront auf den Kopf zu stellen. Der Inhalt ihrer Verlautbarungen hatte um so mehr Gewicht, als sie von Berufs wegen dazu befähigt waren, die Natur des Krieges zu bewerten. Das Hauptargument war in jedem Falle, daß das Unternehmen Barbarossa lediglich eine vorbeugende Maßnahme sei. Mit ihm wolle man der drohenden Invasion durch die «asiatischen Barbaren» unter Führung des «jüdischen Bolschewismus», dessen Ziel es sei, Europa zu verwüsten und seine «Kultur» zu vernichten, zuvorkommen. Und weil die Gefahr so groß war, war alles erlaubt, mußte alles getan werden, um die «Machtbasis» des sowjetischen Feindes – die Kommunisten und die Juden – auszuradieren. Diese Logik, die die Schuld an der verbrecherischen Politik der Nationalsozialisten im Osten den Opfern selbst zuschrieb, war gegen jeden Beweis des Gegenteils immun. Kein Wunder, daß die Wehrmacht den gesamten Krieg über ständig dasselbe Argument bemühte. Ende Dezember 1941 erinnerte der kommandierende General des 2. Armeekorps seine Soldaten daran, daß sie nur einen Verteidigungskrieg gegen einen barbarischen Feind führten:

> Die Kämpfe der vergangenen Monate haben Euch gezeigt, daß der russische Soldat ... zu jeder gemeinen Tat, zu Mord und Hinterlist bereit ist ...
> Was wäre geschehen, wenn sich diese asiatisch mongolische Horde über Europa und vor allem Deutschland sengend, plündernd, mordend, schändend hätte ergießen können?[61]

Wie es scheint, haben sich weder Offiziere noch Mannschaften an den inneren Widersprüchen der Propaganda besonders gestört. Immerhin war der Oberbefehlshaber der 16. Armee nur einer von vielen Offizieren, die Anfang 1943 die Losung ausgaben, die Wehrmacht brauche einen fanatischen Glauben – denselben fanatischen Glauben, der im Zusammenhang mit der Roten Armee so verteufelt wurde. Aus Anlaß der «zehnjährigen Wiederkehr des Siegestages der nationalsozialistischen Bewegung» erinnerte er seine Soldaten daran, daß

> dieser mit fanatischem Glauben in zähem Ringen und unerschütterlichem Vertrauen an den Führer erkämpfte Sieg ... die Voraussetzung für den Sieg der Waffen im Kampfe des Deutschen Volkes für eine neue, gerechte Lebensordnung [schuf].
> Einig und stark im Glauben an die Gerechtigkeit seiner Sache und mit dem eisernen Willen zum Siege steht das nationalsozialistische Großdeutschland nunmehr im vierten Jahre seines Kampfes um seinen Lebensraum. Viele haben ihre Liebe zu Führer und Reich mit dem Tode besiegelt.[62]

Niemand sollte denken, daß solche ideologischen Erklärungen lediglich für die Öffentlichkeit gedacht waren. Während von Fritsch 1939 seine Vorurteile in einem persönlichen Brief bloßgelegt hatte, trug Generaloberst von Richthofen, Kommandeur der 4. Luftflotte, noch im Januar 1943 folgende Gedanken in sein Tagebuch ein:

> Lese wiederum einmal im «Kampf» *[Mein Kampf]* das Kapitel über Russen und Ostpolitik. Doch sehr interessant und auch in der heutigen Lage fast alle Fragen beantwortend. Werde für stärkere Betonung dieser Ausführungen bei der Truppe im ganzen Bereich sorgen.[63]

Auch die Divisionskommandeure sorgten sich um die ideologische Haltung ihrer Männer. Eine Methode, um zu gewährleisten, daß die Truppe ideologisch auch ausreichend unterwiesen wurde, war die Einführung allwöchentlich stattfindender politischer Schulungen auf Kompanieebene, für die man die Offiziere reichlich mit Indoktrinationsmaterial versorgte. Die 12. Infanteriedivision, um nur ein Beispiel zu nennen, hielt im Juni 1940 erstmalig eine solche Schulung ab,[64] und im Juni 1943 wurde die Indoktrination durch die Einsetzung spezieller «Betreuungsoffiziere», die sich ausschließlich der politischen Erziehung der Truppe widmeten, noch verstärkt. Dazu erklärte der Divisionskommandeur:

> Mit dem Übergang zum 5. Kriegsjahre gewinnt eine einheitliche wehrgeistige Betreuung ... der Truppe ... an Bedeutung. Die Kommandeure tragen grundsätzlich die Verantwortung für Art und Durchführung dieser Betreuungs- und Erziehungsarbeit. Zu ihrer Beratung und Unterstützung ernennen sie Betreuungsoffiziere.[65]

Diese ideologische Unterweisung stieß bei den Soldaten keineswegs auf Ablehnung. Der Betreuungsoffizier eines zur Division gehörenden Bataillons schrieb in einem Arbeitsbericht:

> Es wurden von den Zug- und Kompanie-Führern bzw. -Chefs politische Tagesfragen erörtert. In vielen Bunkern wurden Radioanschlüsse gelegt, so daß Musik, Nachrichtendienst, Reden von Staatsmännern gehört werden können ...
> Der Soldat ist für jede Abwechslung dankbar ... Für Aufklärung über politische und sonstige Tagesereignisse zeigt der Soldat Interesse, ein Beweis dafür, daß er sich mehr damit beschäftigt, als man oft annimmt.[66]

Auch die 18. Panzerdivision zeigte lebhaftes Interesse an der ideologischen Unterweisung ihrer Soldaten. Sie setzte schon im Herbst 1942 Betreuungsoffiziere ein, und wie der Divisionskommandeur berichtete, wurden sie von Offizieren wie Mannschaften willkommen geheißen:

> Die Anregungen sind bei fast allen Offizieren durchaus bejahend aufgenommen und zum Teil lebhaft begrüßt worden. Die Ansicht, daß bei der Länge des Krieges die seelische Spannkraft des Mannes besonders erhalten werden muß, was durch die üblichen Mittel der Zerstreuung nicht ausreichend geschehen kann, ist allgemein ...
> Die Ausführungen sind von den Soldaten sehr aufmerksam aufgenommen worden. Ein innerliches Mitgehen und ein Bedürfnis, auf diese Art angesprochen zu werden, ist auf jeden Fall vorhanden ...
> Zweifellos ist diese Einrichtung in besonderem Maße von der

> Persönlichkeit des dafür eingesetzten Offiziers abhängig, der das Vertrauen der Kommandeure und Einheitsführer besitzen muß. Ist dies der Fall, so ist seine Arbeit *sehr* wertvoll. In der Division hat sich die Einrichtung bisher voll bewährt und verspricht bei weiterem Ausbau guten Erfolg.[67]

Genauso dachte man bei der Division «Großdeutschland». Nach Aufstellung der Division wies ihr Kommandeur seine Kompanieführer darauf hin, daß sie nicht nur für «die reine Führung und Ausbildung» verantwortlich seien, sondern darüber hinaus im Interesse der ideologischen Betreuung der Soldaten so oft wie möglich Kompanieschulungen ausrichten und angemessenes Propagandamaterial verteilen sollten.[68] Im September desselben Jahres erinnerte die Division noch einmal daran, daß die Wehrmacht die «Abwehrschlacht» nur gewinnen könne «durch den unerschütterlichen Glauben, daß wir dem Gegner durch unsere Moral, unsere Zähigkeit, unsere Ausbildung und unsere Führung auch in der kritischsten Lage unbedingt überlegen sind und bleiben werden»[69]. Und im April 1943 unterstrich ihr Kommandeur erneut die außerordentliche Bedeutung der wehrgeistigen Betreuung der Soldaten:

> Durch die Dauer dieses Krieges werden nicht nur außerordentliche Anforderungen an militärische Leistungen der Wehrmacht gestellt, sondern auch an die geistige Widerstandskraft eines jeden einzelnen Soldaten. Diese geistige Widerstandskraft gilt es immer wieder, besonders in Ruhe, zu stärken. Das wird erreicht durch:
>
> 1. die einheitliche Ausrichtung von Führer und Truppe in weltanschaulichen Fragen,
> 2. Stärkung der soldatischen Eigenschaften: Tapferkeit, Zähigkeit, Kampfwillen und Gehorsam,
> 3. die Erkenntnis des geschichtlichen Sinnes des Krieges,
> 4. Schaffung einer zuversichtlichen Betrachtung der militärischen und politischen Lage auch gegenüber Rückschlägen und Dauer des Krieges: Erziehung zur Krisenfestigkeit.[70]

Nur einen Monat später führte die Division «Truppenbetreuungs-Offiziere» ein, zu deren Aufgaben die Durchführung aller Propagandamaßnahmen sowie die «Betreuung und wehrgeistige Führung der Truppe» gehörte.[71]

Gegen Ende des Krieges, als die objektive Lage für jeden ersichtlich immer hoffnungsloser wurde, intensivierten die Kampfverbände in dem verzweifelten Bemühen, ihre materielle Unterlegenheit auszugleichen, die Indoktrination der Truppe. Typisch dafür ist das «Frontbekenntnis der Soldaten der 4. Panzerdivision» vom Januar 1945, bei dem die Essenz der nationalsozialistischen Weltanschauung zu einem pseudoreligiösen Glaubensbekenntnis verdichtet wurde:

> ICH BEKENNE MICH
> – eingedenk meines Fahneneides – zur Frontkameradschaft meiner Division
> ICH BIN ENTSCHLOSSEN
> im gegenwärtigen Entscheidungskampf um das Leben meines Volkes meine ganze Kraft, mein Blut und mein Leben einzusetzen
> NIEMALS
> werde ich meine Kameraden im Stich lassen
> NIEMALS
> werde ich meine Waffen … verlassen …
> …
> ICH GLAUBE
> an Deutschland. Ich werde alles daransetzen, um auch die seelische Widerstandskraft des deutschen Volkes an der Front und in der Heimat durch das gesprochene und geschriebene Wort zu erhalten und zu stärken
> ICH GLAUBE
> an das im Nationalsozialismus geeinte deutsche Volk und den Sieg seiner gerechten Sache
> ICH GLAUBE
> als nationalsozialistischer Soldat an meinen Führer Adolf Hitler.[72]

Im letzten Kriegsjahr setzte die Wehrmacht sogenannte Nationalsozialistische Führungsoffiziere (NSFO) ein, die noch mehr als die «Betreuungsoffiziere» den verhaßten Kommissaren der Roten Armee glichen.[73] Diese nationalsozialistischen «Missionare» taten sich vor allem durch die Ausgabe prägnanter und unmißverständlicher Kampfparolen an die Truppe hervor. Typisch für die zahllosen Glaubensbekentnisse der Wehrmacht in den letzten Kriegsmonaten war das folgende, von einem NSFO herausgegebene Propaganda-Flugblatt:

1. Nie hat Asien Europa besiegt. Wir werden die asiatische Flutwelle auch diesmal brechen.
2. Herrschaft asiatischer Untermenschen über Abendland ist Unnatur und nicht Sinn der Geschichte.
3. Hinter der Flut roten Mobs grinst Fratze des Juden. Sein Herrschaftsgelüste wird zerbrochen, wie einst seine Macht in Deutschland.[74]

Trotz der offensichtlichen Beteiligung der Wehrmachtkommandeure am Propagandafeldzug zögern viele Historiker zuzugeben, daß die rangniederen Offiziere und die Mannschaften in den Fronteinheiten mit ideologischen Argumenten motiviert worden sind, sowohl was den Kampf als auch die Behandlung von Kriegsgefangenen und Zivilisten betraf. Teilweise mag das mit der Schwierigkeit zusammenhängen, den Wust an Unsinnigkeiten, der als die nationalsozialistische Weltanschauung ausgegeben wurde, mit der bemerkenswerten Effektivität der Wehrmacht in Einklang zu bringen, teilweise liegt das aber auch an strukturellen Entwicklungen innerhalb der wissenschaftlichen Disziplin. Während Geschichtswissenschaftler, die sich mit der zivilen Gesellschaft beschäftigen, dem militärischen Bereich kaum Aufmerksamkeit schenken, befassen sich Militärhistoriker fast ausschließlich mit militärischen Themen und interessieren sich für die Verbindungen zwischen Soldaten und Zivilisten nur auf den höheren Hierarchieebenen, wo es um Strategie, Politik und Wirtschaft geht. Daraus ergibt sich, daß die Angehörigen der niederen Ränge in der Armee als eine graue, gesichtslose Masse behandelt werden, als verfügten sie weder über eine zivile Vergangenheit noch über eine individuelle Persönlichkeit, einen eigenen Willen oder ein eigenes Bewußtsein. So kann man ihnen je nach Standpunkt beliebige Eigenschaften zuschreiben, ohne daß man freilich in der Lage ist, diese Eigenschaften fundiert zu belegen. Die Wehrmachtsoldaten werden, abhängig von der allgemeineren Sichtweise der Gesellschaft im Dritten Reich, entweder als fanatische Nationalsozialisten oder als ideologisch indifferent dargestellt, ohne jeden Bezug auf die spezifischen Bedingungen, unter denen sie lebten, oder auf ihren jeweiligen Werdegang vor der Einberufung. Dabei wird unterstellt, daß die Soldaten mit dem Anlegen des Waffenrocks alle im Zivilleben erworbenen Eigenschaften ablegten – und nach ihrer Rückkehr aus dem Krieg alles vergaßen, was sie im Krieg erlebt hatten. Es versteht sich von selbst, daß die Erfahrungen, die ein junger Mann nach jahrelanger Erziehung im Dritten Reich im Zivilleben gemacht hatte, sich auf sein Verhalten als Soldat ebenso auswirkten, wie die Erfahrungen von sechs Kriegsjahren nach der Entlassung aus dem Militärdienst seine zivile Identität prägten. Die Neigung von Historikern, die wechselseitige Beziehung zwischen Gesellschaft und Wehrmacht zu unterschätzen, hängt mit dem durch die Schrecken des Krieges hervorgerufenen Abscheu vor allem Militärischen zusammen. Dasselbe gilt für ihre Skepsis gegenüber der Vorstellung, die Wehrmachtsoldaten hätten aus ideologischen Motiven gehandelt; sie ist eine unmittelbare Konsequenz aus der Tatsache, daß die Ideale der ersten Jahrhunderthälfte und die mit ihnen verknüpften Hoffnungen in einem Blutbad ertränkt wurden. Zu diesen allgemeinen Gründen kommt noch die Tatsache, daß die Wehrmacht im Westen die Regeln des Kriegsvölkerrechts im großen und ganzen einhielt, wenigstens in der Behandlung der Kriegsgefangenen und der Zivilbevölkerung – die politischen und «biologischen» Feinde natürlich ausgenommen. Ideologie spielte bei der Eroberung und Besetzung Westeuropas eine weit geringere Rolle als beim Ostfeldzug.[75] Der Krieg im Osten unterschied sich grundlegend von dem im Westen. Die Rote Armee und die sowjetische Bevölkerung hatten die Hauptlast von Krieg und Nazi-Barbarei zu tragen, und sie waren es auch, die am Ende die militärische Macht des Dritten Reichs brachen. Doch im Westen hatte man den Krieg anders erfahren und im Gedächtnis behalten, und das schlug sich auch in den Arbeiten der Historiker nieder. Eine Rolle spielte auch die Tatsache, daß die liberale Tradition der strikten Trennung von Politik und Militär ein besseres Verständnis der völlig andersartigen Tradition in Deutschland oder, was das betrifft, auch in der Sowjetunion erschwerte. Während der Kalte Krieg und die Angst vor dem Kommunismus der Vorstellung den Weg bereiteten, die Rote Armee sei eine durch und durch politische Institution, bildeten sie ironischerweise auch die Grundlage für die Wiederbewaffnung der Bundesrepublik, in deren Gefolge es politisch notwendig wurde, die Verquickung von Wehrmacht und Nationalsozialismus zu vertuschen.[76] Gleichzeitig fügten sich nun jene Elemente der Wehrmachtpropaganda, in denen sie als Bollwerk der Zivilisation gegen den Bolschewismus dargestellt worden war, hervorragend in die Strategie der neuen westlichen Allianz ein. Sieht man einmal davon ab, daß sich diese Entwicklung erst nach dem Sturz des NS-Regimes vollzog, hätte diese Wendung der Dinge Goebbels sicherlich große Genugtuung bereitet. Da sich in den letzten zehn Jahren die Ost-West-Beziehungen stark verbessert haben – und der Wirtschaftsmacht Deutschland eine zentrale Rolle bei der Entwicklung Osteuropas zukommt –, scheint es politisch opportun, die Wehrmachtsoldaten ebenfalls als Opfer und nicht als willfährige Instrumente des Hitlerregimes zu betrachten. Damit wurde schrittweise eine weitere Umdeutung der Rolle der Wehrmacht an der Ostfront legitimiert.[77]

Die Indoktrination durch die Nationalsozialisten hatte einen bedeutenden und leider nur unzureichend anerkannten Einfluß auf die Realitätswahrnehmung der Wehrmachtsoldaten vom Gefreiten bis zum General, ein Einfluß, der noch viele Jahre nach der Kapitulation spürbar war. Die «Weltanschauung» des Regimes drang so tief in das Denken der Soldaten ein, daß man gar nicht groß zwischen den Zeilen lesen muß, um auf zahllose Belege für diese These zu stoßen. Ebenso leicht lassen sich Belege dafür finden, daß nationalsozialistische Argumente auch noch lange nach der Kapitulation dazu benutzt wurden, die Kriegführung der Wehrmacht zu rechtfertigen. Sehr aufschlußreich sind in diesem Zusammenhang beispielsweise die Memoiren des Panzergenerals Heinz Guderian. Während Guderian gegenüber der Rolle der Wehrmacht bei der Durchführung verbrecherischer Maßnahmen einer gängigen Verteidigungsstrategie folgt und die Tatsachen schlichtweg leugnet, bekundet er seine volle Übereinstimmung mit der Ansicht Hitlers, der Einmarsch in der Sowjetunion sei lediglich ein Versuch gewesen, das Reich vor der «Überwältigung durch die asiatisch-bolschewistische Flut … aus dem Osten» zu retten. Seiner Überzeugung nach war das Unternehmen «Barbarossa» ein Kampf des Guten gegen das Böse, dessen Ziel in der Verteidigung der «europäischen Zivilisation» bestand. Hitler, so behauptet Guderian,

> hatte klar erkannt, daß Europa und das gesamte Abendland bedroht waren durch den von der Sowjetunion verkörperten, nach der Weltherrschaft strebenden Kommunismus. Er wußte sich hierbei in Übereinstimmung mit der Mehrheit seines Volkes, sogar mit sehr vielen guten Europäern in allen Ländern.[78]

Diese Zeilen wurden 1950 veröffentlicht, zu einer Zeit, als die meisten «guten» Europäer und Amerikaner ganz klar antikommunistisch dachten. Trotzdem dürften sie sich durch Guderians Verknüpfung dieser Haltung mit dem Nationalsozialismus kaum geehrt gefühlt haben. Die Wehrmacht als Retterin Europas vor dem Kommunismus, dieses Bild wirft interessanterweise ein ganz anderes Licht auf das im und nach dem Krieg von deutschen Generälen vorgebrachte Argument, daß jeder Widerstand gegen das Regime schon allein deswegen unmöglich gewesen sei, weil Hitler in den unteren Rängen der Armee über eine starke Gefolgschaft verfügt habe. Guderian schreibt, daß nach der Machtergreifung durch die Nazis

> der Opposition [innerhalb der Armee] von Jahr zu Jahr mehr Boden entzogen [wurde], denn jeder neue Jahrgang, der zu den Fahnen trat, kam aus der Hitlerjugend und war bereits im Arbeitsdienst und in der Partei auf Hitler verpflichtet worden. Auch das Offizierkorps wurde von Jahr zu Jahr stärker mit jungen Nationalsozialisten durchsetzt.[79]

Damit hatte Guderian durchaus recht. Doch was er nicht erwähnte, ist die Tatsache, daß er selbst unter den begeisterten Gefolgsleuten eine prominente Stellung einnahm, und zwar nicht nur, weil ihn der Führer durch rasche Beförderung in eine einflußreiche Position gehievt und ihm so die Möglichkeit gegeben hatte, seine technischen Träume zu verwirklichen. Guderian glaubte an die fundamentalen Ziele des Nationalsozialismus, insbesondere an die Notwendigkeit, die

Macht Deutschlands auszudehnen und, als Konsequenz daraus, den «jüdischen Bolschewismus» oder, in seiner Nachkriegs-Version, den «asiatischen Barbarismus» und Kommunismus mit Stumpf und Stiel auszurotten. Die Kluft zwischen den unteren Rängen und den jüngeren Wehrmachtgenerälen war demnach lange nicht so tief, wie es Guderian und andere hohe Wehrmachtoffiziere nach dem Krieg in ihren Memoiren glauben machen wollten. Beide Gruppen verband eine positive Einstellung zur nationalsozialistischen Weltanschauung, so wie sie sie verstanden, und die Bereitschaft, sie im Rahmen ihrer jeweiligen Funktion in die Tat umzusetzen. So bezieht sich Guderian eigentlich auf sich selbst und seine Kollegen, wenn er schreibt:

> Als nun der Nationalsozialismus mit neuen, nationalen Parolen auf den Plan trat, fing zumal die nachrückende Generation des Offizierskorps schnell Feuer für die patriotischen Gedankengänge, die ihr die NSDAP anbot.[80]

Wenn wir uns klarmachen, daß mit diesen «patriotischen Gedankengängen», von denen Guderian hier spricht, nichts anderes als die Eroberung von Lebensraum und die Rassenpolitik der Nationalsozialisten gemeint war, belegt dieses Zitat eindrucksvoll, wie erfolgreich das Regime seine Weltanschauung den Soldaten eingeimpft hatte.

Sowenig es verwundern mag, daß ein ehemaliger Wehrmachtgeneral knapp sechs Jahre nach Kriegsende solche Äußerungen von sich gibt, so überraschend ist es, daß Männer wie er von zahlreichen westlichen Historikern und Militärs nach wie vor ausschließlich als Berufssoldaten betrachtet werden. Zu denen, die dieser Haltung den Boden bereiteten, gehörte auch der einflußreiche britische Historiker Liddell Hart, der unmittelbar nach Kriegsende beschrieb, wie sehr ihn im Krieg das «feine Benehmen» (gentlemanliness) der

Wehrmachtgeneräle, mit denen er gesprochen hatte, eingenommen habe.[81] Der Verfasser des Vorworts zur englischen Ausgabe von Hans-Ulrich Rudels erstmals 1952 erschienenem Buch *Trotzdem*, ein Offizier der Royal Air Force namens Brader, schrieb über Rudel: «Obwohl ich nur ein paar Tage in seiner Gesellschaft verbracht habe, kann ich doch sagen, daß er auf jeden Fall ein tapferer Bursche ist und ich ihm viel Glück wünsche.»[82] Brader war offenbar nicht der Auffassung, daß Rudels Tapferkeit angesichts seiner ganz offensichtlich tiefempfundenen Loyalität zu Hitler und allem, wofür dieser stand, einer qualifizierteren Beurteilung bedurft hätte. Das gilt um so mehr, als Rudels Loyalität nicht nur bis zum Ende des Kriegs ungebrochen blieb, sondern sogar noch während der Zeit, als er an seiner Autobiographie schrieb. Die Nachricht vom Selbstmord Hitlers änderte nichts an seinem Sendungsbewußtsein. Rudel erkannte zwar, daß Hitlers Tod den «noch kämpfenden Truppen einen Schock versetzte», ist aber gleichzeitig der Ansicht, daß

> … die roten Horden unsere Heimat verwüsten, und darum müssen wir weiterkämpfen. Wir werden erst die Waffen aus der Hand legen, wenn unsere Führung dies befiehlt. Das fordert unser Fahneneid, das fordert das uns drohende furchtbare Schicksal, das uns ins Herz von Europa stellte und uns durch die Jahrhunderte zwang, Europas Bollwerk gen Osten zu sein. Ob Europa das versteht und wünscht, oder ob es mit tödlicher Teilnahmslosigkeit oder gar Gegnerschaft antwortet, ändert nichts an unserer europäischen Pflicht! Wollen wir doch der Geschichte unseres Kontinentes gegenüber, gerade in den kommenden gefährlichen Zeiten, den Kopf hoch tragen können.[83]

Rudel hatte keinerlei Hemmungen, seine von der nationalsozialistischen Propaganda geprägten, verzerrten Ansichten über den Krieg auch noch lange nach dessen Ende in Deutschland und in einer englischen Übersetzung zu veröffentlichen.

Und das nicht zu Unrecht, wie die herzliche Einführung des R.A.F.-Offiziers zur englischen Ausgabe belegt. Rudel spricht über das Schicksal und die Rolle Deutschlands in Europa in genau derselben propagandistisch gefärbten Sprache, die während des Krieges vorherrschte. Glaubt man seinen Ausführungen, so war das Dritte Reich beileibe nicht der furchtbare Vernichter menschlichen Lebens und moralischer Werte, als der es immer hingestellt wird, sondern im Gegenteil ihr Verteidiger, und der deutsche Soldat war nicht Hitlers Werkzeug beim Völkermord, sondern eine germanische Ausgabe des heiligen Georg, der seine Lanze gegen den kommunistischen Drachen erhob. Die in der Nachkriegszeit ans Licht gekommenen Fakten über die wahre, abgründige Natur des Hitler-Regimes scheinen Männer wie Rudel, die mit großer Sicherheit bereits vor der Kapitulation über die menschenverachtenden Praktiken des Regimes Bescheid wußten, in ihrer Haltung kaum erschüttert zu haben.

Rudels Buch, das ziemlich repräsentativ für die Kriegserinnerungen ist, die in den ersten beiden Jahrzehnten nach Kriegsende publiziert wurden, ist ein hervorragendes Beispiel dafür, wie Männer, die von nationalsozialistischem Gedankengut durchdrungen waren, trotz der offensichtlich fatalen Konsequenzen von Hitlers Politik an ihren Ansichten festhielten. Doch die Weltanschauung der Nazis, die einen Teil der Hoffnungen und Bestrebungen des deutschen Nationalismus wenigstens seit Bismarck in einer radikaleren Form widerspiegelte, übte auch einen nicht zu unterschätzenden Einfluß auf manche Vertreter der innenpolitischen Opposition aus. Das hat dazu geführt, daß in der Bundesrepublik Deutschland in letzter Zeit wieder einige zentrale Argumente und Begriffe der nationalsozialistischen Ideologie in Mode kamen, und zwar unter dem Vorwand, man wolle den Deutschen durch die Anerkennung positiver Aspekte selbst in den dunkelsten Stunden ihrer Geschichte eine Art nationaler Identität zurückgeben. Besonders beunruhigend dabei ist, daß die ideologischen, geopolitischen und nationalistischen Argumente, mit denen die Rolle des Dritten Reiches und vor allem der Wehrmacht bei der «Eindämmung der bolschewistischen Flut» gerechtfertigt wurde, in den Arbeiten mehrerer bedeutender und anerkannter Historiker auftauchten. Dadurch wurde eine historische Interpretation legitimiert, die dem Nationalsozialismus bewußt oder unbewußt ebenjene Errungenschaften zuschreibt, die das Regime selbst in den letzten Phasen des Krieges für sich in Anspruch nahm.[84] Das typischste Beispiel für diese wissenschaftliche Verzerrung der Vergangenheit im Namen der Zukunft, was die Wehrmacht angeht, stellt das 1986 erschienene Buch *Zweierlei Untergang* von Andreas Hillgruber dar.[85] Nach Ansicht des Autors muß sich der (offensichtlich deutsche) Historiker in Anbetracht der «Winterkatastrophe 1944/45», also des Einfalls der Roten Armee in Ostpreußen,

> mit dem konkreten Schicksal der deutschen Bevölkerung im Osten und mit den verzweifelten und opferreichen Anstrengungen des deutschen Ostheeres und der deutschen Marine im Ostseebereich identifizieren, die die Bevölkerung des deutschen Ostens vor den Racheorgien der Roten Armee, den Massenvergewaltigungen, den willkürlichen Morden und den wahllosen Deportationen zu bewahren und in der allerletzten Phase [des Krieges] den Ostdeutschen den Fluchtweg zu Lande oder über See nach Westen freizuhalten suchten.[86]

Die Rote Armee, so behauptet Hillgruber, beging genau die Barbareien, die die nationalsozialistische Propaganda prophezeit hatte. Folglich brauche der Historiker keine Bedenken zu haben, die deutschen Opfer der bolschewistischen «Racheorgie» zum Objekt seines Rankeschen Mitgefühls zu machen. Hillgruber ist sich dabei durchaus bewußt, daß das Rachebedürfnis der Russen auf die Schrecken zurückzuführen war, die sie unter der deutschen Besatzung hatten erleiden müssen. Und er gibt auch unumwunden zu, daß die Ausrottung der Juden nur so lange ungestört weitergehen konnte, wie die Wehrmacht im Osten die Stellung hielt. Dennoch findet er seine Haltung ganz natürlich und unproblematisch und lehnt die Vorstellung ab, sich mit den Opfern der Nazi-Diktatur oder ihren innen- und außenpolitischen Widersachern zu identifizieren. Hillgruber setzt damit eine Tradition fort, die sich von der der «revisionistischen» Historiker deutlich unterscheidet. Im Jahre 1941 rechtfertigte die Wehrmacht den Überfall auf die Sowjetunion mit dem Argument, daß Deutschland sonst eine Invasion barbarischer Kräfte aus dem Osten gedroht hätte. Deshalb wurde dem deutschen Soldaten befohlen, das zu tun, was ihm sonst selbst angetan worden wäre. 1944 sah die Wehrmachtführung ihre Prophezeiung Realität werden und wandte sich mit dem Ersuchen, die «asiatische Flut» mit vereinten Kräften aufzuhalten, an die westlichen Alliierten. Solche Argumente tauchten in den apologetischen Memoiren der fünfziger und sechziger Jahre wieder auf. Und 1986 konnte Hillgruber in aller Öffentlichkeit behaupten, daß die Schlachten des Ostheers in den beiden letzten Kriegsjahren ein heroischer Versuch gewesen seien, ebenjene Flut einzudämmen. Folglich müßten sie als ein glorreiches Kapitel der deutschen Geschichte behandelt werden, selbst wenn es in der finstersten Zeit der NS-Herrschaft geschrieben worden sei.

Hillgruber schenkt dem Umstand, daß die Rote Armee mit den Deutschen in den besetzten Ostgebieten weit humaner umging als die Wehrmacht mit den Russen, ebensowenig Beachtung wie der Tatsache, daß die Sowjetunion, auch wenn sie im Osten rücksichtslose Diktaturen installierte, zu keinem Zeitpunkt eine Politik des Völkermords verfolgte, wie sie teilweise vom Dritten Reich betrieben worden war. Hätte sie es, so wäre die deutsche Wiedervereinigung eine rein theoretische Frage geblieben. Dennoch spricht Hillgruber von «sowjetischen Kriegsvorstellungen, die in der stalinistischen Epoche offensichtlich allgemein ... barbarische Züge annahmen».[87] Nicht genug damit, daß er die zeitliche Abfolge umkehrt und darauf hinzuweisen vergißt, daß die Rote Armee nur deshalb nach Berlin kam, weil die Wehrmacht über die Sowjetunion hergefallen war, er vertritt darüber hinaus auch die These, daß zwischen dem Barbarismus der Nazis, der Sowjets und der westlichen Alliierten kein nennenswerter Unterschied bestand. Hillgruber wiederholt die Propaganda-Formel jener Zeit, nach der die Westmächte das Dritte Reich nur deshalb nicht vor den Russen gerettet hätten, weil ihnen die totale Zerstörung Deutschlands eine unangefochtene Position sicherte. Er ist sogar der Ansicht, daß ihre finsteren Pläne Ausdruck eines allgemein europäischen und nicht etwa spezifisch nationalsozialistischen Denkens seien:

> Das, was im Ersten Weltkrieg an Gedanken einer völkischen Feld- und Flurbereinigung in Deutschland verbreitet war, was auf deutscher und sowjetischer Seite seit Beginn des Zweiten Weltkrieges im September 1939 praktiziert worden war, war nun – ohne daß sich direkte Bezüge zu den deutschen und sowjetischen Maßnahmen der Verschiebung von Bevölkerungsteilen im Osten feststellen lassen – auch von britischer Seite in die eigene Kriegszielplanung als ein Element eingeführt worden, das eine vermeintlich dauerhafte Sicherung für die eigene Führungsrolle in Europa zu versprechen schien.[88]

Die Deutschen, so Hillgruber, seien zwar als erste auf den Genozid als politisches Mittel verfallen und hätten es parallel zu den Russen auch als erste angewandt. Doch die Briten hätten ihnen, wenn auch nicht in der Praxis, so doch zumindest in der Theorie um nicht viel nachgestanden.

Umgekehrt ist Hillgruber der Ansicht, daß nicht nur die Umstände des Krieges im Osten oder die Völkermordabsichten von Deutschlands Feinden, sondern auch einige zentrale Aspekte der nationalsozialistischen Politik es ermöglichen, sich mit dem Dritten Reich zu identifizieren und seinen Untergang zu beklagen. So betont er, daß die

> ostpolitische Konzeption der liberalkonservativen Opposition eine gerechte Würdigung [verdient]; sie ist die einzige in Deutschland aktive Alternative zu Hitlers radikaler Utopie. Gemeinsam war beiden Konzeptionen, derjenigen Hitlers wie der der liberalkonservativen Opposition, nur [!] die Überzeugung, daß Europa von der Mitte, vom Deutschen Reich aus, organisiert und geführt, oder in der Sicht Hitlers: beherrscht werden müsse.[89]

Dieser Zielsetzung Hitlers und seiner (liberal?-)konservativen Widersacher stimmt Hillgruber voll und ganz zu.[90] So war es seiner Auffassung nach nicht nur eine deutsche, sondern eine europäische Tragödie, daß die beiden Supermächte die Entstehung eines von Deutschland «organisierten und geführten» Mitteleuropa vereitelt und so die politische Ohnmacht Europas besiegelt hätten. Daraus schließt er, daß die deutsche Armee für zwei hehre Ziele gekämpft habe, und rein zufällig sind das genau die Ziele, die auch die Nazi-Propaganda erhob. Zuerst, schreibt Hillgruber,

> [schützte] das deutsche Ostheer in einem ganz elementaren Sinn die Menschen in eben diesen preußischen Ostprovinzen, denen im Falle einer Überflutung ihrer Heimat durch die Rote Armee ... ein grauenvolles Schicksal drohte. Die von der nationalsozialistischen Propaganda seit langem so oft beschworene Vorstellung, daß es nur die Alternative zwischen Hitler und Stalin gebe, war jetzt für den deutschen Osten zur Realität geworden.[91]

Hillgruber übernimmt diese Sicht der Realität, ohne sie einer kritischen Hinterfragung zu unterziehen, da er, zusammen mit zahlreichen Apologeten der Nachkriegszeit, die These akzeptiert, daß Hitler, so schrecklich er gewesen sein mag, Stalin immer noch vorzuziehen sei. So gesehen war es legitim, den Nationalsozialismus Hitlers gegen den Bolschewismus Stalins zu verteidigen, vor allem, da es angeblich keine andere Alternative gab. Außerdem, so lautet Hillgrubers zweiter Schluß, habe die Wehrmacht nicht nur einen Kampf ums Überleben, sondern auch um Deutschlands Größe geführt. In den letzten Kriegsmonaten, so schreibt er,

> rang das deutsche Ostheer doch auch – in bruchstückhafter, nur durch die nationalsozialistische Propaganda halbwahr vermittelter Kenntnis der alliierten Kriegsziele – mit seinem verzweifelten Abwehrkampf um die Bewahrung der Eigenständigkeit der Großmachtstellung des Deutschen Reiches, das nach dem Willen der Alliierten zertrümmert werden sollte.[92]

Die Niederlage der Wehrmacht war gleichbedeutend mit der Niederlage Europas, dem das Herz herausgerissen und dessen Überrest den neuen Supermächten im Osten und Westen zum Fraß vorgeworfen wurde. Anders ausgedrückt: Die Truppen des Ostheeres fochten, wie die nationalsozialistische Propaganda immer schon betont hatte, für eine gerechte Sache: Das betraf im «elementaren Sinne» des Kampfes das eigene Überleben und das der deutschen Zivilbevölkerung angesichts einer drohenden barbarischen Invasion. Und es betraf im politisch-strategischen Sinne die Verteidigung Europas gegen die Beherrschung durch nichteuropäische Mächte. Hillgruber bietet ein bedrückendes Beispiel dafür, wie einer verzerrten Darstellung des Krieges, die vorwiegend auf der Propaganda des Dritten Reichs basierte, nur vierzig Jahre später das Mäntelchen der wissenschaftlichen Seriosität umgehängt werden kann.[93] Der einzige positive und in unserem Zusammenhang auch wichtige Aspekt in Hillgrubers Darstellung ist, daß sie uns beweist, wie stark nationalsozialistische Anschauungen nicht nur Kriegsveteranen, sondern auch Wissenschaftler beeinflußt haben. Betrachtet man die Sache aus einem anderen Blickwinkel, dann hat Hillgruber seinen eigenen Absichten geschadet. Er setzt nämlich als selbstverständlich voraus, was so viele andere Historiker bestreiten, insbesondere die Auffassung, daß der deutsche Soldat im Zweiten Weltkrieg kein Opfer des Regimes war, sondern aus Überzeugung für die Ziele kämpfte, die ihm als moralisch und existentiell erstrebenswert aufgetischt worden waren. Hillgruber liefert zwar kaum Belege für diese Auffassung, doch wie wir weiter unten noch sehen werden, machten sich die Soldaten der Wehrmacht das nationalsozialistische Realitätsbild tatsächlich zu eigen. Es war genau dieser Glaube in die Propaganda der Nazis, der sie auch dann noch weiterkämpfen ließ, nachdem ihre Einheiten bereits aufgerieben worden waren und die militärische Disziplin zusammenbrach. Damit soll nicht gesagt werden, daß jeder deutsche Landser ein überzeugter Nationalsozialist war, sondern nur, daß die große Mehrheit der Soldaten die pervertierte Weltsicht der Nationalsozialisten verinnerlicht hatte und deshalb keine Alternative sah, als bis zum letzten Atemzug zu kämpfen.[94]

Unter den höheren Chargen der militärischen und politischen Hierarchie des Dritten Reiches bestand kaum ein Zweifel daran, daß die Mannschaften und die rangniederen Offiziere Hitler treu ergeben waren. Diese Ansicht teilten sowohl Goebbels als auch die Konspirateure, Offiziere, die nach einem Vorwand dafür suchten, daß sie sich Unannehmlichkeiten ersparten und mit dem Regime weiter zusammenarbeiteten, und jene, die hofften, die militärische Krise durch die Fanatisierung und die Stärkung des Kampfwillens der Soldaten zu meistern. Studien über die Stimmung im Dritten Reich belegten, daß die Moral der Kampftruppen bis kurz vor

Kriegsende besser war als die der Bevölkerung im Hinterland, obwohl sie die militärischen Rückschläge aus eigener Erfahrung kannten. Eine Historikerin hat erklärt: «Die kurzen Auftriebsimpulse wurden meist von der Zuversicht und Haltung der Frontsoldaten ausgelöst, [die] am treuesten zu Hitler und seinem Regime standen.» Wehrmacht- und Parteiführung seien sich dessen durchaus bewußt gewesen, und 1943 sei der «Einsatz von Soldaten und Offizieren zur Hebung der Volksstimmung ... längst in die Wege geleitet worden».[95] Aus SD-Berichten vom Juni 1943 schloß ein anderer Historiker, daß der «Führer-Mythos unter den einfachen Soldaten ... sehr ausgeprägt blieb».[96] Nach dem gescheiterten Attentat auf Hitler im Juli 1944 hieß es in einem weiteren Stimmungsbericht:

> [Heute] denkt man sich, daß die Verräter schon seit langer Zeit die Absichten und Aufträge des Führers sabotiert haben. Zu dieser Ansicht gelangt man vornehmlich aufgrund sich häufender brieflicher und mündlicher Berichte von Soldaten der Ostfront, in denen zum Ausdruck gebracht wird, daß sie jetzt erst dahinterkämen, aus welchem Grund kein Ersatz gekommen und die oft sinnlose Verschiebung von Einheiten und das Bloßlegen der Front erfolgt sei.[97]

Amerikanische Umfragen unter deutschen Kriegsgefangenen ergaben, daß noch im August und Ende November 1944 zwei Drittel der Soldaten an Hitler glaubten.[98] In einem Heeresbericht von Mitte Dezember 1944 wurde betont, daß die Soldaten kaum Anzeichen von Resignation zeigten, sondern im Gegenteil davon überzeugt seien, daß die enormen militärischen Anstrengungen das deutsche Volk noch zum Sieg führen würden.[99] Im Juli 1941 schrieb Goebbels in sein Tagebuch: «Unsere Soldaten an der Front nun ganz von der Notwendigkeit dieses Krieges überzeugt.»[100] Und ein paar Tage später fügte er hinzu: «Stimmung bei uns an der Front sehr gut. Truppe sieht jetzt ein, daß dieser Feldzug notwendig war.»[101] In einer

Zeit, in der dem Dritten Reich militärisch alles zu gelingen schien, wunderten solche Eintragungen nicht. Aber auch noch im März 1945 notierte Goebbels unter Verweis auf alliierte Quellen in seinem Tagebuch, daß die deutschen Soldaten «fanatische Kämpfer» seien, «die sich einander überbieten an Tapferkeit und Entschlossenheit»,[102] und daß sie, «soweit ihre Möglichkeiten und ihre Waffen überhaupt reichen – Widerstand um jeden Preis leisten».[103] Tief beeindruckt von dem Besuch bei einer Kampfeinheit, schrieb er: «Jedenfalls ist hier von Defaitismus nicht das geringste zu spüren»[104] und vermerkte stolz, daß «bei diesen Männern ein fester Glaube an den Sieg und den Führer vorherrscht».[105] «Alle gefangengenommenen deutschen Soldaten», so zitierte Goebbels am 13. März erneut feindliche Quellen, «[glauben] an den Sieg und auch – wie man erklärt – mit einem fast mystischen Fanatismus an Hitler.»[106]

Dieselben Generäle, die sich alle Mühe gaben, die Truppe mit nationalsozialistischer Propaganda zu motivieren, behaupteten später, daß es gerade der Erfolg dieser Indoktrination unmöglich gemacht habe, etwas gegen Hitler zu unternehmen. So schrieb beispielsweise von Manstein in seinen Memoiren:

> Voraussetzung des Staatsstreiches aber würde in jedem Fall die Gefolgschaft der Gesamtheit der Wehrmacht und die Zustimmung der Mehrheit des Volkes gewesen sein. Beides war in den Friedensjahren, aber auch im Kriege (die allerletzten Monate vielleicht ausgenommen) nicht gegeben.[107]

Was nichts anderes heißen soll, als daß die Mehrheit auf Hitlers Seite gestanden habe. Obwohl solche apologetischen Behauptungen, die sich in zahlreichen anderen Memoiren wiederfinden,[108] nicht für bare Münze genommen werden sollten, lohnt es doch festzuhalten, daß selbst die Offiziere, die den Mut aufbrachten, sich gegen Hitler zu verschwören, mit Schrecken feststellen mußten, daß es praktisch keine Einheiten gab, die mit ihrem Wissen bei einem Putschversuch eingesetzt werden konnten. Hans von Herwarth beispielsweise war sich darüber im klaren, daß die Wehrmacht unter dem Einfluß der Nazi-Propaganda stand[109] und daß das größte Problem war,

> Einheiten und Verbände ausfindig zu machen, auf die wir uns absolut verlassen konnten ... Wir mußten davon ausgehen, daß gerade die jüngeren Offiziere besonders hitlergläubig waren. Wie die Mannschaften reagieren würden, war noch unmöglicher vorauszusehen.[110]

Die Entscheidung, Hitler zu töten und nicht etwa festzunehmen und vor ein Gericht zu stellen, wie ebenfalls vorgeschlagen worden war, basierte nach Herwarth auf der festen Überzeugung,

> daß die Wehrmacht nicht bereit gewesen wäre, einen Wechsel in der Führung hinzunehmen, solange Hitler lebte. Nur sein Tod konnte den Mythos, der ihn umgab, zerstören ... nur dann [konnten] wir mit der Unterstützung großer Teile der Wehrmacht rechnen ...[111]

Darstellungen aus der Nachkriegszeit, die den Wehrmachtsoldaten reinen Professionalismus und ideologische Indifferenz unterstellen, sind demnach irreführend, einerlei ob sie nun von Generälen verfaßt wurden, die ihr Stillhalten gegenüber dem Regime mit der gegenteiligen Behauptung zu entschuldigen suchten, oder von weniger direkt betroffenen Historikern, die sich jedoch allzuoft auf die Aussagen der Erstgenannten verlassen, statt auf weniger parteiische Quellen zurückzugreifen. Man muß schon die folgende Passage aus dem Aufsatz *Kriegserfahrungen* des Historikers Hans Mommsen lesen, um zu erfassen, mit welcher Hartnäckigkeit selbst die hervorragendsten Kenner des Dritten Reiches ungeachtet aller zugänglichen Dokumente den Gedanken ablehnen, daß die deutsche Wehrpflichtigenarmee vom Nationalsozialismus ideologisch unterwandert war:

> Das Bild, das die Propaganda des Regimes von der fanatisch für die nationalsozialistischen Ideen kämpfenden Truppe zeichnete, traf nicht einmal auf die Eliteverbände der Waffen-SS zu. Die weltanschauliche Indoktrination des Heeres war jedenfalls in den Augen von Martin Bormann höchst unvollkommen, und er suchte dem seit Ende 1943 mit der Einrichtung des NS-Führungsoffiziers abzuhelfen. Die Mentalität des durchschnittlichen Landsers war von Nüchternheit, Ablehnung der realitätsfernen Propagandatiraden und dem festen Willen geprägt, selbst zu überleben. Gewiß gab es unter dem Vorzeichen des Kommissarbefehls schwerwiegende Übergriffe der Armee gegen die ihr wehrlos ausgelieferte Zivilbevölkerung und gegen Kriegsgefangene; der Partisanenkrieg führte zu einer beispiellosen Verrohung der Kriegführung auf beiden Seiten. Aber der Durchschnittssoldat hatte darauf wenig Einfluß und sah kaum eine Möglichkeit, sich der Eskalation der Gewalt zu entziehen.[112]

Natürlich ging es den Soldaten vor allem ums Überleben und um die Bewältigung praktischer militärischer Probleme. Doch statt ihren Bedarf an propagandistischer Aufmunterung zu vermindern, verstärkte ihn die sich verschlechternde Lage im allgemeinen. Natürlich wäre es auch verfehlt, den «mystischen Glauben an den Führer» als festes Bekenntnis zu einer klaren und in sich zusammenhängenden Ideologie zu deuten, zumal der Nationalsozialismus niemals für sich in Anspruch nahm, etwas Derartiges zu sein. Ganz im Gegenteil, in Abgrenzung zu den als «intellektuell» verfemten Konkurrenzideologien legte er ja Wert darauf, sich als intensive, aus den «natürlichen Instinkten» und dem «unerschütterlichen Glauben» herrührende emotionale Haltung zu präsentieren. Das wichtigste Element dabei war das «blinde Vertrauen» in den Führer. Der unbedingte Glaube an Hitler trug entscheidend zu der verzerrten Wahrnehmung der Realität durch die Soldaten bei, indem er ihre Hoffnungen auf den Endsieg nährte und die Schuld an ihren Verbrechen den Opfern selbst zuschob. Wie groß der Einfluß der Indoktrination und Propaganda auf die Psyche der Soldaten war, kommt sehr deutlich in ihrer privaten Korrespondenz zum Ausdruck.

Das hervorstechendste Merkmal in den Briefen der Soldaten ist die auffällige Übereinstimmung der verwendeten Begriffe, Ausdrücke und Argumente mit denen aus der Wehrmachtpropaganda. In direktem Widerspruch zu Mommsens oben zitierter Behauptung haben diese Männer die Realität des Krieges, die sie besser kannten als jeder Parteiideologe, durch die nationalsozialistisch gefärbte Brille gesehen und beschrieben. Daran läßt sich ermessen, inwieweit sie, in der vollen Bedeutung des Wortes, zu Hitlers Soldaten geworden waren. Sie nahmen die Realität an der Front genauso wahr wie er in seinem sicheren Führerbunker und teilten seine Wahnideen von Eroberung und nationaler Größe, von rassisch motiviertem Völkermord und germanischer Weltherrschaft. Selbst jene Soldaten, die dem Regime kritisch gegenüberstanden, waren von der nationalsozialistischen Terminologie infiziert. Auch sollte es uns nicht besonders überraschen, daß, wie einige Wissenschaftler überzeugend dargelegt haben, sogar die Opfer der Diktatur gegen die nationalsozialistische Pervertierung der deutschen Sprache nicht immun waren.[113] Auch dieses Phänomen hatte eine nachhaltige Wirkung auf die deutsche Gesellschaft. Nach dem Krieg unternommene Versuche, die deutsche Sprache zu «säubern», waren wenig erfolgreich, einmal, weil bereits die Nazis sie von «fremden» Einflüssen gesäubert hatten (noch heute gibt es in Deutschland sogenannte *Fremd*wörterbücher), zum anderen, weil die Flut von Publikationen über den Nationalsozialismus den paradoxen Effekt hatte, dessen Terminologie lebendig zu erhalten. Von dieser Warte aus betrachtet war es unvermeidlich, daß die Wehrmachtsoldaten nach jahrelanger Indoktrination im Zivilleben und in der Armee die Welt nur noch unter Bezugnahme auf die nationalsozialistische *Weltanschauung*, die in diesem Falle im wahrsten Sinne des Wortes ihr Weltbild darstellte, beurteilen und beschreiben konnten. In Anbetracht der Konsequenzen, die sich daraus ergaben, muß diese Konsensbildung in den Reihen der Wehrmachtsoldaten als die herausragendste Leistung der nationalsozialistischen Erziehungspolitik gewertet werden.

Da die Indoktrination vor allem während des Rußlandfeldzugs beträchtlich intensiviert wurde und da die Vorurteile gegen Slawen, Mongolen, Zigeuner, Juden und natürlich Bolschewiken weit stärker ausgeprägt waren als gegen die Völker und politischen Systeme in Westeuropa, finden sich in den Briefen von der Ostfront weit häufiger als in anderen ideologische Bezüge und Hinweise auf rassistische Einstellungen. Doch auch schon lange vor dem Unternehmen «Barbarossa» spiegelt die Korrespondenz der Soldaten wider, wie stark ihr Denken bereits von der nationalsozialistischen Weltanschauung geprägt war. So war der 24jährige Heinz Küchler schon am 3. September 1939 davon überzeugt, an einem «neuen Kampf für eine bessere Zukunft» teilzuhaben und daß

> … diesmal die Entscheidung fallen [muß], ob Selbstauflösung unserer Kultur oder eine neue vernünftige Weltordnung das Endergebnis der chaotischen Zustände werden soll … Wir wollen keine Furcht haben vor diesem Kampf … So dürfen wir wohl auch unser Leben nicht zu hoch anschlagen … Unsere Größe muß in der Fähigkeit liegen, nicht das Schicksal zu meistern, sondern dem Schicksal zum Trotz unsere Persönlichkeit, unser Wollen, unser Lieben zu erhalten und ungebeugt ein Opfer zu werden einer Weltanschauung, die nicht die unsere ist. Auch die furchtbare Not, vielleicht gerade sie, wird uns der Erkenntnis, der Wahrheit näher bringen.[114]

Karl Fuchs, der in der 7. Panzerdivision diente, schrieb am 9. Februar 1940 an seinen Vater:

> Wir alle hoffen, bald an die Front verlegt zu werden. Das ist unser innigster Wunsch! ... Das muß, wenn man es recht betrachtet, das höchste und edelste Ziel sein: ein Mann hat sich in der Schlacht zu bewähren. Diese Schlacht ist nicht nur ein Kampf des einzelnen, sondern auch ein Kampf für unsere Familien wie für das deutsche Volk.[115]

Die triumphalen Siege im Westen stärkten den Glauben an Hitler und die Zustimmung zu seinen «Ideen». Das belegen beispielsweise Geheimdienstberichte der 16. Armee, die in der zweiten Hälfte des Jahres 1940 und Anfang 1941 während der Besetzung Frankreichs und der Niederlande angefertigt wurden. Um sich ein Bild von der Moral in der Truppe zu machen, werteten die Verfasser auch Feldpostbriefe aus. Im November 1940, so hieß es in dem Bericht, komme in den Briefen «sehr häufig eine allgemeine Zuversicht und der Glaube an die richtige Politik des Führers zum Ausdruck».[116] Ein Soldat wurde mit folgenden Worten zitiert:

> Wir sudetendeutschen SA-Männer wollen dabei mit in vorderster Linie sein, um einen Bruchteil Dank abzustatten für die Befreiung unserer schönen Heimat durch unseren herrlichen Führer Adolf Hitler. Auch in diesem Kampfe wird uns der Führer siegreich führen.

Ein anderer bekundete dieselbe Entschlossenheit zum Weiterkämpfen:

> Ja, wir sind eben nur Frontsoldaten, die auch in jeder Lage ihren Mann stehen und nicht eher rasten, bis Deutschland vollständiger Sieger ist. Ja, die Heimat soll aufs neue stolz auf ihre Söhne sein, die auch den letzten Feind noch in Grund und Boden schla-

gen. Kein Opfer soll uns eben so groß sein. – Sei stark, ertrage mit Geduld, was das Schicksal von dir fordert.

Ein Brief ist besonders aufschlußreich, denn der Schreiber wiederholt nahezu wortwörtlich, was in den meisten Propagandaflugblättern stand. Damit bestätigt er, daß die Soldaten im Feindesland genau die «Realität» wahrnahmen, die ihnen die Propaganda vorspiegelte, eine Realität, die natürlich einen weiteren Beweis für die Überlegenheit des politischen Systems im Reich und die offensichtliche Überlegenheit der Deutschen lieferte:

> Wir brennen alle darauf, dem Schuldigen an diesem großen Krieg die Endabrechnung präsentieren xu dürfen. Und da wird genau abgerechnet werden, das haben wir unseren toten Kameraden geschworen. Nun liegen wir eben in Frankreich und haben allmählich genug von dem moralischen, sittlichen Verfall, der sich uns hier immer aufs Neue bietet. Wir erkennen immer mehr, daß es für dieses Volk keine Rettung gibt aus dem Morast, in dem es steckt. Da sieht man erst, wie schön Deutschland ist, und wie stolz wir sein dürfen, Deutsche zu sein, und dankbar unserem Führer, der unserem Volke das Elend erspart hat, das wir hier täglich sehen.[117]

Diese Sichtweise wurde von vielen Soldaten geteilt. So schrieb Heinz Küchler am 3. Juni 1940 nach Hause: «Es ist für mich unerklärbar, was den raschen deutschen Vormarsch ermöglicht hat ...» und fügte dann auf englisch hinzu: «There was certainly something wrong in the state of France!»[118] Denselben Eindruck hatte auch Karl Fuchs, der am 15. Juli seiner Braut folgendes schrieb:

> Hinterher gingen meine Kameraden und ich in einen «Buchladen» in Versailles. Du kannst dir gar nicht vorstellen, was wir dort an Schund und Pornographie sahen ... Hier geht einem wirklich auf, wie tief die Franzosen in puncto Moral und Sauberkeit gesun-

> ken sind. So etwas ist in unserem deutschen Vaterland einfach undenkbar und unmöglich. Eine Gesellschaft, die fähig ist, die weibliche Schönheit so herabzuwürdigen, verliert jedes Recht, eine «Grande Nation» genannt zu werden. Frankreich hat nicht nur seine Lebenskraft, sondern auch seine Moral verloren.[119]

Der Geheimdienstbericht der 16. Armee vom Januar 1941 konstatierte mit Zufriedenheit das Vertrauen der Soldaten in den Führer und den in greifbare Nähe rückenden Endsieg:

> Viele Briefe sind durch ihren Inhalt geeignet, zur Festigung der Heimatfront beizutragen. Sie stärken das Zusammengehörigkeitsgefühl zwischen Heimat und Front und sind Garanten dafür, daß in der Truppe eine gute soldatische Haltung und eine anständige deutsche Gesinnung immer die Oberhand behalten werden.[120]

Mit einer «anständigen deutschen Gesinnung» war natürlich das absolute Vertrauen in Hitler und die Befehlshaber der Wehrmacht gemeint. Die Briefe der Soldaten belegten, daß sie das massenhaft verteilte Propagandamaterial nicht nur erhielten, sondern auch lasen, denn ihre Beurteilung der Kriegslage ähnelte unbestreitbar der offiziellen Einschätzung. Ein Soldat schrieb: «Den zweiten Sommer erlebt John Bull auf keinen Fall, dafür bürgt uns schon der Führer mit seiner stolzen Wehrmacht. Ich bin stolz darauf, bei ihr aktiv vorne an der Front mitgeholfen zu haben.»[121] Ein anderer bemerkte: «Es wird auf das hingearbeitet, was kommt, England den letzten Schlag zu versetzen, und dann wird Ruhe herrschen. Dann kommt der große Frieden, den sich alle Völker wünschen. Dafür zu kämpfen, ist kein Opfer zu groß.» Dieser Soldat glaubte offensichtlich, daß er für das Ende aller Kriege kämpfte und daß ein von Hitler regiertes Europa zu Frieden und Wohlstand zurückkehren würde, wie das Regime immer wieder behauptet hatte. Andere waren weniger friedliebend. So äußerte ein Soldat die Hoffnung, daß er in der nächsten Schlacht Gelegenheit bekommen werde, Vergeltung zu üben und den Heldentod zu sterben. Das totale Vertrauen in Hitler und der qausireligiöse Fanatismus, den die Nationalsozialisten ihren Gefolgsleuten eingeimpft hatten, kamen in seinem Brief deutlich zum Ausdruck:

> Es ist mir dieses Mal wirklich nicht möglich, das Weihnachtsfest in der Heimat zu feiern. Aber das schadet nichts; denn das Vaterland und der Führer haben gerufen, und wir sind diesem Ruf mit freudigem Herzen gefolgt. Unser Kamerad Fritz Lehmann hat ein viel größeres Opfer gebracht, er hat sein Leben hingegeben. Er hat die höchste Pflicht eines Soldaten erfüllt und ist uns ein Vorbild geworden, dem wir nacheifern müssen. Wir haben das noch zu erfüllen, was er nicht mehr erleben durfte, nämlich unseren ärgsten Feind zu besiegen. Wir werden das Ziel erreichen. Unser Leben gehört Gott und dem Vaterlande, mögen sie über unser Schicksal bestimmen.[122]

Solche Ansichten vertraten viele Soldaten. Karl Fuchs etwa schrieb seinem Vater am 3. August 1940, daß «die Tage der Nichtsnutze drüben in England gezählt sind. Die werden bald nicht mehr in der Lage sein, deutsche Städte und friedliche Bauernhöfe anzugreifen. Wir alle sind überzeugt, daß, wenn wir erst einmal drüben sind, keiner von uns auch nur eine Spur von Mitleid zeigen wird, egal wen es trifft.»[123] Am 1. September gelobte er seiner Frau, daß «England eine furchtbare und bittere Zeit»[124] bevorstehe, und forderte sie auf, «an unser Vaterland und unseren Führer zu denken, dem wir, seine Kinder, alles geben».[125] Wie viele aus seiner Generation betrachtete Fuchs die Liebe zu seiner Frau und die Liebe zu Hitler als eine Einheit, die den Geist, der das ganze deutsche Volk einte, symbolisierte. So schrieb er am 9. November 1940:

> Gerade sind die letzten Worte aus der Rundfunkrede des Führers verklungen, und eine neue Kraft strömt durch unsere Adern. Es ist, als habe er zu jedem einzelnen gesprochen, zu uns allen, als wolle er jedem neue Kraft geben. Wir müssen mit Hingabe und Pflichtgefühl für unsere Prinzipien kämpfen und bis zum Ende durchhalten. Der Führer steht für unser einiges deutsches Vaterland ... Was wir für ihn tun, tun wir für Euch alle; was wir hier in der Fremde an Opfern bringen, opfern wir unseren Lieben. Wenn der Führer bei diesen feierlichen Anlässen spricht, fühle ich tief in meiner Seele, daß auch Ihr in der Heimat fühlt, daß wir zu jedem Opfer bereit sein müssen ... Deutschlands Sieg ist so gewiß wie unsere Liebe füreinander. So wie wir an die Liebe glauben, so glauben wir auch an unseren Endsieg und an die Zukunft unseres Volkes und unseres Vaterlandes.[126]

Und am folgenden Tag fügte er in einem Brief an seinen Vater hinzu, daß er, als er Hitlers «großartige und überwältigende» Rede hörte, die «Größe und Herrlichkeit dieser Zeit» gespürt und erkannt habe, daß jetzt «nur noch eines zählt, und das ist unser deutsches Vaterland».[127]

An den Feldpostbriefen von der Ostfront läßt sich besonders gut nachvollziehen, wie die deutschen Soldaten einige zentrale Gedanken des Nationalsozialismus verinnerlichten und dazu benutzten, sich ihr mißliche Lage an der Front zu erklären, ihre Greueltaten zu rechtfertigen und sich moralisch aufzurichten. Natürlich war viel von dem, was die Soldaten nach Hause schrieben, stark von der Wehrmacht-Propaganda beeinflußt. Aber es ist doch sehr aufschlußreich, daß sie deren Argumente in ihrer Privatpost verwendeten, denn schließlich monierte die Zensur nur Kritik und nicht das Fehlen nationalsozialistischer Phrasen. Die Briefe belegen das verzerrte Realitätsbild der Soldaten vor allem in zweierlei Hinsicht: einmal durch die Entmenschlichung und Dämonisierung des Feindes aus politischen und rassischen Gründen, wobei die Juden als der Inbegriff menschlicher

Verkommenheit verachtet wurden, und dann durch die Erhebung Hitlers zu einem gottähnlichen Wesen und zum einzigen Retter Deutschlands. Zwischen diesen zentralen Themen finden sich immer wieder die gleichen stereotypen Ideale: der Kampf als höchste Bewährungsprobe für Charakter und Männlichkeit, die rassische und kulturelle Überlegenheit Deutschlands und schließlich der Krieg als heiliger, von Gott gesegneter Kreuzzug gegen eine Allianz seelenloser Feinde, wobei Gott bei manchen frömmeren oder gebildeteren Soldaten zumindest teilweise Hitlers Platz als Gebieter über das Schicksal Deutschlands und der Welt einnimmt. So schrieb am ersten Tag des Rußlandfeldzugs der 22jährige Philosophiestudent Hermann Stracke nach Hause: «Heute nacht verlas uns der Oberstleutnant den Aufruf des Führers ... und nun dürfen wir wohl endlich dabeisein.» Dabeisein im «Krieg des Jungen Europa gegen den größten Teil Asiens». Obwohl «der Wille des Schicksals dunkel vor mir steht», erklärte er, «ziehe ich zuversichtlich, fröhlich und unverzagt in den Kampf und nehme mit Stolz diese Lebensprobe auf mich».[128] Ein Feldwebel beteuerte, er habe schon immer gewußt, «daß mit den Bolschewisten auf Dauer keine freundschaftlichen Beziehungen aufrechtzuerhalten sind», zumal sich unter ihnen «noch zu viele Juden» befänden.[129] Zwei Tage später schrieb ein Unteroffizier, daß «die gesamte Judenheit uns [jetzt] auf der ganzen Linie ... den Krieg erklärt [hat]», und fügte hinzu: «Die Marxisten kämpfen Schulter an Schulter mit der Hochfinanz wie vor 1933 in Deutschland.» Doch er war zuversichtlich, denn «in Deutschland [hat] der Nationalsozialismus gesiegt».[130]

Je länger der Feldzug andauerte, desto mehr schienen die Gegenwehr der Roten Armee und auch der zunehmende Widerstand der Zivilbevölkerung die Prophezeiungen der Propaganda zu bestätigen. Gleichzeitig machte man für die Greueltaten von Wehrmacht und SS die Hinterhältigkeit des Feindes verantwortlich und nicht etwa die verbrecherische Politik der eigenen Führung. Mit der Zeit wurde diese Verkehrung der Tatsachen zu einem festen Bestandteil der Briefe von der Ostfront. So schrieb Karl Fuchs am 28. Juni seiner Frau und seinem kleinen Kind, daß die Russen «wie bezahlte Handlanger kämpfen, nicht wie Soldaten, gleich ob nun Männer, Frauer oder Kinder an der Front stehen. Sie sind nicht besser als ein Haufen von Schurken.» Doch beeilte er sich, seinen Lieben zu versichern, daß «Europa unter der Führung unseres geliebten Führers Adolph [sic!] Hitler steht und er das Land in eine lichtere Zukunft führen wird».[131] Ein anderer Gefreiter gelobte Anfang Juli: «Diesmal wird bestimmt Schluß gemacht mit [dieser] gottfeindlichen Macht» und zeigte sich entsetzt über die «jüdische, bolschewistische Grausamkeit, wie ich sie auch kaum für möglich gehalten hatte ... Du kannst dir denken», fuhr er fort, «daß so etwas nach Rache schreit, die aber auch durchgeführt wird.»[132] Ein Major, der auf dem Weg an die Front durch Warschau kam, ging sogar so weit, das Grauen des Ghettos nicht der Barbarei der Nazis, sondern der Unmenschlichkeit der Juden zuzuschreiben:

> Im Ghetto sind die Zustände kaum zu beschreiben. Das kann man nur gesehen haben, um es auch glauben zu können. Auf den Straßen herrscht ein Verkehr wie zur Leipziger Messe. Hier handelt der Jude untereinander mit lautem Geschrei auch alles auf der Straße. An dem Morgen, als ich mit dem Wagen durchfuhr, sah ich mehrere Leichen, darunter Kinderleichen, etwas mit Papier zugedeckt und dieses mit Steinen beschwert. Die anderen Juden gehen achtlos daran vorüber, bis der primitive Leichenkarren kommt und diejenigen «Überreste», mit denen kein Geschäft zu machen ist, abholt. Das Ghetto ist mit Mauern, Zäunen usw. abgeschlossen. An den vielen Schlagbäumen stehen SS-, pol-

> nische und jüdische Schutzleute und führen eine strenge Kontrolle aus. Schmutz, Gestank und Lärm sind die Hauptzeichen des Ghettos ...[133]

Nie kam ihm in den Sinn, daß es seine eigenen Landsleute waren, die die Juden verhungern ließen. In ähnlicher Weise berichtete ein Reichsbahn-Inspektor im Oktober 1941 nach Hause:

> Bei Anschlägen [der Partisanen] werden kurzerhand aus der Bevölkerung eine Anzahl Leute, besonders Juden, herausgezogen und an Ort und Stelle erschossen, ihre Häuser in Brand gesteckt. Neulich konnte man ... beobachten, wie in einen Haufen von Kriegsgefangenen von den Wachmannschaften einfach hineingeschossen wurde. Die Kerle stritten sich um Brot und alte Kleidungsstücke, die ihnen zugeworfen worden waren. Drei blieben tot liegen und wurden von den Juden an Ort und Stelle wie verreckte Hunde verscharrt ...[134]

Dieser Mann reagierte auf das, was er sah, genauso, wie die Bevölkerung im Reich auf die Propagandafotos und -filme reagierte. In ihrem furchtbaren Elend und ausgehungerten Zustand glichen die dort abgebildeten Menschen, die vermeintlichen biologischen und politischen Feinde des Dritten Reiches, immer mehr dem Klischee des Untermenschen, das von den Nationalsozialisten verbreitet worden war. Sie zu erschießen war kaum schlimmer, als einen tollwütigen Hund zu töten. Als die sowjetischen Untermenschen der Wehrmacht jedoch mit wachsendem Erfolg Paroli boten, folgten die Soldaten der Propagandaschiene, die diese unerwartete Wendung der Dinge der ideologischen Aufhetzung der Roten Armee durch jüdische Bolschewisten und der Grausamkeit der russischen Rasse zuschrieb. Daß die Wehrmacht auf den russischen Widerstand mit dem Versuch reagierte, die eigene Truppe durch eine noch intensivere Indoktrination zu «fanatisieren», und ein noch rücksichtsloseres Vorgehen forderte, unterstrich nur die Behauptung, dieser Krieg sei ein «Weltanschauungskrieg», in dem alles erlaubt sei, wenn es nur zum Endsieg führe. Anfang August schrieb ein Soldat: «Im ganzen kämpft der Russe also recht zäh.» Er erklärte, daß «die Roheit allerdings, die der Russe immer wieder zeigt, sich nur aus der Verhetzung erklären [läßt]», und glaubte sogar, daß die Russen ein Volk seien, «das langer und guter Schulung bedarf, um Mensch zu werden».[135] Karl Fuchs schrieb am 5. Juli nach Hause, daß «Rußland nichts ist außer Not, Armut und Verkommenheit».[136] Und zwei Wochen später versprach der: «Wenn ich zurück bin, werde ich dir endlose Schreckensgeschichten über Rußland erzählen. Gestern, zum Beispiel, sah ich die ersten weiblichen Soldaten ... Und diese Schweine schossen aus dem Hinterhalt auf unsere braven deutschen Soldaten.»[137] Anfang August berichtete er, daß «die erbärmlichen Horden auf der anderen Seite nichts anderes sind als Verbrecher, die nur der Alkohol und eine drohend an den Kopf gehaltene Pistole antreibt ... Sie kennen keine Kampfmoral und taugen allenfalls zum Kanonenfutter ... Sie sind nichts anderes als ein Haufen von Arschlöchern.» Er schloß mit den Worten: «Jeder hier, selbst der Zweifler, weiß heute, daß der Kampf gegen diese Untermenschen, die von den Juden bis zur Raserei aufgehetzt wurden, nicht nur notwendig war, sondern auch gerade zum rechten Zeitpunkt kam. Unser Führer hat Europa vor dem sicheren Untergang bewahrt.»[138] Einen Monat später teilte er seiner Mutter mit, daß «Rußland ein Schweinestall» sei und die russischen Soldaten «von den politischen Kommissaren mit Drohungen an die Front gescheucht werden müssen. Ihr letztes Stündlein hat geschlagen.»[139] Ein anderer Soldat war davon überzeugt, daß die Zähigkeit, mit der sich die Rote Armee verteidigte, allein auf der Tatsache beruhte, daß sie aus lauter «eingefleischten Kommunisten» bestand.[140] Wie die Tatsachen verdreht wurden, belegt auch der Brief eines Hauptmanns, der von der verbreiteten Mißhandlung russischer Kriegsgefangener gewußt haben mußte und dennoch behauptete: «Man hat die Russen ganz verdummt und ihnen eingeredet, die Deutschen würden alle Gefangenen abschlachten.»[141] Mit anderen Worten: Die Russen seien angelogen worden und nichts dergleichen habe sich ereignet.

Die Tatsache, daß die Russen trotz ihrer angeblichen Unterlegenheit nicht kapitulierten, wurde von den Propagandisten des Dritten Reiches zur Rechtfertigung des Überfalls auf die Sowjetunion benutzt. Die Stärke der Roten Armee war ein Beweis dafür, daß sie insgeheim einen Überfall auf das Reich geplant hatten. Wäre Hitler den Russen nicht im letzten Moment zuvorgekommen, wäre Deutschland total zerstört worden. Daß diese Sichtweise noch heute von einigen Historikern vertreten wird, ist weniger ein Beweis für die sachliche Richtigkeit dieser Behauptung als vielmehr ein Beleg für das unsägliche Fortwirken der nationalsozialistischen Propagandalügen, die das Unternehmen «Barbarossa» als Präventivkrieg rechtfertigten und die deutschen Kriegsverbrechen mit Hinweis auf die Ziele der Sowjets in Deutschland und die Art und Weise, wie sie mit ihren angeblich innenpolitischen Gegnern umgingen, entschuldigten.[142] Der Gedanke, daß der Gulag Auschwitz hervorgebracht habe, ist beileibe nicht neu.[143] Er wurde von der Propaganda verbreitet und von vielen Soldaten der Wehrmacht auch geglaubt. So schrieb der Soldat Fred Fallnbigl Mitte Juli 1941 von der Front an seine Eltern:

> Jetzt weiß ich erst wirklich, was Krieg bedeutet. Ich weiß aber auch, daß wir zum Kampf gegen die Sowjetunion gezwungen waren. Denn Gnade uns Gott, wenn wir gewartet hätten oder

> wenn diese Bestien zu uns gekommen wären. Für die ist der grausigste Tod noch zu schön. Ich bin glücklich darüber, daß ich dabeisein darf, diesem völkervernichtenden System das Handwerk zu legen.[144]

Der Gefreite J. F. erklärte in einem Brief vom 3. August seinen Lieben in der Heimat, daß Hitler «Deutschland und damit ganz Europa durch seinen Entschluß vor der Roten Armee gerettet» habe. «Der Kampf», so gesteht er ein, «ist ein schwerer, aber wir wissen, wofür wir kämpfen, und im Vertrauen auf den Führer werden wir den Sieg erringen.»[145] Ein anderer Soldat schrieb Ende August 1941 aus Rußland:

> Gerade jetzt erkennt man so richtig, wie es um unsere Frauen und Kinder bestellt wäre, wenn diese ... russischen Horden in unser Vaterland hätten eindringen können. Habe hier Gelegenheit, diese unkultivierten, vielrassigen Menschen ... zu beobachten. Gott sei Dank ist dies bis jetzt vereitelt worden, daß diese unsere Heimat nicht haben plündern und rauben können.»[146]

Ein paar Tage später schrieb der Soldat Kurt Christmann: «Was hätte es gegeben mit Kultureuropa, wenn die Steppensöhne, vergiftet und gelenkt durch ein vernichtendes Gift, durch Unmenschen angetrieben, in unserem schönen Deutschland eingefallen wären. Unendlich ist der Dank, damit Liebe und Treue, zu dem Retter und geschichtlichen Gestalter, unserem Führer.»[147] Der Gefreite O. Rentzsch brachte in einem Brief vom 1. September ähnliche Gefühle zum Ausdruck:

> Es ist gut, daß diese Auseinandersetzung jetzt schon gekommen ist. Wenn sonst diese Horden über unser Land hergefallen wären, das hätte, soweit sie es gekonnt hätten, ein Blutvergießen gegeben. Na, so wollen wir alle Anstrengungen auf uns nehmen, damit diese Weltpest ausgerottet wird.[148]

Der Soldat Albert Stahl meinte ebenfalls, daß «Deutschland nur glücklich sein [kann], einen Führer zu besitzen, der mit diesem ganzen Spuk ein Ende macht. Wenn auch schon Tausende braver deutscher Soldaten hier in der Erde ruhen, so ist ihr großes Opfer nicht umsonst gewesen, denn ein Überfall auf unsere Heimat hätte das Ende aller sein können. In diesem festen Glauben», so schließt er, «kämpft der Soldat tapfer wie noch nie und trotzt allen Feinden.»[149] Auch der Unteroffizier Alois Hein mochte sich nicht vorstellen «was geschehen wäre, wenn diese Bestien nach Deutschland gekommen wären». Deshalb solle «jeder gerne durchhalten und Opfer bringen bis zum Äußersten, denn das ist im Vergleich zu dem, was dann bevorstände, überhaupt nichts».[150] Ein anderer Unteroffizier erschauderte bei dem Gedanken an das schreckliche Schicksal, vor dem Deutschland im letzten Moment bewahrt wurde: «Wenn diese vertierten Soldatenhaufen über Deutschland hergefallen wären, es wäre vorbei gewesen mit allem, was deutsch ist ...»[151] Und Karl Fuchs ermahnte im November seine Mutter: «Ihr zu Hause müßt immer daran denken, was passiert wäre, wenn diese Horden unser Vaterland überrannt hätten. Das Grauen wäre unvorstellbar.»[152]

Sieht man einmal von dem tiefsitzenden Rassismus und der Angst der Soldaten ab, so verraten ihre Feldpostbriefe auch das Bedürfnis, die Verbrechen der Wehrmacht im Osten zu rechtfertigen, die alle miterlebten und an denen viele selbst beteiligt waren. Es besteht kaum ein Zweifel, daß dies vor allem dadurch erreicht wurde, indem man die Russen zu Untermenschen stempelte und für die Grausamkeiten verurteilte, die sie angeblich begangen hätten. Das rückständige Leben der Menschen in den russischen Dörfern, durch den Krieg noch verschlimmert, bestätigte unter den Soldaten den Eindruck, daß es sich bei den Russen tatsächlich um Untermenschen handele, und bestärkte sie gleichzeitig in dem Glauben an die Überlegenheit der eigenen Kultur, Rasse und Führung. Die «vorsintflutlichen Zustände» in der Sowjetunion veranlaßten einen Unteroffizier zu der Bemerkung: «Unsere Propaganda hat bestimmt nicht übertrieben, eher etwas zu wenig.»[153] Auch Karl Fuchs empfand so: «Egal wohin man schaut, hier gibt es nur dreckige, verlauste Holzhütten. Nirgendwo sieht man eine Spur von Kultur. Jetzt erst erkennen wir, was unser großes deutsches Vaterland seinen Kindern geschenkt hat. Es gibt nur ein Deutschland auf der ganzen Welt.»[154] Das Elend, das die Soldaten in der Sowjetunion antrafen, weckte in ihnen das Gefühl, das russische Volk vom «Weltfeind Bolschewismus zu befreien, der sich die Russen zu seinen Söldnern gemacht hat». Das Leiden der Russen war demnach nicht die Schuld der Wehrmacht, sondern der «Bolschewisten», denen es «gleichgültig [ist], ob das russische Volk verblutet».[155] So schrieb der Unteroffizier Otto Deisenroth am 30. Juli 1941: «Überall starrt uns im gequälten Blick der Bauern, im blöden Stieren der Gefangenen, in den Hunderten hingemordeter Menschen, in den Bauernhöfen, den verarmten Dörfern und in den verfallenen Häusern das Gespenst des Bolschewismus an, es ist mir oft, als sei dies alles ein Werk des Teufels.» Der Krieg, so schloß er aus dem Gesehenen, «ist ein Kampf gegen die Sklaverei, gegen den bolschewistischen Wahnsinn».[156] Der Gefreite Walter Sperath zeigte sich entsetzt über die Lebensbedingungen im «Arbeiterparadies» und meinte: «Die Tiere haben es bei uns besser, als hier die Menschen hausen und leben.» Er schwor, daß er und seine Kameraden diesen «Kampf [nicht früher] beenden, bis dieses Gesindel mit Stumpf und Stiel ausgerottet ist zum Segen europäischer Kultur und Menschheit».[157] In ähnlicher Weise schrieb Karl Fuchs am 15. Oktober seiner Mutter: «Es ist unsere Pflicht gewesen, zu kämpfen und die Welt von der kommunistischen Seuche zu befreien. Eines Tages, in vielen Jahren, wird die Welt den Deutschen und unserem geliebten Führer für unseren Sieg hier in Rußland danken. Diejenigen von uns, die an diesem Befreiungskampf teilgenommen haben, werden mit Stolz und grenzenloser Freude auf diese Tage zurückblicken können.»[158] Und ein paar Tage später schrieb er seiner Frau: «Jetzt, nachdem wir einige Zeit hier sind und Gelegenheit hatten, uns mit dem Land vertraut zu machen, verstehen wir mit einem Male, warum es den kommunistischen Agitatoren so leicht fiel, dieses Volk systematisch zu vergiften.» Er bat sie sogar, seine Briefe aufzubewahren, damit «ich mich durch sie an den wahren Charakter dieses Landes und seines Volkes erinnern kann, das von diesen schwachsinnigen kommunistischen Ideen so verdorben worden ist.»[159]

Doch gleichzeitig machten rassistische Vorurteile die Soldaten an der Ostfront völlig unempfänglich für das Schicksal ihrer Opfer. In einem Brief von Mitte September zeigte sich ein Soldat gänzlich ungerührt von der Tatsache, daß eine Gefangenengruppe, die seine Einheit abtransportiert hatte, aus «vielen Alten über 40 Jahre, dann jungen, 15jährigen Frauen» bestanden hatte. Schießlich waren sie ja nur «Mongolen, Chinesen, Asiaten, ein Gemisch im richtigen Sinne des Wortes». Diese offensichtliche rassische Unterlegenheit des Feindes muß auch der Grund für die Befriedigung gewesen sein, die er beim Anblick der Gehenkten empfand, «die sich am Eigentum des Heeres vergangen haben oder sich als Soldaten in Zivil in den Wäldern herumtreiben und Terrorakte verüben. Sie bleiben zur Abschreckung zwei bis drei Tage hängen ...»[160] Der Gefreite G. S. war entsetzt über «das Völkergemisch» in der «verdammten Sowjet-Union» und nannte es das «verkommenste und dreckigste, was auf Gottes Erde lebt».[161] Ein

Feldwebel bemerkte in demselben nüchternen Ton, daß als Vergeltung für die Ermordung eines deutschen Offiziers durch einen russischen Dorfbewohner «das ganze Dorf in Brand gesteckt» worden sei, und schloß mit den Worten: «Es ist in diesem Ostfeldzug gar vieles anders als im Westfeldzug.»[162] Mitte Oktober beschrieb ein Unteroffizier die sowjetischen Kriegsgefangenen als «stumpf, tierisch und zerlumpt – und doch oft heimtückisch»,[163] und ein anderer behauptete, die Russen «sind keine Menschen mehr, sondern wilde Horden und Bestien, die durch den Bolschewismus in den letzten 20 Jahren so gezüchtet wurden». Deshalb, so erklärte er, dürfe man «ein Mitleid mit diesen Menschen nicht aufkommen lassen, denn sie sind alle sehr feige und hinterlistig».[164] Eine ähnliche Auffassung vertrat der Unteroffizier Aloys Nackas in einem Brief vom 25. Juli: «Mit dem Gegner hat man es nicht mit ehrlichen Soldaten zu tun, es sind Heckenschützen und Mörder.» Und siegessicher fügte er hinzu: «Wir an der Front werden diesen Bolschewistenhorden ein Ende bereiten, was uns einst ganz Europa danken wird.»[165] Karl Fuchs ließ sich in einem Brief vom 3. August über die offensichtliche Minderwertigkeit der russischen Kriegsgefangenen aus: «Kaum einmal sieht man ein Gesicht, das Vernunft und Intelligenz ausstrahlt. Alle Menschen hier sehen ausgezehrt aus und haben einen wilden, halbtollen Blick an sich, der sie wie Schwachsinnige aussehen läßt.» Er konnte einfach nicht verstehen, wie «diese Halunken, angeführt von Juden und Verbrechern, es anstellen wollten, Europa ihren Stempel aufzudrücken».[166] Doch Fuchs zweifelte keinen Moment daran, daß «der Krieg gegen diese Untermenschen» so gut wie geschlagen sei, und empfand es fast als «eine Beleidigung, wenn man bedenkt, daß uns russische Trunkenbolde auf den Hals gehetzt werden. Sie sind Halunken, der Abschaum der Erde! Natürlich», merkte er an, «sind sie uns deutschen Soldaten in keiner Weise gewachsen.»[167] Drei Wochen später fragte er seine Frau: «Kannst Du Dir vorstellen, daß menschliche Wesen wie Tiere aufwachsen? Hier sieht es ganz danach aus ... Ich glaube, es wäre zuviel verlangt von einem Russen, an etwas Schönes und Gutes zu denken.»[168] In einem anderen Brief beschrieb er die «verzerrten, zu Grimassen entstellten Gesichter» der von «einem politischen Wahn» getriebenen Russen und den Zorn, den sie in ihm erregten. «Meiner Meinung nach sind die Bolschewisten die Totengräber aller Kultur.»[169] Fuchs war überzeugt, die Wahrheit erkannt zu haben: «Wir haben das wahre Gesicht des Bolschewismus gesehen», dessen Anhängerschaft in seinen Augen aus «kommunistischen Schurken, Juden und anderen Verbrechern» bestand. Doch er und seine Kameraden, so versicherte er seiner Mutter, «wissen schon, wie wir mit ihnen zu verfahren haben».[170] Gleichzeitig wunderten sich manche Soldaten, warum es trotz der vermeintlichen Unterlegenheit der Russen und Verwerflichkeit des Bolschewismus «so viele Märtyrer für die bolschewistische Sache» gab. Die Antwort, die ihnen die Wehrmachtpropaganda lieferte und die in vielen Briefen ihren Niederschlag fand, war, daß den Russen «etwas Diabolisches eigen ist».[171] Die Weite des Landes und die Opfer, die die Russen zu seiner Verteidigung brachten, steigerten nur noch die Entschlossenheit der Soldaten, sie restlos auszulöschen. So schrieb Günter von Scheven im September 1941: «Räumlich gibt es kein Ziel, immer weiter dehnt sich die Landschaft ... unzählbar ist noch immer der Feind, obwohl Hekatomben geopfert sind. Wahrscheinlich muß alles vernichtet werden, ehe der Kampf beendet ist.»[172]

Je mehr Soldaten nicht nur antisemitischer Propaganda ausgesetzt waren, sondern selbst Augenzeugen von Massenmorden an Juden wurden oder selbst an ihnen mitwirkten, und je verzweifelter die Lage an der Front wurde, desto schärfer trat der Antisemitismus zutage. Während russische Kriegsgefangene gelegentlich noch auf Mitleid hoffen durften, verstärkte das Schicksal der Juden nur das Gefühl, daß diese «Rasse» die restlose Vernichtung verdient habe, zumal sie sonst furchtbare Rache an den Deutschen nehmen könnte. Bereits in den ersten Wochen des Rußlandfeldzugs zeigten sich in vielen Briefen von Soldaten die Folgen der jahrelangen antisemitischen Indoktrination und die tiefsitzenden Vorurteile gegen Juden. So schrieb der Sanitätsgefreite Paul Lenz: «Bolschewik sein kann nur ein Jude ... Wo man hinspuckt, steht ein Jude ... Soweit mir bekannt ist ... hat nicht ein einziger Jude im Arbeiterparadies gearbeitet, jeder, auch der kleinste Blutsauger hatte einen Posten, wo er natürlich sehr große Rechte hat.»[173] Der Obergefreite Herbert Nebenstreit erlebte Rußland ganz ähnlich: «So etwas von Dreck, Morast und Gesindel, vor allem Juden, habe ich bis jetzt nur in Polen gesehen. Ich glaube, dort war es noch nicht einmal so schlimm wie hier.»[174] Der Gefreite Reinhold Mahnke schickte eine detaillierte Beschreibung der Greueltaten, die «Bolschewisten und Juden» den Letten angetan hatten, nach Hause. Nicht genug damit, daß man ihre Häuser verbrannt und sie selbst vertrieben habe, man «schnitt ihnen die Füße und Hände ab, riß ihnen die Zungen heraus ... Sie nagelten sogar Männer und Kinder an die Wände. Wenn diese Verbrecher in unser Land gekommen wären», warnte Mahnke, «hätten [sie] uns zerfleischt und zerfetzt, das steht fest.» Doch glücklicherweise hätten die Letten jetzt «Rache genommen». Damit bezog er sich auf die antijüdischen Pogrome, die, ermutigt durch die Einsatzgruppen, unter dem wachsamen Auge der Wehrmacht von der lettischen Bevölkerung begangen wurden.[175] Auch der Gefreite Heinrich Sachs lobte, «wie die Judenfrage augenblicklich mit einer imponierenden Gründlichkeit unter dem begeisterten Beifall der einheimischen Bevölkerung gelöst wird». Dann zitierte er aus einer früheren Rede des Führers vor dem Reichstag, in der Hitler dem jüdischen Volk die Vernichtung angedroht hatte, falls es einen Krieg gegen Deutschland anzetteln werde, und schloß mit den Worten: «Der Jude mußte wissen, daß der Führer mit seinen Worten Ernst zu machen pflegt, und hat nun die entsprechenden Konsequenzen zu tragen.»[176] Hauptmann Hans Kondruss, Mitte Juli 1941 in Lemberg stationiert, fand in der Stadt zahlreiche Hinweise darauf, daß «hier ... planmäßig ein ganzes Volk zum Untermenschentum erzogen worden [ist]. Es ist dies wohl der teuflischste Erziehungsplan aller Zeiten, den eben nur jüdischer Sadismus aufstellen und durchführen konnte.» Die Tatsache, daß in der Lemberger Bücherei der Talmud stand und daß sich unter den ermordeten Zivilisten angeblich keine Juden befanden, war für ihn «bezeichnend für die wahren Urheber». Befriedigt vermerkte er, daß «die Volkswut aber ... sich gegen dieses Verbrechervolk [richtete]». Dazu stellte er weiter fest: «Es wird nötig sein, diese Pestbeule radikal auszubrennen, denn diese ‹Tiere› werden immer eine Gefahr bilden.» Die Juden, so Kondruss, hätten die Bevölkerung «losgelöst aus allem, was uns Menschen ewig heilig gewesen ist», denn ihr Ziel sei die «Vertierung eines ganzen Volkes, um es als brauchbares Mittel benutzen zu können im Kampf um Judas Weltherrschaft».[177] Auch der Obergefreite Paul Rubelt war der Ansicht, daß bei den Massakern in Lemberg meist die Juden «die Übeltäter» gewesen seien, und fügte hinzu: «Die Täter werden erschossen.»[178] Der Unteroffizier K. Suffner behauptete, «Bolschewisten und Juden» hätten «hier 12 000 Deutsche und Ukrainer auf bestialische Weise ermordet», und berichtete, die «überlebenden Ukrainer holten 2000 Juden in die Gefängnisse zusammen und übten furchtbare Rache». Wie die anderen Briefeschreiber schloß auch Suffner mit dem Gelöbnis: «Wir schwören es, daß diese Pest mit Stumpf und Stiel ausgerottet wird.»[179] Nicht viel anders äußerte sich der Gefreite

Hans Fleischhauer: «Im Morden, Brennen und im Abschlachten ist der Jude wahrhaft Meister ... Diesen Banditen gehört die schlimmste und härteste Strafe, die es nur gibt.» Die Schlußfolgerungen, die er aus den jüdischen Greueltaten zog, waren alles andere als untypisch: «Wir alle können darum nicht dankbar genug gegenüber unserem Führer sein, daß er uns vor solchen Brutalitäten bewahrte, und deshalb heißt es, ihm folgen durch dick und dünn und mitgeholfen, wo es auch sei.»[180] Der Gefreite von Kaull war überzeugt, daß das «internationale Judentum», das bereits die kapitalistische Welt beherrsche, sich auf «diesen proletarischen Wahn als Gegengewicht» stütze. Und weiter: «Jetzt werden beide Mächte der Vernichtung ins Feld gesetzt, jetzt werden sie auf Europa, auf das Herz des Abendlandes gehetzt, um das Reich zu vernichten.» Das Ausmaß und die Bedeutung des Konflikts rissen ihn mit: «Ein so gigantischer Kampf ist auf unserem Erdball noch nie dagewesen. Es ist der größte Kampf der Geister, den je die Geschichte der Menschheit erlebt hat, es geht um Sein oder Untergang des abendländischen Menschen und der höchsten Werte, die ein Volk bewußt auf seinem Schild getragen hat.» Deshalb «müssen [wir] unser Letztes hergeben, um dieses Ringen zu bestehen».[181] Der österreichische Gefreite Gregor Lisch schrieb seiner Familie, sie solle froh sein, «daß die Bolschewisten und Juden nicht zu uns gekommen sind», denn «die Juden haben diese armen Leute [Ukrainer] verraten».[182] Auch der Infanterist Fallnbigl schätzte sich glücklich, «daß wir diese Geißel der Menschheit nicht im eigenen Land gehabt haben», und war überzeugt, daß «der Deutsche auch nach jahrelanger Präparierung zu [solchen] Scheußlichkeiten nicht fähig ist».[183]

Je länger sich der Krieg hinzog und je größer die Verbitterung der Soldaten angesichts der endlosen Kämpfe wurde, desto mehr schenkten sie der Propagandalüge Glauben, daß die

Juden an allem schuld seien. «Diese Schweine von menschlichen Lebewesen», fluchte etwa ein Gefreiter in einem Brief vom April 1942. «Die haben uns ganz offensichtlich diese Schmach des Krieges gebracht.»[184] Typisch für diese in der Truppe verbreitete Neigung, die Tatsachen auf den Kopf zu stellen, und das Gefühl, die brutale Behandlung der Juden bestätige lediglich ihren Status als Untermenschen, ist auch der folgende, im Juli 1942 abgeschickte Brief:

> Über die Ereignisse im Osten betreffs Juden könnte man ein Buch schreiben. Dafür ist das Papier zu schade. Ihr dürft Euch sicher sein, sie kommen an einen richtigen Ort, da unterdrücken sie keine Völker mehr ...[185]

Die durch Partisanenüberfälle verursachte Frustration trug ebenfalls zu den antisemitischen Gefühlen unter den Soldaten bei. In der Wehrmacht war es üblich, als Vergeltung für Angriffe auf Militärangehörige eine große Zahl von Zivilisten zu exekutieren. Dabei kamen die Juden als Opfer natürlich besonders gelegen, zumal die lokale Bevölkerung oft selbst stark antisemitisch eingestellt war.[186] Die Soldaten brauchten nicht lange, um daraus zu folgern, daß die Juden nicht nur die Hauptstütze des Bolschewismus in Rußland waren und die Absicht hatten, Deutschland zu erobern, sondern daß sie auch direkt verantwortlich für die wachsende Zahl «terroristischer» Partisanenüberfälle waren. So schrieb im Juli 1942 ein Unteroffizier nach Hause:

> Die große Aufgabe, die uns im Kampf gegen den Bolschewismus gestellt ist, liegt in der Vernichtung des ewigen Judentums. Wenn man sieht, was der Jude hier in Rußland angerichtet hat, kann man erst recht verstehen, warum der Führer den Kampf gegen das Judentum begonnen hat. Was wäre über unser Vaterland nicht alles an Leid gekommen, wenn diese Bestie Mensch die Oberhand behalten hätte? Wir liegen noch etwas weiter zurück, so daß wir

mit den Russen noch nie in Gefechtsberührung gekommen sind. Allerdings treibt sich im rückwärtigen Gebiet noch allerlei lichtscheues Gesindel umher, das unter Umständen gefährlicher ist als vorne im Kampf. Es ist kein Gegner im offenen Kampf, sondern sucht seine Beute bei Nacht. Kürzlich wurde ein Kamerad von uns bei Nacht ermordet aufgefunden. Er wurde von hinten abgestochen. Das kann nur der Jude sein, der hinter diesen Verbrechen steht. Die darauf vorgenommene Razzia ergab ja auch einen ganz schönen Erfolg. Die Bevölkerung haßt den Juden wie noch nie. Sie sieht jetzt ein, daß er an allem die Schuld trägt.[187]

Es sollte festgehalten werden, daß die Begegnung mit wirklichen Juden selbst die abwegigsten und niederträchtigsten Vorurteile, die von der antisemitischen Propaganda im Dritten Reich verbreitet wurden, zu bestätigen schien. Anfangs war es zwar leichter, Haß zu säen und Furcht vor einem abstrakten Feind zu wecken. Aber sobald die Soldaten dieses Bild verinnerlicht hatten, übertrugen sie es auf reale Menschen und schienen wirklich zu glauben, daß «der Jude» den Zerrbildern in den Hetzblättern der Nazis entsprach. So schrieb Mitte 1942 ein Obergefreiter:

Obwohl im Laufe dieses Krieges dem verbohrtesten Spießer über die Judenfrage etwas mehr Licht aufgegangen sein wird, ist es weiterhin doch von größter Wichtigkeit, daß diese Frage nun auch weiterhin in das nötige Licht gestellt wird, und da ist der *Stürmer* Gott sei Dank immer noch seinem alten Grundsatz treu geblieben. So wie der Ostjude in seiner Brutalität sich nun zeigt, so ist diese ganze Brut, gleich ob im Westen oder Osten.[188]

In der Tat scheint Julius Streichers Blatt an der Front überaus beliebt gewesen zu sein. Ein Unteroffizier schrieb im August desselben Jahres von der Ostfront:

Den *Stürmer* erhalte ich nun zum dritten Mal. Es freut mich von Herzen … Eine größere Freude hätten Sie mir nicht machen können … Ich [habe] längst das jüdische Gift in unserem Volk

> erkannt; wie weit es mit uns hätte kommen können, das sehen wir erst jetzt in diesem Feldzug. Was das Juden-Regime in Rußland angerichtet hat, sehen wir mit jedem Tag, und auch der letzte Zweifler dürfte hier angesichts der Tatsachen kuriert werden. Es muß und wird uns gelingen, die Welt von dieser Pest zu befreien, dafür garantiert der deutsche Soldat der Ostfront, und wir wollen nicht eher zurück, als bis hier die Wurzel allen Übels ausgerissen und die Zentrale der jüdisch-bolschewistischen «Weltbeglücker» vernichtet ist.[189]

Diese Haltung, in der sowjetischen Realität eine Bestätigung der Propaganda zu sehen, kam auch in anderen Zusammenhängen zum Ausdruck. So schrieb der Infanterist W. Lämmerhirt schon zu Beginn des Rußlandfeldzugs an seine ehemaligen Arbeitskollegen: «Wenn ich früher einmal geglaubt habe, unsere Propaganda ist in dieser Hinsicht ein bißchen großzügig, so kann ich heute sagen, sie hat bei der Schilderung der Zustände verschönert, denn die Wirklichkeit ist noch weit schlimmer.»[190] Auch Leutnant Lorenz Wächter empfand das, was er sah, als «viel, viel schlimmer, als die deutschen Zeitungen schreiben können».[191] Und der Feldwebel Hans Schimanowski, der fürchtete, daß sich die Leute daheim kein Bild von den Zuständen im Osten machen könnten, empfahl ihnen, herzukommen und sich selbst zu überzeugen. «Daß es so etwas überhaupt noch gibt auf der Welt, hätte ich nie geglaubt», gestand er ein, aber «wir Deutsche kämpfen für eine gerechte Sache, darum wird auch der Sieg unser sein».[192]

Rückblickend, aus einer Distanz von dreißig Jahren, und besonders bei Vernehmungen durch Untersuchungsbeamte beschreiben die Soldaten ihre Erlebnisse häufig anders als in ihren Briefen von der Front. 1971 wurden die Überlebenden einer Kompanie, die der 1. Gebirgsdivision, einem Eliteverband, angehört hatten, zu dem Massaker an 317 Zivilisten jeden Alters und Geschlechts in dem griechischen Dorf Komeno am 16. August 1943 befragt. Offensichtlich als Vergeltung für einen Partisanenangriff hatte der befehlshabende Offizier seinen Männern befohlen, die Ortschaft zu «umstellen und ... zu vernichten, niederzumachen, zu zerstören». Die Soldaten führten den Befehl zwar aus, aber «schon bei der Rückfahrt, am LKW», so einer der Beteiligten bei seiner Vernehmung, «entstand zwischen den Soldaten eine Auseinandersetzung. Fast alle haben diesen ‹Einsatz› abgelehnt.» Er selbst sei «damals erschrocken, schockiert» gewesen, vor allem, weil «ich eine solche ‹Aktion› immer abgelehnt habe». Kaum einer habe sie für richtig gehalten, und er selbst habe so unter den «Grausamkeiten» gelitten, daß er Wochen gebraucht habe, um sein «seelisches Gleichgewicht» wiederzuerlangen. Ein anderer Soldat sagte, daß die meisten Männer sehr niedergeschlagen gewesen seien. Bis auf wenige Ausnahmen seien alle von «Gewissenskonflikten» geplagt worden. Ein Unteroffizier der Einheit will seinen Kommandeur sogar gewarnt haben, daß dies das letzte Mal sei, daß er bei so einer «Schweinerei» mitmache, die mit Krieg nichts zu tun habe, und einige Soldaten sollen mit Maschinenpistolen ausgerüstete Kameraden darum gebeten haben, für sie zu schießen, da sie es angeblich nicht fertigbrachten, auf die Dorfbewohner anzulegen. Auch nach der Aussage eines weiteren Beteiligten bezeichneten es viele Soldaten ganz offen als «Schweinerei», unbewaffnete Zivilisten zu erschießen. Nur wenige hätten die Ansicht vertreten, daß die Dorfbewohner potentielle Feinde seien, solange sie die Partisanen in ihrem Kampf gegen die deutschen Soldaten unterstützten. Die Auseinandersetzung sei so hitzig verlaufen, daß man fast von einer Meuterei sprechen könne.[193]

Solche Aussagen scheinen darauf hinzudeuten, daß die

von der Wehrmacht begangenen Greueltaten bei den Soldaten auf weitaus größere Kritik stießen, als die offiziellen Quellen und, was das betrifft, auch die private Korrespondenz verraten. Was die Feldpost angeht, überrascht das wenig, denn kritische Äußerungen über das Regime und die Umsetzung seiner Politik wurden verfolgt und hart bestraft. Und daß auch in offiziellen Dokumenten selten von offener Kritik unter den Soldaten die Rede ist, könnte darauf hindeuten, daß die Offiziere es vorzogen, in ihren Berichten an Vorgesetzte nichts über negative Haltungen in ihren Einheiten zu berichten. Da sich jedoch auch in den Kriegsgerichtsakten der Kampfeinheiten kaum Hinweise auf Soldaten finden, denen Kritik an solchen Vergeltungsaktionen vorgeworfen wurde, könnte man davon ausgehen, daß Kritik dieser Art alles andere als üblich war. Es könnte aber auch bedeuten, daß man, solange man seine Befehle, wie widerwillig auch immer, ausführte, keine Angst vor einem Disziplinarverfahren zu befürchten brauchte, weil man persönlichen Abscheu bekundet hatte. Der wichtigste Aspekt an dem Massaker von Komeno ist, daß die Soldaten ihre Befehle ausführten und über die Hälfte der Dorfbevölkerung ermordeten – obwohl die meisten sich angeblich bewußt waren, wie verbrecherisch die Aktion war. Außerdem wurde diese Vergeltungsmaßnahme von einer Einheit durchgeführt, die zuvor an der Ostfront stationiert gewesen war, wo solche Strafaktionen an der Tagesordnung waren. Es ist also unwahrscheinlich, daß die Soldaten keinerlei Erfahrung mit solchen Greueltaten hatten. Das wirft die Frage auf, warum sie in diesem Fall so aufgebracht reagierten. Möglicherweise deshalb, weil sich die Aktion gegen ein griechisches und nicht gegen ein russisches Dorf richtete. Die nationalsozialistische Propaganda zielte ja in erster Linie auf den russisch-bolschewistisch-jüdischen Feind ab, und Griechen spielten dabei ganz gewiß keine dominierende Rolle. Das Bild, das die Soldaten von den Griechen hatten, war also weit weniger verzerrt und entmenschlicht. Noch wichtiger aber ist wohl die Tatsache, daß diese Aussagen dreißig Jahre nach dem Vorfall im Rahmen staatsanwaltlicher Ermittlungen gemacht wurden. Es ist mehr als wahrscheinlich, daß diese Umstände das Erinnerungsvermögen der ehemaligen Wehrmachtangehörigen beeinträchtigten. Die Angst vor strafrechtlichen Folgen und das über die Jahre hinweg gewachsene Bewußtsein, daß das, was sie damals getan hatten, nichts anderes als ein Massaker an wehrlosen Zivilisten war, könnten sie dazu verleitet haben, ihre damaligen Bedenken in übertriebener Form wiederzugeben. Dazu die Aussage eines Mannes, der als Offizier in Polen und Rußland gekämpft hatte und unter weniger prekären Umständen vierzig Jahre später erklärte:

> Sicherlich, was sie [die Nazis im Gegensatz zu «uns», der Wehrmacht] mit den Juden dort gemacht haben, war eine Schweinerei. Aber man hat uns immer wieder erklärt, es handle sich um eine harte Notwendigkeit ... Nein, ich muß dir gestehen, daß ich damals überhaupt nicht begriffen habe, daß wir uns Verbrechern ausgeliefert hatten – das ist mir erst sehr viel später klargeworden, als alles vorbei war.[194]

Auch wenn dieser und ähnliche Vorfälle von gewissen Protesten begleitet waren, können wir also davon ausgehen, daß kritische Bemerkungen weit seltener waren, als die Beteiligten im nachhinein behaupten, daß Kritik nicht bestraft wurde, solange man die Befehle ausführte, und daß es häufiger zu Unmutsäußerungen kam, wenn sich die Aktion gegen Nichtrussen richtete. Vergeltungsaktionen wurden zwar in allen besetzten Gebieten durchgeführt, doch konzentrierten sie sich vor allem auf die Sowjetunion. Da die Russen von der Wehrmachtpropaganda als Untermenschen diffamiert wurden und viele Soldaten sich diese Sichtweise zu eigen machten, wurden die Maßnahmen nicht nur ohne jeden Widerstand von seiten der Truppe ausgeführt, sondern gaben auch kaum Anlaß zu Kritik. Im Gegenteil, wie die hier zitierten Feldpostbriefe belegen, wurden sie oft sogar ausdrücklich begrüßt. Komeno war sozusagen die griechische Ausnahme, die die russische Regel bestätigte.

Der Glaube an den Führer war von Anfang an eine wichtige Komponente in der verzerrten Wirklichkeitswahrnehmung der Truppe an der Ostfront. Mitte Oktober 1941 brachte ein Unteroffizier dieses Gefühl auf den Punkt, als er schrieb: «Für uns sind die Führerworte ein Evangelium.»[195] Eine Ansicht, die auch der Infanterist von Kaull teilte:

> Der Führer wächst zu dem größten Menschen des Jahrhunderts empor, in seiner Hand liegt das Schicksal der Welt und der kulturempfindenden Menschheit. Möge sein reines Schwert auf das teuflische Ungeheuer herniederbrausen. Ja, hart sind schon die Schläge, aber das Grausame wird in den Schatten gestellt durch das unerbittliche Muß, durch den Befehl, der von unserer nationalsozialistischen Idee ausgeht. Es geht [bei diesem Kampf] um eine neue Weltanschauung, um einen neuen Glauben, um ein neues Leben! Glücklich bin ich, daß ich auch nur als ein ganz winziges Rädchen an diesem Lichtkrieg gegen die Finsternis teilnehme.[196]

Obwohl sich die militärische Situation an der Ostfront rapide verschlechterte, blieb der «Glaube» an den Führer intakt und wuchs sogar noch, je hoffnungsloser die Lage wurde. Während zu Zeiten der großen Siege die Loblieder auf den Führer mit dem Vertrauen in die Unbesiegbarkeit der Wehrmacht einhergingen, blieb angesichts der wachsenden Einsicht in das Unvermögen des Heeres, die militärische Krise zu meistern, nur noch der irrationale Glaube an den einen Mann, der in den Augen der Soldaten Deutschlands Schicksal verkörperte, was auch immer geschehen mochte. Wie alle Götter bezog auch Hitler seine Macht, den Gang der Geschichte zu lenken, aus dem Glauben seiner Anhänger. Der unbedingte Glaube an den Führer wurde für die Soldaten zu einem persönlichen, seelischen Bedürfnis und zu einer Waffe, die den Führer stärken und es ihm ermöglichen sollte, doch noch den in immer weitere Ferne rückenden Endsieg zu erringen. Die Schlacht um Stalingrad war ein gutes Indiz dafür, wie weit dieser Prozeß bereits fortgeschritten war. Die Feldpostprüfstelle der 4. Panzerarmee prüfte über 11 237 Briefe, die zwischen dem 20. Dezember 1942 und dem 16. Januar 1943 von und nach Stalingrad geschickt wurden, und stellte dabei fest, daß die Soldaten fast bis zum bitteren Ende Hitler die Treue hielten und an ihn glaubten. So schrieb Anfang Januar 1943 ein Hauptmann: «Wir alle haben die feste Hoffnung, daß der Führer uns nicht verlassen wird und sich bestimmt Rat weiß, wie er schon immer Rat gewußt hat.» In einem anderen Brief hieß es: «Wir stehen im festen Vertrauen auf den Führer, unerschüttlich bis zum Endsieg.» Und noch am 16. Januar behauptete ein Soldat, daß der Belagerungsring bald gesprengt würde. «Deshalb wird eisern durchgehalten, das ist so sicher, wie 2 x 2 = 4 ist.» Ein Oberleutnant beschreibt eindrücklich die tiefe Glaubenskrise, die er durchlebte, als immer deutlicher wurde, daß alles verloren war und Hitler die Männer von Stalingrad im Stich gelassen hatte.

> Der Führer hat fest versprochen, uns hier herauszuhauen, das ist uns vorgelesen worden, und wir glaubten auch fest daran. Ich glaube es heute noch, weil ich doch etwas glauben muß. Wenn das nicht wahr ist, woran sollte ich dann noch glauben? … Laß mir diesen Glauben, liebe Greta, ich habe mein ganzes Leben oder wenigstens acht Jahre davon immer an den Führer und sein Wort geglaubt … Wenn es nicht wahr ist, was man uns versprach,

> dann wird Deutschland verloren sein, denn in diesem Fall kann kein Wort mehr gehalten werden.[197]

Natürlich zeigten in diesem Stadium der Hunger, die Kälte und die rapide Verschlechterung der militärischen Lage deutliche Auswirkungen. In den Briefen der Soldaten mehrten sich die Klagen, und manch einer schrieb, er werde immer apathischer und denke nur noch ans Essen. Doch selbst unter denen, die wußten, daß sie zum Untergang verurteilt waren, gab es noch einige, die fest daran glaubten, daß ihr Opfer nicht vergeblich sei und eine höhere Bedeutung besitze, die über das Schicksal des einzelnen hinausgehe. Statt sich einzugestehen, daß Hitler sie im Stich gelassen hatte, machten sie sich selbst jetzt noch die propagandistische Parole zu eigen, nach der die militärische Katastrophe, der sie zum Opfer fielen, ein notwendiger Schritt zum Endsieg sei. So schrieb ein Unteroffizier seinen Eltern, daß

> auch die Außenwelt erfahren [soll], was hier deutsche Soldaten alles auf sich genommen und ertragen haben. Dieser Heldenmut und dieses Ausharren sind beispiellos und werden durch einen großen Sieg entlohnt werden.

Die Weigerung, die Sinnlosigkeit der Schlacht einzusehen, hatte zur Folge, daß die Soldaten sich an jede ideologische Interpretation klammerten, mit der die Katastrophe von Stalingrad in einen Sieg von «weltgeschichtlicher» Tragweite umgedeutet wurde. So schrieb ein Major noch am 16. Januar an seine Frau:

> Der unerbittliche Kampf geht weiter, der Herrgott hilft dem Tapferen. Wie es die Vorsehung auch bestimmen mag, wir bitten nur um eins, um Kraft zum Durchhalten! Man soll einmal von uns sagen, die deutsche Armee hat bei Stalingrad gekämpft, wie noch niemals zuvor Soldaten in der Welt kämpften. Diesen Geist unseren Kindern weiterzugeben ist Sache der Mütter.[198]

Natürlich litten die im Kessel von Stalingrad eingeschlossenen Männer unter Zweifeln und Ängsten. Aber viele, die bislang noch mit heiler Haut davongekommen waren, schienen die Katastrophe nicht als das zu sehen, was sie war. Sie erkannten sie nicht als den Anfang vom Ende und als ein klares Indiz für Hitlers kopflose Strategie, sondern als ein Fanal, als eine Rechtfertigung für noch größere Opfer. So schrieb ein Leutnant Anfang Februar 1943 von der Front nach Hause:

> Dieses Ringen ums Leben, den Tod vor Augen sehend, ist etwas unmenschlich Heroisches. Hier in Stalingrad wogt nun ein Meer besten deutschen Blutes ... Ich glaube, noch nie wird das nationalsozialistische Deutschland so ernst gewesen sein wie jetzt ... Hier kommt es nicht mehr auf den einzelnen an, hier geht's ums Ganze. Nur solange wir uns dessen bewußt sind, können wir zum Siege kommen![199]

Die Soldaten akzeptierten nicht nur die Auffassung, daß große Opfer noch größere Opfer rechfertigten, sondern auch zunehmend das sozialdarwinistische Argument, daß die Gewinner wie die Verlierer ihr Schicksal verdient hätten. Die einzige Möglichkeit zu beweisen, daß Deutschland von Anfang an einen gerechten Krieg gefochten hatte, war der Sieg, einerlei, mit welchen Mitteln und um welchen Preis er errungen wurde. «Auch dieser Krieg», schrieb ein Leutnant Ende Januar 1943 nach Hause,

> zwingt uns wieder durch die *tiefste* Anspannung *aller* Kräfte hindurch, durch die Augenblicke, wo man wohl meint: es geht *über* unsere Kräfte ... Und wenn's nur aus dem Grunde wäre, weil die Fortsetzung des Krieges uns sicher *keine* größere Not und Belastung bringt, als wenn wir jetzt die Waffen streckten. Ich möchte nicht ausdenken, was dann geschähe! ... Und es ist *jetzt* die Probe auf's Exempel: Halten wir jetzt durch, dann haben wir eine Zukunft. Halten wir *nicht* durch – dann sind wir keine Zukunft wert, dann ist's nicht schade um uns.[200]

Die Soldaten suchten zunehmend Zuflucht in einer unwirklichen, mystischen und nihilistischen Welt, die wenig mit ihren tatsächlichen Erfahrungen an der Front zu tun hatte, sondern sich aus den Propaganda-Traktaten speiste, die von Männern geschrieben wurden, die kaum jemals in einer Schlacht gekämpft hatten, und wenn, dann nur noch eine verschwommene Erinnerung daran besaßen und dazu neigten, sie zu glorifizieren. Bemerkenswert dabei war, daß die Soldaten den heroischen Appellen um so mehr Glauben schenkten, je näher an der Front sie stationiert waren. Viele Historiker sind der Ansicht – vielleicht, weil kaum einer von ihnen jemals eine Schlacht in vorderster Front mitgemacht hat –, daß die Frontkämpfer die ersten seien, die das Trugbild vom heldenhaften Krieg als das durchschauten, was es war: hohle Propagandafloskeln aus der Feder von Schreibstubensoldaten. Es gibt gute Gründe, daran zu zweifeln, ob dies auf jede Armee zutrifft, speziell wenn es sich um eine Wehrpflichtigenarmee handelt.[201] Auf keinen Fall trifft es auf die Wehrmacht zu. Denn hier waren gerade die Frontsoldaten unter Hitlers Ergebenen die ersten und die letzten, die seiner Ideologie zynisch gegenüberstanden.

In den letzten beiden Kriegsjahren verstanden sich die Frontsoldaten immer mehr als die Missionare des deutschen Volkes, ja sogar der gesamten westlichen Zivilisation. An die Stelle einer klaren Wahrnehmung und rationalen Beurteilung der Ereignisse traten die übermächtige Angst vor der Roten Armee und das hemmungslose Wüten gegen einen monströsen, gesichtslosen Feind. Beides ließ die Soldaten nur noch verzweifelter an ihrem Glauben an Hitler und seine Fähigkeit festhalten, die unvermeidlich scheinende Apokalypse abzuwenden und das Reich doch noch zum Endsieg zu führen. In dieser Phase, in der gerade die Judenvernichtung mit noch größerem Hochdruck als bisher betrieben wurde, verstand sich die Wehrmacht zunehmend als Schutzmacht der gesamten menschlichen Zivilisation. Je mehr die Soldaten (zumindest an der Front) über die verbrecherische Politik des Regimes wußten, um so entschlossener kämpften sie aus der Angst vor den Folgen einer Niederlage um ihr Überleben. Das geht beispielsweise aus einem Brief hervor, den ein Hauptmann der Wehrmacht Mitte Februar 1943 schrieb:

> Gebe Gott, daß das deutsche Volk jetzt jene Seelenruhe und Kraft aufbringt, um dem Führer das Werkzeug zu geben, das er braucht, um das Abendland vor dem Untergang zu bewahren, denn was die asiatischen Horden nicht zerstören würden, das würde jüdischer Haß und Rache vernichten. Der Glaube hier an der Front ist unerschütterlich, wir alle hoffen, so wie Göring sagte, daß mit der steigenden Sonne das Kriegsglück wieder an unsere Seite zurückkehren wird.[202]

Diese Mischung aus Ängsten und Vorurteilen war in der Tat die wichtigste Motivation für die Wehrmachtangehörigen, machte sie vollends zu Hitlers Soldaten. Gott stand dem Führer bei, und das deutsche Volk war Gottes Werkzeug, mit dem er den Westen vor dem asiatischen Barbarismus und der Rache der Juden zu bewahren trachtete. Die Gefahr war groß, aber solange der Glaube an Hitler nicht erschüttert wurde, war der Sieg sicher. Ironischerweise kamen selbst Männer, nach deren Ansicht «die Zeit des Fanatismus und der Nichtduldung anderer Ansichten» vorüber und der Krieg nur zu gewinnen sei, wenn «wir vernünftiger werden», zu dem Schluß, daß der Sieg notwendig sei, «um nicht der Rache der Juden ausgeliefert zu werden».[203] In diesem Stadium des Krieges blieben nur noch sehr wenige Soldaten unempfänglich für die Terminologie und die Denkweisen der Nazis, selbst wenn sie sich als Gegner des Regimes verstanden. Auch die größten Skeptiker waren bereit, sich für eine Sache zu opfern, mit der sie letztlich die

NS-Herrschaft stützten, und zogen weder Aufgabe noch Auflehnung gegen die unsinnigen Befehle ihrer Vorgesetzten in Betracht. «Es ist schon schwer, vor einem dunklen Abgrund zu stehen und die Stimme zu hören: Spring zu und begrabe dich in ihm! Das ist deine Bestimmung, nichts anderes!» trug Friedrich Böhringer, ein 20jähriger Student, am 22. März 1944, einen Tag vor seiner Rückkehr an die Ostfront, in sein Tagebuch ein. «Hat es jemals eine junge Generation gegeben mit einer solchen ungewissen und schwarzen, mit einer so trostlosen Zukunft wie uns? Dennoch», fährt er fort, «gilt es immer wieder, den Schauder des natürlichen Menschen zu überwinden und den anderen in uns zu Worte kommen zu lassen, der die ewigen Gesetze kennt. Er wird uns nicht trösten mit den Eintagsparolen der Politiker ... Für diese Scheinwelt lohnt es sich nicht zu kämpfen und zu sterben.» Aber: «Für Deutschland? Selbstverständlich – für das verborgene, ewige Deutschland! Muß man darüber noch große Worte machen?»[204] Und der 21jährige Franz Hocke schrieb am 26. August 1944 aus Italien:

> Der Herrgott muß doch ein Einsehen haben und uns aus dieser Not noch einmal heraushelfen. Sind denn wirklich wir die Schlechten, die zum Untergang verurteilt sind? ... Sollte es den anderen doch gelingen, über uns, die sich zu weit vorgewagt haben und sich schon Gott ähnlich glaubten, zu triumphieren?[205]

Der fehlgeschlagene Putschversuch zeigte eindrücklich, wie stark der Glaube an Hitler in der Wehrmacht nur Monate vor dem Zusammenbruch des Dritten Reiches noch immer war. Hitlers wundersame «Errettung» verstärkte noch seine göttliche Aura und schien zu beweisen, daß Gott ihn und seine Taten guthieß, wie er selbst so oft gesagt hatte. Gleichzeitig lieferte die Verschwörung der Generäle den Soldaten an der Front eine Erklärung für die Serie schwerer Niederlagen, die sie trotz ihrer übermenschlichen Anstrengungen und der angeblich gottgewollten Führungsrolle Deutschlands hatten hinnehmen müssen. Jetzt ließen sich alle Fehler und Pannen den Attentätern in die Schuhe schieben, denen es im Verein mit den Juden, Bolschewisten und der Plutokratie als fünfte Kolonne fast wieder gelungen wäre, Deutschland einen Dolchstoß in den Rükken zu versetzen. Die Verschwörer wußten, daß im Falle ihres Scheiterns die Reaktion in der Truppe so ausfallen mußte.[206] Dennoch ist es bemerkenswert, wie die Soldaten nach dem Attentat vom 20. Juli zu Hitler hielten und wie das Ereignis sie motivierte, unter völliger Mißachtung der objektiven militärischen Lage weiterzukämpfen. Ein Obergefreiter ereiferte sich einen Tag später über das «gemeine Bubenstück gegen den Führer» und gab seiner Erleichterung Ausdruck: «Gott sei Dank, es ist noch einmal gutgegangen.» Seinen Eltern versicherte er: «Bei uns hier herrscht eine tiefe Entrüstung über dieses Verbrechen.»[207] Für die Frontsoldaten war jeder Versuch, Hitler auszuschalten, ein Verbrechen. Die Verbrechen des Regimes waren dagegen moralisch motivierte Handlungen, die sich aus historischen und existentiellen Notwendigkeiten herleiteten. So schrieb ein Oberleutnant, es sei «moralisch niederdrückend» und «verbrecherisch», «einen so verdienten Volksführer wie Adolf Hitler meuchlings beseitigen zu wollen».[208] Seine Rettung hingegen stelle eindeutig einen Akt Gottes dar. «Die Vorsehung hat aber unseren Führer vor allem bewahrt», schrieb ein Obergefreiter, der sich ausmalte, wie «das Volk gejubelt haben und mit welcher Freude es die Nachricht aufgenommen haben [wird], als es hieß, der geliebte Führer lebt ..., denn er ist es, der uns zum Endsieg führt».[209] Ein anderer Oberleutnant schrieb zwei Tage nach dem Putschversuch, seinem Oberst hätten «Tränen in den Augen» gestanden wegen der «Schweine, die der Führer ... zum Teufel gejagt hat». Dagegen lobte er seine eigenen «Front- und Truppengeneräle ..., die unerschütterlich an den Führer glauben».[210] Hier zeigte sich, daß der Glaube an Hitler immer stärker wurde, je näher man an die Front kam, ein Phänomen, das durchaus damit vergleichbar ist, daß die Religiosität unter Frontsoldaten ausgeprägter ist als in weiter hinten liegenden Einheiten.[211] Das Bedürfnis der in ständiger Todesgefahr schwebenden Soldaten nach geistlichem Beistand, das in der Wehrmacht vor allem durch den quasireligiösen Glauben an Hitler befriedigt wurde, manifestierte sich in dieser Periode der tiefen militärischen und psychologischen Krise mit aller Macht. So schloß der oben zitierte Brief des Oberleutnants mit den bezeichnenden Worten, daß das «Lumpenvolk» der Verschwörer den Frontsoldaten «den Glauben an den Sieg nicht nehmen» könne und daß Hitlers Rettung «die große Vorsehung [ist], die unseren Glauben nur noch stärken kann». Nach all den großen Opfern, die sie gebracht hatten, waren sie der Überzeugung, daß die Verschwörer Deutschland im letzten Moment fast den Sieg geraubt hätten, wie schon einmal im Ersten Weltkrieg. So empörte sich ein Leutnant: «Diese Banditen versuchten, das zu vernichten, wofür Millionen bereits ihr Leben eingesetzt hatten. Es ist ein schönes Gefühl zu wissen, daß sich ein November 1918 nicht wiederholen kann.»[212] Ein anderer Frontkämpfer schrieb:

> Ich und alle Kompanieangehörige waren nach der Bekanntgabe dieser scheußlichen Schandtat sprachlos. Gottlob ließ die Vorsehung unseren Führer zur Errettung Europas erhalten [sic], und unsere heiligste Pflicht ist es nun, uns noch fester an ihn zu klammern, um das gut zu machen, was die wenigen vom Feind wahrscheinlich bezahlten Verbrecher ohne Rücksicht auf das Volksganze angerichtet haben. Sie ... gehören alle öffentlich an den Galgen.[213]

Vierzig Jahre später schilderte ein Mann, der als Frontsoldat gekämpft hatte und dessen Vater Generalmajor in der Wehrmacht gewesen war, den grotesken Aberwitz dieser Zeit in einem persönlichen Bericht:

> Es war ein furchtbarer Schock für mich – mir ist damals meine Welt zusammengebrochen … Ich war damals Oberleutnant und stand an der Ostfront. Als mir mein Regimentskommandeur mitteilte, mein Vater, der General, sei wegen Verschwörung gegen das Leben des Führers hingerichtet worden, habe ich ihn für verrückt gehalten. Ich konnte es nicht fassen – daß sich mein Vater, ein überzeugter Nationalsozialist und äußerst korrekter Offizier, für so etwas hergegeben haben könnte … Warum [sollte] mein Vater zur Opposition übergegangen sein – wir verdankten dem Führer doch alles![214]

Und ein solcher Gefühlsausbruch war beileibe kein Einzelfall. Die Feldpostprüfstelle der 3. Panzerarmee berichtete im August 1944 nach der Durchsicht von 44948 Briefen:

> Die hohe Anzahl der freudig bewegten Stimmen zur Rettung des Führers, die als ein wahres Glück für das deutsche Volk hervorgehoben wird, ist nicht nur ein Beweis für die Liebe und Treue der Soldaten zum Führer, sondern es wird … die feste Entschlossenheit der Soldaten zum Ausdruck gebracht, in seinem Sinne zu kämpfen und zu siegen.

Und das, obwohl jeder vierte Briefschreiber sich über die allgemeine Lage, seine direkten Vorgesetzten und die höhere Führungsebene sowie über unwichtigere Dinge wie Verpflegung, Reibereien in den Einheiten und Verzögerungen bei der Zustellung der Feldpost beschwert hatte. Obwohl die Kritik also deutlich zunahm, blieben Hitler und alles, wofür er stand, von ihr ausgenommen. Lediglich in fünfzig Briefen fanden die Zensoren Hinweise auf schwere diziplinare Verstöße, Sabotage oder Zersetzung, also lediglich in 0,1 Prozent aller geöffneten Briefe, was um so verwunderlicher ist, als die 3. Panzerarmee bei der russischen Sommeroffensive im Juni 1944 schreckliche Verluste erlitten hatte.[215]

Bis in die letzten Kriegsmonate hinein, und zum Teil bis wenige Wochen vor der Kapitulation, weigerten sich viele Soldaten, den Tatsachen ins Auge zu sehen, und vertrauten weiterhin blind auf Hitler, so haltlos seine Siegesprophezeiungen auch gewesen sein mochten. So schrieb im August 1944 ein Obergefreiter:

> Wenn der Führer sagt, wir haben die Mittel und Waffen, den Feind wieder von unseren Grenzen zu vertreiben, und wir werden letzten Endes den Sieg davontragen, so weiß ich sehr wohl, daß ein unbändiges Vertrauen und ein starker unbeugsamer Glaube zu unserem Führer dazugehört, diese augenblicklich schwere Zeit ... zu überstehen. Der Glaube gibt uns die Kraft, alles harte und schwere Leid zu ertragen ... Mein Glaube an den Führer und den Sieg ist unerschütterlich.[216]

Die Flucht vor der Realität war eine ganz natürliche Reaktion auf die Grauen des Krieges. Bereits im August 1941 schrieb der 29jährige Theologe Siegbert Stehmann nach einer Schlacht, bei der achtzig Kameraden und alle Offiziere seiner Kompanie fielen, in jener für seine Generation so typischen Mischung aus romantischer Philosophie, Religion und faschistischer Ideologie: «Uns einsamen Männern in der Hoffnungslosigkeit ist eines aufgegangen: daß die Wirklichkeit nichts, das Wunder aber alles ist. Das hält uns aufrecht. Kein Mensch kann uns helfen, nur Gott allein.»[217] Dieser nihilistische Romantizismus erfaßte gegen Ende des Krieges selbst die desillusioniertesten Soldaten Hitlers und stärkte ihre Bereitschaft, sich für eine, wie sie immer noch glaubten, bessere Zukunft aufzuopfern. So schrieb Stehmann im September 1944:

> Wie hat das Grauen dieser Zeit an uns gearbeitet, daß wir die Allgegenwart des Schreckens mit einem Gleichmut hinnehmen, den wir uns nie vorstellen konnten! Das deutsche Volk hat die sagenhafte Leidensfähigkeit Rußlands fast überboten. Vielleicht ist das die größte seiner Stunden …
> Der Deutsche, der ewige Hiob der Weltgeschichte, sitzt allüberall auf den Ruinen seiner stillen, geliebten Welt, und wartet sehnlich auf das lösende Wort Gottes, der das Zerbrochene heilen kann … Die materiellen Sorgen wiegen leicht, wenn man an das kommende Schicksal unseres Volkes denkt, dessen Land der Feind schon betreten hat … Ein tausendjähriges Reich ginge zu Grabe … Gott wird uns helfen … Niemand auf der Welt ist gesegneter als unser Volk, das auch heute noch seine Wurzeln in der Tiefe hat.[218]

Reinhard Becker-Glauch, ein 28jähriger Kunsthistoriker, schrieb am 27. September, kurz vor seinem Tod:

> Die großen, weit umfassenderen Parolen dieses Krieges sind verstummt, und überall geht es nur noch um das nackte Leben. Doch hat auch der Krieg um so zurückgesteckte Ziele seine Größe und seine erhabenen Freuden, mehr als irgend ein anderer, weil er uns überall bewußt an den Rand der Dinge führt, die Scheinwerte dahinsinken und das wirklich am Herzen Liegende, Ihr und die Heimat, allein mächtig bleibt. Das sind mehr als Gemeinplätze. Stündlich erleben wir die befeuernde Liebe zu Euch und zum Vaterland als die treibenden Wirklichkeiten.[219]

Ähnlich empfand der 26jährige Klaus-Degenhard Schmidt, Kommandant eines Torpedobootes, im Dezember 1944: «Die Volkwerdung, der Schlußstrich unter die bisherige Geschichte, ist mir Ziel dieses Kampfes … Mir ist mein Volk mein irdisches Gesetz, für das ich nach des Allmächtigen Weisung anzutreten habe. Ich glaube an seine heilige Bestimmung und Aufgabe, an seine Realität als göttliche Fügung. Es kämpft um sein Bestehen gegen eine Welt.» Und Schmidt erwartete, daß dieser Kampf weitergehen würde: «Nach Niederlegung der Waffen wird es [das Volk] auch seinen geistigen Kampf bis zum Ende durchzustehen haben. Wir dürfen opfern und helfen. Es geht gleichermaßen um das geheime wie das äußerliche Deutschland.» Tod war Geburt, Niederlage war Sieg und Leiden bedeutete Läuterung: «Jedes Jahr Not und Krieg ist eine Schule gewesen, deren Sinn trotz aller Opfer bereits ersichtlich ist.» Welchen Sinn Schmidt damit meinte, verschwieg er. Doch in seinem letzten Brief besann er sich «auf alles Schöne, Ewige, Lichte, sich Erneuernde in uns und um uns» und fand, daß «diese Zeit uns mehr zu erfüllen [vermag] mit Freude und Herzensgüte als bequemere Jahre früher».[220] Klaus-Degenhard Schmidt fiel im Kampf für Hitler und – wie er meinte – eine bessere Welt.

Die Hoffnung auf die versprochenen Wunderwaffen und die Angst vor den schrecklichen Konsequenzen einer Niederlage, die von der Wehrmachtpropaganda in den lebhaftesten Farben ausgemalt wurde, motivierten die Truppe genau in dem Moment zum Durchhalten, als die Zahl der Hitler-Getreuen endlich zu schrumpfen anfing. Symptomatisch der Brief eines Leutnants, der im September 1944 nach Hause schrieb:

> Es darf überhaupt gar nichts geben, was uns bewegen könnte, schwach zu werden. Jede deutsche Unterwerfung würde in gänzlich hundertprozentiger Vernichtung *alles* Deutschen bestehen ... Wir sind die letzte Bastion, mit uns steht und fällt alles, was germanisches Blut in den Jahrtausenden erzeugte.[221]

Immer noch wollten sich viele Soldaten nicht eingestehen, daß das Ende näher rückte. So schrieb der 20jährige Rolf Hoffmann noch am 4. Februar 1945:

> Sechs Jahre lang haben wir einer Welt von Feinden Stand gehalten ... Haben wir es verdient, daß wir am Ende doch zerbrechen

> und untergehen? Wir wollen auf den Herrgott vertrauen, daß er unser deutsches Volk nicht verläßt und ihm am Ende dieses gewaltigen Ringens sein Lebensrecht auf der Erde wiedergibt. Darum heißt es ausharren, bis uns eine bessere Zukunft beschieden ist.[222]

Ähnliche Töne schlägt Wilhelm Heidtmann, ein 30jähriger Theologiestudent, in einem Brief vom August 1944 an: «Gott schenke mir, allezeit das zu tun, was der Schutz der Heimat erfordert, und zwar mit ganzem Herzen!» Im September schrieb er, «daß Gottes Reich nicht mit menschlichen Waffen zu erringen» sei, und schloß daraus, daß «auch die Westmächte nicht verhindern [werden], daß sich vollendet, was Christus von der Zeit seiner Wiederkunft gesagt hat», sprich die Wiederauferstehung des Deutschen Reiches. Und noch im März 1945 berichtete er, daß «einige Gegner uns zuwinken: ‹Kameraden!› – Aber deutsche Fallschirmjäger laufen nicht über!»[223] Der gleiche verzweifelte Kampfeswille spricht aus dem Brief, den Clemens August Hoberg, Doktor der Philologie, kurz vor seinem Tode Ende Februar aus Pommern schickte:

> Unsere Stellung … haben wir bis zum letzten Augenblick gehalten … Die allgemeine Lage freilich verschlechtert sich zusehends, und es ist unschwer abzusehen, daß die Ereignisse in diesem Jahr der Spitze und dem Ende zutreiben. Uns bleibt nichts übrig, als uns bis zum letzten zu wehren. Jede Kapitulation würde unser sicheres Ende bedeuten … Solange der Kampf andauert, haben wir immer noch zahlreiche unberechenbare Möglichkeiten.[224]

Die Furcht vor den Feinden und das Mißtrauen gegen sie führten auch dazu, daß die Soldaten für die Propaganda der Alliierten unempfindlich blieben, wie die höheren militärischen und zivilen Stellen des Dritten Reiches mit Genugtuung und die Alliierten mit Mißfallen registrierten.[225] Als Beleg sei hier der Brief eines Panzer-Hauptmanns zitiert, der glaubte, daß «grenzenloser Haß und letzte Hingabe» die einzige Antwort auf die Feindpropaganda seien.[226] Viele Soldaten glaubten nach wie vor, der Feind sei noch schlimmer, als er in ihrer eigenen Propaganda dargestellt wurde. Der Gedanke, daß «die schwarzen und gelben Rassen Europa vernichten und auffressen», erfüllte einen Obergefreiten mit blankem Entsetzen,[227] und ein Leutnant schrieb aus Ungarn nach Hause: «Was die Zeitungen schreiben, ist nur eine gemilderte Version dessen, was die Bolschewisten tatsächlich dort anstellen, wo sie hinkommen.»[228] In den letzten Kriegswochen war es wohl mehr die Angst als alles andere, die den Soldaten an der Front noch weiterkämpfen ließ.[229] Mitte März 1945 schrieb ein Gefreiter aus Pommern: «Jedenfalls hoffen wir, daß unsere Kultur vor dem Mongolensturm verschont bleibt.»[230] Doch es gab immer noch diejenigen, die darauf hofften, weiter für die gerechte Sache zu kämpfen, sei es in diesem Krieg oder, falls er verloren würde – was sie sich immer noch nicht so recht eingestehen wollten –, im nächsten.[231] Das zumindest war die Meinung eines Soldaten, der Ende März aus einem Lazarett folgende Zeilen nach Hause sandte:

> Sollte auch der Krieg zu unseren Ungunsten ausgehen, was, wie gesagt, noch gar nicht bestimmt ist, so bin ich es jedenfalls nicht, der den Kopf in den Sand steckt … Da das Bündnis der Westmächte mit Stalin ein zweckmäßiges ist, würde es dann meines Erachtens mindestens noch eine Auseinandersetzung dieser beiden grundverschiedenen Parteien geben. Für diesen wie für den eigenen Kampf gegen den Bolschewismus wird das deutsche Volk auf jeden Fall noch Opfer bringen müssen. Jedenfalls haben wir den Krieg vorläufig noch nicht verloren.[232]

Damit lag er gar nicht so falsch. Indem er wiederholte, was das Nazi-Regime vorbetete, prophezeite er, wie viele andere, den Kalten Krieg. Sein Brief enthielt aber auch ein zentrales

Argument, das sehr viel später von revisionistischen (und, unter einem anderen Blickwinkel, auch von linken) Historikern wiederbelebt wurde. Danach richtete sich «Hitlers Krieg» zuerst und vor allem gegen den Kommunismus. Das Dritte Reich, so behaupten zumindest einige Historiker, sei das wichtigste Bollwerk gegen den «Bolschewismus» gewesen und habe die westliche Zivilisation vor der asiatischen Barbarei bewahrt.[233] Dieser Sichtweise zufolge beharrten die Alliierten nur deshalb darauf, das Deutsche Reich zur bedingungslosen Kapitulation zu zwingen, weil sie den «eigentlichen» Sinn des Krieges nicht erkannt hatten. Und dieser kapitale politische Fehler, nicht zusammen mit der Wehrmacht die Russen zurückzudrängen, habe dazu geführt, daß den Sowjets ganz Osteuropa in die Hände gefallen sei. Tatsächlich habe die verspätete Einsicht in diesen zentralen Aspekt des Krieges im Osten die Basis für die Gründung der Bundeswehr gebildet. Als Nachfolgerin der Wehrmacht sei ihr damit die Aufgabe zugefallen, den Westen vor der kommunistischen Bedrohung zu schützen. Diese Argumente spielen eine gewichtige Rolle, wenn man versucht, die Bedeutung der deutschen Wiedervereinigung auszuloten, denn eine Großmacht Deutschland im Herzen Europas wird das seit dem Rückzug der Sowjetunion entstandene Machtvakuum ausfüllen und die Möglichkeit eröffnen, ein von Deutschland dominiertes Mitteleuropa zu schaffen, ein Gedanke, der sich bis zur Gründung des Kaiserreichs 1871, wenn nicht sogar bis zu den nationalen Einigungsbestrebungen Mitte des 19. Jahrhunderts zurückverfolgen läßt. Ein unverstellter Blick auf die Vergangenheit wird somit besser verstehen helfen, welche Zukunft Europa bevorsteht. Tritt Europa in eine *Nachkriegsära* ein, wie manche Historiker behaupten, oder steht uns eine Wiederholung der Geschichte, eine neue Zwischenkriegszeit, ins Haus? In diesem Zusammenhang sollten wir uns Hitlers Postskriptum zu seinem Testament in Erinnerung rufen. In dem Nachtrag, den er am 2. April 1945 diktierte, prophezeite er, daß Deutschlands Niederlage eine Tragödie nicht nur für das deutsche Volk, sondern für ganz Europa darstellen würde:

> Nach einer Niederlage des Reiches wird es ... nur noch zwei Mächte in der Welt geben, die einander ebenbürtig gegenübertreten können: die Vereinigten Staaten und Sowjetrußland. Durch die Gesetze der Geschichte und der geographischen Lage ist es diesen beiden Kolossen bestimmt, ihre Kräfte zu messen, sei es auf militärischem, sei es auch nur auf wirtschaftlichem und ideologischem Gebiet. Aus der gleichen Gesetzmäßigkeit müssen beide Mächte die Feinde eines unabhängigen Europas sein. Amerika wie Sowjetrußland aber werden sich notwendigerweise über kurz oder lang den Beistand des einzigen großen Volkes, das in Europa diesen Krieg überdauern wird, sichern wollen – den Beistand des deutschen Volkes.[234]

Alan Bullock maß diesen Worten eine prophetische Bedeutung bei, als er sie vor rund dreißig Jahren in seinem Buch zitierte. Um wieviel mehr müssen sie heute manchen Leser als prophetisch – und als bedrohlich – erscheinen?

Wir haben gesehen, daß während des gesamten Zweiten Weltkriegs, insbesondere aber zwischen Herbst 1941 und den Wochen vor der Kapitulation – eine Periode, die durch zunehmende Krisenstimmung, begleitet von einer immer mystischeren Hoffnung auf Erlösung, gekennzeichnet war –, das Realitätsbild der deutschen Soldaten von zwei miteinander verknüpften Faktoren geprägt wurde: der immer radikaleren Entmenschlichung des Gegners und parallel dazu der Vergöttlichung Hitlers. Was Hitler anging, und seine Gegner in Deutschland hatten das erkannt, konnte nur der Tod seinen Bann brechen und seinen Anhängern die Augen öffnen. Was die Gegner betraf, so mußte das ideologisch gefärbte Bild vom

Untermenschen unter den Bedingungen der Besatzung und der damit einhergehenden politischen und militärischen Ohnmacht Deutschlands unterdrückt und verdrängt werden. Nach der Teilung Deutschlands blieb der Feind der alte, wurde aber entsprechend seinem Doppelcharakter gewissermaßen unter den beiden neuen deutschen Republiken aufgeteilt: der Kapitalismus blieb der Feind der DDR, der Kommunismus der Feind der BRD. Diese Aufteilung erwies sich im Umgang mit den Nachkriegsgegebenheiten als überaus praktisch. Nicht nur, weil das neue Feindbild von den jeweiligen Besatzungsmächten mit aufgebaut wurde und Eingang in die Rechtsordnungen beider deutschen Staaten fand, sondern weil die Notwendigkeit eines totalen Bruchs mit den alten Wertvorstellungen entfiel. Nur der Haß auf und die Angst vor den Juden wurde auf beiden Seiten von Staats wegen geächtet und seitdem, in mehr oder weniger versteckter Form, nur in links- und rechtsradikalen Kreisen wieder laut. Ansonsten war die Einstellung zu den Juden entweder von Gleichgültigkeit oder Ablehnung geprägt oder äußerte sich in einem Philosemitismus.[235] Es bleibt zu hoffen, daß die immer noch starken Vorurteile gegenüber dem «anderen», die in beiden deutschen Republiken unter der Oberfläche immer vorhanden waren, im wiedervereinigten und unabhängigeren Deutschland, das im Herzen Europas wiederauferstanden ist, keine große Rolle mehr spielen werden.

Schlußbemerkung

Das deutsche Volk zog 1939 nicht mit demselben «Hurra-Patriotismus» wie im August 1914 in den Krieg. Bezeichnenderweise unterschied sich die Stimmung in der deutschen Bevölkerung noch während der Sudetenkrise 1938 nicht wesentlich von der in Großbritannien oder Frankreich.[1] In einem Stimmungsbericht an die Reichsregierung am Tag vor dem Einmarsch in die Tschechoslowakei hieß es beispielsweise: «Irgendwelche Begeisterung für kriegerischere Verwicklungen wegen der sudetendeutschen Frage besteht nicht», die «Stimmung ist ... allgemein als gedrückt ... zu bezeichnen», und es herrsche eine «allgemeine Kriegspsychose». Als die Krise ihrem Höhepunkt zustrebte, berichtete der Wehrwirtschaftsstab des Wehrmacht-Oberkommandos: «Überall herrscht große Spannung und Beunruhigung, und überall wurde der Wunsch laut: Nur keinen Krieg. Besonders scharf wurde dieser Wunsch von den Frontkämpfern des Weltkriegs ausgesprochen ...» Doch nach Unterzeichnung des Münchner Abkommens schlug die Stimmung in der Bevölkerung rasch in Bewunderung für Hitlers «Staatskunst» um. Die Menschen hatten Hitlers jahrelange «Friedenspropaganda» für bare Münze genommen und glaubten weiterhin, daß er ebensowenig Krieg wollte wie sie. 1939 vertraute die Bevölkerung so sehr darauf, daß er seine Ziele auf friedlichem Wege erreichen würde, daß von einer «Kriegspsychose» nichts mehr zu bemerken war.[2]

Als der Krieg schließlich ausbrach, konstatierten ausnahmslos alle Beobachter eine gedrückte Stimmung in der deutschen Bevölkerung. Bernt Engelmann schrieb über diesen Moment: «Nirgendwo sah man größere Menschenansammlungen, es gab keine Spur von Jubel oder gar jener wilden Begeisterung, wie sie ... bei Kriegsausbruch im August 1914 überall in Deutschland geherrscht hatte.»[3] Ein amerikanischer Korrespondent bezeichnete die Stimmung in der Bevölkerung am 1. September als «apathisch». Der Gauleiter von Schwaben, der in jenen Tagen durch Deutschland reiste, sah «keine Freude, keinen Jubel». Überall, wo er hinkam, «herrschte eine bedrückende Ruhe, um nicht zu sagen Niedergeschlagenheit. Das ganze deutsche Volk schien von einem lähmenden Entsetzen gepackt zu sein, das es weder zu Beifalls- noch zu Mißfallensäußerungen befähigte.» Ein anderer Beobachter sprach vom «stumpfen Gehorsam einer durch Terror gewaltsam disziplinierten, zu blinder gedankenloser Gefolgschaft [gegenüber dem Führer] erzogenen, aber auch durch die militante Propaganda betäubten und verwirrten Masse». Und ein vierter Zeitgenosse erkannte im Verhalten der deutschen Bevölkerung bei Ausbruch des Krieges eine «widerwillige Loyalität».[4] Die Deutschen, so könnte man sagen, nahmen den Kriegsausbruch mit demselben Fatalismus hin, der auch ihr Verhalten in den letzten, verzweifelten Monaten vor der Kapitulation kennzeichnete.

Die großen militärischen Triumphe in den ersten beiden Kriegsjahren hoben die Stimmung beträchtlich. Wenn die meisten Deutschen 1939 noch geglaubt hatten, daß Hitler den Krieg im letzten Moment verhindern würde, so waren sie nach dem Sieg über Frankreich überzeugt, daß er jeden Feind bezwingen könnte.[5] Aber es gab auch andere Gründe für die allgemeine Zufriedenheit. Das Regime hatte in den dreißiger Jahren die Arbeitslosigkeit beseitigt und nach Meinung weiter Teile der Bevölkerung Deutschland aus einer Wirtschaftskrise geführt, die vor der Machtergreifung noch als unüberwindlich erschienen war. Der Aufschwung und die straffe gesellschaftliche Ordnung unter Hitlers Herrschaft konnten nach der Anarchie gegen Ende der Weimarer Republik als «Rückkehr zur Normalität» aufgefaßt werden.[6] Dabei hatten die Nationalsozialisten keineswegs eine idyllische Volksgemeinschaft geschaffen. Vor Ausbruch des Krieges mehrten sich die Anzeichen von Unzufriedenheit in der Arbeiterschaft, die den sich verschärfenden Arbeitskräftemangel dazu benutzen wollte, Lohnerhöhungen zu fordern.[7] Doch solange man nicht zu den aus politischen oder rassischen Gründen Verfolgten gehörte, nicht unter die von den Euthanasieprogrammen betroffenen Gruppen fiel und sich aller regimekritischen Aktivitäten enthielt, ging es einem im Deutschland der späten dreißiger Jahre nicht schlecht.[8] Und als das Land in weniger als einem Jahr auch noch den größten Teil West- und Mitteleuropas besetzte und die Herrschaft über den Kontinent glänzende wirtschaftliche Aussichten eröffnete, gab es kaum noch Anlaß für soziale Unruhen. Der Nationalstolz angesichts der militärischen Erfolge vereinte sich mit den Hoffnungen auf einen noch nie dagewesenen Wohlstand, der jedem – zumindest jedem Arier – zugute kommen würde.[9] Von dieser Art des «Sozialimperialismus» haben erfolgreiche Eroberer schon immer profitiert.

Der Überfall auf die Sowjetunion kam nicht nur für Stalin überraschend, sondern auch für die meisten Deutschen, und weckte neue Angst und Besorgnis. Am zweiten Tag des Unternehmens «Barbarossa» vermerkte der SD, daß Meldungen aus allen Teilen des Reiches zufolge der Ausbruch des Kriegs mit Rußland eine große Überraschung unter der Bevölkerung ausgelöst habe.[10] Bis Juli 1942, so hieß es in einem weiteren Bericht, habe «*die allgemeine Stimmung* weiter Bevölkerungskreise … eine zunehmende Verschlechterung erfahren». Natürlich beeilte sich der SD zu versichern, daß «die Siegeszuversicht und das Vertrauen zu Führung und Wehrmacht allgemein weiterbesteht», allerdings seien «die Volksgenossen durch die Härte des Kampfes im Osten, die verbrecherische Kriegsführung der Roten Armee, durch diese … auffallend zum Ausdruck kommenden Verluste und schließlich vor allem auch infolge der Versorgungsschwierigkeiten gedrückt bzw. verbittert und entrüstet».[11] Das war ein aufschlußreiches Stimmungsbild. Es enthielt die wichtigsten Aspekte des Feldzugs im Osten – der von diesem Zeitpunkt an zu *dem* Krieg wurde –, wie sie von der deutschen Bevölkerung wahrgenommen wurden: die irrationale und dennoch sehr ausgeprägte Angst vor den Russen und die ganz konkreten Sorgen um die materiellen Konsequenzen eines Eroberungskrieges dieser Größenordnung. Die Furcht vor dem «asiatischen Bolschewismus», die in alten Vorurteilen wurzelte und von der nationalsozialistischen Propaganda noch geschürt wurde, schuf die Grundlage für eine grotesk verzerrte Wahrnehmung der Realität. Obwohl alle wußten, daß Deutschland die Sowjetunion angegriffen hatte, wurde die Sowjetunion als Aggressor betrachtet. Während der Bevölkerung große Gewinne aus der rücksichtslosen Ausbeutung und Versklavung des russischen Volkes in Aussicht gestellt wurden, wurde die Rote Armee als der wahre Verbrecher angesehen. Die Befürchtung, daß es zu Versorgungsengpässen kommen könnte, ging Hand in Hand mit einem allgemeinen wirtschaftlichen Expansionsdrang. Vor allem in Industrie- und Wirtschaftskreisen war die Idee eines Raubkrieges im Osten sehr populär.[12] Noch nie waren die Aussichten auf Machtgewinn und neuen Reichtum – aber auch die Risiken – gewaltiger gewesen.

Hitlers anfängliche Erfolge hatten Wehrmacht und Zivilbevölkerung zwar davon überzeugt, daß man auch diesen Krieg gewinnen würde, doch der unerwartet heftige Widerstand des Gegners und seine von der Propaganda verzerrte, entmenschlichte Fratze erfüllte die Deutschen mit großer Beklemmung. Um die Ursache dieser Furcht, die bolschewistische Sowjetunion, zu beseitigen, war jedes zur Verfügung stehende Mittel recht. Der Feind mußte ausgelöscht werden, denn er war böse. Der Sieg des Unternehmens war vorausbestimmt, denn es war der Wunsch des Führers, und der Erfolg würde reich belohnt werden. In diesem Sinne führten die Deutschen in der Tat Hitlers «Weltanschauungskrieg».

Der Rußlandfeldzug machte nach und nach die restlose Ausschöpfung aller menschlichen Ressourcen erforderlich. Selbst die deutschen Arbeiter, die in den dreißiger Jahren wenig Begeisterung für die nationalsozialistische Volksgemeinschaft gezeigt und sich bemüht hatten, ihre wenn auch nicht politischen, so doch wenigstens wirtschaftlichen Interessen zu schützen, wurden jetzt in den Krieg mit hineingezogen und auf die kaum weniger mythische «Kampfgemeinschaft» verpflichtet. Die Arbeiterklasse ging in der Wehrmacht auf. Die Arbeiter, zuvor politisch indifferent, verwandelten sich im Verlaufe des Krieges zu überzeugten Kämpfern Hitlers und Repräsentanten der *Herrenrasse* in den von Deutschland besetzten Gebieten. Zu Hause wären etliche wohl unempfänglich für die nationalsozialistische Indoktrination geblieben.[13] Doch sobald sie die Uniform überstreiften, wurden sie von dem «Schmelztiegel» Wehrmacht verschluckt und zu Hitlers Werkzeugen geschmiedet, zu den Handlangern seiner Politik, den Eroberern seines Imperiums. Während des gesamten Krieges verzeichnete die Wehrmacht keine Aufstände von Arbeitern, ja nicht einmal eine einzige Meuterei. Mochten die

Arbeiter im Ruhrgebiet vor Kriegsausbruch noch gegen Hitler gemurrt haben, in der Wehrmacht gehörten sie zu denen, die viele Beobachter zu Hitlers treuesten Anhängern rechneten. An der Verwandlung der deutschen Arbeiter in Hitlers Soldaten läßt sich ermessen, wie erfolgreich das Regime die gesamte Nation für seinen Eroberungs- und Vernichtungsfeldzug mobilisierte. Natürlich kämpften die Soldaten an der Front aus verschiedenen Gründen; sie kämpften um ihr Leben, für das ihrer Kameraden, für die Sicherheit ihrer Familien im Reich, für Deutschlands Sieg und für seine wirtschaftliche Zukunft. Aber Arbeiter oder nicht, sie kämpften auch gegen «Plutokratie», «asiatischen Barbarismus» und «jüdischen Bolschewismus» und verstanden sich als Verteidiger der «deutschen Kultur» und der «westlichen Zivilisation». Und in diesem Sinne kämpften sie für den Nationalsozialismus und alles, wofür er stand.[14]

Der Krieg im Osten wurde als ein Kampf um alles oder nichts aufgefaßt und erforderte totale Hingabe, blinden Gehorsam und die unnachsichtige Vernichtung des Feindes. Insofern stellte der Rußlandfeldzug nicht nur den Höhepunkt der nationalsozialistischen Diktatur dar, sondern auch das Ereignis, das die Erinnerung an das Dritte Reich im Nachkriegsdeutschland am stärksten prägte. Mit dieser Erinnerung leben zu können setzte einen tiefgreifenden geistigen Umkehrungsprozeß voraus. Die heimkehrenden Soldaten trugen die Bilder und Schrecken des Krieges in sich, die pervertierte Moral, die das alles erst möglich gemacht hatte, und die verzerrte Wirklichkeitswahrnehmung, ohne die das Leben an der Front unerträglich gewesen wäre. All das floß in die kollektive Erinnerung der Deutschen an den Krieg mit ein, denn nur so konnte die Nachkriegsgesellschaft mit ihrer Vergangenheit ins reine kommen. «Auschwitz» konnte einer Minderheit angelastet werden, wie groß sie auch gewesen sein mochte. Mit dem Krieg war es etwas ganz anderes. Praktisch jede Familie hatte zumindest einen Soldaten an die Front geschickt. Die jungen Männer, die von den Schlachtfeldern nach Hause kamen, wurden die Arbeiter und Beamten, die Professoren und Technokraten, die Bankiers und Politiker, Richter und Anwälte, Schriftsteller und Dichter Nachkriegsdeutschlands.[15] Es konnte und durfte einfach nicht sein, daß sie alle an den unsäglichen Verbrechen mitgewirkt hatten. Derselbe psychologische Mechanismus, der es ermöglicht hatte, den barbarischen Krieg im Osten zu führen, wurde jetzt dazu benutzt, das Leben mit der Erinnerung erträglich zu machen. Die Erfahrungen der Soldaten im Feld wurden verklärt, die beispiellos verbrecherischen Seiten des Krieges als bloße Nebeneffekte der Kämpfe verharmlost. Ursache und Wirkung wurden auf den Kopf gestellt: Die Brutalität der Wehrmacht wurde als Folge des erbitterten feindlichen Widerstands aufgefaßt, nicht als dessen hauptsächlicher Auslöser. Das zweifellos harte Los der Wehrmachtsoldaten wurde in der Erinnerung wachgehalten, das ihrer Opfer verdrängt. Dieser psychologische Mechanismus beschränkte sich aber beileibe nicht nur auf die Soldaten. Für die Zivilbevölkerung lag der Schrecken des Krieges vor allem in den Bombenangriffen auf deutsche Städte und in der Besetzung des eigenen Landes durch fremde Armeen. Der industrielle Massenmord an vielen Millionen Menschen war lediglich ein weiterer Beleg für die Grausamkeit des Krieges schlechthin und kein Zeichen für die Einzigartigkeit des von Nazideutschland entfesselten Krieges. Da weit mehr Deutsche Zeugen der Bombenangriffe und der Besatzungszeit waren als der Vorgänge in den Vernichtungslagern, grub sich die Erfahrung des eigenen Leids weit tiefer in das kollektive Gedächtnis ein als die Erinnerung an die Verbrechen des Nazi-Regimes.[16] Der Völkermord an Juden und Zigeunern betraf die Deutschen also nicht direkt, denn er war nur «in ihrem Namen» ausgeführt worden, aber nicht von ihnen selbst. Die Schuldigen, das waren die anderen, die mit dem wiederauferstandenen deutschen Volk der Nachkriegszeit nichts zu tun haben konnten. Der Krieg hinterließ eine tiefe, schmerzhafte Erinnerung, eine Erinnerung an das eigene Leiden, die keinen Raum ließ für das Los der Opfer. Wenn Hitler den Krieg als Instrument gesehen hatte, die Deutschen, die seinem Regime noch skeptisch gegenüberstanden, auf seine Seite zu ziehen, dann diente er der deutschen Nachkriegsgesellschaft als Mittel, die Erinnerung an ihre Verbrechen zu verdrängen, indem sie ihr eigenes Schicksal in den Vordergrund rückte.[17] Mit dem Krieg war die Wehrmacht zu Hitlers Armee, waren die Deutschen zu Hitlers Volk geworden. Die Niederlage machte aus ihnen allen Opfer. Wenn Österreich Hitlers erstes Opfer war, dann war Deutschland sein letztes. Und Opfer können nicht zur Rechenschaft gezogen werden.

Im Jahre 1981 sagte der damals 66jährige Angestellte Werner Paulsen in einem Interview: «Am 30.6. [1941] hab ich dann das Schlimmste in meinem ganzen Leben erlebt.» Paulsen gehörte zu den vielen Deutschen, deren Erinnerung auch nach vierzig Jahren nicht von Familie, Beruf oder politischen Ereignissen bestimmt wurde, sondern vom Krieg, von ganz bestimmten Erlebnissen, die sie für den Rest ihres Lebens gezeichnet hatten. Diese überwältigende Präsenz der Kriegserinnerungen und das extreme Ausmaß der Verdrängung sind nicht nur ein sehr privater Teil jeder individuellen Persönlichkeit, sondern auch eine wichtige Komponente des kollektiven Bewußtseins der Kriegsgeneration. Das für den Zugführer Paulsen prägende Erlebnis war ein Hinterhalt, in den sein Zug bei dem Vorstoß einer Panzereinheit der SS-Leibstandarte auf Shitomir geriet. Er und seine Männer hatten den Befehl erhalten, die Wälder und Sümpfe in der Umgebung zu durchkämmen und die Flanke zu sichern: «Auf einmal kriegten wir Feuer von allen Seiten. Vor uns. Hinter uns. Es knallte überall.» Von den fünfzig Soldaten in Paulsens Zug überlebten nur vier. Insgesamt starben innerhalb einer Stunde neben ihm 92 deutsche Soldaten. «Links ist einer gefallen, rechts ist einer gefallen. Das ging nur: patsch, patsch, patsch. Und da lagen sie alle. So schnell wie das ging, da konnte man gar nicht[s tun].» Am nächsten Tag mußte einer seiner Kameraden die Toten begraben: «Was der da gesehen hat, war grauenvoll.» Die Körper waren furchtbar zugerichtet. «Augen ausgestoßen. Geschlechtsteile weggeschnitten.» Zuerst sagte Paulsen, er wisse nicht, «ob die SS das davor auch schon gemacht hat». Doch im weiteren Verlauf des Interviews räumte er ein, daß das «auf unserer Seite ... sicherlich nicht viel anders [war]». Der Satz, mit dem er seinen Bericht abschloß, war typisch für die Art, wie viele Kriegsveteranen ihr Gewissen beruhigten: «Leider war es dann ja so: wie du mir, so ich dir, ne.»[18] Paulsen erinnerte sich an den Vorfall mit großer Deutlichkeit. Immerhin war es ja der schrecklichste Tag in seinem Leben, sein engster Kontakt mit dem Tod gewesen. Aber bezeichnenderweise erinnerte er sich an eine Schlacht, bei der die meisten seiner Kameraden von den Russen getötet und verstümmelt wurden. Er gab zwar zu, daß die Deutschen nicht viel besser gewesen waren, aber in diesem Punkt ließ ihn sein Gedächtnis im Stich. Vielleicht kann dieses Eingeständnis sogar auf Berichte über die Kriegsverbrechen der Wehrmacht zurückgeführt werden, die nach dem Krieg in den Medien veröffentlicht wurden. Paulsen nahm an, daß es zu Greueltaten gekommen war, aber er konnte sich nicht daran erinnern, dergleichen gesehen oder gar daran teilgenommen zu haben.

Der Krieg war die einschneidendste Erfahrung in seinem Leben, und das wichtigste Ereignis in diesem Krieg war das Massaker der Russen an seinen Kameraden. Das war *sein* Krieg und der Krieg der meisten Überlebenden. Was das andere betraf, so konnte es durchaus stattgefunden haben, und man fuhr auch besser, wenn man es nicht abstritt. Aber es übte keinen prägenden Einfluß auf die eigene Erfahrung und Erinnerung aus. Es war, als hätte dieses andere gar nicht wirklich stattgefunden.

Die kollektive Erinnerung an den Krieg ist also die Erinnerung an einen furchtbaren Schicksalsschlag, an ein Ereignis apokalyptischen Ausmaßes, gegen das man machtlos war und das Tod und Leid über ungezählte Menschen brachte. Die eindrucksvollen Bemühungen deutscher Historiker, die Verstrickung zahlloser Institutionen und Individuen in die ganz alltäglichen und praktischen Notwendigkeiten der verbrecherischen NS-Politik zu dokumentieren, scheinen das Bild der Deutschen vom Krieg kaum beeinflußt zu haben. Und dies ist auch der Grund, warum jede neue Studie über die Beteiligung von Soldaten, Ärzten, Juristen oder jeder anderen Berufs- oder gesellschaftlichen Gruppe an den Greueltaten des Dritten Reiches immer wieder schockiert und Erstaunen auslöst. Die Fakten sind zwar jedem zugänglich, doch sie werden sorgsam von den eigenen Erfahrungen und Erinnerungen getrennt. So räumt Paulsen im Prinzip zwar ein, daß auch die deutschen Soldaten Massaker durchführten, doch was ihn und seine Kameraden betrifft, streitet er jede Beteiligung ab. Diese kollektive Amnesie ist so allgegenwärtig, daß von ihr sogar ausgerechnet diejenigen Wissenschaftler befallen werden, die viel getan haben, um die dunklen Seiten der Erinnerung ans Licht zu bringen. Manfred Messerschmidt, Autor der umfangreichsten Studie über die nationalsozialistische Indoktrination der Wehrmacht, bezweifelt am Ende seiner Untersuchung, ob die Nazi-Propaganda wirklich einen Einfluß auf die Soldaten hatte, und merkt darüber hinaus an, daß er persönlich sich nicht daran erinnern könne, während seiner Dienstzeit in der Wehrmacht jemals politischen Unterricht erhalten zu haben.[19] Der Historiker Hans Mommsen, der viel dazu beigetragen hat, die Beteiligung der unteren Ränge an der Durchführung der «Endlösung» aufzudecken, stellt unmißverständlich fest, daß «die Mentalität des durchschnittlichen Landsers ... von Nüchternheit [und] Ablehnung der realitätsfernen Propagandatiraden» geprägt gewesen sei, die Soldaten «wenig Einfluß» gehabt hätten und kaum «eine Möglichkeit [sahen], sich der Eskalation der Gewalt zu entziehen», die Teil der «Kriegsführung auf beiden Seiten» gewesen sei.[20] Andreas Hillgruber schließlich, dem wir einen guten Teil unseres Wissens über Hitlers Pläne und Vorbereitungen auf den Vernichtungskrieg im Osten verdanken, fordert seine (deutschen) Historikerkollegen auf, sich mit den deutschen Soldaten zu identifizieren, deren Verdienste er anschließend mit sehr viel Pathos schildert – um dann mit einer sehr distanzierten Beschreibung der Endlösung fortzufahren, wobei er die Aufgabe, sich in die Opfer der Endlösung hineinzuversetzen, anderen, vermutlich jüdischen Historikern überläßt.[21]

Das deutsche Volk wollte 1939 keinen Krieg. Die meisten hätten es lieber gesehen, wenn alles so geblieben wäre wie in den sechs Jahren seit Hitlers Machtergreifung. Doch nach Ausbruch des Krieges entdeckten sie bald, daß sie viel zu gewinnen hatten, und die Popularität des Führers stieg noch weiter. Dann, als die Wehrmacht in der Sowjetunion einfiel, machten sich die Deutschen abermals ernsthafte Sorgen. Auch diesen Krieg wollten sie nicht. Doch wieder ließen sie sich von den raschen Erfolgen berauschen, glaubten, daß Hitler die Weltherrschaft erobern und sie mit Reichtümern überschütten würde. Später, als die militärische Lage immer aussichtsloser wurde, sahen sie in ihm die einzige Hoffnung auf Rettung. Er brachte ihnen weder Reichtum noch Rettung. Statt dessen führte er sie in die Katastrophe. Doch mit der Niederlage wurden die Deutschen nicht nur aus dem Griff Hitlers befreit, mit ihr wurde ihnen auch die Absolution von seinen Verbrechen erteilt. Sie wurden zu Hitlers Opfern – und zu den Opfern seiner Opfer. Erst heute, während diese Zeilen geschrieben werden, fangen sie an, die Folgen dieser Katastrophe zu überwinden, einer Katastrophe, die sie weitgehend selbst heraufbeschworen hatten. Ironischerweise ist der Wiederaufstieg Deutschlands wieder eng mit dem Rückzug Rußlands nach Osten verknüpft. Die Kriegsgeneration stirbt langsam aus, und eine neue Generation von Deutschen wächst in einem wiedervereinigten Deutschland heran. Wir können nur hoffen, daß die neue Großmacht, die heute in Mitteleuropa entsteht, in fünfzig Jahren unbelasteter auf ihre Vergangenheit wird zurückblicken können, als es die beiden kurzlebigen deutschen Republiken getan haben.

Anmerkungen

Einleitung

1 Siehe die neueste Übersicht zu dieser Literatur in: T. Schulte, *The German Army and Nazi Policies in Occupied Russia*, Oxford/New York/München 1989, S. 1–27.

2 K.-J. Müller, *Armee, Politik und Gesellschaft in Deutschland 1933–1945*, 4. Aufl. Paderborn 1986; W. Deist, *The Wehrmacht and German Rearmament*, London/Basingstoke 1981.

3 Zu Hitler, Nationalsozialismus und Modernisierung siehe z. B. R. Zitelmann, *Hitler: Selbstverständnis eines Revolutionärs*, Stuttgart 1987; H. A. Turner, jr., «Fascism and Modernization», in: *Reappraisals of Fascism*, hrsg. von H. A. Turner, jr., New York 1975, S. 117–139; R. Dahrendorf, *Gesellschaft und Demokratie in Deutschland*, München 1965; D. Schoenbaum, *Die braune Revolution: eine Sozialgeschichte des 3. Reiches*, München 1980.

4 Siehe z. B. B. A. Carroll, *Design for Total War*, Den Haag 1968.

5 E. A. Shils und M. Janowitz, «Cohesion and Disintegration in the Wehrmacht in World War II», *POQ* 12 (1948), S. 280–315.

6 Siehe z. B. I. Kershaw, *Popular Opinion and Political Dissent in the Third Reich*, Oxford 1983.

7 I. Kershaw, «How Effective Was Nazi Propaganda?», in: *Nazi Propaganda*, hrsg. v. D. Welch, London 1983, S. 192.

8 M. Messerschmidt, «German Military Law in the Second World War», in: *The German Military in the Age of Total War*, hrsg. v. W. Deist, Leamington Spa/New Hampshire 1985, S. 323–335.

9 D. J. K. Peukert, «Alltag und Barbarei», in: *Ist der Nationalsozialismus Geschichte?*, hrsg. v. D. Diner, Frankfurt/M. 1987, S. 51–61.

10 M. Hirsch u. a., Hrsg., *Recht, Verwaltung und Justiz im Nationalsozialismus*, Köln 1984.

11 E. Klee, *«Euthanasie» im NS-Staat. Die «Vernichtung lebensunwerten Lebens»*, Frankfurt/M. 1983; ders., *Dokumente zur «Euthanasie»*, Frankfurt/M. 1985; ders., *Was sie taten – was sie wurden. Ärzte, Juristen und andere*

Beteiligte am Kranken- oder Judenmord, Frankfurt/M. 1986; L. Dawidowicz, *Der Krieg gegen die Juden 1933–45*, Wiesbaden 1979; U. D. Adam, *Judenpolitik im Dritten Reich*, Düsseldorf 1972; K. A. Schleunes, *The Twisted Road to Auschwitz. Nazi Policy toward German Jews, 1933–1939*, Urbana/Chicago/London 1970; L. Gruchmann, «‹Blutschutzgesetz› und Justiz. Zur Entstehung und Auswirkung des Nürnberger Gesetzes vom 15. September 1935», *VfZ* 31 (1983), S. 418–442; O. D. Kulka, «Die Nürnberger Rassengesetze und die deutsche Bevölkerung im Lichte geheimer NS-Lage- und Stimmungsberichte», *VfZ* 32 (1984), S. 582–624.

12 A. Hillgruber, *Zweierlei Untergang: Die Zerschlagung des Deutschen Reiches und das Ende des europäischen Judentums*, Berlin 1986; die Textanalyse dazu in O. Bartov, «Historians on the Eastern Front: Andreas Hillgruber and Germany's Tragedy», *TAJB* 16 (1987), S. 325–345.

13 J. Förster und G. Überschär, «Freiwillige für den ‹Kreuzzug Europas gegen den Bolschewismus›», in: *Der Angriff auf die Sowjetunion*, Stuttgart 1983, Bd. 4 von *Das Deutsche Reich und der Zweite Weltkrieg*, S. 908–935; B. Wegner, «Auf dem Wege zur Pangermanischen Armee», *MGM* 2 (1980), S. 101–136.

14 Die meisten Beiträge dazu finden sich in: *«Historikerstreit». Die Dokumentation der Kontroverse um die Einzigartigkeit der nationalsozialistischen Judenvernichtung*, 3. Aufl., München 1987.

15 M. Broszat, «Plädoyer für eine Historisierung des Nationalsozialismus», *Merkur* 435 (1985), S. 373–385.

16 Eine detailliertere Darstellung dieser These findet sich auch bei O. Bartov, «Extremfälle der Normalität und die Normalität des Außergewöhnlichen: Deutsche Soldaten an der Ostfront», in: *Über Leben im Krieg*, hrsg. v. U. Borsdorf und M. Jamin, Reinbek bei Hamburg 1989, S. 148–161.

17 G. Hirschfeld, Hrsg., *The Policies of Genocide, Jews and Soviet Prisoners of War in Nazi Germany*, London/Boston/Sydney 1986.

18 O. Bartov, *The Eastern Front 1941–45, German Troops and the Barbarisation of Warfare*, London/New York 1985/6, S. 40–67; Schulte, *German Army*, S. 288 und die dort genannten Quellen.

19 Siehe M. Geyer, «The Militarization of Europe, 1914–1945», in: *The Militarization of the Western World*, hrsg. v. J. R. Gillis, New Brunswick/London 1989, S. 65–102.

Kapitel 1

1 Zur Debatte über die Kriegsvorbereitungen in der deutschen Wirtschaft siehe A. S. Milward, *Die deutsche Kriegswirtschaft* 1939–45, Stuttgart 1966; T. W. Mason, «Innere Krise und Angriffskrieg», in: *Wirtschaft und*

Rüstung am Vorabend des Zweiten Weltkriegs, hrsg. v. F. Forstmeier und H.-E. Volkmann, Düsseldorf 1975; H.-E. Volkmann, «Die NS-Wirtschaft in Vorbereitung des Krieges», in: *Ursachen und Voraussetzungen der deutschen Kriegspolitik*, Stuttgart 1979, Bd. 1 von *Das deutsche Reich und der Zweite Weltkrieg*, S. 177–368; D. Kaiser, *Economic Diplomacy and the Origins of the Second World War*, Princeton, N.J. 1980; R. Overy, «Hitler's War and the German Economy: A Reinterpretation», *EHR* 35 (1982), S. 272–291; ders., «Germany, ‹Domestic Crisis› and War in 1939», *P&P* 116 (1987), S. 138–168; «Debate: Germany, ‹Domestic Crisis› and War in 1939», Kommentare von B. Kaiser und T. W. Mason, Erwiderung von R. J. Overy, *P&P* 122 (1989), S. 200–240. Siehe auch A. Speer, *Erinnerungen*, Frankfurt/M. 1969.

2 Zu der für die NS-Ideologie und einige ihrer Vorläuferinnen typischen Spannung zwischen Irrationalität und Technik-Faszination siehe J. Herf, *Reactionary Modernism*, 2. Auflage, Cambridge 1986.

3 H. Umbreit, «Der Kampf um die Vormachtsstellung in Westeuropa», in: *Die Errichtung der Hegemonie auf dem Europäischen Kontinent*, Bd. 2 von *Das Deutsche Reich und der Zweite Weltkrieg*, Stuttgart 1979, S. 268, 282 (Zahlen), 284–307 (Bericht über den Feldzug aus deutscher Sicht).

4 Zahlen siehe ebenda., S. 254, 282. Bericht eines deutschen Panzerkommandeurs bei H. Guderian, *Erinnerungen eines Soldaten*, Heidelberg 1950; aus Sicht der Alliierten siehe L. F. Ellis, *The War in France and Flanders, 1939 bis 40*, London 1953; A. Goutard, *The Battle of France, 1940*, London 1958; J. Benoist-Méchin, *Sixty Days that Shook the West*, New York 1963; G. Chapman, *Why France Collapsed*, London 1968; A. Horne, *To Lose a Battle*, Harmondsworth 1979; zwei beeindruckende persönliche Berichte finden sich bei M. Bloch, *Die seltsame Niederlage: Frankreich 1940. Der Historiker als Zeuge*, Frankfurt/M. 1992; H. Habe, *Ob tausend fallen*, München/Wien/Basel 1961. Ebenso bemerkenswert sind die Briefe in der Sammlung von J.-P. Sartre, *Tagebücher November 1939 – März 1940*, hrsg. v. E. Moldenhauer, Reinbek bei Hamburg 1984; fiktional behandelt das Thema M. Tournier, *Der Erlkönig*, Hamburg 1972.

5 R.-D. Müller, «Von der Wirtschaftsallianz zum kolonialen Ausbeutungskrieg», in: *Das Deutsche Reich und der Zweite Weltkrieg*, Bd. 4, S. 183; siehe auch H. Schustereit, *Vabanque: Hitlers Angriff auf die Sowjetunion 1941, als Versuch, durch den Sieg im Osten den Westen zu bezwingen*, Herford 1988.

6 Müller, «Wirtschaftsallianz», S. 183–185; J. Hoffmann, «Die Sowjetunion bis zum Vorabend des deutschen Angriffs», in: *Das Deutsche Reich und der Zweite Weltkrieg*, Bd. 4, S. 62–75; J. Hoffmann, «Die Kriegführung aus der Sicht der Sowjetunion», in: *Das Deutsche Reich und der Zweite Weltkrieg*, Bd. 4, S. 734; J. Erickson, *The Road to Stalingrad*, 2. Auflage, London 1985,

Bd. 1 von *Stalin's War with Germany*, S. 93, 322; A. G. Ploetz, Hrsg., *Geschichte des Zweiten Weltkrieges*, 2. Auflage, Würzburg 1960, S. 122–127.

7 Ploetz, *Geschichte*, S. 448–453, 471, 499, 593–594, 613; Hoffmann, *Die Sowjetunion*, S. 734.

8 Siehe die folgenden Beiträge in Bd. 4 von *Das Deutsche Reich und der Zweite Weltkrieg*: J. Förster, «Hitlers Entscheidung für den Krieg gegen die Sowjetunion», S. 3, 37; E. Klink, «Die militärische Konzeption des Krieges gegen die Sowjetunion: Die Landkriegführung», S. 190–277; ders., «Die Operationsführung: Heer und Kriegsmarine», S. 451–652; R.-D. Müller, «Das Scheitern der wirtschaftlichen ‹Blitzkriegstrategie›», S. 936–1029. Siehe auch M. van Creveld, *Supplying War. Logistics from Wallenstein to Patton*, 3. Auflage, New York 1980, S. 142–180; H. Rohde, *Das Deutsche Wehrmachttransportwesen im Zweiten Weltkrieg*, Stuttgart 1971; W. Zieger, *Das deutsche Heeresveterinärwesen im Zweiten Weltkrieg*, Freiburg i. Br. 1973.

9 Müller, «Das Scheitern», S. 965–967.

10 Bundesarchiv-Militärarchiv, Freiburg i. Br. (im folgenden BA-MA), RH26–12/30, 22.6.–21.7.41; BA-MA, RH26–12/27, 22.6. – 6.7.41; BA-MA RH37/943, *Kriegstagebuch*, 13.6.–13.8.41.

11 BA-MA, RH26–12/38, 28.10.41.

12 Klink, *Die Operationsführung*, S. 623–634; A. Seaton, *The Russo-German War* 1941–45, London 1976, S. 230–248; D. Irving, *Die Tragödie der deutschen Luftwaffe. Aus den Akten und Erinnerungen von Feldmarschall Erhard Milch*, Berlin 1990.

13 BA-MA RH26–12/212, 21.1.42; BA-MA, RH26–12/61, 18.2.42; BA-MA, RH26–12/62, 4.3.42 und 7.3.42; BA-MA, RH26–12/142, 24.1.42, 9.5.42; BA-MA, RH26–12/52, 1.4.–15.5.42.

14 BA-MA, RH26–12/142, 24.1.42.

15 BA-MA, RH26–12/63, 22.4.42.

16 BA-MA, RH26–12/53, 25.6.42.

17 Müller, «Das Scheitern», S. 967–989.

18 W. Paul, *Geschichte der 18. Panzerdivision 1940–1943*, Freiburg i. Br., ohne Jahr, S. 10, 30–31, 35. Siehe auch Guderian, *Erinnerungen.*

19 BA-MA, RH27–18/17, 11.7.41.

20 Paul, *18. Panzerdivision*, S. 46.

21 Ebenda, S. 36f.

22 BA-MA, RH27–18/26, 27.7.41. Allgemein zu Anwendung und Mißbrauch der Psychologie im Dritten Reich und in der Wehrmacht siehe U. Greuter, *Die Professionalisierung der deutschen Psychologie im Nationalsozialismus*, 2. Aufl., Frankfurt/M. 1988.

23 Paul, *18. Panzerdivision*, S. 46.

24 Ebenda, S. 64–67; BA-MA, RH27–18/27, 14.9.41.

25 O. Buchbender und R. Sterz, Hrsg., *Das andere Gesicht des Krieges*, München 1982, S. 81f, Brief 127.

26 Paul, *18. Panzerdivision*, S. 110, 125.

27 BA-MA, RH27-18/63, 10.12.41. für den 5.12.41.

28 BA-MA, RH27-18/73, 9.11.41; BA-MA, RH27-18/177, 23. bis 30.11.41; 7.12.41; BA-MA, RH27-18/74, 2.12.41; BA-MA, RH27-18/177, 23.-30.11.41; Paul, *18. Panzerdivision*, S. 131-134. Ein anschaulicher persönlicher Bericht über das Elend eines Soldaten beim Marsch nach Moskau findet sich bei W. Bähr und H. W. Bähr, Hrsg., *Kriegsbriefe gefallener Studenten*, Tübingen/Stuttgart 1952, S.13f.

29 BA-MA, RH27-18/69, 6.1.42 für den 1.1.42; BA-MA RH27-18/75, 6.2.42. BA-MA RH27-18/63, 22.2.42. für den 5.12.41.

30 Paul, *18. Panzerdivision*, S. 149.

31 Ebenda, S. 152.

32 Buchbender/Sterz, *Das andere Gesicht*, S. 92f, Brief 156.

33 BA-MA, RH27-18/184, 7.1.-31.3.42.

34 Siehe die Dokumente unter Anm. 28. Ferner BA-MA, RH27-18/69, 28.2.42; BA-MA, RH27-18/113, 19.3.42 für den 18.3.42; BA-MA, RH27-18/60, 28.3.42. Noch im April 1943 waren unter den 31 verfügbaren Panzern acht veraltete Fahrzeuge vom Typ Panzer II, drei waren Kommandopanzer ohne Kanone und acht in Reparatur; zehn der 29 Panzerabwehrkanonen waren unbrauchbare 3,7-cm-Modelle, zehn weitere russische Beutestücke ohne Munition und Ersatzteile. Vgl. BA-MA, RH27-18/130, 7.4.43.

35 BA-MA, RH27-18/184, 8.3.42.

36 Siehe z.B. BA-MA, RH26-12/58, 1.1.43.

37 BA-MA, RH27-18/74, 4.1.42.

38 BA-MA, RH27-18/74, 15.1.42.

39 BA-MA, RH27-18/63, 22.2.42 für den 15.2.42.

40 BA-MA, RH27-18/174, 1.1.-31.3.42.

41 B.R. Kroener, «Die personellen Ressourcen des Dritten Reiches im Spannungsfeld zwischen Wehrmacht, Bürokratie und Kriegswirtschaft 1939 bis 1942», in: *Organisation und Mobilisierung des deutschen Machtbereichs*, Bd. 5/1 von *Das Deutsche Reich und der Zweite Weltkrieg*, Stuttgart 1988, S. 872 bis 885. Siehe auch ders., «Squaring the Circle. Blitzkrieg Strategy and the Manpower Shortage, 1939-42», in: *The German Military in the Age of Total War*, hrsg. v. W. Deist, Leamington Spa, New Hampshire 1985, S. 282-303; und F. Seidler, *Prostitution, Homosexualität, Selbstverstümmelung. Probleme der deutschen Sanitätsführung 1939-45*, Neckargemünd 1977, S. 33. Man beachte aber auch G. Cocks, «The Professionalization of Psychotherapy in Germany, 1928-1949», in: *German Professions, 1800-1950*, hrsg. v. G. Cocks und K. Jarausch, New York 1990, bes. S. 327, Anm. 68.

42 BA-MA, RH27–18/115, 9.4.42.

43 K. Reinhardt, *Die Wende vor Moskau*, Stuttgart 1972, S. 212–215; Kroener, *Die personellen Ressourcen*, S. 923f.

44 Zum Maschinengewehr siehe z. B. E. J. Ellis, *The Social History of the Machine Gun*, 2. Aufl., London 1987; zur Sicht des Krieges in den Jahren 1914–18 siehe E. J. Leed, *No Man's Land*, Cambridge 1979; allgemeiner dazu siehe O. Bartov, «Man and the Mass: Reality and the Heroic Image in War», *H&M* 1, 1989, S. 99–122.

45 Bähr, *Kriegsbriefe*, S. 74.

46 Buchbender/Stertz, *Das andere Gesicht*, S. 78, Brief 114.

47 Bähr, *Kriegsbriefe*, S. 76.

48 H. Spaeter und W. Ritter von Schramm, *Die Geschichte des Panzerkorps Großdeutschland*, Bielefeld 1958, Bd. 1, S. 341–346.

49 Bähr, *Kriegsbriefe*, S. 159f.

50 Ebenda, S. 302f.

51 Spaeter/Schramm, *GD*, Bd. 1, S. 365–366. Selbsterhaltung ist auch das Leitmotiv in einem Brief, den Karl Fuchs am 4. August 1941 von der Ostfront schrieb. Zitiert in H. F. Richardson, Hrsg., *Sieg Heil! Letters of Tank gunner Karl Fuchs 1937–1941*, Hamden, Conn. 1987, S. 124. Die Briefe von Karl Fuchs stammen aus einer Privatsammlung und wurden von seinen in den Vereinigten Staaten lebenden Verwandten in englischer Übersetzung veröffentlicht. Sie wurden für dieses Buch ins Deutsche zurückübersetzt.

52 Bähr, *Kriegsbriefe*, S. 13f.

53 Ebenda, S. 157. Zu der Rolle, die der Mythos der Kriegserfahrung im Deutschland zwischen den Kriegen spielte, und seine Verstärkung durch die Nazis siehe G. L. Mosse, *Gefallen für das Vaterland*, Stuttgart 1933.

54 Spaeter/Schramm, *GD*, Bd. 1: S. 366ff.

55 Bähr, *Kriegsbriefe*, S. 83f.

Kapitel 2

1 Zum Vergleich zwischen US-Army und Wehrmacht siehe M. van Creveld, *Fighting Power*, Westport, 1982 [dt. *Kampfkraft. Militärische Organisation und militärische Leistung 1933–45*, 2. Aufl., Freiburg 1991]; mehr zur deutschen Tradition siehe z. B. D. Bald, *Der deutsche Offizier*, München 1984; F. L. Carsten, «Germany. From Scharnhorst to Schleicher: the Prussian Officer Corps in Politics, 1806–1933», in: *Soldiers and Governments*, hrsg. v. M. Howard, London 1957; G. A. Craig, *Die preußisch-deutsche Armee 1640 bis 1945*, Düsseldorf 1960; K. Demeter, *The German Officer Corps in Society and State*,

1650–1945, London 1965; M. Kitchen, *The German Officer Corps, 1890–1914*, London 1968; H. Kurze, «Das Bild des Offiziers in der deutschen Literatur», in: *Das deutsche Offizierkorps, 1860–1960*, hrsg. v. H. H. Hofmann, Boppard am Rhein 1980, S. 413–435; M. Messerschmidt, «Werden und Prägung des preußischen Offizierkorps – ein Überblick», in: *Offiziere im Bild von Dokumenten aus drei Jahrhunderten*, Stuttgart 1964, S. 11–104. Ein gutes britisches Gegenstück sind die «Pals»-Bataillone. Siehe z. B. J. Keegan, *Das Antlitz des Krieges*, Frankfurt/M. 1991; J. M. Winter, *The Great War and the British People*, Cambridge, Mass. 1986, S. 25–39; J. Stevenson, *British Society 1914–1945*, Harmondsworth 1984, S. 46–57. Zur Diskussion in Frankreich über das geeignete Wehrersatzwesen siehe z. B. R. D. Challener, *The French Theory of the Nation in Arms, 1866–1939*, New York 1955; P. C. F. Bankwitz, «Maxime Weygand and the Army-Nation Concept in the Modern French Army», *FHS* 2, 1961, S. 157–188; zum Ursprung des heutigen Systems in Frankreich: I. Woloch, «Napoleonic Conscription: State Power and Civil Society», *P&P* 111 (1986), S. 101–129; J.-P. Bertaud, «Napoleon's Officers», *P&P* 112 (1986), S. 91–111; D. D. Bien, «The Army in the French Enlightenment: Reform, Reaction and Revolution», *P&P* 85 (1979), S. 68–98.

2 Shils/Janowitz, *Cohesion and Disintegration*, S. 281; in gleicher Weise argumentieren auch M. I. Gurfein und M. Janowitz, «Trends in Wehrmacht Morale», in: *Propaganda in War and Crisis*, hrsg. v. D. Lerner, New York 1951, S. 200–208.

3 Ebenda.

4 Siehe z. B. E. P. Chodoff, «Ideology and Primary Groups», *AFS* 9 (1983), S. 569–593. Allgemein zur Kampfmotivation siehe R. Holmes, *Firing Line*, 2. Aufl. Harmondsworth 1987; A. Kellet, *Combat Motivation*, Boston 1982; S. L. A. Marshall, *Men against Fire*, New York 1947; Lord Moran, The Anatomy of Courage, 2. Aufl., London 1966; F. M. Richardson, *Fighting Spirit*, London 1978.

5 van Creveld, *Fighting Power*, S. 166.

6 Ebenda, S. 163 f. Siehe auch z. B. die Diskussionen zu diesem Thema in der Zeitschrift der israelischen Verteidigungskräfte: General A. Tamir, «Qualität gegen Quantität», *Ma'arakhot* 250 (1976), S. 8–12, 38; Oberstleutnant d. R. Y. Gelber, «Military Education and Ideology», *Ma'arakhot* 267 (1979), S. 8–12 (beide auf hebräisch).

7 Zur Diskussion über mündliche Berichte siehe P. Thompson, *The Voice of the Past: Oral History*, Oxford 1978; speziell zu mündlichen Berichten über das Dritte Reich siehe L. Niethammer, Hrsg., *«Die Jahre weiß man nicht, wo man die heute hinsetzen soll.» Faschismuserfahrungen im Ruhrgebiet*, Berlin, Bonn 1983; zum verwandten Thema der sogenannten *Alltagsgeschichte* siehe z. B. M. Broszat und E. Fröhlich, *Alltag und Widerstand*, München 1987;

Kershaw, *Popular Opinion*; L. Niethammer, «Anmerkungen zur Alltagsgeschichte», in *Geschichte im Alltag – Alltag in der Geschichte*, hrsg. v. K. Bergmann und R. Schörken, Düsseldorf 1982, S. 11–29; K. Tenfelde, «Schwierigkeiten mit dem Alltag», *GuG* 10 (1984), S. 376–394; W. Wippermann, «Fascism and the History of Everyday Life», Vortrag, gehalten am Wiener Library Seminar, Universität Tel Aviv, 1987.

8 Eine kurze Erörterung dieser Frage findet sich bei O. Bartov, «Daily Life and Motivation in War: The Wehrmacht in the Soviet Union», *JSS* 12 (1989), S. 200–214.

9 Richardson, *Sieg Heil!*, S. 147. Siehe auch M. Messerschmidt, «The Wehrmacht and the Volksgemeinschaft», in: *JCH* 18 (1983), S. 719–740.

10 Bähr, *Kriegsbriefe*, S. 150.

11 Ebenda, S. 90f.

12 Eine neuere Rechtfertigung dieser Position findet sich bei Hillgruber, *Zweierlei Untergang*.

13 Shils/Janowitz, «Cohesion and Disintegration», S. 301.

14 Kroener, *Die personellen Ressourcen*, S. 871–878. Allgemein zur Aufrüstung der Wehrmacht in den dreißiger Jahren und am Vorabend des Unternehmens «Barbarossa» siehe G. Tessin, *Formationsgeschichte der Wehrmacht*, 1933–39, Boppard am Rhein 1959, S. 21f, 28f, 114f, 118f, 150f, 174f, 190f; B. Mueller-Hillebrand, *Das Heer*, 3 Bde., Darmstadt 1954; Frankfurt/M. 1956 und 1969, Bd.1, S. 15, 55–59, 68–73, 130–135, 151; W. Deist, «Die Aufrüstung der Wehrmacht», in *Ursachen und Voraussetzungen der deutschen Kriegspolitik*, Stuttgart 1979, Bd. 1 von *Das Deutsche Reich und der Zweite Weltkrieg*, S. 415–449, insbesondere S. 447f; H. Rohde, «Hitlers erster ‹Blitzkrieg› und seine Auswirkungen auf Nordosteuropa», in: *Das Deutsche Reich und der Zweite Weltkrieg*, Bd. 2, S. 99–104; H. G. Dahms, *Die Geschichte des Zweiten Weltkrieges*, München, Berlin 1983, S. 88; B. R. Kroener, «Auf dem Weg zu einer ‹nationalsozialistischen Volksarmee›. Die soziale Öffnung des Heeresoffizierkorps im Zweiten Weltkrieg», in: *Von Stalingrad zur Währungsreform. Zur Sozialgeschichte des Umbruchs in Deutschland*, hrsg. v. M. Broszat u. a., München 1988, S. 651–682.

15 Kroener, *Die personellen Ressourcen*, S. 884–894, 913–916, 920–922.

16 Zu den weitgehenden wirtschaftlichen und politischen Beschränkungen der totalen Mobilmachung siehe oben, Kapitel 1, Anm. 1. Zur Mobilisierung der Frauen siehe auch: T. W. Mason, «Women in Germany, 1925 – 40: Family, Welfare and Work», Teil 1–2, in: *HWJ* 1 (1976), S. 74 bis 113; 2 (1976), S. 5–32; S. Dammer, «Kinder, Küche, Kriegsarbeit: Die Schulung der Frauen durch die NS-Frauenschaft», in: *Mutterkreuz und Arbeitsbuch*, hrsg. von der Frauengruppe Faschismusforschung, Frankfurt/M. 1981, S. 215–245; R. Bridenthal, *Mothers in the Fatherland*, New

York 1987; ders. u. a., *When Biology became Destiny*, New York 1984; S. J. McIntyre, «Women and the Professions in Germany 1930–40», in: *German Democracy and the Triumph of Hitler*, hrsg. v. A. Nicholls und E. Matthias, London 1971, S. 175–213; J. Stephenson, *Women in Nazi Society*, London 1975, und ders., «‹Emancipation› and its Problems: War and Society in Württemberg 1939–45», in: *EHQ* 17 (1987), S. 345–365; D. Winkler, *Frauenarbeit im ‹Dritten Reich›*, Hamburg 1977. Über Arbeiter siehe T. W. Mason, Hrsg., *Arbeiterklasse und Volksgemeinschaft*, Opladen 1975; ders., *Sozialpolitik im Dritten Reich*, Opladen 1977; D. Petzina, «Die Mobilisierung deutscher Arbeitskräfte vor und während des Zweiten Weltkrieges», in: *VfZ* 4 (1970), S. 443–455. Zur Planung siehe R. J. Overy, *Goering: The ‹Iron Man›*, London 1984. Zu Fremdarbeitern siehe U. Herbert, *Fremdarbeiter: Politik und Praxis des ‹Ausländer-Einsatzes› in der Kriegswirtschaft des Dritten Reiches*, Berlin und Bonn 1985.

17 Kroener, *Die personellen Ressourcen*, S. 922f, 926ff.

18 F. Halder, *Kriegstagebuch 1939–42*, hrsg. v. H.-A. Jacobsen, 3 Bde., Stuttgart 1962–64, Bd. 3, S. 345, 418; *Kriegstagebuch des Oberkommandos der Wehrmacht 1940–45*, hrsg. v. P. E. Schramm, 4 Bde., Frankfurt/M. 1961–65, Bd. 1., S. 1120f.

19 Kroener, *Die personellen Ressourcen*, S. 878–881, 924f.

20 Ebenda, S. 894–906. Zur Veränderung der Beförderungskriterien siehe G. Papke, «Offizierkorps und Anciennität», in: *Untersuchungen zur Geschichte des Offizierkorps*, hrsg v. H. Meier-Welcker, Stuttgart 1962, S. 177 bis 206. Weitere Zahlen über Verluste unter den Offizieren in Halder, *Kriegstagebuch*, Bd. 3, S. 345; *KTB-OKW*, Bd. 1, S. 1120f. Genauere Berichte bei J. Flottmann und H. Möller-Witten, *Opfergang der Generale. Die Verluste der Generale und Admirale und der im gleichen Dienstrang stehenden sonstigen Offiziere und Beamten im Zweiten Weltkrieg*, Berlin 1952; R. Stumpf, *Die Wehrmacht-Elite. Rang- und Herkunftsstruktur der deutschen Generale und Admirale 1933–45*, Boppard am Rhein 1982.

21 Paul, *18. Panzerdivision*, S. 1–4, 10, 14f; BA-MA, RH27–18/2a, 26.9.40; BA-MA, RH27–18/1, 27. 5. 41; BA-MA, RH27–18/3, 15.3.41.

22 BA-MA, RH27–18/26, 22.6. – 10.7.41.

23 Paul, *18. Panzerdivision*, S. 39–43; BA-MA, RH27–18/26, 27.7.41.

24 Paul, *18. Panzerdivision*, S. 43–48, 50–53.

25 Spaeter/Schramm, *GD*, Bd. 1, S. 266–270.

26 Ebenda, S. 276–279, 280–302, 304–308.

27 BA-MA, RH27–18/69, 1.10.41.

28 BA-MA, RH27–18/63, 5.11.41 für den 31.10.41; BA-MA, RH27–18/69, 10.11.41 für den 1.11.41.

29 Paul, *18. Panzerdivision*, S. 134.

30 Spaeter/Schramm, *GD*, Bd. 1, S. 347, 355–59.

31 BA-MA, RH26–12/46, 6.11.41.

32 BA-MA, RH26–12/22, 1.6.–10.12.41; BA-MA, RH26–12/130, 10.12.41.

33 BA-MA, RH27–18/74, 22.12.41, 27.12.41.

34 Reinhardt, *Die Wende*, S. 206–211.

35 BA-MA, RH27–18/174, 1.1.–31.3.42.

36 Paul, *18. Panzerdivision*, S. 19ff, 202; BA-MA, RH27–18/174, 1.1. bis 31.3.42, 21.6.–31.12.41; BA-MA, RH27–18/60, 15.12.41–22.1.42.

37 BA-MA, RH26–12/63, 22.4.42; BA-MA, RH26–12/64, 23.4.42.

38 BA-MA, RH26–12/92, 16.12.41–28.2.43; BA-MA, RH26–12/52, 4.4.42, 25.4.42.

39 Spaeter/Schramm, *GD*, Bd. 1, S. 385.

40 Ebenda, S. 386–400.

41 Bähr, *Kriegsbriefe*, S. 90.

42 Ebenda, S. 212f.

43 Ebenda, S. 100.

44 Mueller-Hillebrand, *Das Heer*, Bd. 3, S. 51ff; Dahms, *Geschichte*, S. 362; Halder, *Kriegstagebuch*, Bd. 3, S. 426f, 430ff, 465.

45 Halder, *Kriegstagebuch*, S. 522.

46 *KTB OKW*, 3 (Teil 2), S. 1481–1544; Mueller-Hillebrand, *Das Heer*, Bd. 2, S. 109ff; Bd. 3., S. 111–114, 132–135; E. Klink, *Das Gesetz des Handelns*, Stuttgart 1966, S. 34; Dahms, *Geschichte*, S. 439f; J. Hoffmann, *Die Ostlegionen 1941–43*, Freiburg i. Br. 1977; ders., *Deutsche und Kalmyken 1942 bis 1945*, Freiburg i. Br. 1977; P. H. Buss, «The Non-Germans in the German Armed Forces 1939–45», Promotionsarbeit Univ. Canterbury 1974. Über ähnliche Entwicklungen in der Waffen-SS siehe Wegner, «Pangermanische Armee», und ders., «Das Führerkorps der Waffen-SS im Kriege», in: *Das deutsche Offizierskorps, 1860–1960*, hrsg. v. H. H. Hofmann, Boppard am Rhein 1980, S. 327–50.

47 Dahms, *Geschichte*, S. 478; Mueller-Hillebrand, *Das Heer*, Bd. 3, S. 136f.

48 *KTB OKW*, 4 (Teil 2), S. 1509ff.

49 H. Magenheimer, *Abwehrschlachten an der Weichsel 1945*, Freiburg i. Br. 1976, S. 45ff. Danach lagen die monatlichen Ausfälle im zweiten Halbjahr 1944 durchschnittlich bei 198986 Mann, darunter 20567 Gefallene; Dahms, *Geschichte*, S. 548.

50 *KTB OKW*, 4 (Teil 2), S. 1508–1511, 1514ff.

51 BA-MA, RH27–18/117, 25.4.42 für den 19.4.42; 20.4.42; 25.4.42; 20.6.42 für den 15.6.42.

52 Paul, *18. Panzerdivision*, S. 209–224.

53 Ebenda, S. 222.

54 BA-MA, RH27-18/131, 12.3.42.

55 BA-MA, RH27-18/130, 7.4.43.

56 BA-MA, RH26-12/265, 22.5.42.

57 BA-MA, RH26-12/53, 10.5.42.

58 BA-MA, RH26-12/53, 5.6.42; BA-MA, RH26-12/92, 16.12.41 bis 28.2.43.

59 BA-MA, RH26-12/266, 20.7.42.

60 BA-MA, RH26-12/66, 12.7.42, 17.7.42, 30.7.42.

61 BA-MA, RH26-12/55, 18.8.42.

62 BA-MA, RH26-12/55, 19.8.42.

63 BA-MA, RH26-12/56, 26.10.42.

64 BA-MA, RH26-12/57, 16.11.42; BA-MA, RH26-12/69, 21.11.42, 26.11.42, 6.12.42; BA-MA, RH26-12/49, *Kriegstagebuch*, 16.12.41-18.2.43, Einträge für den 25.11.42 und den 29.12.42; BA-MA, RH26-12/58, 14.12.42.

65 BA-MA, RH26-12/57, 25.11.42, 8.12.42; BA-MA, RH26-12/69, 26.11.42, 6.12.42; RH26-12/49, 16.12.41-31.12.4. (27.11.42).

66 BA-MA, RH26-12/57, 8.12.42, 10.12.42.

67 BA-MA, RH26-12/58, 1.1.43; BA-MA, RH26-12/92, 16.12.41. bis 28.2.43.

68 BA-MA, RH26-12/75, 1.3. - 21.6.43.

69 BA-MA, RH26-12/76, 23.3.43.

70 BA-MA, RH26-12/49, *Kriegstagebuch*, 16.12.41-28.2.43; *Verlustliste:* 16.12.41-30.4.43; BA-MA, RH26-12/265, 16.10.43.

71 BA-MA, RH26-12/167, Bericht über die Kämpfe bei Vitebsk.

72 BA-MA, *Heft* 532, S. 12f.

73 Spaeter/Schramm, *GD*, Bd.1, S. 414, 429, 548-552; BA-MA, RH26-1005/5, 27.6.-31.7.42, 27.6.-18.8.42 sowie spätere Berichte; BA-MA, RH26-1005/7, 1.7. - 31.7.42, 1.8.42; BA-MA, RH26-1005/60, 15.5. - 31.7.42.

74 Spaeter/Schramm, *GD*, Bd.1, S. 552-606; RH37/6337, *Tagesbericht C. Benes*, S. 13.

75 Benes, S. 13f.

76 BA-MA, RH26-1005/78, *Tagebuch von Hobe*, S. 14-21.

77 BA-MA, RH37/6351, *Bericht F. Mebes, Eintrag für den 9.12.42*, allgemeiner S. 22-26. Detaillierter Bericht über die Gefechte in Spaeter/Schramm, *GD*, Bd. 1, S. 606-655.

78 Mebes, Eintrag für den 31.12.42; Spaeter/Schramm, *GD*, Bd.1, S. 655 bis 667.

79 Spaeter/Schramm, *GD*, Bd.1, S. 667ff.

80 BA-MA, RH37/6394, 9.1.43.

81 BA-MA, RH26/1005/50, 26.4.43, 1.8.42-25.4.43 (Verluste unter den Soldaten), 1.8.42-25.4.43 (Verluste unter den Offizieren).

82 Bähr, *Kriegsbriefe*, S. 170.

83 Ebenda, S. 172.

84 BA-MA, RH27–18/196, 30.4.43.

85 BA-MA, RH27–18/169, 1.4. – 30.6.43; BA-MA, RH27–18/131, 7.5.43.

86 BA-MA, RH27–18/164, 30.6.43.

87 BA-MA, RH27–18/144, 10.7.43 und 11.7.43; Paul, *18. Panzerdivision*, S. 248.

88 BA-MA, RH27–18/144, 20.7.43 für den 11.7.43, 21.7.43, 26.7.43 für den 21.7.43; Paul, *18. Panzerdivision*, S. 268.

89 BA-MA, RH27–18/144, 23.7.43; BA-MA, RH27–18/142, 24.7.43.

90 BA-MA, RH27–18/144, 19.7.43; Paul, *18. Panzerdivision*, S. 268ff.

91 BA-MA, RH27–18/144, 1.8.43, 11.8.43.

92 BA-MA, RH27–18/170, 3.8.43; BA-MA, RH27–18/144, 20.8.43 für den 11.8.43, 25.8.43, 1.9.43; Paul, *18. Panzerdivision*, S. 273f.

93 BA-MA, RH27–18/144, 17.9.43, 1.10.43.

94 BA-MA, RH27–18/170, 1.10.43. In diesen Zahlen sind die Kranken – allein im Winter 1941/42 fast 5000 – ebensowenig enthalten wie die mehreren tausend Männer, die Erfrierungen unterschiedlichen Grades erlitten.

95 Zu einer Diskussion weiterer Faktoren, die zur Grausamkeit der Soldaten im Kampf beitrugen und Meutereien verhindern halfen, wie etwa physische Isolation, kulturelle Determinanten und Unterschiede, die Bombardierung deutscher Städte usw. siehe O. Bartov, «The Conduct of War: Soldiers and the Barbarization of Warfare», *JMH, Special Issue: Resistance Against the National Socialist Regime*, Sept. 1992.

96 Spaeter/Schramm, *GD*, Bd. 2, S. 167–214; Benes, S. 17.

97 Spaeter/Schramm, *GD*, Bd. 2, S. 251–270; Benes, S. 18–21.

98 Spaeter/Schramm, *GD*, Bd. 2, S. 270–294; Benes, S. 21–22.

99 BA-MA, RH26–1005/51, 8.11.43, 1.4. – 30.9.43 (Verluste unter den Soldaten) und 1.4. – 30.9.43 (Verluste unter den Offizieren).

100 Spaeter/Schramm, *GD*, Bd. 2, S. 329–399.

101 Ebenda, S. 409–417.

102 Benes, S. 23–28. Siehe auch BA-MA, RH26–1005/82, «*Tapferkeitsdaten*»,15. – 17.10.43; BA-MA, RH26–1005/82, «*Kriegsberichterzug der Pz.Gren.Div. GD.*», 2.11.43.

103 Bähr, *Kriegsbriefe*, S. 211.

104 Spaeter/Schramm, *GD*, Bd. 2, S. 450–487; Benes, S. 31ff.

105 Spaeter/Schramm, *GD*, Bd. 2, S. 487–527.

106 BA-MA, RH26–1005/81, «*Sturmgeschütz Blatt*»; Spaeter/Schramm, *GD*, Bd. 2, S. 527–544.

107 Ebenda, S. 590–626.

108 BA-MA, RH37/6394, «*Stellenbesetzung I/Pz.Gren.Rgt. GD 6.10. bis*

15.10.44». Siehe auch ebenda, *«Notizen über Pz.Gren.Rgt. GD 13.6. – 13.8.44, Stellenbesetzung III/Pz.Gren.Rgt. GD»;* BA-MA, RH26–1005/84, Ausgabe der *Frontzeitung «Die Feuerwehr»;* BA-MA, RH26–1005/79, Berichte über Heldentaten von Offizieren der Division als Grund für die Auszeichnung mit dem Ritterkreuz; Spaeter/Schramm, *GD*, Bd. 2, S. 626–714.

109 Spaeter/Schramm, *GD*, Bd. 3, S. 11–24.

110 Ebenda, S. 182–261, 381–404; BA-MA, RH26–1005/81, *«Major Helmut Kraussold»*, Kurzbiographie eines Offiziers, der mit am längsten in der Division diente.

111 BA-MA, RH26–1005/82, *«Neu-Aufstellung der ‹Pz.Gren.Div. Großdeutschland›».* Spaeter/Schramm, *GD*, Bd. 3, S. 656–665.

112 Benes, S. 42–53; BA-MA, RH26–1005/82, *«Bericht zu den Ereignissen vom 1.3. – 18.4.45»*, geschrieben nach dem Krieg; Spaeter/Schramm, *GD*, Bd. 3, S. 665–681.

Kapitel 3

1 Die Prügelstrafe für geringfügige Disziplinarvergehen wurde erst 1808 abgeschafft. Siehe Craig, *Die preußisch-deutsche Armee*, S. 48.

2 Siehe z. B. J. F. C. Fuller, *The Decisive Battles of the Western World*, 2. Aufl., London 1970, S. 555–578; M. Howard, *The Franco-Prussian War*, 3. Aufl., London 1981, S. 57–63; B. H. Liddell Hart, *History of the First World War*, 3. Aufl., London 1979.

3 Siehe z. B. Craig, *Die preußisch-deutsche Armee;* F. L. Carsten, *Reichswehr und Politik: 1918–1933*, Köln 1964; K.-J. Müller, *General Ludwig Beck*, Boppard am Rhein 1980, S. 323–329.

4 Siehe vor allem Kroener, *Volksarmee;* Messerschmidt, *Werden und Prägung;* R. Absolon, «Das Offizierskorps des deutschen Heeres 1935–1945», in: *Das deutsche Offizierskorps* 1860–1960, hrsg. v. H. H. Hofmann, Boppard am Rhein 1980, S. 247–268; Papke, *Offizierskorps und Anciennität;* J. Wheeler-Bennett, *Die Nemesis der Macht*, Bd. 2, Düsseldorf 1981. Zu Ähnlichkeiten im Sprachgebrauch siehe V. Klemperer, *Die unbewältigte Sprache*, 3. Aufl., Darmstadt, ohne Jahr; C. Berning, *Vom «Abstammungsnachweis» zum «Zuchtwart». Vokabular des Nationalsozialismus*, Berlin 1964.

5 R. J. Neill, *The German Army and the Nazi Party, 1933–39*, London 1966; M. Messerschmidt, *Die Wehrmacht im NS-Staat*, Hamburg 1969; K.-J. Müller, *Das Heer und Hitler*, Stuttgart 1969.

6 Messerschmidt, *German Military Law.* Zur «Rechtsprechung» gegenüber den Bewohnern der besetzten Gebiete im Osten siehe D. Majer, *«Fremdvölkische» im Dritten Reich*, Boppard am Rhein 1981. Allgemein zur

Pervertierung des Rechts im Reich siehe S. König, *Vom Dienst am Recht: Rechtsanwälte als Strafverteidiger im Nationalsozialismus*, New York 1987; R. Büthers, *Entartetes Recht: Rechtslehren und Kronjuristen im Dritten Reich*, München 1988; D. Diner, «Rassistisches Völkerrecht: Elemente einer nationalsozialistischen Weltordnung», in: *VfZ* 1 (1989), S. 23–56; D. Güstow, *Tödlicher Alltag. Strafverteidiger im Dritten Reich*, Berlin 1981; H. Focke und M. Strocka, *Alltag der Gleichgeschalteten*, Reinbek 1985, S. 204–262.

7 Allgemein zum Partisanenkrieg siehe J. A. Armstrong, Hrsg., *Soviet Partisans in World War II*, Wisconsin 1964; M. Cooper, *The Phantom War*, London 1979; H. Kühnrich, *Der Partisanenkrieg in Europa, 1939–1945*, Berlin 1965; V. Redelis, *Partisanenkrieg*, Heidelberg 1958.

8 Zum Unternehmen «Barbarossa» als Kreuzzug siehe Förster/Ueberschär, *Freiwillige*; J. Förster, «Croisade de l'Europe contre le Bolchevisme», in: *RHDGM* 30 (1980), S. 1–26; A. J. Mayer, *Why Did the Heaven Not Darken?*, New York 1988.

9 BA-MA, RH26–12/252, 25.10.39.

10 BA-MA, RH26–12/252, 20.11.39.

11 BA-MA, RH26–12/252, 18.12.39.

12 BA-MA, RH26–12/279, 29.9.39.

13 BA-MA, RH26–12/279, 1.10.39.

14 BA-MA, RH26–12/99, 25.10.40.

15 BA-MA, RH26–12/236, 8.11.39.

16 BA-MA, RH26–12/253, 19.9.39.

17 BA-MA, RH26–12/252, 25.10.39. Seit 1943 stand auf Homosexualität in der Wehrmacht die Todesstrafe. Siehe dazu Cocks, *Professionalization of Psychotherapy*, S. 319ff. Nach meinen Informationen arbeitet Geoffrey Gilse gegenwärtig an einem Buch über Homosexualität im Dritten Reich. Siehe auch Seidler, *Prostitution*, S. 193–232.

18 Rhode, *Hitlers erster «Blitzkrieg»*, S. 136–146. Siehe auch M. Broszat, *Nationalsozialistische Polenpolitik 1939–1945*, Stuttgart 1961; H. Umbreit, *Deutsche Militärverwaltung 1938/39*, Stuttgart 1977.

19 E. Klee u. a., Hrsg., *«Schöne Zeiten». Judenmord aus der Sicht der Täter und Gaffer*, Frankfurt/M. 1988, S. 14f.

20 C. Streit, *Keine Kameraden*, Stuttgart 1978, S. 187f., bemerkt, daß die Wehrmacht große Mühe darauf verwendet habe, die beim Westfeldzug gemachten Kriegsgefangenen anständig zu behandeln, eine Haltung, die in Rußland kaum denkbar gewesen wäre.

21 H. Umbreit, *Der Militärbefehlshaber in Frankreich 1940–1944*, Boppard am Rhein 1968, und ders., *Vormachtstellung*, S. 319–327. Siehe auch E. Jäckel, *Frankreich in Hitlers Europa*, Stuttgart 1966; A. Hillgruber, *Hitlers Strategie. Politik und Kriegführung 1940–1941*, Frankfurt/M. 1965. Siehe

dagegen C. W. Syndor, jr., *Soldiers of Destruction. The SS Death's Head Division, 1933–1945*, Princeton 1977, S. 106f. Syndor berichtet über das Massaker an britischen Kriegsgefangenen in Le Paradis und darüber, daß die Führung der Wehrmacht keine Maßnahmen gegen die Schuldigen ergriff. Zu den Auswirkungen der Ostfronterfahrungen auf Verbände, die 1944 in den Westen verlegt wurden, siehe H. Hastings, *Das Reich. Resistance and the March of the 2nd SS Panzer Division Through France, June 1944*, London 1981, insbesondere seine Ausführungen zu dem Massaker von Oradour und sein Kommentar auf S. 16; ferner J. J. Weingartner, *Crossraods of Death. The Story of the Malmédy Massacre and Trial*, Berkeley/Los Angeles 1979. Daß es speziell in der Luftwaffe und in der Kriegsmarine eine fiktive und zuweilen durchaus auch reale Rivalität gab, die teils in den unterschiedlichen Traditionen wurzelte, teils auch sachliche Gründe hatte, widerspricht in keiner Weise der Tatsache, daß beide Wehrmachtteile die «Notwendigkeit», Zivilisten zu töten, akzeptierten und tief von nationalsozialistischer Indoktrination durchdrungen waren. Siehe z. B. auch Kroener, *Die personellen Ressourcen*, S. 912.

22 BA-MA, RH26–12/183, 21.5.40.

23 BA-MA, RH26–12/274, 27.6.40.

24 BA-MA, RH26–12/235, 3.10.40.

25 BA-MA, RH26–12/99, 25.10.40.

26 BA-MA, RH26–12/235, 2.10.40. BA-MA, RH26–12/108, 9.4.41.

27 BA-MA, RH26–12/21, 7.5.41.

28 BA-MA, RH26–12/21, 6.5.41.

29 BA-MA, RH26–12/21, 8.5.41.

30 BA-MA, RH26–12/236, 21.6.40.

31 Streit, *Keine Kameraden*, S. 28–61. Siehe auch H. Krausnick und H.-H. Wilhelm, *Die Truppe des Weltanschauungskrieges*, Stuttgart 1981, S. 116–141; H.-A. Jacobsen, «Kommissarbefehl und Massenexekutionen sowjetischer Kriegsgefangener», in: *Anatomie des SS-Staates*, hrsg. v. H. Buchheim u. a., Olten 1965, Bd. 2, S. 170–182; H. Krausnick, «Kommissarbefehl und ‹Gerichtsbarkeitserlaß Barbarossa› in neuer Sicht», in: *VfZ* 25 (1977), S. 682–785.

32 Zur Diskussion über das Argument der «Notwendigkeit» im Krieg siehe M. Walzer, *Just and Unjust Wars*, 3. Ausg, Harmondsworth 1980; S. 144 bis 151 zur Laconia-Affäre, S. 255–169 zur Bombardierung Deutschlands und Japans, S. 317ff zur Bomdardierung von Saint-Lô durch die Amerikaner.

33 Siehe oben, Anm. 6; Seidler, *Prostitution*, S. 233–273, 312–317.

34 Zu den Verbrechen der Wehrmacht im Osten und ihren ideologischen Hintergrund siehe zusätzlich zu der bereits angeführten Literatur C. Streit, «The German Army und the Policies of Genocide», in: *The Policies of Genocide*, hrsg. v. G. Hirschfeld, London 1986, S. 1–14; ebenda, J. Förster, «The

German Army and the Ideological War against the Soviet Union», S. 15 bis 29; und ders., «New Wine in Old Skins? The Wehrmacht and the War of ‹Weltanschauungen›, 1941», in: *The German Military in the Age of Total War*, hrsg. von W. Deist, Leamington Spa/New Hampshire 1985, S. 304–322.

35 J. Förster, «Das Unternehmen ‹Barbarossa› als Eroberungs- und Vernichtungskrieg», in: *Das Deutsche Reich und der Zweite Weltkrieg*, Bd. 4, S. 437f; Streit, *Keine Kameraden*, S. 49; Krausnick, *Die Truppe*, S. 121–126. Einige Historiker fielen auf die Verfälschungen der Generäle nach dem Krieg herein. Siehe zum Beispiel A. Dallin, *Deutsche Herrschaft in Rußland*, Düsseldorf 1958.

36 Ein anderes Beispiel für die Funktion eines geordneten Chaos bei der Lenkung der Gesellschaft ist der mittelalterliche Karneval. Siehe E. Le Roy Ladurie, *Carnival in Romans*, 3. Aufl., Harmondsworth 1981.

37 Ein typisches Beispiel für mangelnde Einsicht in die wahre Natur des Krieges im Osten bei einem sonst sehr anspruchsvollen Historiker ist H. Mommsen, «Kriegserfahrungen», in: *Über Leben im Krieg*, hrsg. v. U. Borsdorf und M. Jamin, Reinbek 1989, S. 19. Noch befremdender ist, daß die fragliche Passage in Mommsens Einführung dem Hauptargument des in demselben Band enthaltenen Beitrags über die Ostfront ebenso widerspricht wie dem schrecklichen Fotomaterial, das ihn begleitet. Siehe ebenda, Bartov, *Extremfälle*, und «Bildserien: Verbrannte Erde, ‹Partisanenbekämpfung›, eine Erschießung sowjetischer Soldaten, sowjetische Juden als Zwangsarbeiter der Wehrmacht», S. 162–168.

38 G. R. Ueberschär und W. Wette, Hrsg., *«Unternehmen Barbarossa»*, Paderborn 1984, S. 184f. Siehe auch P. Hayes, *Industry and Ideology. IG Farben in the Nazi Era*, 2. Aufl., Cambridge 1989.

39 Bähr, *Kriegsbriefe*, S. 167.

40 Natürlich brachte diese Ausbeutung auch die Bevölkerung gegen die Besatzer auf. Zusammen mit den Dogmen der natioalsozialistischen Ideologie behinderte sie beträchtlich die Versuche der Wehrmacht, eine antibolschewistische russische Organisation aufzubauen. Zu dem einzigen prominenten Kollaborateur siehe C. Andreyev, *Vlasov and the Russian Liberation Movement. Soviet reality and émigré theories*, 2. Aufl., Cambridge 1989.

41 Siehe zum Beispiel R. O. Paxton, *Vichy France*, 2. Aufl., New York 1975, S. 292f.

42 Ueberschär/Wette, *«Unternehmen Barbarossa»*, S. 173–195 (Beitrag von Müller); Müller, *Das Scheitern.* Siehe auch D. Eichholz, «Der ‹Generalplan Ost›», in: *JfG* 26 (1982), S. 217–274; R.-D. Müller, «Industrielle Interessenpolitik im Rahmen des ‹Generalplan Ost›», *MGM* 1 (1981), S. 101–104; H. Heiber, «Der Generalplan Ost», *VfZ* (1958), S. 281–325; T. P. Mulligan, «Reckoning the Cost of People's War: the German Experience in the Central

USSR», *RH* 5 (1982), S. 27–48; R.-D. Müller, *Das Tor zur Weltmacht*, Boppard am Rhein 1984; Herbert, *Fremdarbeiter*; E. L. Homze, *Foreign Labour in Nazi Germany*, Princeton 1967; N. Müller, «Dokumente zur Rolle der Wehrmacht bei der Deportation sowjetischer Bürger zur Zwangsarbeit in Deutschland 1941–1944», *BAZW* 4 (1970), S. 29–62; H. Pfahlmann, *Fremdarbeiter und Kriegsgefangene in der deutschen Kriegswirtschaft 1939–1945*, Darmstadt 1968.

43 BA-MA, RH27–18/4, 19.6.41.

44 BA-MA, RH27–18/153, 28.7.41, 10.8.41; BA-MA, RH27–18/26, 5.8.41; BA-MA, RH27–18/176, 6.8.41.

45 BA-MA, RH27–18/27, 17.8.41; BA-MA, RH27–18/181, Berichte für August, September und November 1941; BA-MA, RH27–18/176, 7.11.41.

46 BA-MA, RH26–12/129, 26.5. – 15.12.41, 11.8.41.

47 BA-MA, RH26–12/29, 7.11.41.

48 BA-MA, RH27–18/177, 7.12.41.

49 BA-MA, RH27–18/177, 8.11. – 15.11.41.

50 BA-MA, RH27–18/78, 9.12.41.

51 BA-MA, RH27–18/24, 11.7.41.

52 BA-MA, RH27–18/24, 18.7.41; BA-MA, RH27–18/175, 27.7.41.

53 BA-MA, RH27–18/175, 30.7.41; BA-MA, RH27–18/26, 7.8.41.

54 BA-MA, RH27–18/27, 14.9.41.

55 BA-MA, RH27–12/128, 2.7.41; BA-MA, RH26–12/211, 17.8.41; BA-MA, RH26–12/294, 8.10.41.

56 BA-MA, RH27–18/181, 2.11.41.

57 BA-MA, RH26–12/126, 7.11.41.

58 BA-MA, RH26–12/291, 24.1.42.

59 BA-MA, RH26–12/288, 2.4.42.

60 BA-MA, RH27–18/75, 15.1.42; BA-MA, RH27–18/178, 28.2.42; BA-MA, RH27–18/76, 24.3.42; BA-MA, RH27–18/194, 9.11.42.

61 BA-MA, RH26–12/298, 29.6.43.

62 BA-MA, RH26–12/140, 16.12.41–31.8.42.

63 Guderian, *Erinnerungen eines Soldaten*, S. 174.

64 BA-MA, RH26–18/184, Berichte für Januar, Februar und März 1942.

65 BA-MA, RH27–18/76, 24.3.42; BA-MA, RH27–18/188, 17.4.42 und zahlreiche andere Dokumente in den Akten wie etwa in BA-MA, RH27–18/194 und BA-MA, RH27–18/196; BA-MA, RH27–18/178, 17.2.42.

66 Mebes, S. 10f.

67 BA-MA, RH26–1005/62, 1.9. – 31.10.41.

68 BA-MA, RH26–1005/62, 16.9.42, 23.9.42; BA-MA, RH26–1005/37, 21.9.42; BA-MA, RH26–1005/39, 13.10.42.

69 BA-MA, RH26–1005/42, 15.10.42.

70 BA-MA, RH26–1005/71, 19.5.43.

71 BA-MA, RH26–12/246, 16.1.42, 14.6.42.

72 BA-MA, RH26–12/62, 27.2.42.

73 BA-MA, RH26–12/292, 25.6.42.

74 BA-MA, RH26–12/295, 11.10.42, 22.10.42 und 9.11.42 als Beispiel für eine weitere «Evakuierung».

75 BA-MA, RH26–18/142, 24.7.43.

76 BA-MA, RH26–12/298, 1.7.43.

77 BA-MA, RH26–12/128, 21.6.40. Siehe auch Streit, *Keine Kameraden*, S. 140.

78 BA-MA, RH27–18/133, 26.3.43; BA-MA, RH27–18/199, 7.6.43; BA-MA, RH26–12/134, 5.8.42. Zum Mangel an Arzneimitteln und Ausrüstung sowie zu der Debatte über die Frage, ob in der Wehrmacht selbst zu oft amputiert wurde, siehe M. Kater, *Doctors under Hitler*, Chapel Hill 1989, S. 52f. Einer meiner Leser (unter Berufung auf *Heeres-Sanitäts-Inspekteur*, 17.10.42, Mikrofilm T-78, Rolle 482, Bild 6467 197) hat meine Aufmerksamkeit auf ein russisches Dokument gelenkt, in dem behauptet wird, die Deutschen hätten ihre eigenen Krankenträger umgebracht, um die Ausbreitung von Typhus zu verhindern. In den Wehrmacht-Dokumenten, die ich eingesehen habe, findet sich jedoch keinerlei Bestätigung für solche Behauptungen.

79 BA-MA, RH26–12/292, 25.5.42; BA-MA, RH26–12/12, 12.6.42; BA-MA, RH26–12/137, Berichte vom 8.7. – 27.11.42; BA-MA, RH26–12/148, 17.3.43.

80 BA-MA, RH27–18/188, 14.5.42; BA-MA, RH27–18/189, 8.9.42.

81 BA-MA, RH26–12/211, 17.8.41; BA-MA, RH26–12/294, 22.4.42.

82 BA-MA, RH26–12/133, 17.9.42; BA-MA, RH26–12/295, 10.11.42.

83 BA-MA, RH27–18/179, 9.12.41.

84 Bähr, *Kriegsbriefe*, S. 223f.

85 BA-MA, RH27–18/74, 20.12.41, 21.12.42; BA-MA, RH27–18/78, 29.12.41; BA-MA, RH27–18/157, 1.1.42.

86 BA-MA, RH27–18/82, 28.1.42.

87 BA-MA, RH27–18/131, 13.2.43; BA-MA, RH27–18/203, 3.8.43.

88 BA-MA, RH26–12/133, 12.2.43; BA-MA, RH26–12/72, 14.2.43, 15.2.43.

89 BA-MA, RH26–12/141, 28.2.43; BA-MA, RH26–12/76, 1.3.43.

90 BA-MA, RH26–1005/68, 15.1. – 27.2.43; BA-MA, RH26–1005/71, 2.8.43; BA-MA, RH26–1005/70, 1.4. – 30.9.43.

91 BA-MA, RH26–1005/71, 6.9. – 28.9.43; Benes, S. 22f, Eintragung für den 17.9.43.

92 Ueberschär, *Barbarossa* (Beitrag von C. Streit), S. 197–218. Siehe ferner dazu Streit, *Keine Kameraden;* A. Streim, *Die Behandlung sowjetischer*

Kriegsgefangener im «Fall Barbarossa», Heidelberg 1981; M. Messerschmidt, «Kommandobefehl und NS-Völkerrechtsdenken», in: *RDP* 11 (1972), S. 110 bis 134. Allgemeineres über Kriegsgefangene siehe G. H. Davis, «Prisoners of War in Twentieth-Century War Economies», *JCH* 12 (1977), S. 623–634; A. Rosas, *The Legal Status of Prisoners of War*, Helsinki 1976.

93 BA-MA, RH26–12/244, 22.6.41.

94 BA-MA, RH26–12/85, 21.5.42.

95 BA-MA, RH26–12/243, 13.9.41.

96 BA-MA, RH26–12/57.

97 BA-MA, RH26–12/27, 5.7.41.

98 BA-MA, RH26–12/27, 17.7.41.

99 BA-MA, RH27–18/24, 25.6.41.

100 BA-MA, RH27–18/175, 30.6.41.

101 Guderian, *Erinnerungen eines Soldaten*, S. 138.

102 BA-MA, RH27–18/157, 14.2.42.

103 Bartov, *Eastern Front*, S. 75f.

104 BA-MA, RH26–1005/42, 19.9.42.

105 BA-MA, RH26–1005/42, 13.9.42.

106 BA-MA, RH26–1005/47, 26.4.43.

107 BA-MA, RH26–12/211, 31.7.41.

108 BA-MA, RH27–18/27, 17.8.41.

109 BA-MA, RH26–12/288, 6.8.41; BA-MA, RH26–12/290, 21.10.41; zu Kalorientabellen siehe Streit, *Keine Kameraden*, S. 138ff.

110 BA-MA, RH27–18/175, 17.6.41.

111 BA-MA, RH26–12/291, 24.1.42; BA-MA, RH26–12/246, 28.1.42; BA-MA, RH26–18/194, 25.9.42.

112 BA-MA, RH26–12/287, 21.8.41; BA-MA, RH27–18/26, 6.8.41.

113 BA-MA, RH26–12/295, 14.11.41. BA-MA, RH26–12/51, 6.3.42; BA-MA, RH26–12/220, 8.12.42, 14.12.42; BA-MA, RH26–12/59, 1.2.43; BA-MA, RH26–12/78, 9.3.43, 1.4.43, 1.5.43, 1.6.43; BA-MA, RH27–18/76, 2.11.41, 7.3.42; BA-MA, RH27–18/177, 8.–15.11.41; BA-MA, RH27–18/73, 11.11.41; BA-MA, RH27–18/188, 2.5.42; BA-MA, RH27–18/189, 25.6.42; BA-MA, RH27–18/124, 26.7.42, 25.11.42, 6.12.42, 15.12.42; BA-MA, RH27–18/194, 19.8.42; BA-MA, RH27–18/159, 5.9..42; BA-MA, RH27–18/164, 1.4.–30.6.42; BA-MA, RH27–18/196, 30.4.43; BA-MA, RH27–18/144, 24.8.43.

114 BA-MA, RH26–12/244, 22.6.41.

115 BA-MA, RH26–12/21, 31.7.41.

116 BA-MA, RH27–18/26, 4.8.41.

117 BA-MA, RH27–18/28, 14.8.41; BA-MA, RH27–18/242, 25.8.41; BA-MA, RH27–18/154, September 1941.

118 BA-MA, RH26–12/32, 5.8.41.

119 Siehe besonders Streit, *Keine Kameraden*, S. 28–91, sowie die detaillierte Untersuchung in Krausnick, *Die Truppe*.

120 BA-MA, RH26–12/126, 4.7.41.

121 Siehe zum Beispiel BA-MA, RH26–12/128, 12.8.41.

122 BA-MA, RH26–12/287, 15.8.41.

123 BA-MA, RH26–12/242, 25.8.41; BA-MA, RH26–12/154, September 1941; BA-MA, RH26–12/123, 18.9.41.

124 BA-MA, RH27–18/154, 8.10.41.

125 BA-MA, RH26–12/128, 27.9.41, 11.10.41; BA-MA, RH26–12/243, 4.10.41.

126 BA-MA, RH26–12/245, 13.10.41.

127 BA-MA, RH26–12/244, 31.10.41, 14.11.41; BA-MA, RH26–12/206, 1.11.41.

128 BA-MA, RH26–12/245, 17.11.41, 20.11.41, 2.12.41, 11.12.41.

129 BA-MA, RH26–12/200, 5.12.41; BA-MA, RH26–12/246, 5.12.41.

130 BA-MA, RH26–12/246, 29.11. – 5.12.41.

131 BA-MA, RH26–12/245, 3.12.41, 7.12.41.

132 BA-MA, RH26–12/245, 14.12.41; BA-MA, RH26–12/294, 9.1.42.

133 BA-MA, RH26–12/246, 19.12.41, 24.12.41.

134 BA-MA, RH26–12/246, 8.1.42.

135 BA-MA, RH26–12/246, 31.1.42.

136 Siehe zum Beispiel die Zerstörung des Dorfes Nov. Ladomiry: BA-MA, RH26–12/84, 20.1. – 30.1.42.

137 Siehe zum Beispiel BA-MA, RH27–18/157, 11.2.42; BA-MA, RH27–18/158, 7.4.42–3.2.43, speziell die Einträge vom 7.4. – 1.7.42 über Evakuierungen; BA-MA, RH27–18/115, 13.4.42.

138 BA-MA, RH26–1005/6, 15.4.42.

139 BA-MA, RH26–1005/42, 23.9.42.

140 BA-MA, RH27–18/162, 4.2. – 2.6.43, speziell die Einträge vom 12.5. bis 16.5.43; BA-MA, RH27–18/132, 10.5.43, 9.6.43; BA-MA, RH27–18/164, 13.5.43 und Anlage 426; BA-MA, RH27–18/196, 16.5.43; BA-MA, RH27–18/130, 16.5.43; BA-MA, RH27–18/135, 2.6.43; BA-MA, RH27–18/166, 8.6.43. Siehe auch Krausnick, *Die Truppe*, S. 243–249.

141 BA-MA, RH26–12/244, 11.7.41.

142 BA-MA, RH26–12/245, 13.10.41.

143 BA-MA, RH27–18/24, 24.6.41, 8.7.41.

144 BA-MA, RH27–18/159, 8.6.42.

145 Ein gutes Beispiel für diese Praxis findet sich bei C. R. Browning, *Fateful Months. Essays on the Emergence of the Final Solution*, New York 1985, S. 39–56.

146 BA-MA, RH26-12/245, 13.10.41.

147 BA-MA, RH26-12/246, 11.1.42; siehe auch BA-MA, RH26-12/83, 16.12.41-28.2.43. Über die Ermordung jüdischer Kinder durch die Wehrmacht siehe u. a. H. Krausnick und H. C. Deutsch, Hrsg., *Helmut Groscurth: Tagebücher eines Abwehroffiziers*, Stuttgart 1970, S. 234-242.

148 BA-MA, RH26-1005/42, 22.10.42.

149 BA-MA, RH26-12/245, 13.10.41.

150 BA-MA, RH27-18/177, 17.11.41; BA-MA, RH27-18/164, 30.4.43.

151 BA-MA, RH26-1005/42, 22.10.42.

152 M. Messerschmidt, «Deutsche Militärgerichtsbarkeit im Zweiten Weltkrieg», in: *Recht, Verwaltung und Justiz im Nationalsozialismus*, hrsg. von M. Hirsch u. a., Köln 1984, S. 553-556; ders., *German Military Law;* und jüngeren Datums, ders. und F. Wüllner, *Die Wehrmachtjustiz im Dienste des Nationalsozialismus. Zerstörung einer Legende*, Baden-Baden 1987. Siehe auch O. P. Schweling, *Die deutsche Militärjustiz in der Zeit des Nationalsozialismus*, 2. Aufl., Marburg 1978, S. 216-284; Seidler, *Prostitution*, S. 205f, 271. Ein ergreifender Bericht über die Hinrichtung eines Wehrmacht-Deserteurs in Holland findet sich in einem Brief Friedrich Andreas von Kochs vom 3. Oktober 1942, zitiert in Bähr, *Kriegsbriefe*, S. 238ff; zum Fall Ernst Jüngers, des Sohnes des gleichnamigen Schriftstellers, der, kurz bevor er mit achtzehn Jahren in Italien fiel, wegen angeblicher Kritik an Hitler verhaftet worden war, siehe seine Briefe, zitiert in ebenda, S. 394-397, sowie die Kriegstagebücher seines Vaters, E. Jünger, *Strahlungen II*, in: *Tagebücher III*, Bd. 3 von *Sämtliche Werke*, Stuttgart 1979 (1949), S. 231, 249ff, 322, 337f, 344, 360ff.

153 BA-MA, RH27-18/4, 19.6.41.

154 BA-MA, RH27-18/176, 1.8.41.

155 BA-MA, RH27-18/28, 18.8.41.

156 BA-MA, RH27-18/74, 12.12.41.

157 BA-MA, RH27-18/74, 30.12.41.

158 BA-MA, RH27-18/73, 29.11.41.

159 BA-MA, RH27-18/76, 12.3.42.

160 BA-MA, RH27-18/76, 19.3.42.

161 BA-MA, RH27-18/123, 27.9.42, 28.9.42.

162 BA-MA, RH26-1005/61, 7.4.43, BA-MA, RH26-1005/70, *KTB* Ib Nr. 3, 1.4. - 30.9.43, S. 102, Eintrag vom 4. - 8.8.43.

163 BA-MA, RH26-12/131, 25.12.41; BA-MA, RH26-12/45, 5.10.41; BA-MA, RH26-12/139, 4.5.43; BA-MA, RH26-12/151, 24.9.43.

164 BA-MA, RH26-12/85, 24.10.42.

165 BA-MA, RH26-12/2675, 7.5.42.

166 BA-MA, RH26-12/85, 27.5.42.

167 BA-MA, RH26–12/134, 30.7.42.
168 BA-MA, RH27–18/131, 25.2.43.
169 BA-MA, RH26–12/72, 15.2.43.
170 BA-MA, RH27–18/142, 17.7.43.
171 BA-MA, RH27–18/24, 26.6.41.
172 BA-MA, RH27–18/24, 4.7.41.
173 BA-MA, RH27–18/147, 12.7.43.
174 Paul, *18. Panzerdivision*, S. 262.
175 BA-MA, RH27–18/142, 17.7.43.
176 BA-MA, RH27–18/142, 19.7.43.
177 Spaeter/Schramm, *GD*, 3, S. 665–681.
178 Klee, *Schöne Zeiten*, S. 122–129; Borsdorf, *Über Leben*, S. 165.

Kapitel 4

1 Buchbender/Sterz, *Das andere Gesicht*, S. 74, Brief 104.

2 Allgemein über Indoktrination und Propaganda im Dritten Reich siehe J. W. Baird, *The Mythical World of Nazi War Propaganda, 1939–45*, Minneapolis 1974; M. Balfour, *Propaganda in War, 1939–45*, London 1979; E. K. Bramsted, *Goebbels and National Socialist Propaganda, 1925–45*, London 1965; R. Cecil, *The Myth of the Master Race*, London 1972; Manfred Messerschmidt, *Die Wehrmacht im NS-Staat*, Hamburg 1969; O'Neill, *The German Army;* J. Sywottek, *Mobilmachung für den Krieg*, Opladen 1976; D. Welch, Hrsg., *Nazi Propaganda*, London 1983; Z. A. B. Zeman, *Nazi Propaganda*, London 1964.

3 Zu Hitlers Ideologie und ihrer Umsetzung siehe E. Jäckel, *Hitlers Weltanschauung. Entwurf einer Herrschaft*, 3. Aufl., Stuttgart 1986; ders., *Hitlers Herrschaft. Vollzug einer Weltanschauung*, Stuttgart 1986.

4 Mehr über die «Organisation der Macht» als zentrale Komponente bei der Zusammenarbeit der Wehrmacht mit Hitler siehe M. Geyer, «Etudes in Political History: Reichswehr, NSDAP, and the Seizure of Power», in: *The Nazi Machtergreifung*, hrsg. v. P. D. Stachura, London 1983, S. 101–123; ders., «Professionals and Junkers: German Rearmament and Politics in Weimar Republic», in: *Social Change and Political Development in Weimar Germany*, hrsg. v. R. Bessel und E. J. Feuchtwanger, London 1981, S. 77–133; ders., *Aufrüstung oder Sicherheit. Die Reichswehr in der Krise der Machtpolitik 1924 bis 36*, Wiesbaden 1980. Zu institutionellen und persönlichen Aspekten siehe Müller, *Armee, Politik und Gesellschaft*. Zu ideologischen Aspekten siehe B. Hüppauf, «Langemarck, Verdun and the Myth of a New Man in Germany after the First World War», in: *W&S* 6 (1988), S. 70–103.

5 Eindrucksvolle Beispiele für diesen Prozeß finden sich in Klee, *Schöne Zeiten.*

6 Zur nationalsozialistischen Erziehung siehe H. Scholtz, *Erziehung und Unterricht unterm Hakenkreuz*, Göttingen 1985; G. Planter, Hrsg., *Schule im Dritten Reich – Erziehung zum Tod?*, 2. Aufl., München 1984; K.-I. Flessau u. a., Hrsg., *Erziehung im Nationalsozialismus*, Köln 1987; G. W. Blackburn, *Education in the Third Reich*, New York 1959; E. Nyssen, *Schule im Nationalsozialismus*, Heidelberg 1979; zur Hochschulpolitik siehe R. G. S. Weber, *The German Student Corps in the Third Reich*, London 1986; G. J. Giles, *Students and National Socialism in Germany*, Princeton 1985; J. R. Pauwels, *Women, Nazis, and Universities*, Westport 1985; M. Burleigh, *Germany turns Eastwards. A Study of Ostforschung in the Third Reich*, 2. Aufl., Cambridge 1989. Zur Hitlerjugend siehe A. Klönne, *Jugend im Dritten Reich*, 2. Aufl., Köln 1984; H. W. Koch, *Geschichte der Hitlerjugend*, Starnberg 1975; P. D. Stachura, *Nazi Youth in the Weimar Republic*, Santa Barbara 1975; F. J. Stephens, *Hitler Youth*, London 1973. Eine hervorragende zeitgenössische Darstellung findet sich in E. Mann, *Zehn Millionen Kinder. Die Erziehung der Jugend im Dritten Reich*, Reinbek bei Hamburg 1986. Einige erhellende allgemeine Studien enthält F. Ringer, «Bildung, Wirtschaft und Gesellschaft in Deutschland 1800 bis 1960», in: *GuG* 6 (1980), S. 5–35; H. Kupffer, *Der Faschismus und das Menschenbild der deutschen Pädagogik*, Frankfurt/M. 1984; J. M. Mushaben, «Youth Protest and Democratic State: Reflections on the Rise of Anti-Political Culture in Prewar Germany and the German Federal Republic», in: *RPS* 2 (1986), S. 171–197. Zu den Auswirkungen der nationalsozialistischen Propaganda in den zwanziger Jahren siehe I. Kershaw, «Ideology, Propaganda, and the Rise of the Nazi Party», in: *The Nazi Machtergreifung*, hrsg. v. P. D. Satchura, London 1983, S. 162–181.

7 Zu diesem Kontext siehe auch A. Kaes, *From Hitler to Heimat: the Return of History as Film*, Cambridge 1989.

8 A. Heck, *A Child of Hitler*, 3. Aufl., Toronto/New York/London 1986.

9 Zum Kino im Dritten Reich siehe D. S. Hull, *Film in the Third Reich*, Berkeley 1969; D. Welch, «Nazi Wartime Newsreel Propaganda», in: *Film & Radio Propaganda in World War II*, hrsg. v. K. R. M. Short, Knoxville 1983, S. 201–219.

10 Zitiert in R. Schörken, «Jugendalltag im Dritten Reich», in: *Geschichte im Alltag – Alltag in der Geschichte*, hrsg. v. K. Bergmann und R. Schörken, Düsseldorf 1982, S. 238–239. Schörken analysiert eine Reihe von Autobiographien, deren Verfasser im Dritten Reich Kinder oder junge Männer waren. Ich habe mich bei diesem und einigen weiteren Beispielen auf Schörkens Analyse gestützt.

11 Ebenda, S. 239f. Mehr zur Indoktrination der Jugend im Dritten

Reich siehe N. A. Huebsch, «The ‹Wolf Cubs› of the New Order: The Indoctrination and Training of the Hitler Youth», in: *Nazism and the Common Man*, hrsg. v. O. C. Mitchell, Washington, D.C., 1981, S. 93–114; P. J. Peukert, *Die Edelweißpiraten. Protestbewegung junger Arbeiter im Dritten Reich*, Köln 1980. P. Loewenberg, «The Psychological Origins of the Nazi Youth Combat», in: *AHR* 76 (1971), S. 1457–1502.

12 Schörken, *Jugendalltag*, S. 240f.

13 Zitiert in L. Niethammer, «Heimat und Front. Versuch, zehn Kriegserinnerungen aus der Arbeiterklasse des Ruhrgebiets zu verstehen», in: *«Die Jahre weiß man nicht, wo man die heute hinsetzen soll.» Faschismuserfahrungen im Ruhrgebiet*, hrsg. v. L. Niethammer, Berlin/Bonn 1983, S. 209–213. Dieses Buch ist eine sorgfältige und höchst wichtige Analyse der mündlichen Aussagen von Arbeitern, die in der Wehrmacht gedient haben. Zum Thema Arbeiter in der Wehrmacht siehe auch Omer Bartov, «The Missing Years: German Workers, German Soldiers», in: *GH* 8 (1990), S. 46–65. Zum Thema Arbeiter und Volksgemeinschaft siehe N. Frei, *Der Führerstaat. Nationalsozialistische Herrschaft 1933 bis 1945*, München 1987, S. 93–100.

14 Niethammer, *Heimat und Front*, S. 213–218. Mehr zur Beziehung zwischen Arbeitern und Regime siehe M. Ruck, *Bollwerk gegen Hitler? Arbeiterschaft, Arbeiterbewegung und die Anfänge des Nationalsozialismus*, Köln 1988; D. J. Peukert und F. Bajohr, *Spuren des Widerstands: Die Bergarbeiterbewegung im Dritten Reich und im Exil*, München 1987; A. Merson, *Communist Resistance in Nazi Germany*, London 1987.

15 Heinrich Böll, *Was soll aus dem Jungen bloß werden?*, Bornheim 1981.

16 Heinrich Böll, *Der Zug war pünktlich*, 12. Aufl., München 1980.

17 Bernt Engelmann, *Wie wir die Nazizeit erlebten*, Göttingen 1993, Vorwort zur englischen Ausgabe, *In Hitler's Germany. Daily Life in The Third Reich*, New York 1986, S. XII.

18 Engelmann, *Wie wir die Nazizeit erlebten*, S. 40, 50.

19 Ebenda, S. 152.

20 Ebenda, S. 16.

21 Schörken, *Jugendalltag*, S. 242–244.

22 BA-MA, RH26–12/77, 27.2.40.

23 Richardson, *Sieg Heil!*, S. 1.

24 Ebenda, S. 3.

25 Ebenda, S. 36f. Noch blieben die Eltern stets passive Beobachter. Frau Anna Neuber beispielsweise erinnert sich daran, daß sie ihren Sohn Georg, nachdem er ihr von Greueltaten in Polen erzählt hatte, bat, «seinen Vorgesetzten immer und in allem zu gehorchen, und den Herrgott zu bitten, ihn davor zu bewahren, je etwas Unrechtes tun zu müssen». Engelmann, *Wie wir die Nazizeit erlebten*, S. 230.

26 Richardson, *Sieg Heil!*, S. 104f.

27 Ebenda, S. 108f.

28 Bähr, *Kriegsbriefe*, S. 160.

29 Ebenda, S. 161.

30 Ebenda, S. 106f.

31 Ebenda, S. 111.

32 Ebenda, S. 113.

33 G. Sajer, *The Forgotten Soldier*, 2. Aufl., London 1977, S. 263–267.

34 Zum genauen Wortlaut siehe Wheeler-Bennet, *Nemesis der Macht*, S. 362.

35 Abgesehen von der unter Anmerkung 2 angegebenen Literatur siehe auch Bartov, *Eastern Front*, S. 68–105, wo argumentiert wird, daß das von der Wehrmacht verteilte Indoktrinationsmaterial selbst die an vorderster Front stationierten Einheiten erreichte und von den rangniederen Offizieren und den Mannschaften im großen und ganzen begrüßt wurde. Schulte vertritt in seiner neueren Arbeit *The German Army* zwar eine abweichende Auffassung, liefert aber schlußendlich keine deutlich widersprechenden Aussagen.

36 Siehe z. B. Joachim C. Fest, *Hitler*, Frankfurt/M. 1973, S. 508ff.

37 F. Stern, *Dreams and Delusions: The Drama of German History*, London 1988, S. 153. In ähnlicher Weise wurde behauptet, daß im Ersten Weltkrieg «die Gestalt Hindenburgs dank geschickter Propagandamanipulationen und der Tatsache, daß er die Hoffnungen vieler Deutscher verkörperte, mystische Qualitäten gewann. Aufgrund merkwürdiger sozialpsychologischer Phänomene», so heißt es weiter, «erschienen Hindenburg und Ludendorff um so unfehlbarer und unbesiegbarer, je deutlicher sich abzeichnete, daß die militärische Lage Deutschlands höchst bedenklich war». M. Kitchen, *The Silent Dictatorship. The Politics of the German High Command under Hindenburg and Ludendorff, 1916–1918*, New York 1976, S. 273, 277.

38 Engelmann, *Wie wir die Nazizeit erlebten*, S. 55.

39 Ebenda, S. 253.

40 U. Tal, *Political Faith of Nazism Prior to the Holocaust*, Tel Aviv 1987, S. 9.

41 *«Es spricht der Führer.» Sieben exemplarische Hitler-Reden*, hrsg. v. Hildegard von Kotze und Helmut Krausnick, Gütersloh 1966, S. 62.

42 Zu der damit zusammenhängenden Frage der Rassenhygiene, der in der Zeit vor der NS-Herrschaft wurzelnden Ideen, eine «gesunde» Gemeinschaft zu schaffen und minderwertige Elemente zu entfernen, sowie zur Umsetzung dieser Maßnahmen im Rahmen des Euthanasieprogramms siehe etwa H. W. Schmuhl, *Rassenhygiene, Nationalsozialismus, Euthanasie*, Göttingen 1987; C. Ganssmüller, *Die Erbgesundheitspolitik des Dritten Reiches*, Köln und Wien 1987.

43 BA-MA, RH26–12/227, *«Führer sprach am Heldengedenktag 1940»*, 6.4.1940.

44 BA-MA, RH26–12/227, *«Rundfunkvortrag Nr. 12: ‹Die Stimme der Soldaten›»*, 25.4.1940.

45 I. Kershaw, *Der Hitler-Mythos. Volksmeinung und Propaganda im Dritten Reich*, München 1980, Schriftenreihe der *VfZ*, 41.

46 BA-MA, RH26–12/227, *«Mitteilungen für die Truppe, Nr. 10, Juni 1940.»*

47 BA-MA, RH26–12/294, *«Mitteilungen für das Offizierkorps, Nr. 4, April 1942»*.

48 BA-MA, RH26–12/298, *«Nationalpolitischer Unterricht im Heere, für den Kompanie-Führer, Nr. 26/Februar 1943»*.

49 Klee, *Schöne Zeiten*, S. 49.

50 *«Mitteilungen für die Truppe, Nr. 116»*, zitiert in Messerschmidt, *Die Wehrmacht*, S. 326f.

51 Siehe Kershaw, *Popular Opinion*, S. 360; S. Gordon, *Hitler, Germans and the «Jewish Question»*, Princeton 1984, S. 185f.

52 Dieses Thema wird sehr klar und prägnant untersucht in Müller, *Armee, Politik und Gesellschaft*.

53 Brief vom 11. Dezember 1938, zitiert in John W. Wheeler-Bennett, *Die Nemesis der Macht*, Bd. 2, Düsseldorf 1981, S. 403.

54 Ebenda, S. 404. Zitiert wird ein Tagebucheintrag von Hassels vom 18. Dezember 1938. Siehe auch Ludwig Becks Brief vom November 1918, zitiert in Müller, *Beck*.

55 Förster, *Hitlers Entscheidung*, S. 24.

56 Förster, *Unternehmen «Barbarossa»*, S. 446.

57 BA-MA, RH27–18/4, 21.6.41.

58 Zitiert in Streit, *Keine Kameraden*, S. 115.

59 Ebenda, S. 116. Zu den Plänen der deutschen Armee im Ersten Weltkrieg, Juden aus einem breiten Frontstreifen zwischen Polen und dem Reich zu «verpflanzen», siehe Kitchen, *Silent Dictatorship*, S. 142 und 193f.

60 Streit, *Keine Kameraden*, S. 116f.

61 BA-MA, RH26–12/262, 28.12.41.

62 BA-MA, RH26–12/297, 21.1.43

63 Förster, *Hitlers Entscheidung*, S. 25.

64 BA-MA, RH26–12/16, 8.7.40.

65 BA-MA, RH26–12/298, 6.6.43.

66 BA-MA, RH26–12/89, 18.6.43.

67 BA-MA, RH27–18/159, 27.10.42.

68 BA-MA, RH26–1005/7, 3.4. – 3.7.42.

69 BA-MA, RH26–1005/39, 22.9.42.

70 BA-MA, RH26-1005/47, 10.4.43.

71 BA-MA, RH26-1005/47, 11.5.43.

72 Dieses Glaubenbekenntnis wurde in *Mitteilungen für die Truppe, Nr. 389, Januar 1945*, abgedruckt. Zitiert in Messerschmidt, *Die Wehrmacht*, S. 331f.

73 V. R. Berghan, «NSDAP und ‹Geistige Führung› der Wehrmacht», in: *VfZ* 17 (1969), S. 17-71; G. L. Weinberg, «Dokumentation: Adolf Hitler und der NS-Führungsoffizier (NSFO)», in: *VfZ* 12 (1964), S. 443-456; Messerschmidt, *Die Wehrmacht*, S. 441-480; R. L. Quinnett, «The National Socialist Leadership Officers», Dissertation, University of Oklahamo, 1973.

74 Zitiert in Messerschmidt, *Die Wehrmacht*, S. 466.

75 Zu Wehrmacht-Instruktionen im Westen, deutsche Emigranten, also Bürger, die das Reich aus politischen oder rassischen Gründen verlassen hatten, zu exekutieren, siehe Kapitel 3. Siehe aber auch R. Hilberg, *Die Vernichtung der europäischen Juden. Die Gesamtgeschichte des Holocaust*, 3 Bde., 6. Aufl., Frankfurt/M. 1994, der schreibt, daß nichtdeutsche jüdische Kriegsgefangene im allgemeinen relative Immunität genossen. Ferner D. A. Foy, *For You the War is Over. American Prisoners of War in Nazi Germany*, New York 1984, S. 128, nach dem es «ebenso viele Beispiele für eine humane Behandlung schwarzer und jüdischer amerikanischer Kriegsgefangener gibt wie für eine grobe Behandlung».

76 Zu der sogenannten «Traditionsdebatte» hinsichtlich der Bundeswehr siehe D. Abenheim, *Bundeswehr und Tradition*, München 1989.

77 Siehe die Rede des ehemaligen US-Präsidenten Ronald Reagan bei seinem Besuch auf dem deutschen Militär- und SS-Friedhof in Bitburg: «Ich weiß nicht, was falsch daran sein soll, einen Friedhof zu besuchen, auf dem junge Männer liegen, die ebenfalls dem Nazismus zum Opfer gefallen sind, auch wenn sie in der deutschen Uniform kämpften und eingezogen wurden, um die abscheulichen Wünsche der Nazis zu erfüllen.» *Time Magazin*, 29. April 1985, Nr.17, S. 44.

78 Guderian, *Erinnerungen eines Soldaten*, S. 400.

79 Ebenda, S. 396.

80 Ebenda, S. 419.

81 B. H. Liddell Hart, *The Other Side of the Hill*, London 1948.

82 D. Brader, Vorwort zu H.-U. Rudel, *Stuka Pilot*, 2. Aufl., Maidstone 1973, englische Ausgabe von Rudel, *Trotzdem*, Waiblingen 1951.

83 Rudel, *Trotzdem*, S. 254.

84 Einige scharfsinnige Analysen zum sogenannten Historikerstreit finden sich bei C. S. Maier, *Die Gegenwart der Vergangenheit*, Frankfurt/M. 1991; H.-U. Wehler, *Entsorgung der deutschen Vergangenheit?*, München 1988; I. Kershaw, *Der NS-Staat. Geschichtsinterpretation und Kontroversen im Überblick*,

Hamburg 1988; und ders., «Neue deutsche Unruhe? Das Ausland und der Streit um die deutsche National- und Zeitgeschichte», in: *Streitfall deutsche Geschichte*, hrsg. v. d. Landeszentrale für politische Bildung Nordrhein-Westfalen, o.J., S. 111–130; R. J. Evans, *Im Schatten Hitlers? Historikerstreit und Vergangenheitsbewältigung in der Bundesrepublik*, Frankfurt/M. 1991; S. Friedländer, «Some Reflections on the Historisation of National Socialism», in: *TAJB* 16 (1987), S. 310–324; P. Baldwin, Hrsg., *Reworking the Past*, Boston 1990.

85 Eine Zusammenfassung der anderen wichtigen Beiträge zum «revisionistischen» Ansatz finden sich bei M. Stürmer, «Geschichte in geschichtslosem Land», in: *FAZ*, 25.4.1986, und E. Nolte, «Vergangenheit, die nicht vergehen will», in: *FAZ*, 6.6.1986; siehe aber auch ders., «Between Myth and Revisionism?», in: *Aspects of the Third Reich*, hrsg. v. W. Koch, London 1985, S. 17–38. Eine komplexere revisionistische Position vertritt Broszat, *Plädoyer*. Die erste und negativste, wenn auch nicht ganz unproblematische Kritik dieses Ansatzes äußerte J. Habermas, «Eine Art Schadensabwicklung», in: *Die Zeit*, 11.7.1986. Die oben zitierten Zeitungsartikel und zahlreiche weitere wichtige Beiträge zu der Debatte wurden abgedruckt in *Historikerstreit*.

86 Hillgruber, *Zweierlei Untergang*, S. 24f.

87 Ebenda, S. 34f.

88 Ebenda, S. 53.

89 Ebenda, S. 47.

90 Allgemein zur zivilen und militärischen Opposition siehe u. a. H. C. Deutsch, *The Conspiracy against Hitler in the Twilight War*, Minneapolis 1968; ders., *Hitler and his Generals*, Minneapolis 1974; P. Hoffmann, *Widerstand gegen Hitler. Das Attentat vom 20. Juli 1944*, 4. überarb. Aufl., Konstanz 1994; G. Ritter, *Carl Goerdeler und die deutsche Widerstands-Bewegung*, Stuttgart 1954. Und mit einer Untersuchung auch der linken Opposition H. Bull, Hrsg., *The Challenge of the Third Reich*, Oxford 1986; H. Graml u. a., *Die Deutsche Opposition gegen Hitler*, Krefeld 1949.

91 Hillgruber, *Zweierlei Untergang*, S. 65.

92 Ebenda, S. 64.

93 Eine umfassendere Auseinandersetzung mit Hillgrubers Buch bietet Bartov, *Historians on the Eastern Front*.

94 Mehr zu den Problemen und Gefahren bei der Darstellung der Alltagsgeschichte des Krieges findet sich bei Bartov, «Von unten betrachtet: Überleben, Zusammenhalt und Brutalität an der Ostfront», in: *Zwei Wege nach Moskau. Vom Hitler-Stalin-Pakt zum «Unternehmen Barbarossa» 1939 bis 1941*, hrsg. v. B. Wegner, München/Zürich 1991, S. 326–344.

95 M. G. Steinert, *Hitlers Krieg und die Deutschen*, S. 351. Siehe auch V.

R. Berghahn, «Meinungsforschung im ‹Dritten Reich›», in: *MGM* 1 (1967), S. 83–119.

96 Kershaw, *Hitler-Mythos*, S. 209.

97 Steinert, *Hitlers Krieg*, S. 487.

98 Ebenda, S. 510.

99 Ebenda, S. 525.

100 Elke Fröhlich, Hrsg., *Die Tagebücher von Joseph Goebbels: Sämtliche Fragmente*, Teil I, Band 4, München 1987, S. 733.

101 Ebenda, S. 740.

102 Elke Fröhlich, Hrsg., *Die Tagebücher von Joseph Goebbels*, Teil II, Band 15, München 1995, S. 396.

103 Ebenda, S. 453 f.

104 Ebenda, S. 458.

105 Ebenda, S. 461.

106 Ebenda, S. 497.

107 Erich von Manstein, *Aus einem Soldatenleben*, Bonn 1958, S. 353 f.

108 Abgesehen von diesem Argument führten die Wehrmachtgeneräle als weiteren Grund der Unmöglichkeit eines Putsches gegen Hitler an, daß, wie von Manstein es ausdrückte, ihre ganze Tradition auf der «selbstlosen Hingabe an den Dienst für Staat, Reich und Volk» beruht habe. Ebenda. Ähnliche Argumente finden sich in ders., *Verlorene Siege*, 2. Aufl., Frankfurt/M. 1964, S. 7f; K. Dönitz, *Zehn Jahre und zwanzig Tage*, Bonn 1958; Guderian, *Panzerführer*; Kesselring, *Soldat bis zum letzten Tag*, Bonn 1953; S. Westphal, *Der deutsche Generalstab auf der Anklagebank*, München 1980; und in vielen anderen.

109 Hans von Herwarth, *Zwischen Hitler und Stalin*, Frankfurt/M. 1982.

110 Ebenda, S. 299.

111 Ebenda.

112 Mommsen, *Kriegserfahrungen*, S. 13.

113 Siehe vor allem: Klemperer, *Unbewältigte Sprache*.

114 Bähr, *Kriegsbriefe*, S. 156f.

115 Richardson, *Sieg Heil!*, S. 50.

116 BA-MA, RH26–12/238, 26.11.40, S. 7.

117 Ebenda.

118 Bähr, *Kriegsbriefe*, S. 158.

119 Richardson, *Sieg Heil!*, S. 69. Zu diesem Kontext siehe auch R. Cobb, *French and Germans, Germans and French. A Personal Account of France under Two Occupations 1914–1918/1940–1944*, 2. Aufl., Hanover, N. H., 1984.

120 BA-MA, RH26–12/195, 6.1.41, S. 5f.

121 Ebenda, S. 6.

122 Ebenda.

123 Richardson, *Sieg Heil!*, S. 72f.

124 Ebenda, S. 76.

125 Ebenda, S. 78.

126 Ebenda, S. 80.

127 Ebenda, S. 81.

128 Bähr, *Kriegsbriefe*, S. 51f.

129 Buchbender/Sterz, *Das andere Gesicht*, S. 71, Brief 96.

130 Ebenda, S. 71f, Brief 98.

131 Richardson, *Sieg Heil!*, S. 115.

132 Buchbender/Sterz, *Das andere Gesicht*, S. 72f, Brief 101.

133 Ebenda, S. 170, Brief 345. Interessant in diesem Zusammenhang ist auch der Aufsatz von G. Cocks, «Partners and Pariahs: Jews and Medicine in Modern German Society», in: *LBIY* 36 (1991). Cocks zeigt, daß infolge des Imperialismus und der Versklavung im Osten Juden auch von Zivilisten mit Krankheiten in Verbindung gebracht wurden.

134 Buchbender/Sterz, *Das andere Gesicht*, S. 170, Brief 346.

135 Ebenda, S. 76, Brief 108.

136 Richardson, *Sieg Heil!*, S. 116.

137 Ebenda, S. 119.

138 Ebenda, S. 124.

139 Ebenda, S. 132.

140 Buchbender/Sterz, *Das andere Gesicht*, S. 77, Brief 111.

141 Ebenda, S. 78, Brief 115.

142 Siehe beispielsweise E. Topitsch, *Stalins Krieg*, München 1983. Das ist auch das Hauptargument von Hoffmann, *Die Sowjetunion;* und ders., *Die Kriegsführung*.

143 Nicht in dem Sinne wie bei Nolte, «Between Myth and Revisionism», sondern eher als Legitimation für Barbarismus. Nolte hat diese Idee jedoch weiterverfolgt. Siehe E. Nolte, *Das Vergehen der Vergangenheit*, Berlin/Frankfurt/M. 1987.

144 *Deutsche Soldaten sehen die Sowjetunion. Feldpostbriefe aus dem Osten*, hrsg. v. Wolfgang Dierwege, Reichspropagandaamt, Berlin 1941.
Obwohl dieser Band offensichtlich mit der Genehmigung Goebbels' im Dritten Reich veröffentlicht wurde, sehe ich keinen Grund, die Authentizität der darin abgedruckten Briefe anzuweifeln, zumal sie inhaltlich den nach dem Krieg zusammengetragenen Feldpostbriefen vergleichbar sind. Natürlich wurden die Briefe auch nach ihrem propagandistischen Wert ausgewählt (wodurch offenbar wird, daß deutsche Soldaten über die Ermordung von Juden und «Bolschewisten» Bescheid wußten und an solchen Aktionen beteiligt waren). Auch Bährs *Kriegsbriefe* stellen eine Zusammenstellung von Briefen dar, die ganz offensichtlich die Frömmigkeit und den traditionellen romantischen Patriotismus der Soldaten belegen sollten (wobei eine Samm-

lung von Kriegsbriefen als Vorbild diente, die Studenten aus dem Ersten Weltkrieg geschrieben hatten und auf die in dem Buch oft Bezug genommen wird). Buchbender/Sterz, *Das andere Gesicht*, präsentiert Briefe mit einem politischen und ideologischen Inhalt. Dennoch würde ich sagen, daß diese Sammlungen zusammen mit dokumentarischem Material wie Zensurberichte und persönlichen Sammlungen wie die von Karl Fuchs einen guten Einblick bieten in die Art und Weise, wie vor allem jüngere Frontsoldaten die Wirklichkeit wahrnahmen und ideologisch deuteten, sowie in das Vokabular und die Bildersprache, mit der sie ihren Gedanken Ausdruck verliehen.

145 Ebenda, S. 54.

146 Buchbender/Sterz, *Das andere Gesicht*, S. 78, Brief 116.

147 *Deutsche Soldaten*, S. 60.

148 Ebenda, S. 15.

149 Ebenda, S. 19.

150 Ebenda, S. 24.

151 Buchbender/Sterz, *Das andere Gesicht*, S. 86f, Brief 143.

152 Richardson, *Sieg Heil!*, S. 157.

153 Buchbender/Sterz, *Das andere Gesicht*, S. 79, Brief 118.

154 Richardson, *Sieg Heil!*, S. 125f.

155 Buchbender/Sterz, *Das andere Gesicht*, S. 127, Brief 127.

156 *Deutsche Soldaten*, S. 12–14.

157 Ebenda, S. 49.

158 Richardson, *Sieg Heil!*, S. 144f.

159 Ebenda, S. 145.

160 Buchbender/Sterz, *Das andere Gesicht*, S. 80, Brief 123.

161 *Deutsche Soldaten*, S. 52f.

162 Buchbender/Sterz, *Das andere Gesicht*, S. 84f, Brief 137.

163 Ebenda, S. 84, Brief 135.

164 Ebenda, S. 85, Brief 139.

165 *Deutsche Soldaten*, S. 17f.

166 Richardson, *Sieg Heil!*, S. 122.

167 Ebenda, S. 123.

168 Ebenda, S. 138.

169 Ebenda, S. 135.

170 Ebenda, S. 147.

171 Buchbender/Sterz, *Das andere Gesicht*, S. 87, Brief 144.

172 Bähr, *Kriegsbriefe*, S. 112.

173 *Deutsche Soldaten*, S. 35.

174 Ebenda, S. 16.

175 Ebenda, S. 36f. Augenzeugenberichte und Fotografien von den Progromen in Litauen finden sich bei Klee, *Schöne Zeiten*, S. 31–51. Zur Betei-

ligung der Wehrmacht-Einsatzgruppe bei dem Pogrom in Kowno siehe Krausnick/Wilhelm, *Die Truppe.*

176 *Deutsche Soldaten*, S. 38.

177 Ebenda, S. 41–43.

178 Ebenda, S. 44.

179 Ebenda, S. 44f.

180 Ebenda, S. 45.

181 Ebenda, S. 59f.

182 Ebenda, S. 43.

183 Ebenda, S. 43f.

184 Buchbender/Sterz, *Das andere Gesicht*, S. 171, Brief 349.

185 Ebenda, Brief 350.

186 Dieselbe Politik wurde in Serbien verfolgt, mit der Konsequenz, daß die gesamte männliche jüdische Bevölkerung in Serbien von der Wehrmacht ausgelöscht wurde. Siehe Browning, *Fateful Months*, S. 39–56.

187 Buchbender/Sterz, *Das andere Gesicht*, S. 172, Brief 351.

188 Ebenda, Brief 352.

189 Ebenda, S. 172f, Brief 353.

190 *Deutsche Soldaten*, S. 19.

191 Ebenda, S. 46.

192 Ebenda, S. 55.

193 Alle Zitate zum Massaker von Komeno stammen aus M. Mazower, «Military Violence and National Socialist Values», in: *P & P* 134 (1992), S. 129–158. Ich möchte Mr. Mazower dafür danken, daß er mir Einblick in sein Manuskript gewährte, bevor es veröffentlicht wurde.

194 Engelmann, *Wie wir die Nazizeit erlebten*, S. 149.

195 Buchbender/Sterz, *Das andere Gesicht*, S. 85, Brief 134.

196 *Deutsche Soldaten*, S. 59f.

197 *Letzte Briefe aus Stalingrad*, Gütersloh 1954.

198 Buchbender/Sterz, *Das andere Gesicht*, S. 16–20.

199 Ebenda, S. 105, Brief 181.

200 Ebenda, S. 112, Brief 199.

201 Um nur ein Beispiel aus der persönlichen Erfahrung zu zitieren: Im Jom-Kippur-Krieg 1973 kam es sehr oft vor, daß israelische Soldaten, die ansonsten kaum durch ihre Gläubigkeit aufgefallen waren, vor Beginn der Kampfhandlungen beteten.

202 Buchbender/Sterz, *Das andere Gesicht*, S. 146, Brief 290.

203 Ebenda, S. 117f, Brief 216.

204 Bähr, *Kriegsbriefe*, S. 327f.

205 Ebenda, S. 378.

206 Siehe dazu E. Wolf, «Politische und moralische Motive des Wider-

standes», in: *Die Deutsche Opposition gegen Hitler*, hrsg. v. H. Graml u. a., Krefeld 1949.

207 Buchbender/Sterz, *Das andere Gesicht*, S. 142, Brief 278.

208 Ebenda, S. 142f, Brief 280.

209 Ebenda, S. 143, Brief 280.

210 Buchbender/Sterz, *Das andere Gesicht*, S. 144, Brief 286.

211 Katholische und protestantische Geistliche in der Wehrmacht wiesen oft darauf hin, daß Frontsoldaten weit mehr Interesse an der Religion bekundeten als solche, die nur wenige Kilometer hinter der Front stationiert waren. Siehe beispielsweise BA-MA, RH27–18/174, 1.5.41–31.12.41; BA-MA, RH27/18, 207, 1.10.43; BA-MA, RH27–18/178, 1.7. – 30.9.42, 1.1.43.

212 Buchbender/Sterz, *Das andere Gesicht*, S. 146, Brief 290.

213 Ebenda, S. 147, Brief 294. Bemerkenswert ist die auffallende Ähnlichkeit zwischen den Kommentaren der Soldaten zum Anschlag auf Hitler und dessen kurzer Rundfunkansprache in der Nacht vom 20. auf den 21. Juli, zitiert in Alan Bullock, *Hitler. Eine Studie über Tyrannei*, Düsseldorf 1960, S. 751f.

214 Engelmann, *Wie wir die Nazizeit erlebten*, S. 148.

215 Buchbender/Sterz, *Das andere Gesicht*, S. 20–24.

216 Ebenda, S. 154, Brief 313.

217 Bähr, *Kriegsbriefe*, S. 414f.

218 Ebenda, S. 421f.

219 Ebenda, S. 403.

220 Ebenda, S. 410.

221 Buchbender/Sterz, *Das andere Gesicht*, S. 158f, Brief 323.

222 Bähr, *Kriegsbriefe*, S. 444.

223 Ebenda, S. 446–449.

224 Ebenda, S. 449f.

225 Shils/Janowitz, *Cohesion and Disintegration*, S. 311–314.

226 Buchbender/Sterz, *Das andere Gesicht*, S. 160, Brief 327.

227 Ebenda, S. 161, Brief 328.

228 Ebenda, S. 166f, Brief 342.

229 Zu diesem Zeitpunkt mußte selbst Goebbels zugeben, daß in den Briefen der Soldaten eine deutliche Verschlechterung der Moral zum Ausdruck kam und daß die alliierte Propaganda erste Wirkungen zeitigte. Siehe dazu etwa *Die Tagebücher von Joseph Goebbels*, Teil II, Band 15, S. 609f.

230 Buchbender/Sterz, *Das andere Gesicht*, S. 167, Brief 343.

231 Einmal mehr ähneln die Äußerungen der Soldaten in verblüffender Weise den Kommentaren, die Hitler in der Endphase seiner Herrschaft von sich gab. Siehe dazu Fest, *Hitler*, S. 998–1024; ferner H. R. Trevor-Roper, *The last days of Hitler*, 7. überarb. Aufl., London 1972; und *Hitlers Tischgesprä-*

che im Führerhauptquartier, vollst., überarb. und erw. Neuausgabe, Stuttgart 1983.

232 Buchbender/Sterz, *Das andere Gesicht*, S. 167f, Brief 344.

233 So zum Beispiel Hillgruber, *Zweierlei Untergang*. Nach Mayer, *Der Krieg als Kreuzzug*, war der Krieg tatsächlich ein Kreuzzug gegen den Kommunismus (und richtete sich nur aufgrund der Enttäuschung, die Sowjetunion nicht besiegen zu können, gegen die Juden), ein Kreuzzug, den Mayer ganz bestimmt nicht gutheißt und mit dessen Hilfe seiner Auffassung nach auch kein Bollwerk gegen den Barbarismus errichtet wurde.

234 *Hitlers Politisches Testament*, Hamburg 1981, S. 124.

235 F. Stern, *The Whitewashing of the Yellow Badge*, Oxford/New York 1992.

Schlußbemerkung

1 Die Furcht vor einem Krieg spielte auch in der zeitgenössischen Erzählliteratur eine große Rolle. Siehe beispielsweise George Orwell, *Auftauchen, um Luft zu holen*, oder Jean-Paul Sartre, *Der Aufschub*.

2 W. Wette, «Ideologien, Propaganda und Innenpolitik als Voraussetzungen der Kriegspolitik des Dritten Reiches», in: *Das Deutsche Reich und der Zweite Weltkrieg*, Band 1, S. 138–142; und H. Auerbach, «Volksstimmung und veröffentlichte Meinung in Deutschland zwischen März und November 1938», in: *Machtbewußtsein in Deutschland am Vorabend des Zweiten Weltkrieges*, hrsg. v. F. Knipping und K.-J. Müller, Paderborn 1984, S. 274–293.

3 Engelmann, *Wie wir die Nazizeit erlebten*, S. 219.

4 Wette, *Ideologien*, S. 25.

5 Siehe Kershaw, *Der Hitler-Mythos*.

6 L. Niethammer, «‹Normalisierung› im Westen. Erinnerungsspuren in die 50er Jahre», in: *Ist der Nationalsozialismus Geschichte?*, hrsg. v. D. Diner, Frankfurt/M. 1987, S. 156ff.

7 T. Mason, «The Workers' Opposition in Nazi Germany», in: *HWJ* 11 (1981), S. 120–137; S. Slater, «Class Harmony or Class Conflict?», in: *Government Party and People in Nazi Germany*, hrsg. v. J. Noakes, Exeter 1980, S. 76–97.

8 Peukert, *Alltag und Barbarei*, insbesondere S. 53–57.

9 Umbreit, *Vormachtstellung*, S. 322–327.

10 H. Boberach, Hrsg., *Meldungen aus dem Reich*, München 1968, S. 155.

11 M. G. Steinert, *Hitlers Krieg und die Deutschen*, Düsseldorf/Wien 1971, S. 209.

12 Müller, *Das Scheitern*, S. 939–944.

13 Eine Berliner Arbeiterin soll im Oktober 1941 jedoch beklagt haben, daß es unmöglich sei, in den Fabriken einen Widerstand zu organisieren: «Die eine Hälfte der Belegschaft nimmt alles hin, wie es kommt, und wagt nicht, den Mund aufzumachen. Die andere Hälfte ist wie besoffen von den vielen Siegen und betet alles nach, was die Propagandafritzen uns einreden.» Engelmann, *Wie wir die Nazizeit erlebten*, S. 350.

14 Eine detailliertere Behandlung dieser Frage findet sich in Bartov, *Missing Years*.

15 Engelmann, *Wie wir die Nazizeit erlebten*, S. 332, berichtet, daß Ernst Jünger, 1982 mit dem Goethe-Preis ausgezeichnet, im besetzten Paris an Exekutionen von Wehrmacht-Deserteuren beteiligt gewesen sei. Jünger soll seine Beteiligung zwar damit erklärt haben, daß er versucht habe, die Exekutionen «so wenig inhuman wie möglich» zu gestalten. Doch andererseits «interessierte es ihn aber auch zu sehen, wie ein Mensch unter derartigen Umständen den Tod hinnimmt», was er selbst «als höhere Neugier» qualifizierte.

16 Siehe insbesondere U. Herbert, «‹Die guten und die schlechten Zeiten.› Überlegungen zur diachronen Analyse lebensgeschichtlicher Interviews», in: *«Die Jahre weiß man nicht, wo man sie heute hinsetzen soll.» Faschismuserfahrungen im Ruhrgebiet*, hrsg. v. L. Niethammer, Berlin/Bonn 1983, S. 67–96; Niethammer, *Heimat und Front;* A. Tröger, «German Women's Memories of World War II», in: *Behind the Lines: Gender and the Two World Wars*, hrsg. v. M. R. Higonnet u. a., New Haven 1987, S. 285–299. Engelmann, *Wie wir die Nazizeit erlebten*, *S.* 148–151, gibt eine entlarvende Unterhaltung mit einem alten Freund wieder, der sich besonders gut darauf versteht, alle unangenehmen Erinnerungen zu unterdrücken.

17 Siehe beispielsweise W. Benz, «Die Abwehr der Vergangenheit. Ein Problem nur für Historiker und Moralisten?», in: *Ist der Nationalsozialismus Geschichte?*, hrsg. v. D. Diner, Frankfurt/M. 1987, S. 17–33; und ebenda, H. Mommsen, «Aufarbeitung und Verdrängung. Das Dritte Reich im westdeutschen Geschichtsbewußtsein», S. 74–88.

18 Niethammer, *Heimat und Front*, S. 191f.

19 Messerschmidt, *Die Wehrmacht*, S. 334, 483 und Anm. 1132.

20 Mommsen, *Kriegserfahrungen*, S. 13.

21 Hillgruber, *Zweierlei Untergang*.

Bibliographie

Abenheim, D., *Bundeswehr und Tradition. Die Suche nach dem gültigen Erbe des deutschen Soldaten.* München 1989.

Absolon, R., «Das Offizierkorps des deutschen Heeres 1935–1945», in: *Das deutsche Offizierkorps 1860–1960.* Hrsg. v. H. H. Hofmann. Boppard am Rhein 1980.

Adam, U. D., *Judenpolitik im Dritten Reich.* Düsseldorf 1972.

Andreyev, C., *Vlasov and the Russian Liberation Movement. Soviet reality and émigré theories.* 2. Aufl., Cambridge 1989.

Armstrong, J. A., Hrsg., *Soviet Partisans in World War II.* Wisconsin 1964.

Auerbach, H., «Volksstimmung und veröffentlichte Meinung in Deutschland zwischen März und November 1938», in: *Machtbewußtsein in Deutschland am Vorabend des Zweiten Weltkrieges.* Hrsg. v. F. Knipping und K.-J. Müller. Paderborn 1984.

Bähr, W. und Bähr, H. W., Hrsg., *Kriegsbriefe gefallener Studenten 1939–1943.* Tübingen/Stuttgart 1952.

Baird, J. W., *The Mythical World of Nazi War Propaganda, 1939–45.* Minneapolis, Minn. 1974.

Baldwin, P., Hrsg., *Reworking the Past. Hitler, the Holocaust, and the Historians' Debate.* Boston 1990.

Balfour, M., *Propaganda in War, 1939–45.* London 1979.

Bankwitz, P. C. F., «Maxime Weygand and the Army-Nation Concept in the Modern French Army», in: *FHS* 2 (1961), S. 157–188.

Bartov, O., «Von unten betrachtet: Überleben, Zusammenhalt und Brutalität an der Ostfront», in: *Zwei Wege nach Moskau. Vom Hitler-Stalin-Pakt zum ‹Unternehmen Barbarossa› 1939–1941.* Hrsg. v. B. Wegner. München/Zürich 1991.

—, «The Conduct of War. Soldiers and the Barbarization of Warfare», in: *JMH Special Issue. Resistance Against the National Socialist Regime.* September 1992.

—, «The Missing Years. German Workers, German Soldiers», in: *GH* 8 (1990), S. 46–65.

—, «Daily Life and Motivation in War. The Wehrmacht in the Soviet Union», in: *JSS* 12 (1989), S. 200–214.

—, «Extremfälle der Normalität und die Normalität des Außergewöhnlichen. Deutsche Soldaten an der Ostfront», in: *Über Leben im Krieg.* Hrsg. v. Borsdorf u. M. Jamin. Reinbek bei Hamburg 1989.

—, «Man and the Mass. Reality and the Heroic Image in War», in: *H&M* 1 (1989), S. 99–122.

—, «Historians on the Eastern Front. Andreas Hillgruber and Germany's Tragedy», in: *TAJB* 16 (1987), S. 325–345.

—, *The Eastern Front 1941–45, German Troops and the Barbarisation of Warfare.* London/New York 1985/86.

Benoist-Méchin, J., *Sixty Days that Shook the West.* New York 1963.

Benz, W., «Die Abwehr der Vergangenheit. Ein Problem nur für Historiker und Moralisten?», in: *Ist der Nationalsozialismus Geschichte?* Hrsg. v. D. Diner. Frankfurt/M. 1987.

Berghahn, V. R., «Meinungsforschung im ‹Dritten Reich›», in: *MGM* 1 (1967), S. 83–119.

—, *«NSDAP und ‹Geistige Führung› der Wehrmacht»*, in: *VfZ* 17 (1969), S. 17 bis 71

Berning, C., *Vom ‹Abstammungsnachweis› zum ‹Zuchtwart›. Vokabular des Nationalsozialismus.* Berlin 1964.

Bertaud, J.-P., «Napoleon's Officers», in: *P&P* 112 (1986), S. 91–111.

Bien, D. D., «The Army in the French Enlightenment. Reform, Reaction and Revolution», in: *P&P* 112 (1986), S. 68–98.

«Bildserien: Verbrannte Erde; ‹Partisanenbekämpfung›; eine Erschießung sowjetischer Soldaten; sowjetische Juden als Zwangsarbeiter der Wehrmacht», in: *Über Leben im Krieg.* Hrsg. v. U. Borsdorf u. M. Jamin. Reinbek bei Hamburg 1989.

Blackburn, G. W., *Education in the Third Reich.* New York 1959.

Bloch, M., *Die seltsame Niederlage: Frankreich 1940. Der Historiker als Zeuge.* Frankfurt/M. 1992.

Boberach, H., Hrsg., *Meldungen aus dem Reich.* München 1968.

Böll, H., *Was soll aus dem Jungen bloß werden?* Bornheim 1981.

—, *Der Zug war pünktlich.* 12. Aufl., München 1980.

Brader, D., «Foreword.» Zu H.-U. Rudel, *Stuka Pilot.* 2. Aufl., Maidstone 1973.

Bramsted, E. K., *Goebbels and National Socialist Propaganda, 1925–45.* London 1965.

Bridenthal, R., *Mothers in the Fatherland.* New York 1987.

—, u. a., *When Biology Became Destiny.* New York 1984.

Broszat, M., *Nationalsozialistische Polenpolitik 1939–45.* Stuttgart 1961.

—, «Plädoyer für eine Historisierung des Nationalsozialismus», in: *Merkur* 435 (1985), S. 375–385.
—, u. Fröhlich, E., *Alltag und Widerstand.* München 1987.
Browning, C. R., *Fateful Months. Essays on the Emergence of the Final Solution.* New York 1985.
Buchbender, O. u. Stertz, R., Hrsg., *Das andere Gesicht des Krieges.* München 1982.
Bull, H., Hrsg., *The Challenge of the Third Reich.* Oxford 1986.
Bullock, H., *Hitler. Eine Studie über Tyrannei.* Düsseldorf 1960.
Burleigh, M., *Germany Turns Eastwards. A Study of Ostforschung in the Third Reich.* 2. Aufl., Cambridge 1989.
Buss, P. H., «The Non-Germans in the German Armed Forces 1939–45.» Dissertation der Universität Canterbury 1974.
Carroll, B. A., *Design for Total War.* Den Haag 1968.
Carsten, F. L., *Reichswehr und Politik: 1918–1933.* Köln 1964.
—, «Germany. From Scharnhorst to Schleicher. The Prussian Officer Corps in Politics, 1806–1933», in: *Soldiers and Governments.* Hrsg. v. M. Howard. London 1957.
Cecil, R., *The Myth of the Master Race.* London 1972.
Challener, R. D., *The French Theory of the Nation in Arms, 1866–1939.* New York 1939.
Chapman, G., *Why France Collapsed.* London 1968.
Chodoff, E. P., «Ideology and Primary Groups», in: *AFS* 9 (1983), S. 569 bis 593.
Cobb, R., *French and Germans, Germans and French. A Personal Account of France under Two Occupations 1914–1918/1940–1944.* 2. Aufl. Hanover, N. H., 1984.
Cocks, G., «Partners and Pariahs. Jews and Medicine in Modern German Society», in: *LBIY* 36 (1991).
—, «The Professionalization of Psychotherapy in Germany, 1928–1949», in: *German Professions, 1800–1950.* Hrsg. v. G. Cocks u. K. Jarausch. New York 1990.
Cooper, M., *The Phantom War.* London 1979.
Craig, G. A., *Die preußisch-deutsche Armee 1640–1945. Der Staat im Staate.* Düsseldorf 1960.
Dahms, H. G., *Die Geschichte des Zweiten Weltkrieges.* München/Berlin 1983.
Dahrendorf, R., *Gesellschaft und Demokratie in Deutschland.* München 1965.
Dallin, A., *Deutsche Herrschaft in Rußland 1941–45.* Düsseldorf 1958.
Dammer, S., «Kinder, Küche, Kriegsarbeit. Die Schulung der Frauen durch die NS-Frauenschaft», in: *Mutterkreuz und Arbeitsbuch.* Hrsg. v. d. Frauengruppe Faschismusforschung, Frankfurt/M. 1981.

Davis, G. H., «Prisoners of War in Twentieth-Century War Economies», in: *JCH* 12 (1977), S. 623f.

Dawidowicz, L., *Der Krieg gegen die Juden 1933–45*. Wiesbaden 1979.

«Debate: Germany, ‹Domestic Crisis› and War in 1939.» Kommentare von D. Kaiser und T. W. Mason, Erwiderung von R. J. Overy, in: *P&P* 122 (1989), S. 200–240.

Deist, W., *The Wehrmacht and German Rearmament*. London/Basingstoke 1981.

—, «Die Aufrüstung der Wehrmacht», in: *Ursachen und Voraussetzungen der deutschen Kriegspolitik*. Stuttgart 1979. Bd. 1 v. *Das Deutsche Reich und der Zweite Weltkrieg*.

Demeter, K., *The German Officer Corps in Society and State, 1650–1945*. London 1965.

Deutsch, H. C., *Hitler and his Generals*. Minneapolis, Minn., 1974.

—, *The Conspiracy against Hitler in the Twilight War*. Minneapolis, Minn., 1968.

Deutsche Soldaten sehen die Sowjetunion. Feldpostbriefe aus dem Osten. Hrsg. v. Dierwege, W., Reichspropagandaamt. Berlin 1941.

Diner, D., «Rassistisches Völkerrecht. Elemente einer nationalsozialistischen Weltordnung», in: *VfZ* 1 (1989), S. 23–56.

Dönitz, K., *Zehn Jahre und zwanzig Tage*. Bonn 1958.

Eichholz, D., «Der ‹Generalplan Ost›», in: *JfG* 26 (1982), S. 217–274.

Ellis, J., *The Social History of the Machine Gun*. 2. Aufl., London 1987.

Ellis, L. F., *The War in France and Flanders, 1939–40*. London 1953.

Engelmann, B., *Wie wir den Krieg erlebten*. Düsseldorf 1993.

Erickson, J., *The Road to Stalingrad*. 2. Aufl., London 1985. Bd. 1 von *Stalin's War with Germany*.

Evans, R. J., *Im Schatten Hitlers? Historikerstreit und Vergangenheitsbewältigung in der Bundesrepublik*. Frankfurt/M. 1991.

Fest, J. C., *Hitler*. Frankfurt/M. u. a. 1973.

Flessau, K.-I. u. a., Hrsg., *Erziehung im Nationalsozialismus*. Köln 1987.

Flottmann, J. und Möller-Witten, H., *Opfergang der Generale. Die Verluste der Generale und Admirale und der im gleichen Dienstrang stehenden sonstigen Offiziere und Beamten im Zweiten Weltkrieg*. Berlin 1952.

Focke, H. und Strocka, M., *Alltag der Gleichgeschalteten*. Reinbek bei Hamburg 1985.

Förster, J., «The German Army and the Ideological War against the Soviet Union», in: *The Policies of Genocide*. Hrsg. v. G. Hirschfeld. London 1986.

—, «New Wine in Old Skins? The Wehrmacht and the War of ‹Weltanschauungen› 1941», in: *The German Military in the Age of Total War*. Hrsg. v. W. Deist. Leamington Spa/New Hampshire 1985.

—, «Hitlers Entscheidung für den Krieg gegen die Sowjetunion»; «Das Unternehmen ‹Barbarossa› als Eroberungs- und Vernichtungskrieg»; (mit G. R. Überschär) «Freiwillige für den ‹Kreuzzug Europas gegen den Bolschewismus›»; alle in: *Der Angriff auf die Sowjetunion.* Stuttgart 1983. Bd. 4 v. *Das Deutsche Reich und der Zweite Weltkrieg.*

—, «‹Croisade de l'Europe contre le Bolchevisme›», in: *RHDGM* 30 (1980), S. 1–26.

Foy, D. A., *For You the War Is Over. American Prisoners of War in Nazi Germany.* New York 1984.

Frei, N., *Der Führerstaat. Nationalsozialistische Herrschaft 1933 bis 1945.* München 1987.

Friedländer, S., «Some Reflections on the Historisation of National Socialism», in: *TAJB* 16 (1987), S. 310–324.

Fuller, J. F. C., *The Decisive Battles of the Western World.* 2. Aufl., London 1970. Bd. 1.

Ganssmüller, C., *Die Erbgesundheitspolitik des Dritten Reiches.* Köln/Wien 1987.

Gelber, Y. (auf hebräisch), «Militärische Ausbildung und Ideologie», in: *Ma'arakhot* 267 (1979), S. 8–12.

Geuter, U., *Die Professionalisierung der deutschen Psychologie im Nationalsozialismus.* 2. Aufl., Frankfurt/M. 1988.

Geyer, M., *Aufrüstung oder Sicherheit. Die Reichswehr in der Krise der Machtpolitik 1924–36.* Wiesbaden 1980.

—, «Etudes in Political History. Reichswehr, NSDAP, and the Seizure of Power», in: *The Nazi Machtergreifung.* Hrsg. v. P. D. Stachura. London 1983.

—, «The militarization of Europe, 1914–1945», in: *The Militarization of the Western World.* Hrsg. v. J. R. Gillis. New Brunswick / London 1981.

— «Professionals and Junkers. German rearmament and Politics in the Weimar Republic», in: *Social Change and Political Development in Weimar Germany.* Hrsg. v. R. Bessel und E. J. Feuchtwanger. London 1981.

Giles, G. J., *Students and National Socialism in Germany.* Princeton, N. J., 1985.

Goebbels, J., *Die Tagebücher von Joseph Goebbels.* Teil II, Bd. 15. Hrsg. v. Elke Fröhlich. München 1995.

—, *Die Tagebücher von Joseph Goebbels: Sämtliche Fragmente,* Teil I, Bd. 4. Hrsg. v. Elke Fröhlich. München 1987.

Gordon, S., *Hitler, Germans and the «Jewish Question».* Princeton, N. J., 1984.

Goutard, A., *The Battle of France, 1940.* London 1958.

Graml, Hans u. a., Hrsg., *Die Deutsche Opposition gegen Hitler.* Krefeld 1949.

Gruchmann, L., «‹Blutschutzgesetz› und Justiz. Zur Entstehung und Auswirkung des Nürnberger Gesetzes vom 15. September 1935», in: *VfZ* 31 (1983), S. 418–442.

Guderian, Heinz, *Erinnerungen eines Soldaten.* Stuttgart 1950.

Gurfein, M. I. und Janowitz, M., «Trends in Wehrmacht Morale», in: *Propaganda in War and Crisis.* Hrsg. v. D. Lerner. New York 1951.

Güstow, D., *Tödlicher Alltag. Strafverteidiger im Dritten Reich.* Berlin 1981.

Habe, H., *Ob tausend fallen.* München/Wien/Basel 1961.

Habermas, J., «Eine Art Schadensabwicklung», in: *Die Zeit,* 11.7.86.

Halder, F., *Kriegstagebuch 1939–42.* Hrsg. v. H.-A. Jacobsen. 3 Bde. Stuttgart 1962–64.

Hastings, M., *Das Reich. Resistance and the March of the 2nd SS Panzer Division Through France, June 1944.* London 1981.

Hayes, P., *Industry and Ideology. IG Farben in the Nazi Era.* Cambridge 1989.

Heck, A. A., *A Child of Hitler.* 3. Aufl., Toronto/New York/London 1986.

Heiber, H., «Der Generalplan Ost», in: *VfZ* 1958, S. 281–325.

Herbert, U., *Fremdarbeiter. Politik und Praxis des «Ausländer-Einsatzes» in der Kriegswirtschaft des Dritten Reiches.* Berlin/Bonn 1985.

—, «‹Die guten und die schlechten Zeiten.› Überlegungen zur diachronen Analyse lebensgeschichtlicher Interviews», in: *«Die Jahre weiß man nicht, wo man die heute hinsetzen soll.» Faschismuserfahrungen im Ruhrgebiet.* Hrsg. v. L. Niethammer. Berlin/Bonn 1983.

Herf, J., *Reactionary Modernism.* 2. Aufl., Cambridge 1986.

Herwarth, H. von, *Zwischen Hitler und Stalin.* Frankfurt/M. 1982.

Hilberg, R., *Die Vernichtung der europäischen Juden. Die Gesamtgeschichte des Holocaust.* 3 Bde. 6. Aufl., Frankfurt/M. 1994.

Hillgruber, A., *Zweierlei Untergang. Die Zerschlagung des Deutschen Reiches und das Ende des europäischen Judentums.* Berlin 1986.

—, *Hitlers Strategie. Politik und Kriegführung 1940–41.* Frankfurt/M. 1965.

Hirsch, M. u. a., Hrsg., *Recht, Verwaltung und Justiz im Nationalsozialismus.* Köln 1984.

Hirschfeld, G., Hrsg., *The Policies of Genocide. Jews and Soviet Prisoners of War in Nazi Germany.* London/Boston/Sydney 1986.

«Historikerstreit.» Die Dokumentation der Kontroverse um die Einzigartigkeit der nationalsozialistischen Judenvernichtung. Serie Piper. 3. Aufl., München 1987.

Hitlers Politisches Testament. Hamburg 1981.

Hitlers Tischgespräche im Führerhauptquartier. Hrsg. v. Henry Picker. Vollst., überarb. und erw. Neuausgabe. Stuttgart 1983.

Hoffmann, J., «Die Sowjetunion bis zum Vorabend des deutschen Angriffs»; «Die Kriegführung aus der Sicht der Sowjetunion»; beide Aufsätze in: *Der Angriff auf die Sowjetunion.* Stuttgart 1984. Bd. 4 von *Das Deutsche Reich und der Zweite Weltkrieg.*

—, *Deutsche und Kalmyken 1942 bis 1945*. Freiburg 1977.

—, *Die Ostlegionen 1941–43*. Freiburg 1977.

Hoffmann, P., *Widerstand gegen Hitler. Das Attentat vom 20. Juli 1944*. 4. überarb. Aufl., Konstanz 1994.

Holmes, R., *Firing Line*. Harmondsworth 1987.

Homze, E. L., *Foreign Labour in Nazi Germany*. Princeton, N. J., 1967.

Horne, A., *To Lose a Battle*. Harmondsworth 1979.

Howard, M., *The Franco-Prussian War*. 3. Aufl., London 1981.

Huebsch, N. A., «The ‹Wolf Cubs› of the New Order. The Indoctrination and Training of the Hitler Youth», in: *Nazism and the Common Man*. Hrsg. v. O. C. Mitchell. Washington 1981.

Hull, D. S., *Film in the Third Reich*. Berkeley, California, 1981.

Hüppauf, B., «Langemarck, Verdun and the Myth of an New Man in Germany after the First World War», in: *W&S* 6 (1988), S. 70–103.

Irving, D., *Die Tragödie der deutschen Luftwaffe. Aus den Akten und Erinnerungen von Feldmarschall Erhard Milch*. Berlin 1990.

Jäckel, D., *Hitlers Herrschaft. Vollzug einer Weltanschauung*. Stuttgart 1986.

—, *Hitlers Weltanschauung. Entwurf einer Herrschaft*. Stuttgart 1986.

—, *Frankreich in Hitlers Europa*. Stuttgart 1966.

Jacobsen, H.-A. «Kommissarbefehl und Massenexekution sowjetischer Kriegsgefangener», in: *Anatomie des SS-Staates*. Hrsg. v. H. Buchheim u. a. Olten 1965.

Jünger, E., *Strahlungen II*. In: *Tagebücher III*. Bd. 3 v. *Sämtliche Werke*. Stuttgart 1979 [1949].

Kaes, A., *From Hitler to Heimat. The Return of History as Film*. Cambridge, Mass., 1989.

Kaiser, D., *Economic Diplomacy and the Origins of the Second World War*. Princeton, N. J., 1980.

Kater, M., *Doctors under Hitler*. Chapel Hill, N. C., 1989.

Keegan, J., *Das Antlitz des Krieges*. Frankfurt/M. 1991.

Kellet, A., *Combat Motivation*. Boston 1982.

Kershaw, I., *Der NS-Staat. Geschichtsinterpretation und Kontroversen im Überblick*. Reinbek 1988.

—, «Neue deutsche Unruhe? Das Ausland und der Streit um die deutsche National- und Zeitgeschichte», in: *Streitfall Deutsche Geschichte*. Hrsg. v. d. Landeszentrale für politische Bildung Nordrhein-Westfalen 1989.

—, *Der Hitler-Mythos. Volksmeinung und Propaganda im Dritten Reich*. München 1980. Schriftenreihe der *VfZ*, 41.

—, *Popular Opinion and Political Dissent in the Third Reich*. Oxford 1983.

—, «How Effective was Nazi Propaganda?», in: *Nazi Propaganda*. Hrsg. v. D. Welch. London 1983.

—, «Ideology, Propaganda, and the Rise of the Nazi Party», in: *The Nazi Machtergreifung.* Hrsg. v. P. D. Stachura. London 1983.

Kesselring, A., *Soldat bis zum letzten Tag.* Bonn 1953.

Kitchen, M., *The German Officer Corps, 1890–1914.* London 1968.

—, *The Silent Dictatorship. The Politics of the German High Command under Hindenburg and Ludendorff, 1916–1918.* New York 1976.

Klee, E., *Was sie taten – was sie wurden. Ärzte, Juristen und andere Beteiligte am Kranken- oder Judenmord.* Frankfurt/M. 1986.

—, *Dokumente zur «Euthanasie».* Frankfurt/M. 1985.

—, *«Euthanasie» im NS-Staat. Die «Vernichtung lebensunwerten Lebens».* Frankfurt/M. 1983.

—, u. a., Hrsg., *«Schöne Zeiten.» Judenmord aus der Sicht der Täter und Gaffer.* Frankfurt/M. 1988.

Klemperer, V., *Die unbewältigte Sprache.* 3. Aufl., Darmstadt o.J.

Klink, E., *Das Gesetz des Handelns.* Stuttgart 1966.

—, «Die militärische Konzeption des Krieges gegen die Sowjetunion: Die Landkriegführung»; «Die Operationsführung: Heer und Kriegsmarine»; beides in: *Der Angriff auf die Sowjetunion.* Stuttgart 1983. Bd. 4 v. *Das Deutsche Reich und der Zweite Weltkrieg.*

Klönne, A., *Jugend im Dritten Reich.* 2. Aufl. Köln 1984.

Koch, H. W., *Geschichte der Hitlerjugend.* Starnberg 1975.

König, S., *Vom Dienst am Recht. Rechtsanwälte als Strafverteidiger im Nationalsozialismus.* New York 1987.

Krausnick, H., «Kommissarbefehl und ‹Gerichtsbarkeitserlaß Barbarossa› in neuer Sicht», in: *VfZ* 25 (1977), S. 682–758.

—, u. Wilhelm, H.-H., *Die Truppe des Weltanschauungskriegs.* Stuttgart 1981.

—, u. Deutsch, H. C., Hrsg., *Helmut Groscurth: Tagebücher eines Abwehroffiziers.* Stuttgart 1970.

Kriegstagebuch des Oberkommando der Wehrmacht 1940–45. Hrsg. v. P. E. Schramm. 4 Bde. Frankfurt/M. 1961–65.

Kroener, B. R., «Auf dem Weg zu einer ‹nationalsozialistischen Volkarmee›. Die soziale Öffnung des Heeresoffizierkorps im Zweiten Weltkrieg», in: *Von Stalingrad zur Währungsreform. Zur Sozialgeschichte des Umbruchs in Deutschland.* Hrsg. v. Broszat u. a. München 1988.

—, «Die personellen Ressourcen des Dritten Reiches im Spannungsfeld zwischen Wehrmacht, Bürokratie und Kriegswirtschaft 1939–1942», in: *Organisation und Mobilisierung des deutschen Machtbereichs.* Stuttgart 1988. Bd. 5/1 v. *Das Deutsche Reich und der Zweite Weltkrieg.*

—, «Squaring the Circle. Blitzkrieg Strategy and the Manpower Shortage, 1939–42», in: *The German Military in the Age of Total War.* Hrsg. v. W. Deist. Leamington Spa/New Hampshire 1985.

Kühnrich, H., *Der Partisanenkrieg in Europa, 1939–45.* Berlin 1956.

Kulka, O. D., «Die Nürnberger Rassengesetze und die deutsche Bevölkerung im Lichte geheimer NS-Lage und Stimmungsberichte», in: *VfZ* 32 (1984), S. 582–624.

Kupffer, H., *Der Faschismus und das Menschenbild der deutschen Pädagogik.* Frankfurt/M. 1984.

Kurze, H., «Das Bild des Offiziers in der deutschen Literatur», in: *Das deutsche Offizierkorps, 1860–1960.* Hrsg. v. H. Hofmann. Boppard am Rhein 1980.

Le Roy Ladurie, E., *Carnival in Romans.* 3. Aufl., Harmondsworth 1981.

Leed, E. J., *No Man's Land.* Cambridge 1979.

Letzte Briefe aus Stalingrad. Gütersloh 1954.

Liddell Hart, B. H., *History of the First World War.* 3. Aufl. London 1979.

—, *The other Side of the Hill.* London 1948.

Loewenberg, P., «The Psychological Origins of the Nazi Youth Combat», in: *AHR* 76 (1971), S. 1457–1502.

Magenheimer, H., *Abwehrschlachten an der Weichsel 1945.* Freiburg 1976.

Maier, C. S., *Die Gegenwart der Vergangenheit.* Frankfurt/M. 1991.

Majer, D., *«Fremdvölkische» im Dritten Reich.* Boppard am Rhein 1981.

Mann, E., *Zehn Millionen Kinder. Die Erziehung der Jugend im Dritten Reich.* Reinbek 1986.

Manstein, E. von, *Verlorene Siege.* 2. Aufl., Frankfurt/M. 1964.

—, *Aus einem Soldatenleben.* Bonn 1958.

Marshall, S. L. A., *Men Against Fire.* New York 1947.

Mason, T. W., Hrsg., «The Workers' Opposition in Nazi Germany», in: *HWJ* 11 (1981), S. 120–137.

—, *Sozialpolitik im Dritten Reich.* Opladen 1977.

—, «Women in Germany, 1925–40. Family, Welfare and Work», Teil 1 u. 2 in: *HWJ* 1 (1976), S. 5–32.

—, *Arbeiterklasse und Volksgemeinschaft.* Opladen 1975.

—, «Innere Krise und Angriffskrieg», in: *Wirtschaft und Rüstung am Vorabend des Zweiten Weltkrieges.* Hrsg. v. F. Forstmeier und H.-E. Volkmann. Düsseldorf 1975.

Mayer, A. J., *Der Krieg als Kreuzzug.* Reinbek 1989.

Mazower, M., «Military Violence and National Socialist Values. The Wehrmacht in Greece 1941–1944», in: *P&P* 134 (1992) S. 129–158.

McIntyre, S. J., «Women and the Professions in Germany 1930–40», in: *German Democracy and the Triumph of Hitler.* Hrsg. v. A. Nicholls u. E. Matthias. London 1971.

Meier-Welcker, H., *Aufzeichnungen eines Generalstabsoffiziers 1939–42.* Freiburg 1982.

Merson, A., *Communist Resistance in Nazi Germany.* London 1987.

Messerschmidt, M., «German Military Law in the Second World War», in: *The German Military in the Age of Total War.* Hrsg. v. W. Deist. Leamington Spa/New Hampshire 1985.

—, «Deutsche Militärgerichtsbarkeit im Zweiten Weltkrieg», in: *Recht, Verwaltung und Justiz im Nationalsozialismus.* Hrsg. v. M. Hirsch. Köln 1984.

—, «The Wehrmacht and the Volksgemeinschaft», in: *JCH* 18 (1983), S. 719 bis 840.

—, «Kommandobefehl und NS-Völkerrechtsdenken», in: *RDP* 11 (1972), S. 110–134.

—, *Die Wehrmacht im NS-Staat. Zeit der Indoktrination.* Hamburg 1969.

—, «Werden und Prägung des preußischen Offizierkorps – ein Überblick», in: *Offiziere im Bild von Dokumenten aus drei Jahrhunderten.* Stuttgart 1964.

—, u. Wüllner, F., *Die Wehrmachtsjustiz im Dienste des Nationalsozialismus. Zerstörung einer Legende.* Baden-Baden 1987.

Milward, A., *Die deutsche Kriegswirtschaft 1939–1945.* Stuttgart 1966. Schriftenreihe der *VfZ*, 12.

Mommsen, H., «Kriegserfahrungen», in: *Über Leben im Krieg.* Hrsg. v. U. Borsdorf u. M. Jamin. Reinbek bei Hamburg 1989.

—, «Aufarbeitung und Verdrängung. Das Dritte Reich im westdeutschen Geschichtsbewußtsein», in: *Ist der Nationalsozialismus Geschichte?* Hrsg. v. D. Diner. Frankfurt/M. 1987.

Moran, Lord, *The Anatomy of Courage.* 2. Aufl., London 1966.

Mosse, G. L., *Gefallen für das Vaterland.* Stuttgart 1933.

Mueller-Hillebrand, B., *Das Heer 1933–1945.* 3 Bde. Darmstadt 1954; Frankfurt/M. 1956/1969.

Müller, K.-J., *Armee, Politik und Gesellschaft in Deutschland 1933–45.* 4. Aufl., Paderborn 1986.

—, *General Ludwig Beck.* Boppard am Rhein 1980.

—, *Das Heer und Hitler.* Stuttgart 1969.

Müller, N., «Dokumente zur Rolle der Wehrmacht bei der Deportation sowjetischer Bürger zur Zwangsarbeit in Deutschland 1941–44», in: *BAZW* 4 (1979), S. 29–62.

Müller, R.-D., *Das Tor zur Weltmacht.* Boppard am Rhein 1984.

—, «Von der Wirtschaftsallianz zum kolonialen Ausbeutungskrieg»; «Das Scheitern der wirtschaftlichen ‹Blitzkriegstrategie›»; beide in: *Der Angriff auf die Sowjetunion.* Stuttgart 1983. Bd. 4. v. *Das Deutsche Reich und der Zweite Weltkrieg.*

—, «Industrielle Interessenpolitik im Rahmen des ‹Generalplan Ost›», in: *MGM* 1 (1981), S. 101–141.

Mulligan, T. P., «Reckoning the Cost of People's War. The German Experience in the Central USSR», in: *RH* 5 (1982), S. 27–48.

Mushaben, J. M., «Youth Protest and the Democratic State. Reflections on the Rise of Anti-Political Culture in Prewar Germany and the German Federal Republic», in: *RPS* 2 (1986), S. 171–197.

Niethammer, L., «‹Normalisierung› im Westen. Erinnerungsspuren in die 50er Jahre», in: *Ist der Nationalsozialismus Geschichte?* Hrsg. v. D. Diner. Frankfurt/M. 1987.

—, «Heimat und Front. Versuch, zehn Kriegserinnerungen aus der Arbeiterklasse des Ruhrgebietes zu verstehen», in: *«Die Jahre weiß man nicht, wo man die heute hinsetzen soll.» Faschismus im Ruhrgebiet.* Hrsg. v. L. Niethammer. Berlin 1983.

—, «Anmerkungen zur Alltagsgeschichte», in: *Geschichte im Alltag – Alltag in der Geschichte.* Hrsg. v. K. Bergmann u. R. Schörken. Düsseldorf 1982.

Nolte, E., *Das Vergehen der Vergangenheit.* Berlin/Frankfurt/M. 1987.

—, «Vergangenheit, die nicht vergehen will», in: *FAZ*, 6.6.1986.

—, «Between Myth and Revisionism?», in: *Aspects of the Third Reich.* Hrsg. v. W. Koch. London 1985.

Nyssen, E., *Schule im Nationalsozialismus.* Heidelberg 1979.

O'Neill, R. J., *The German Army and the Nazi Party, 1933–39.* London 1966.

Orwell, G., *Auftauchen, um Luft zu holen.* Neuausg. Zürich 1990.

Overy, R. J., «Germany, ‹Domestic Crisis› and War in 1939», in: *P&P* 116 (1987), S. 138–168.

—, *Goering. The «Iron Man».* London 1984.

—, «Hitler's War and The German Economy. A Reinterpretation», in: *EHR* 35 (1982), S. 272–291.

Papke, G., «Offizierkorps und Anciennität», in: *Untersuchungen zur Geschichte des Offizierkorps.* Hrsg. v. H. Meier-Welcker. Stuttgart 1962.

Paul, W., *Geschichte der 18. Panzer-Division 1940–43.* Freiburg o.J.

Pauwels, J. R., *Women, Nazis, and Universities.* Westport, Conn., 1984.

Paxton, R. O., *Vichy France.* 2. Aufl., New York 1975.

Petzina, D., «Die Mobilisierung deutscher Arbeitskräfte vor und während des Zweiten Weltkrieges», in: *VfZ* 4 (1970), S. 443–455.

Peukert, D. J. K., «Alltag und Barbarei», in: *Ist der Nationalsozialismus Geschichte?* Hrsg. v. D. Diner. Frankfurt/M. 1987.

—, *Die Edelweißpiraten. Protestbewegung junger Arbeiter im Dritten Reich.* Köln 1980.

—, u. Bajohr, F., *Spuren des Widerstands. Die Bergarbeiterbewegung im Dritten Reich und im Exil.* München 1987.

Pfahlmann, H., *Fremdarbeiter und Kriegsgefangene in der deutschen Kriegswirtschaft 1939–45.* Darmstadt 1968.

Planter, G., Hrsg., *Schule im Dritten Reich – Erziehung zum Tod?* 2. Aufl., München 1984.
Ploetz, A. G., *Geschichte des Zweiten Weltkrieges.* 2. Aufl., Würzburg 1960.
Quinnett, R. L., «The National Socialist Leadership Officers». Dissertation d. Univ. v. Oklahoma 1973.
Redelis, V., *Partisanenkrieg.* Heidelberg 1968.
Reinhardt, K., *Die Wende vor Moskau.* Stuttgart 1972.
Richardson, F. M., *Fighting Spirit.* London 1978.
Richardson, H. F., Hrsg., *Sieg Heil! War letters of Tank Gunner Karl Fuchs 1937–1941.* Hamden, Conn., 1987.
Ringer, F., «Bildung, Wirtschaft und Gesellschaft in Deutschland 1800 bis 1960», in: *GuG* 6 (1980), S. 5–35.
Ritter, G., *Carl Goerdeler und die deutsche Widerstands-Bewegung.* Stuttgart 1954.
Rohde, H., «Hitlers erster ‹Blitzkrieg› und seine Auswirkungen auf Nordosteuropa», in: *Die Errichtung der Hegemonie auf dem Europäischen Kontinent.* Stuttgart 1979. Bd. 2 v. *Das Deutsche Reich und der Zweite Weltkrieg.*
—, *Das deutsche Wehrmachttransportwesen im Zweiten Weltkrieg.* Stuttgart 1971.
Rosas, A., *The Legal Status of Prisoners of War.* Helsinki 1976.
Ruck, M., *Bollwerk gegen Hitler? Arbeiterschaft, Arbeiterbewegung und die Anfänge des Nationalsozialismus.* Köln 1988.
Rudel, H.-U., *Trotzdem.* Waiblingen 1953.
Rüthers, B., *Entartetes Recht. Rechtslehren und Kronjuristen im Dritten Reich.* München 1988.
Sajer, G., *The Forgotten Soldier.* 2. Aufl., London 1977.
Salter, S., «Class Harmony or Class Conflict?», in: *Government Party and People in Nazi Germany.* Hrsg. v. J. Noakes. Exeter 1980.
Sartre, J.-P., *Tagebücher November 1939 – März 1940.* Hrsg. v. E. Moldenhauer. Reinbek 1984.
—, Der Aufschub. Bd. 3. *Gesammelte Werke.* Reinbek 1987.
Schleunes, K. A., *The Twisted Road to Auschwitz. Nazi Policy toward German Jews. 1933–1939.* Urbana/Chicago/London 1970.
Schmuhl, H. W., *Rassenhygiene, Nationalsozialismus, Euthanasie.* Göttingen 1987.
Schoenbaum, D., *Die braune Revolution. Eine Sozialgeschichte des Dritten Reiches.* München 1980.
Scholtz, H., *Erziehung und Unterricht unterm Hakenkreuz.* Göttingen 1985.
Schörken, R., «Jugendalltag im Dritten Reich», in: *Geschichte im Alltag – Alltag in der Geschichte.* Hrsg. v. K. Bergmann u. R. Schörken. Düsseldorf 1982.

Schulte, T., *The German Army and Nazi Policies in Occupied Russia.* Oxford/New York /München 1989.

Schustereit, H., *Vabanque: Hitlers Angriff auf die Sowjetunion 1941 als Versuch, durch den Sieg im Osten den Westen zu bezwingen.* Herford 1988.

Schweling, O. P., *Die deutsche Militärjustiz in der Zeit des Nationalsozialismus.* 2. Aufl., Marburg 1978.

Seaton, A., *The Russo-German War 1941–45.* London 1971.

Seidler, F., *Prostitution, Homosexualität, Selbstverstümmelung. Probleme der deutschen Sanitätsführung 1939–45.* Neckargemünd 1977.

Shils, E. A. u. Janowitz, M., «Cohesion and Disintegration in the Wehrmacht in World War II», in: *POQ* 12 (1948), S. 280–315.

Spaeter, H. u. Schramm, W. Ritter von, *Die Geschichte des Panzerkorps Großdeutschland.* 3 Bde. Bielefeld 1958.

Speer, A., *Erinnerungen.* Frankfurt/M. 1969.

Stachura, P. D., *Nazi Youth in the Weimar Republic.* Santa Barbara, Calif., 1975.

Steinert, Marlies G., *Hitlers Krieg und die Deutschen.* Düsseldorf/Wien 1971.

Stephens, F. J., *Hitler Youth.* London 1973.

Stephenson, J., «‹Emancipation› and its problems. War and Society in Württemberg 1939–45», in: *EHQ* 17 (1987), S. 345–365.

—, *Women in Nazi Society.* London 1975.

Stern, F., «Philosemitism. The Whitewashing of the Yellow Badge in West Germany, 1945–1952». Unveröffentlichter Aufsatz.

Stern, F., *The Whitewashing of the Yellow Badge.* Oxford/New York 1992.

Stevenson, J., *British Society 1914–45.* Harmondsworth 1984.

Streim, C., *Die Behandlung sowjetischer Kriegsgefangener im «Fall Barbarossa».* Heidelberg 1981.

Streit, C. «The German Army and the Policies of Genocide», in: *The Policies of Genocide.* Hrsg. v. G. Hirschfeld. London 1986.

—, *Keine Kameraden.* Stuttgart 1978.

Stumpf, R., *Die Wehrmacht-Elite. Rang- und Herkunftsstruktur der deutschen Generale und Admirale 1933–45.* Boppard am Rhein 1982.

Stürmer, M., «Geschichte in geschichtslosem Land», in: *FAZ*, 25.4.1986.

Sydnor, C. W., jr., *Soldiers of Destruction. The SS Death's Head Division, 1933 to 1945.* Princeton, N. J., 1977.

Sywottek, J., *Mobilmachung für den Krieg.* Opladen 1976.

Tal, U., *«Political Faith» of Nazism Prior to the Holocaust.* Tel Aviv 1978.

Tamir, A. (auf hebräisch), «Qualität gegen Quantität», in: *Ma'arakhot* 250 (1976), S. 8–12, 38.

Tenfelde, K., «Schwierigkeiten mit dem Alltag», in: *GuG* 10 (1984), S. 376 bis 394.

Tessin, G., *Formationsgeschichte der Wehrmacht, 1933–39.* Boppard am Rhein 1959.

Thompson, P., *The Voice of the Past. Oral History.* Oxford 1978.

Topitsch, E., *Stalins Krieg.* München 1986.

Tournier, M., *Der Erlkönig.* Hamburg 1972.

Tröger, A., «German Women's Memories of World War II», in: *Behind the Lines. Gender and the Two World Wars.* Hrsg. v. M. R. Higonnet u. a. New Haven 1987.

Turner, H. A., jr., «Fascism and Modernization», in: *Reappraisals of Fascism.* Hrsg. v. H. A. Turner, jr. New York 1975.

Überschär, G. R. u. Wette, W., Hrsg., *«Unternehmen Barbarossa.»* Paderborn 1984.

Umbreit, H., «Der Kampf um die Vormachtstellung in Westeuropa», in: *Die Errichtung der Hegemonie auf dem Europäischen Kontinent.* Stuttgart 1979. Bd. 2 v. *Das Deutsche Reich und der Zweite Weltkrieg.*

—, *Deutsche Militärverwaltung 1938/39.* Stuttgart 1977.

—, *Der Militärbefehlshaber in Frankreich 1940–44.* Boppard am Rhein 1968.

van Creveld, M., *Kampfkraft. Militärische Organisation und militärische Leistung 1933–45.* 2. Aufl., Freiburg 1991.

—, *Supplying War. Logistics from Wallenstein to Patton.* 3. Aufl., New York 1980.

Volkmann, H.-E., «Die NS-Wirtschaft in Vorbereitung des Krieges», in: *Ursachen und Voraussetzungen der deutschen Kriegspolitik.* Stuttgart 1979. Bd. 1 v. *Das Deutsche Reich und der Zweite Weltkrieg.*

Walzer, M., *Just and Unjust Wars.* 3. Aufl., Harmondsworth 1980.

Weber, R. G. S., *The German Student Corps in the Third Reich.* London 1986.

Wegner, B., «Auf dem Wege zur Pangermanischen Armee». *MGM* 2 (1980), S. 101–136.

—, «Das Führerkorps der Waffen-SS im Kriege», in: *Das deutsche Offizierkorps, 1860–1960.* Hrsg. v. H. H. Hofmann. Boppard am Rhein 1980.

Wehler, H.-U., *Entsorgung der deutschen Vergangenheit?* München 1988.

Weinberg, G. L., «Dokumentation: Adolf Hitler und der NS-Führungsoffizier (NSFO)». *VfZ* 12 (1964), S. 443–456.

Weingartner, J. J., *Crossroads of Death. The Story of the Malmédy Massacre and Trial.* Berkeley/Los Angeles 1979.

Welch, D., Hrsg., *Nazi Propaganda.* London 1983.

—, «Nazi Wartime Newsreel Propaganda», in: *Film & Radio Propaganda in World War II.* Hrsg. v. K. R. M. Short. Knoxville, Tenn., 1983.

Westphal, S., *Der deutsche Generalstab auf der Anklagebank.* München 1980.

Wette, W., «Ideologien, Propaganda und Innenpolitik als Voraussetzungen der Kriegspolitik des Dritten Reiches», in: *Ursachen und Voraussetzungen der deutschen Kriegspolitik.* Stuttgart 1979. Bd. 1 v. *Das Deutsche Reich und der Zweite Weltkrieg.*

Wheeler-Bennett, John W., *Die Nemesis der Macht.* Düsseldorf 1981.

Winkler, D., *Frauenarbeit im «Dritten Reich».* Hamburg 1977.

Winter, J. M., *The Great War and the British People.* Cambridge, Mass., 1986.

Wippermann, W., «Fascism and the History of Everyday Life». Unveröffentlichter Aufsatz.

Wolf, E., «Political and Moral Motives Behind the Resistance», in: *The German Resistance to Hitler.* Hrsg. v. Graml, H. u. a. London 1970.

Woloch, I., «Napoleonic Conscription. State Power and Civil Society», in: *P&P* 111 (1986), S. 101–129.

Zeman, Z. A. B., *Nazi Propaganda.* London 1964.

Zieger, W., *Das deutsche Heeresveterinärwesen im Zweiten Weltkrieg.* Freiburg 1973.

Zitelmann, R., *Hitler. Selbstverständnis eines Revolutionärs.* Stuttgart 1987.

Register